Manfred Böckl

Die neun Leben der Grainne O'Malley

Die Abenteuer
einer irischen Piratin

Roman

edition meyster

In freundschaftlicher Erinnerung
an Bernard Attenborough, einen wahren Kelten,
mit dem zusammen ich,
als wir einen irischen Pub im Sturm
zu nehmen versuchten,
hochkant von einem Eselskarren flog

Umschlaggestaltung: Atelier Höpfner-Thoma, München
Herstellung: VerlagsService Dr. Helmut Neuberger
und Karl Schaumann GmbH, Heimstetten
Satz: Ludwig Auer GmbH, Donauwörth
Gesetzt aus der 11/14 Punkt Aldus
Druck: Jos. C. Huber, Dießen
Binden: R. Oldenbourg, München
Printed in Germany
ISBN 3-485-08227-9

Manfred Böckl

Die neun Leben der Grainne O'Malley

Inhalt

»May you be in heaven half an hour
before the devil knows you are dead.«

Irisches Sprichwort

Prolog

Im Söller des ehrwürdigen Schlosses von Carrigahowly auf der Insel Clare hatten sich im Sommer des Jahres 1599 neun der angesehensten Helden Irlands versammelt, doch als sich vorwitzig der Kaplan zu ihnen schlich und die Bescherung erblickte, erhob dieser geschorene und geweihte Unglücksmensch ein Gezeter, wie man es in der Bucht und auf den Bergen von Clew seit jenen uralten Zeiten, als im Lande Upper Owle Malley noch die Banshees oder Kreischhexen ihr Unwesen trieben, nicht mehr zu hören bekommen hatte.
Dermaßen lamentierte und räsonierte dieser Störenfried, dermaßen lästerte und sprotzte er, dermaßen wütend ließ er Lateinisches aus sich fahren, daß die neun versammelten Helden zuletzt nicht mehr umhin konnten, den ungebetenen Kläffer zur Kenntnis zu nehmen.
»Es scheint, daß sich der Heilige Padraic, als er die Schlangen aus Erin verjagte, weniger unflätig benommen hat als dieser besoffene Giftzwerg«, äußerte Uail O'Malley, ein knochiger, rothaariger Recke von fünfzig Jahren, der ruppige Hosen aus Lammfell und darüber einen ziemlich verschossenen brokatenen Staatsrock trug. Dann versuchte er, den Kaplan mit einem scharfen Pfiff, wie er ihn üblicherweise gegen seine Jagdbrakken anzuwenden pflegte, zum Schweigen zu bringen. Uail

O'Malley erreichte damit jedoch nur, daß der Geschorene ein freches exorzistisches Zeichen gegen ihn schlug und noch schriller weiterbelferte.
»Ich habe stets gesagt, daß wir seinesgleichen auf der Insel von Clare nicht nötig haben«, schrie daraufhin Davitt Monaghan. Kampflustig reckte er seinen beinahe siebzigjährigen weingepichten Zinken und kämmte sich mit gespreizten Fingern ein paar Dorschschuppen aus seinem verwucherten Bart. »Seit die Pfaffen sich vor tausend oder noch mehr Jahren in der Bucht von Clew festgesetzt haben, sind meine und meiner Vorfahren Fischernetze nie wieder so prall gefüllt gewesen wie zu den ungleich glücklicheren Zeiten des Samhaim und der Beltane*). Solches weiß jedes Kind hier, und wahrscheinlich hat das Unglück damit zu tun, daß das genagelte Herrchen des geschorenen Rotzbengels da es wider alle Vernunft und zum Schaden meiner Zunft doch mehr mit den hirnlosen Schafen hält, auch wenn man diesem Christus nachsagt, er sei in den ganz alten Tagen mit anständigen und aufrechten Fischern befreundet gewesen.«
Hier verschluckte sich der Kaplan an seiner eigenen Galle und lief purpurrot wie die Robe eines Erzbischofs an.
»Du bist ein schändlicher Heide, Davitt-mit-der-Nase!« rief nun mit verwaschenem englischem Akzent der alte John Faughart aus. Mit beiden gichtknotigen Händen packte er die Enden eines grobgestrickten Wollstrumpfes, den er anstelle einer Mütze auf dem kahlen, runden Schädel trug, und zwirbelte flugs aus Ferse und Zehenteil zwei hornartige Auswüchse, die er nun wütend gegen seinen rotnasigen Kumpan schüttelte. »Würde ich dich nicht besser kennen, müßte ich

*) Samhaim, Beltane = alte keltische Götter

glauben, du seist überdies auch noch ein gottverfluchter Protestant.« Daraufhin ließ dieser Streiter für das Christentum die belialischen Zipfel seines Wollstrumpfes wieder fahren, so daß sie ihm harmlos über die Backen baumelten, und setzte in weniger glaubenseifrigem Tonfall hinzu: »Ansonsten aber gebe ich dir recht, zumindest was diesen verlotterten Kaplan angeht. Denn heute und in den nächsten Tagen werden wir mit Sicherheit besser ohne ihn auskommen.«

»Bei meinen Kanonen, meinem Holzbein und meiner Augenklappe!« brüllte daraufhin Rory O'Gilpatrick, zog seinen Dolch und schnitzte aufgebracht einen derben Span von seiner verwitterten, armdicken Stelze. »Warum, bei der zwölfpfündigen Madonna, diese theologischen Dispute? Wenn die Herren nichts dagegen haben, lade ich diesem Meckerpfaffen einen strammen Beutel Pulver in seine rückwärtige Mündung und lege die Lunte an. Er wird dann samt seiner Kleingeisterei bis hinüber auf das Festland und den Marktplatz von Clifden fliegen und uns hier nicht länger stören.«

»Du siehst, meine Freunde sind heute nicht so erpicht auf deinen geistlichen Zuspruch wie vielleicht zu anderen Zeiten«, wandte sich Padraic O'Flaherty, der knapp 30jährige und ebenfalls rothaarige Neffe des alten Uail O'Malley, an den Kleriker. Die Feuerfarbe seiner schulterlangen Mähne kontrastierte seltsam mit dem Schwarz seines spanischen Zeremonialgewandes, das früher einmal einem Granden aus Sevilla gehört hatte, der dann in einer unglücklichen Stunde irgendwo zwischen Cadiz und den Inseln von Aran über die Planke hatte laufen müssen. »Sage ihnen also, daß du gutwillig verschwinden willst, ehe sie ernstlich wütend werden!«

Der Kaplan kniff die Lippen zusammen und murmelte undeutlich etwas von der süßen Krone des Märtyrertums.

»Werde jetzt nicht größenwahnsinnig!« schnauzte ihn sofort Mac William Eughter an, den sie im Lande von Upper Owle Malley auch den Eisernen Richard nannten. Dieser Hüne war etwa 60 Jahre alt, und das drahtige blonde Haar stand ihm wie die Hornlocken eines Stiers um den kantigen Schädel, wenn auch da und dort von jähem Grau durchschossen. Jetzt trommelte der normannische Ritter sich mit beiden Fäusten gegen den lederummantelten Brustkasten, dann raufte er sich das Haar genau dort, wo es bereits ergraut war, und setzte mit schiefem Leidensmaul hinzu: »Denn wenn in diesem Saal ein Märtyrer steht, dann bin ich es, ich ganz allein! Schließlich bin ich, der vom Unglück entsetzlich verfolgte Mac William Eughter, es gewesen, den die verfluchte und siebenmal in Schwefel gesottene Hexe ...«

Der Kaplan begann sich wie ein Uhrwerk zu bekreuzigen und gleichzeitig in schrillem Latein zu tönen. Der ungeschlachte Normanne zuckte verstört die Achseln, so daß sein Büffelwams knarrte, und warf einen hilfeflehenden Blick auf Sir Henry Sydney, einen hochaufgeschossenen Mittfünfziger mit kaninchenartigen Raffzähnen und einer gepuderten Perücke über himmelstürmender Nase, der außerdem auch noch Gouverneur von Galway in den Diensten der englischen Krone und deswegen herausgeputzt wie nur irgendein Hofschranze war. Doch jetzt wirkte auch er, trotz seiner samtverbrämten Pluderhosen und seiner reichlich mit Goldfäden bestickten Weste, arg verunsichert, als er hechelte: »Einmal habe ich erlebt, was zweihundert barfüßige Iren in der glorreichen Flotte Ihrer Majestät anrichteten. Doch gegen diesen Kaplan waren sie Waisenknaben, denn er treibt es noch toller als damals jene Piratenhorde. – Kusch doch endlich, du übermütiger Pfaffe! Es war so friedlich hier, ehe du gekommen bist.«

»Friedlich?!« fistelte daraufhin der Kleriker. »Ihr seid alle vom Teufel besessen!« Und ehe ihn einer der berühmten Recken daran hindern konnte, stimmte er einen höchst kämpferischen Psalm an, in dem viel von König Salomo und der verworfenen Hexe von Endor die Rede war.

Während der Kaplan also kreischte, daß sein Beffchen wie in einem atlantischen Sturm flatterte, begann Toby O'Malley, Viscount of Mayo und der Jüngste in der Runde, nachdenklich mit seinem Dolch zu spielen, äußerte aber dann, als der Pfaffe doch einmal Atem schöpfen mußte: »Man darf ihm seine Dummheiten nicht allzu übelnehmen. Schließlich stammt er nicht aus dem Westen, sondern aus dem Osten Irlands oder sogar aus Cornwall und weiß deswegen unsere altehrwürdigen Bräuche wahrscheinlich nicht so zu würdigen, wie sie es zweifellos verdienen.« Der Viscount of Mayo zerrte an seinem gekrausten und gefältelten Kragen, den er über einem Lederkoller ganz ähnlich dem seines Erzeugers Mac William Eughter trug, dann schoß er aus grünen Augen einen mordlustigen Blick auf den Kleriker und fuhr fort: »Würde sich ein Gottesmann aus Mayo aufführen wie er, der ganz offensichtlich gleich wieder einen Exorzismus aus sich pfeifen lassen will, hätte ich ihm schon längst die Eingeweide aus dem Wanst kitzeln müssen. In diesem besonderen Fall jedoch sollten wir, beim siebenfach geschwänzten Teufel, christliche Nachsicht und Nächstenliebe walten lassen. – Was meinst du dazu, Owen of Howth, der du doch berühmt bist für deine milden Taten?«

»Nächstenliebe zahlt sich stets aus, wer wüßte dies besser als ich«, überschrie der beleibte Herr von Howth den Kaplan, der inzwischen schon wieder ganz unflätig keckerte. Gleichzeitig hievte er erstaunlich behende seine in grünes und elfenbein-

farbenes Tuch gezwängte Leibesfülle aus dem Scherenstuhl, in welchem er gesessen hatte, packte den Kleriker wie einen schlachtreifen Karnickelbock im Genick und schnürte ihm auf diese Weise nachdrücklich die Kehle samt einem weiteren drohenden Exorzismus ab. Owens kleine Äuglein im hamsterbackigen Gesicht glänzten bei dieser Attacke in einem kriegerischen Feuer, das eines ernster zu nehmenden Gegners würdig gewesen wäre, als der schmächtige Kaplan es war.
Immerhin war der unhöfliche Exorzist durch die schnelle Tat des Owen of Howth nun zum Schweigen gebracht, und Davitt Monaghan tat ein Übriges, indem er sich mit perfidem Grinsen das eine Bein des wiederum kardinalrot angelaufenen Klerikers schnappte, während ihm Uail O'Malley blitzschnell das andere aushebelte. Mac William Eughter und Rory O'Gilpatrick griffen sich je einen Arm des uneinsichtigen Störenfrieds, und auf diese Weise schleppten die fünf Helden den sich wie einen Wurm windenden Gottesmann aus der Söllerhalle und über die Wendeltreppe nach unten, während die übrigen vier Recken im Triumph folgten.
Im Erdgeschoß des Hauptturmes von Carrigahowly entriegelte Toby O'Malley, der Viscount of Mayo, in seiner Eigenschaft als Hausherr eine Kerkertür, und die fünf Lastträger warfen den Kaplan mit Schwung ins Verlies. Er landete mit einem wehen Seufzer auf einem Bund Stroh und schien endlich begriffen zu haben, in welche Bredouille ihn sein Glaubenseifer gebracht hatte, denn er betete nur noch flüsternd.
»Wir haben vorhin von Nächstenliebe gesprochen«, sagte aufatmend der junge Viscount of Mayo, »und ich meine, sie ist dem Plärrvogel in vollem Maße zugute gekommen, denn er liegt ganz unbeschädigt im Loch, und es ist ihm auch nicht ein Härchen gekrümmt worden.«

»In der Tat«, erwiderte Owen of Howth. »Doch wie in der Bibel geschrieben steht, währet die Liebe immerdar, und da dieser verwünschte und vom Deixel besessene Kleriker nicht weniger als drei Tage und ebensoviele Nächte in seinem Loch verbringen muß, dürften ein halbes gebratenes Lamm sowie eine Gallone Poteen*) nicht zu viel für ihn sein.«

»Wir sollten ihm lieber zwei Gallonen zugestehen, denn es ist scheußlich feucht in diesem Kerker«, sagte lachend Uail O'Malley. »Willst du so gut sein, Davitt-mit-der-Nase, und die notwendige Verpflegung für ihn beschaffen?«

»Aber nur unter der Bedingung, daß er nicht wieder zu predigen beginnt«, raunzte der Fischer und verschwand.

»Selbst wenn er hier unten wieder anfängt, wird er uns dadurch keinesfalls mehr stören können«, spottete Padraic O'Flaherty. »Denn in diesem Verlies haben schon ganz andere Kaliber vergeblich geplärrt. – Na, was ist, Pfäfflein? Weißt du dazu gar nichts mehr zu sagen?«

»Gottes Wille geschehe!« klang es ergeben aus dem Loch, nachdem der Kaplan sich eine gute Weile gründlich bedacht hatte. »Gelobt sei Jesus Christus!«

»Ja, da würde ich den Genagelten, der uns ehrbare Fischer zugunsten der Schafsköpfe verraten hat, auch loben, wenn er mir zwei volle Gallonen Poteen als Lohn für hirnloses Geschrei zukommen ließe«, schnauzte der zurückkehrende Davitt Monaghan und warf ein halbes gebratenes Lamm ins Halbdunkel, um danach sorgsam die beiden Kruken hinter der steinernen Schwelle abzustellen.

»Wenn du unbedingt Wasser dazu haben mußt, ruf' nach einer der Mägde«, beschied Uail O'Malley den bedauernswer-

*) Poteen = selbstgebrannter, sehr starker Whiskey

ten Kleriker noch, ehe er die Eichentür zuschlug und den rostigen Riegel vorschob. »Und jetzt, meine Freunde, wollen wir wieder nach oben gehen. Der verrückte Kaplan wird uns nicht mehr stören, so daß unsere Feier nun wirklich und wahrhaftig beginnen kann.«

Die übrigen Recken stimmten ihm darin eifrig zu, und so zogen die neun angesehenen Helden Erins im Gänsemarsch die Wendeltreppe wieder hinauf und verteilten sich dann um den mächtigen Bohlentisch. Hinter den westlichen Bogenfenstern des Gemachs waren die wilden Wolken sichtbar, die regenschwanger und mit grellen Lichträndern vom Atlantik her über die Bucht von Clew trieben, und im Saal selbst ächzte die Tischplatte unter derben Bratenstücken, bauchigen Schnapskruken und schweren silbernen Humpen. Dazwischen schimmerten Weinflaschen aus den berühmtesten Kellereien Spaniens, und braunes und weißes Brot war kunstvoll zu Pyramiden getürmt. Armdicke Wachskerzen ließen ihr Licht über dieser Pracht flackern.

Der seltsamste Tafelschmuck jedoch prangte inmitten all dieser Herrlichkeiten. Es handelte sich um ein großgewachsenes, derbknochiges Weib, das in eine barbarische, blutrote Robe gekleidet war. Starr standen bestiefelte Beine aus dem silberverbrämten Rocksaum heraus. In den über Kreuz gelegten Händen hielt die Frau einen Rosenkranz und einen scharfen Dolch. Ihr Antlitz war kühn, scharf und dennoch schön geschnitten, wenn auch jetzt von gelblicher Blässe gezeichnet, und erinnerte an die sagenhaften Gesichter jener vertriebenen Königinnen, wie sie seit den Tagen der ersten Normanneninvasion heimatlos und tragisch über die irischen Landstraßen wanderten. Kastanienfarbenes Haar, da und dort von silbernen Strähnen durchzogen, umzüngelte Kopf, Hals und Brust

der Toten. Ihre Augen waren geschlossen, die Lider bereits pergamentartig ausgeblichen, doch um ihre Lippen schien noch immer ein sardonisches Lächeln zu spielen, so, als würde diese Frau noch im Tod das Leben verspotten.
Die neun Männer standen in einem langgezogenen Oval um die etwa fünfzigjährige Tote herum und betrachteten sie geraume Zeit und offensichtlich mit den unterschiedlichsten Gefühlen. Endlich nahm Uail O'Malley, dessen Familienähnlichkeit mit der Verstorbenen nicht zu übersehen war, einen mit Poteen gefüllten Pokal von der Tafel, schwenkte ihn gegen das starre Antlitz der Leiche und sprach: »Wir haben uns versammelt, Grainne O'Malley, Tochter des Dhubdara von der Schwarzen Eiche, Herrin des Landes Upper Owle Malley, neuerdings auch genannt Baronat von Murasky, um dir die letzte Ehre zu erweisen. Nach uraltem Brauch, wie er in Erin seit den Tagen des heldenhaften Cu-Chulainn gepflegt wird, auch wenn den Pfaffen deswegen die Leber schwellen und die Galle platzen mag, wollen wir dir nun, da du von uns gegangen bist, drei Tage und drei Nächte lang wackere Gesellschaft leisten. Noch einmal sollst du, wie in den dreißig Jahren deiner Herrschaft auf Carrigahowly, den Mittelpunkt des Schlosses bilden. Darauf, du wildeste aller Töchter Erins, wollen wir nun trinken.«
»Das wollen wir, bei Gott und allen Teufeln von Clare«, pflichtete Davitt Monaghan dem Bruder der Verstorbenen bei. »Und wir haben, der unvergleichliche Cu-Chulainn weiß es, dazu bestimmt keinen Kaplan nötig.«
»Du sollst nicht von dem Kläffer quasseln, sondern trinken, denn es geht hier um die Ehre der verblichenen Fürstin von Carrigahowly«, wies ihn Rory O'Gilpatrick zurecht und stampfte dabei ungeduldig mit seinem Holzbein auf.

»So ist es in der Tat«, nahm Uail O'Malley wiederum das Wort, dann stieß er der Reihe nach mit allen seinen Genossen an. Nachdem dies geschehen war, trank jeder der neun Männer nachdenklich und ausgiebig, erst dann nahmen sie an der Bohlentafel Platz und füllten ihre Pokale erneut aus den Kruken, die wie eine tönerne Girlande rings um den prächtigen Leichnam aufgereiht waren.

Die keltische Totenfeier, die der Kaplan von Carrigahowly aus nunmehr besser verständlichen Gründen nicht hatte dulden wollen, hatte ihren Anfang genommen.

I

Das lilienweiße Band

Über der Bucht von Clew hing die grüne westirische Dämmerung. Sie fächerte seit Stunden von den unsichtbaren Trauminseln im Atlantik herüber, und unter ihr rollte nun die Flut zurück an die Küsten von Connemara und Mayo. Auf den schäumenden Zungen der rückschlagenden See trieben die Curraghs der Fischer, tanzten zuckend und suchten mit ledrigen Schnauzen ihre bruchsteingefügten Molen. Auch Männer von Clare segelten im Rudel, und als sie sich von den anderen trennten und wieder unter die Schroffen ihrer Insel gelangten, da vernahmen sie vom klobigen Turm von Carrigahowly herunter grölenden Gesang und das schrille Pfeifen eines Dudelsacks.

Um den Tisch mit der prächtigen Leiche der Grainne O'Malley stolzierte wie ein Gockel der kühne Davitt Monaghan und pumpte in kriegerischem Rhythmus den Balg. Unter weingepichter Nase stand ihm die Pfeife, und seine gichtigen Finger trillerten über den Tonlöchern, so flink, als gehörten sie einem Jüngling. Die jagende, sich überschlagende, jäh abbrechende, wütend und kriegerisch wieder aufflammende Melodie, die Davitt-mit-der-Nase seinem Instrument entlockte, war von Connemara bis zu den Inseln von Aran gefürchtet und berühmt. Denn es war das uralte Clan-Lied der O'Malleys:

»Wer trotzt den Königen des Westens?
Den Recken von Clew, wenn sie ausziehen,
um blutige Ohren zu sammeln,
die prächtigsten Herden Erins dazu.
Wer trotzt den Helden von Clare,
wenn sie mit Eichenstämmen fechten?«

Während also Davitt Monaghan seinen Dudelsack fisteln, pfeifen, schrillen und quäken ließ, sangen seine Gefährten lautstark das ehrwürdige Lied und schmierten sich zwischendurch die Kehlen mit Poteen. Rory O'Gilpatrick tat ein Übriges, denn er hatte wiederum seinen bereits an der eigenen Stelze erprobten Dolch gezogen und ließ die Klingenspitze nun taktsicher zwischen den gestiefelten Beinen der Grainne O'Malley ins Holz des Bohlentisches nadeln, ohne auch nur einmal abzuirren und etwa die Leiche selbst zu treffen. Padraic O'Flaherty wiederum, der Nachfahre der Toten aus ihrer ersten Ehe, grölte lauter als alle anderen, und damit ihm dabei seine Schnapskruke stets griffgerecht war, hatte er sie bereits während der siebten oder achten Wiederholung des Kriegsgesangs gegen den Schädel seiner Mutter gelehnt, so daß er sich seinen Becher nachfüllen konnte, ohne sich dabei auch nur um ein weniges aus seinem Scherenstuhl am Kopfende der makabren Tafel erheben zu müssen. Padraic bediente mit dem Gebaren eines spanischen Granden aus dieser Kruke großzügig auch seinen Halbbruder Toby sowie seinen Onkel Uail O'Malley, die sich mit ihm den Ehrenplatz zu Häupten der Leiche teilten.

Es ging jetzt auf die Mitternacht zu, und draußen über der Bucht wurde der grüne Himmel in der späten irischen Sommerdämmerung allmählich tintig. Da nahm Uail O'Malley

Padraics Kruke vom Schädel der Toten weg, goß sich seinen silbernen Pokal bis zum Rand voll und gebot dem heftiger denn je stolzierenden Davitt Schweigen. Mit einem kunstvollen Triller ließ der Dudelsackspieler die Melodie ausklingen, auch die Sänger verstummten, und als zuletzt nur noch das Gurgeln des Selbstgebrannten in den Bäuchen der Zecher und vom Strand herauf das Schnalzen und Rauschen der Brandung zu vernehmen waren, sprach Uail O'Malley:

»Da wir inzwischen vom Poteen gut angewärmt sind und auch tapfer der heiligen Tradition unseres berühmten Clans Genüge getan haben, können wir nunmehr darangehen, den eigentlichen Zweck unserer Zusammenkunft zu erfüllen. Als wir heute den teuren Leichnam der Grainne O'Malley inmitten dieser Halle aufbahrten, so wie sie dies als Fürstin des Landes Upper Owle Malley mit Fug und Recht erwarten konnte, da wurde von uns – ihren besten Freunden und vielleicht auch wütendsten Feinden – beschlossen, daß sie keinesfalls sang- und klanglos in die Grube fahren, sondern daß durch unsere Münder ihr heldenhaftes und wildes Leben noch einmal lebendig werden soll. Wir haben abgemacht, daß jeder aus unserer Runde das über Grainne berichten soll, was er durch sie an Freude oder auch an Leid zu ertragen hatte. Auf diese Weise wird sich der Kreis ihres Daseins runden, und sie wird einen würdigeren Nachruf bekommen, als je ein Pfaffe ihn quäken könnte.«

»Gut gesprochen – bei allen Zwölfpfündern, die in Grainnes Diensten abzufeuern ich je die Ehre hatte!« rief Rory O'Gilpatrick. »Ich nehme an, du willst als Erzähler den Anfang machen, Uail O'Malley?«

»Sobald wir darauf getrunken haben – und sofern niemand etwas dagegen einzuwenden hat«, erwiderte Uail.

»Trinken wir also auf deine Geschichte«, sagte Mac William Eughter, der Normanne, »denn das Weib hat dir beinahe ebenso übel mitgespielt wie mir selbst, doch außerdem bist du, im Gegensatz zu mir, ihr Bruder, was dir zusätzliche Rechte verleiht.«

»Das will ich meinen«, versetzte Uail O'Malley und reckte seinen Arm mit dem vollen Becher über die Leibesmitte der Leiche. Von allen Seiten fuhren daraufhin die Hände der anderen heran, und die Pokale klangen über der stumm daliegenden Grainne O'Malley zusammen. Poteen spritzte auf ihre blutrote Robe, und sogleich leerten die neun Helden ihre Gefäße bis zur Nagelprobe. Uail O'Malley schmeckte dem Fusel ein Weilchen nach, dann rülpste er satt und begann:

»Sie stammte aus einem der edelsten Geschlechter Irlands, und deswegen wäre es auch nicht einfach gewesen, sie noch in der Wiege zu erwürgen, wie ich es wahrscheinlich hätte tun sollen. – Doch es ist besser, nicht gleich wie ein Tölpel mitten in diese Dinge hineinzutappen, sondern ich will, wie es sich gehört, mit den Anfängen des Clans beginnen. Hört also, was es mit dem Geschlecht der O'Malleys auf sich hat, damit ihr dann um so besser begreift, warum eine wie Grainne geboren werden konnte.«

Die Tafelrunde versorgte sich noch einmal mit Poteen und dann vernahm sie

Die Geschichte des Uail O'Malley

Über Erin lastete noch das Heidentum, und kein Mensch hatte je von Christus oder seinen Aposteln gehört. Vermutlich fröhlicher als in späteren Zeiten saßen die Iren auf ihren Hügelfestungen und wurden von kühnen Königen beherrscht, die ihre Feinde abzuschlachten pflegten wie Wachtelhühner und ansonsten durch unerhörte Großzügigkeit gegenüber ihren Gefolgsleuten glänzten. Einer dieser Herrscher war Connor Mac Nessa, dessen Burg in Emain Magach in Ulster stand. Seine Gegner waren König Ailill und dessen furchteinflößende Gattin Maeve von Connaught. Und wahrscheinlich hätte Connor Mac Nessa von Emain Magach schon bald ein schlimmes Schicksal erlitten und wäre in einem Kupferkessel halbgar gekocht und dann verspeist worden, wenn ihm nicht der größte aller irischen Helden zur Seite gestanden hätte. Dieser unerhörte Recke hieß Cu-Chulainn, und wenn ihn das Kampffieber packte, pflegte sein riesiger Leib dermaßen zu glühen, daß er nach jedem Sieg von sieben Jungfrauen in einem quellwassergefüllten Bottich höchst mühselig wieder abgekühlt werden mußte, was nach besonders blutigen Schlachten Tage dauern konnte.

Dieser Cu-Chulainn also, der noch heute in Erin höher geachtet wird als selbst Jesus Christus, vergrößerte bald die Macht des Königs von Emain Magach über alle Maßen, und nach einem Dutzend oder mehr Schlachten gelang es ihm, Ailill, den Herrscher von Connaught, in die Enge zu treiben und ihn mit Hilfe einer Eiche, die er auf einem heiligen Berg samt den Wurzeln ausgerissen hatte, zu erschlagen. Damit war es an Connor Mac Nessa von Ulster, seinen Widersacher im Triumph zu verspeisen, denn Cu-Chulainn selbst hatte großmütig auf dieses Privileg verzichtet. Der Held hatte sich den glühenden Leib diesmal auch nicht von sieben Jungfrauen abkühlen lassen, sondern war nach seinem glorreichen Sieg schnurstracks der Königin Maeve von Connaught gefolgt, welche sich nun an die äußerste Westküste von Irland zu retten versuchte.

Maeve, von allen ihren Gefolgsleuten im Stich gelassen, eilte schnell wie der Herbststurm durch Connemara und Mayo und erreichte endlich die Bucht von Clew. Cu-Chulainn war ihr härter auf den Fersen denn je, und so blieb der entthronten Königin zuletzt nichts anderes übrig, als über den Sund zu schwimmen und sich auf die Insel Clare zu flüchten. Sie glaubte sich dort in einer Höhle vor dem glühenden Helden verbergen zu können. Doch Cu-Chulainn ließ sich nicht täuschen und folgte der gewesenen Königin von Connaught auch auf die einsame Felseninsel. Dort zerrte er sie zuletzt aus ihrer Grotte, und Maeve von Connaught hatte noch Glück dabei, denn das Seewasser hatte Cu-Chulainn so weit abgekühlt, daß ihr Fleisch unter seinen derben Griffen wenigstens nicht brannte. Dies war jedoch auch die einzige Gunst, die der Held aus Ulster ihr gewährte, denn kaum hatte er sie gepackt, erwachte gegenüber der wilden Frau, die er eigentlich hatte erschlagen wollen, eine ungeheure Begierde in seinen Lenden, und auf diese Weise wurde im Schoß der Maeve von Connaught der erste Sproß des späteren Geschlechts der O'Malleys gezeugt.

Cu-Chulainn blieb bis zur Geburt des Knaben, den er Uail nannte, auf der Insel von Clare; kaum hatte jedoch sein Sohn den ersten Schrei getan, begab er sich zurück aufs Festland, um dort weitere Abenteuer zu erleben und unsterblich zu werden. Man könnte sagen, er habe wie ein Rabenvater gehandelt, doch Maeve von Connaught, die Mutter, war nicht besser. Denn sie setzte Uail in der Grotte aus, in der sie sich zuerst vor dem Recken aus Ulster verkrochen hatte, und kehrte dann ebenfalls in ihre Heimat zurück, um dort noch gehörig für Unruhe zu sorgen, ehe sie zuletzt den Weg alles Fleisches gehen mußte.

Die Aussichten des kleinen Uail waren also denkbar schlecht, doch er stammte nicht umsonst von Eltern ab, die in späteren Zeiten zu Halbgöttern wurden, und deswegen erbarmte sich das Schicksal seiner und sandte ihm eine mächtige Seekuh in seine Grotte, die ihn bis zu seinem dritten Lebensjahr besser säugte, als selbst Maeve von Connaught es gekonnt hätte. Ja, Uail wuchs zu einem derartig kühnen Recken heran, daß er bereits mit sieben Jahren zur Insel Achill hinübersegelte und dort mit Hilfe eines Eichenstammes, den er samt den Wurzeln von einem heiligen Felsen riß, ein Seeungeheuer erschlug, das soeben eine unschuldige Jungfrau zur Befriedigung seiner scheußlichen Wollust geraubt hatte.

Es zeigte sich, daß diese Jungfrau die Tochter des Königs von Mayo war, und als dieser Herrscher von der Großtat Uails erfuhr, zögerte er nicht lange, ihm die Gerettete zur Ehe zu geben. Uail zählte zu diesem Zeitpunkt noch immer nicht mehr als sieben Jahre, doch er überragte die gewaltigsten Helden von Mayo bereits um einen vollen Kopf, was auf seine halbgöttliche Abkunft sowie die fette Milch der Seekuh zurückzuführen war, die ihn gesäugt hatte.

Zusammen mit seinem Weib Grainne kehrte Uail auf die Insel von Clare zurück. Er nannte sich nun Uail von der Schwarzen Eiche, denn der Baumstamm, mit dem er das Seeungeheuer auf Achill erschlagen hatte, war durch das Kampffieber, das ihn damals gepackt hatte, außen ganz verkohlt und eisenhart geworden. Und nachdem Uail von der Schwarzen Eiche auf der Insel von Clare für sich, sein Weib und ihre gemeinsamen Nachkommen einen steinernen Turm zur Wohnung errichtet hatte, zog er mit seiner unerhörten Waffe häufig hinüber aufs Festland und schuf sich dort einen Stamm von Untertanen, indem er diejenigen, die ihm nicht nachfolgen wollten, gnadenlos erschlug, sich gegenüber den Gutwilligen jedoch stets großmütig zeigte.

Als Uail vierzehn Jahre zählte und bereits Vater von vier reckenhaften Knaben war, verstarb der König von Mayo, doch zuvor hatte er Uail von der Schwarzen Eiche noch zu seinem Erben eingesetzt, so daß dieser nun über alles Land und alle Inseln von Connemara bis Aran herrschte.

Auf diese Weise entstand das Herrschergeschlecht derer von O'Malley, wie es später genannt wurde, doch sein eigentliches Wappenzeichen blieb stets die schwarze Eiche.

Die Jahrhunderte verstrichen. Aus dem ersten, uralten Turm auf der Insel von Clare entstand eine Burg, die nun kühn über die Bucht von Clew blickte. Auf den Inseln von Erin hatten sich schon lange zuvor die christlichen Mönche festgesetzt oder hatten als Einsiedler in den Urwäldern gehaust. Später errichteten an den Flußufern die Wikinger ihre Ringburgen, und zuletzt entstanden auf den Klippen die Festungen der Normannen. Viele irische Königsgeschlechter gingen in jenen Zeiten unter, doch der Clan von O'Malley blieb bestehen und glänzte nach wie vor durch seine Heldentaten.

Es war eine O'Malley, die im Jahr 966 das Erbe ihres Sohnes durch eine solch tapfere Tat rettete. Nachdem ihr Ehegatte samt den meisten seiner Gefolgsleute im Kampf gegen die Wikinger den Tod gefunden hatte, sollten auch sie und ihr einziger unmündiger Sohn über die Klinge springen. Doch jene rothaarige Herrin von Clare tanzte vor den Feinden mit entblößten Brüsten und erregte dadurch zuletzt solche Zwietracht unter den Kriegern der Drachenboote, daß sie sich in ihrer Brunst und Eifersucht gegenseitig metzelten, wodurch die Herrin von Upper Owle Malley samt ihrem Sohn entkommen und sich retten konnte, wenn auch ohne ihr Oberkleid. Letzterer Umstand wurde jedoch von den Menschen in Connemara nicht als Schande angesehen, denn der Clan überlebte und behielt durch die Tat dieser mutigen Frau die Insel, so daß sich später das Blatt für die O'Malleys wieder wenden konnte. In anderen Jahrhunderten standen Männer und Frauen von der Schwarzen Eiche auch im Kampf gegen Normannen und Engländer und schützten das Land von Upper Owle Malley, so gut sie konnten. Manchmal schrumpfte ihr Herrschaftsbereich und manchmal dehnte er sich wieder aus, doch der Clan überlebte stets, und auf der Insel von Clare konnte sich niemals ein Feind festsetzen.

Als ich, Uail O'Malley, geboren wurde und wenige Jahre später meine widernatürliche Schwester Grainne, herrschte von Connemara bis zu den Aran Inseln ein Held, der sich seiner Vorfahren durchaus würdig zeigte. Der Name unseres Vaters lautete Dhubdara von der Schwarzen Eiche, und in jenen Jahren, als wir Kinder heranwuchsen, machte er die Küste bis weit hinunter in den Süden mit seiner Flotte von Curraghs unsicher. Seine Fellboote waren klein und wendig, seine Männer barfüßig und gnadenlos. Sie ruderten in die versteckten Häfen von Munster und Kerry mit Entermessern zwischen den Zähnen, und als Grainne ihre erste Weiberblutung überwunden hatte, segelte sie zum ersten Mal mit ihnen. Zwar hatte sich Dhubdara von der Schwarzen Eiche zunächst heftig dagegen gesperrt, doch Grainne, die schon in ihrer Jugend mehr Raubkatze als Weib gewesen ist, hatte ihre kriegerische Ahnin Maeve von Connaught gegen seine Einwände ins Feld geführt, und so hatte er ihr zuletzt gestatten müssen, sich zwischen seine halbnackten Piraten zu setzen, um ihnen die Kampfmesser zu schleifen und ihnen abends, im versteckten Klippenlager, den Poteen zu wärmen.

Es wäre jedoch die nunmehr fünfzehn- oder sechzehnjährige Grainne nicht die Nachfahrin von Maeve von Connaught gewesen, wenn sie sich auf Dauer damit zufrieden gegeben hätte. In Dingle geschah es, daß ein vorwitziger Diakon von der Hafenmole herunter gegen die Curragh-Fahrer von Clare übel zu wettern begann, als diese gerade einen Lagerschuppen plündern wollten, in dem es viele Fässer mit braunem Bier zu gewinnen gab. Die barfüßigen Gefolgsleute des kühnen Dhubdara von der Schwarzen Eiche – alles strenggläubige Katholiken – scheuten sich aus verständlichen Gründen, den pfäffischen Grünschnabel zum Schweigen zu bringen, nicht so jedoch meine wölfische Schwester Grainne. Denn dieses Scheusal schleuderte plötzlich eine Breitaxt gegen den Kleriker und traf ihn damit so nachdrücklich an einer unsagbaren Körperstelle, daß sein Keuschheitsgelübde ihn von da an ganz bestimmt nie wieder in Gewissenskonflikte gebracht hat.

Die Männer des Dhubdara von der Schwarzen Eiche lobten daraufhin während der ganzen Heimfahrt die Kühnheit der Grainne O'Malley; nur der Häuptling selbst gab sich weniger überschwenglich, denn er wurde sich, bis die Curraghs wieder in die Bucht von Clare einliefen, nicht über die Frage klar, ob ein kastrierter Diakon wirklich den Verlust einer guten Breitaxt aufwiegen könne. Es hatte nämlich Grainne ihre Waffe dermaßen heftig geschleudert, daß sie nicht nur den Kleriker gekappt hatte, sondern anschließend hinter dessen geschundenem Leib unwiederbringlich in den Schlamm des tiefen Hafenbeckens gefahren war.

Nachdem jedoch die Männer des Dhubdara von der Schwarzen Eiche glücklich wieder das Schloß von Carrigahowly erreicht und die Bierfässer aus Dingle angestochen hatten, begann auch der Herrscher von Clare seine Tochter lauthals zu preisen, und er soll dabei folgenden Ausspruch getan haben, der mir selbst schon wenige Jahre später großes Unglück brachte: »Grainne hat mehr von einem altirischen Recken als mein Sohn Uail, obwohl ich diesen früher gezeugt habe als jene und meine Säfte damals eigentlich kräftiger gewesen sein sollten als zu der Zeit, da meine Tochter entstand. Es hat den Göttern jedoch ganz offensichtlich gefallen, in dieser Sache gegen die Natur zu handeln, und auch wenn ich dies nicht recht begreifen kann, so ist eines doch klar: Es wäre meinem schwächlichen Sohn niemals ein derartiger Beilwurf gelungen, wie meine Tochter Grainne ihn zum Erstaunen und zur Freude ganz Erins getan hat.«

Meine widernatürliche Schwester erwiderte darauf: »Ich, die ich von Maeve von Connaught abstamme, sehe es nicht als eine sonderliche Kunst an, einen unbedeutenden Diakon um ein weniges zu stutzen. Aber ich schwöre, daß ich mich eines Tages nicht mehr bloß mit quäkenden Geschorenen abgeben werde, sondern mich mit echten Männern messen will. Und, bei der Glut meines berühmten Ahnen Cu-Chulainn, ich werde dann nicht auf windigen Curraghs gegen sie rudern, sondern ihnen mit den Kanonen von Galeonen einheizen!«

Daraufhin stürzte die fünfzehn- oder sechzehnjährige Grainne einen großen Humpen Braunbier hinunter und stand auch darin den übelsten Schandkerlen aus der Horde des Dhubdara von der Schwarzen Eiche nicht nach.

Alle, die mit nach Dingle gesegelt waren oder in der Zwischenzeit das Schloß von Carrigahowly geschützt hatten, jubelten Grainne nach ihrer Rede und ihrem gewaltigen Sturztrunk wie die Narren zu, und ich, der ich plötzlich völlig bedeutungslos geworden war, obwohl ich doch dereinst die Herrschaft über das gesamte Land Upper Owle Malley erben sollte, ahnte allmählich Schlimmes.

Es vergingen jedoch noch drei Jahre, bis ich die unendliche Tücke meiner Schwester dann tatsächlich kennenlernte. Bis dahin segelte Grainne als Piratin unter Piraten auf den Curraghs oder machte die Berge von Clare vom Sattel aus unsicher, während ich selbst mich auf Carrigahowly mehr mit den Künsten des Lesens und Schreibens sowie mit der Verwaltung unserer zugegebenermaßen zumeist zusammengeraubten Güter beschäftigte.

Dann jedoch, man schrieb das Jahr des Herrn 1569, verstarb unser Vater, der kühne Dhubdara von der Schwarzen Eiche, ganz plötzlich an den Folgen eines Trinkgelages, das er zusammen mit einigen fellbekleideten Häuptlingen aus Donegal veranstaltet hatte. Seine Leber schwoll mächtig an, und er spie mehrere Tage und Nächte lang Blut und Galle, was als Beweis dafür gelten kann, daß die Barbaren im äußersten Norden Erins keinen anständigen Poteen zu brennen verstehen. Jedenfalls brachten diese fellbekleideten Wüstlinge aus Donegal den armen Dhubdara abgezehrt bis zum Skelett und vollkommen blau angelaufen nach Carrigahowly zurück, und das einzige, was sich zugunsten ihres giftigen Fusels sagen läßt, ist die Tatsache, daß der Körper des Dhubdara von der Schwarzen Eiche nicht in Verwesung übergegangen ist, weil der Poteen aus Donegal ihn offensichtlich ebenso konserviert hatte wie eine Ratte, die von gewissen neumodischen Ärzten in Dublin in Branntwein eingelegt worden ist. Deswegen ruht der ehemalige Herr dieses Schlosses von Carrigahowly nun für ewige Zeiten als eine Mumie in seiner Gruft, doch ist er inzwischen nicht mehr blau, sondern ganz und gar schwarz verfärbt.

Wäre diese Schwärzung schon gleich bei der Ankunft des Leichnams auf Clare sichtbar geworden, so hätte mich ein solches Omen möglicherweise stutzig gemacht. Doch so, da unser Erzeuger zunächst noch harmlos blau blieb, lief ich meiner niederträchtigen Schwester völlig ahnungslos ins Messer, als es – nach Beachtung der üblichen Trauerzeit – um die Nachfolge des Dhubdara von der Schwarzen Eiche ging. Zu diesem Zweck luden Grainne und ich alle freien Männer des Landes Upper Owle Malley auf die Insel von Clare, und auf der westlichen Heide kam es auf diese Weise zu einer großen Volksversammlung, von der ich mit Fug und Recht annahm, daß sie mich als den neuen Herrn der Herrschaft O'Malley bestätigen würde.

Leider hatte ich aber nicht mit der Infamie des nunmehr neunzehnjährigen Weibes gerechnet, das angeblich blutsverwandt mit mir war, denn noch ehe ich auch nur einen Ton sagen konnte, um das Volk von Clew von meinem Führungsanspruch zu überzeugen, wurde von einem Vertrauten dieser verfluchten Grainne auf der äußeren Wallmauer des Schlosses von Carrigahowly eine lebensgroße Puppe aufgestellt, die ganz offensichtlich in all ihrer strohgestopften Pracht einen katholischen Diakon darstellen sollte.

Und kaum glotzte dieser von dort oben herunter, wobei an der entsprechenden Stelle seiner Kutte das Gemächte eines Bullen baumelte, hielt die schamlose Grainne auch schon eine riesige Breitaxt in ihrer unweiblichen Faust und schleuderte diese nun mit hämischem Grinsen und dermaßen zielsicher gegen das Zentrum des nachgemachten Diakons, daß dieser ebenso unweigerlich kastriert wurde wie damals sein Vorgänger in Dingle.

Die Männer des Landes Upper Owle Malley, üble und ungebildete Barbaren, wie ich leider sagen muß, begriffen auf der Stelle, was Grainne ihnen mit ihrer abscheulichen Tat hatte mitteilen wollen, und brachen in ein fürchterliches Geschrei aus, welches im wesentlichen besagte, daß die rothaarige Tochter des Dhubdara von der Schwarzen Eiche und niemand sonst dessen Nachfolge antreten müsse.

Mit einem infamen Blick auf mich schwor Grainne daraufhin ihren Gefolgsleuten, die sie sich so heimtückisch gekapert hatte, daß sie sie ebensogut wie der verblichene Dhubdara gegen ihre Feinde im Süden führen werde, und es solle kein Diakon, kein Engländer, kein Spanier und kein Pfeffersack vor ihnen sicher sein.

Dies nahmen die Männer von Upper Owle Malley erwartungsgemäß mit noch heftigerem Beifall auf als den vorangegangenen Axtwurf, und im Verlauf der folgenden drei Tage und Nächte gewann meine ungeheuerliche Schwester sie vollends für sich, weil sie die ganze Horde noch großzügiger bewirtete, als selbst der große Dhubdara von der Schwarzen Eiche dies je fertiggebracht hatte.

Als die Keller von Carrigahowly bis auf die letzte Kruke Poteen und den letzten Hammelschlegel geräumt waren, segelte Grainne mit einem Teil ihrer verkaterten Barbaren nach Süden davon, um die Vorräte von Clare wieder aufzufüllen. Ich selbst blieb zusammen mit den Weibern und dem großen Haufen der rettungslos Besoffenen auf Carrigahowly zurück, das ich, wäre alles mit rechten Dingen zugegangen, hätte erben müssen. Doch ich hatte schmerzlich einsehen müssen, daß ich – obzwar etliche Jahre älter und zudem ein Kerl von sechseinhalb Fuß Größe – diesem Weibsteufel von Schwester nicht gewachsen war und auch niemals sein würde. Grainnes hinterhältiger Beilwurf gegen den ausgestopften Diakon auf der Mauer von Carrigahowly bewirkte, daß ich mein Leben lang als ein unbedeutender Narr in ihrem Schatten stehen mußte.

Und so kann ich abschließend nur sagen, es ist besser, gar keine Geschwister zu haben, als solche von der Art einer Grainne O'Malley – doch leider hatte mein Vater, oder auch der Teufel, sie nun einmal gezeugt, und niemand konnte später mehr etwas dagegen tun.

Mit einem wütenden Schnauben beendete Uail O'Malley seine Geschichte, und einen Augenblick lang hatten seine acht Gefährten den fatalen Eindruck, er müsse sich sehr beherrschen, um nicht auf die starr daliegende Leiche in der blutroten Robe zu spucken.

Doch als ihm Mac William Eughter, der ungeschlachte Normanne, mit wissendem Grinsen seinen Pokal füllte, beruhigte er sich wieder. Erneut klangen die Trinkgefäße der Tafelrunde zusammen, und danach sagte Padraic O'Flaherty, der älteste Sohn der Verblichenen: »Erstaunliches hast du aus den jungen Jahren meiner Mutter berichtet, verehrter Onkel Uail. Und ich begreife nun auch, warum du mir, seit ich denken kann, immer ein wenig verbittert vorgekommen bist. Doch in einem muß ich dir widersprechen: Ich glaube nicht, daß der Teufel Grainne gezeugt hat, denn dies wäre gar nicht nötig gewesen, da sie ja eine O'Malley war. Außerdem weiß ich aus sicherer Quelle, daß sie getauft wurde, was bei einem Teufelsbalg noch nicht einmal der Papst in Rom fertiggebracht hätte. Dies soll zur Ehre derer gesagt werden, die mich geboren hat.«

»Sie war in der Tat eine Christin von ganz hervorragender Art«, mischte sich Davitt-mit-der-Nase ein. »Das kann ich beschwören, denn ich hatte bei ihrer Tauffeier einen gewaltigen Rausch.«

»Ich weiß es ja selbst, denn ich stand damals neben dem Becken in der Kapelle von Carrigahowly und durfte die Kerze halten«, seufzte Uail O'Malley. »Und als wir vorhin die Leichenfeier vorbereiteten, habe ich sogar ihr Taufkleid wiedergefunden.«

Er erhob sich und schlurfte zu einer Truhe, die an der Schmalseite der Halle stand. Gleich darauf hielt er ein weißes Säuglingskleid in den Händen, auf dem gelbliche Wachsspritzer eingetrocknet waren.

»Das ist es«, sagte er, nachdem er seinen Platz am Kopfende der Tafel wieder eingenommen hatte. »Man möchte nicht glauben, daß Grainne O'Malley einmal in diesem Puppenkleid gesteckt hat, nachdem sie sich später zu einem derartigen Ungeheuer auswuchs. – Doch wie auch immer, man soll über die Toten nicht mehr Schlechtes sagen als unbedingt nötig ist. Und deswegen soll meine mißratene Schwester nun auch eine allerletzte Ehre von mir erfahren.«

Mit diesen Worten riß Uail O'Malley einen fingerbreiten Streifen von dem verschossenen Taufkleid ab, drehte ihn sorgfältig zusammen und wand ihn dann nach altem Brauch um den Schädel der Leiche.

»Dieses einst lilienweiße Band möge dir im Jenseits ein wenig Pardon verschaffen«, murmelte er dabei. »Immerhin beweist es ja, daß man vor langer Zeit geweihtes Wasser über dich

gegossen und dazu auch die nötigen Worte gesprochen hat.«
Uail O'Malley knotete das Band fest und fügte noch grummelnd hinzu: »Trotzdem bezweifle ich, daß die Taufe bei dir irgend etwas bewirkt hat, doch dies ist – beim Teufel und allen Heiligen – jetzt ganz alleine deine Sache und soll mich nicht weiter scheren.«

»Amen«, sagten daraufhin einmütig Uail O'Malleys Gefährten, ehe sie sich wieder ihren Kruken mit Poteen zuwandten.

II

Das weinrote Band

Die Möwen von Clare begrüßten das Morgenlicht mit aufgeregtem, schrillem Geplärr und stießen auf die Tümpel hinunter, welche die ablaufende Flut am Saum der Insel zurückgelassen hatte. Die Männer der Tafelrunde im großen Saal des Turmes von Carrigahowly wirkten im Schein der frühen Sonne ein wenig übernächtigt. Die Leiche der Grainne O'Malley dagegen sah lebendiger aus als am Abend zuvor, denn die Totenstarre hatte sich inzwischen gelöst. Gelegentlich rumorte es sanft unter der blutroten Robe.

»Sie grummelt wie Geschützfeuer weit hinterm Horizont«, äußerte anerkennend Rory O'Gilpatrick. »Man möchte fast glauben, die Heldin von Clew wolle noch einmal gegen die Spanier ziehen.«

»Es wäre ihr zuzutrauen«, versetzte Sir Henry Sydney, der Gouverneur von Galway, und grinste mit seinen Raffzähnen. »Doch ganz gewiß würde sie nicht ohne ein anständiges Frühstück auslaufen wollen.«

»Das ist ein Wort, das ich mir gefallen lasse«, fiel Mac William Eughter ein.

John Faughart zwirbelte zärtlich das Fersenende seiner Mütze und fügte in seinem verwaschenen englischen Akzent hinzu: »Auch ich hätte jetzt nicht das Geringste gegen einen großen

Topf Haferbrei einzuwenden, und noch schöner wäre es, wenn er vielleicht mit einem oder zwei Heringen garniert wäre.«

»Igitt! Du bist mehr als ein Vierteljahrhundert mit Grainne gesegelt und hängst noch immer an deinen abscheulichen englischen Sitten«, tadelte ihn dumpf aus schwarzem, spanischem Zeremonialgewand heraus Padraic O'Flaherty. »Als ob es auf den Schiffen meiner Mutter nichts als Hundefutter gegeben hätte! Nein, du seltsame Ausgeburt Albions, deinen geschmacklosen Porridge dulde ich nicht auf der Tafel, auf der Grainne O'Malley ruht. Es wäre eine Beleidigung für sie und alle ihre ruhmreichen Vorfahren. Von den Heringen, die du schändlicherweise erwähnt hast, will ich aus Gründen der Pietät überhaupt nicht sprechen und nur noch so viel sagen: Wenn auf Schloß Carrigahowly gefrühstückt wird, dann entweder ein gebratener Hammel – oder gar nichts!«

»Du bist nicht weniger maßlos, als die Grummelnde da es zu ihren Lebzeiten war«, erwiderte John Faughart. »Da ich sie und ihre Sippe aber so gut kenne wie kaum ein anderer, will ich dir nicht widersprechen, denn ich weiß, daß es ohnehin sinnlos wäre.«

»Das war ein vernünftiges Wort«, sagte Owen of Howth. »Denn auch meine Erfahrung lehrt, daß man sich niemals mit einem aus der Sippe der O'Malleys anlegen soll – und trüge er auch den Namen O'Flaherty wie im jetzigen Fall. Denn wenn man sie reizt, sind sie in ihrem Zorn zu fürchterlichen Taten fähig.«

»Aber doch nicht gegenüber unseren Freunden«, fiel Toby O'Malley ein, und Uail setzte schnell hinzu: »Besonders, wenn sie sich so einsichtig zeigen wie John oder du, Owen of Howth. Außerdem hatte Padraic vollkommen recht, als er von

einem gebratenen Hammel sprach, und deswegen wollen wir jetzt auch keine Zeit mehr in dieser Sache verlieren. Sei also so gut und hilf mir ein bißchen, verehrter Neffe.«
Dies ließ der ältere Sohn der Verblichenen sich nicht zweimal sagen. Er griff sich von der Tafel einen halben vorgebratenen Hammel, der im Verlauf des nächtlichen Gelages von seinem ursprünglichen Platz am Tischrand gestoßen worden war und jetzt mit seinem fettschillernden Schädel traulich in der Ellenbogenbeuge der Grainne O'Malley ruhte. Gleichzeitig nahm Uail einen Piratenspieß von der Wand und rammte ihn, während Padraic den erkalteten und starren Hammel dagegenhielt, der Länge nach durch den Kadaver. Mit vereinten Kräften hievten der Bruder und der ältere Sohn Grainnes dann den Braten quer über den offenen Kamin, und Toby O'Malley, der jüngere Sohn der Verblichenen, schlug Feuer. Die Torfsoden begannen in kurzer Zeit mächtig zu glühen, und während die Tafelrunde andächtig zuschaute und sich die Mäuler und Bärte leckte, fing der Hammel allmählich an, sich auf seinem Spieß zu winden, Blasen aufzuwerfen und Fett aus seiner Schwarte zu lassen. Als draußen die Sonne eine Handbreit höher stand, war das Frühstück bereitet, und die neun Helden fielen mit Dolchen und Kurzschwertern über das Fleisch her, zerteilten es und begannen gewaltig zu schmausen, während Grainne O'Malley aufgrund der Hitze des Torffeuers noch stärker rumorte als zuvor und einmal sogar ein winselndes Pfeifen aus ihrem räuberschönen Mund entließ.
Nach einer kleinen Stunde, in der kaum jemand sonst als die Verblichene Laut gab, war das Mahl beendet, und im Umkreis der blutroten Robe waren nur noch abgenagte Knochen zu erblicken. Davitt Monaghan sammelte sie zusammen, riß ein Fenster auf und warf sie in den Schloßhof hinunter. Dann

reinigte er sich die fettglänzenden Finger sorglich in seinem wild wuchernden Bart und äußerte: »Wir sollten uns jetzt nicht gleich wieder über den Poteen hermachen, denn der Tag ist noch jung und könnte übel enden, wenn wir ihn zu jäh beginnen. Doch meine ich andererseits, daß ein Schluck spanischer Wein uns ganz bestimmt nicht schaden könnte, vor allem, weil es keine erfreulichere Mischung in den Eingeweiden geben kann als Rotspon und Hammel. Ich hoffe also, in den Flaschen, die sich hier so traulich um die ehrenwerte Grainne scharen, befindet sich kein saurer Krätzer aus Italien oder gar Deutschland, sondern ein Tropfen, welcher der gegenwärtigen Situation angemessen ist.«

»Das will ich meinen!« versetzte Uail O'Malley und hob eine der versiegelten Bouteillen hoch. »Denn dieser Wein stammt nirgendwo anders her als aus Malaga in Spanien, und meine verworfene Schwester raubte ihn vor beinahe dreißig Jahren aus dem Laderaum einer leichtsinnigen Galeone.«

»Potzblitz! Deswegen also kamen mir diese Flaschen gleich so bekannt vor«, rief entzückt Davitt Monaghan. »Ich war ja selbst dabei, als wir diesen und andere katholische Kauffahrer aufbrachten. Und ich muß gestehen, die reiche Beute, die wir damals machten, hat mein ganzes späteres Leben geprägt. Wenn man mich nämlich heute Davitt-mit-der-Nase nennt, weil mein Zinken als der gepichteste in ganz Connemara gilt, liegt die Ursache dafür in solchen Bouteillen, wie ich hier eine in der Hand halte.«

Nachdem er dies von sich gegeben hatte, schob sich Davitt Monaghan den Hals der versiegelten Flasche in den Mund und zermalmte mit gekonntem Biß den Verschluß aus Wachs und Gips. Dann spuckte er einen rötlich-grauen Strahl über den Körper der Grainne O'Malley hinweg in das nun allmäh-

lich ausglimmende Kaminfeuer, nahm einen langen Schluck und äußerte weiter: »Der Geschmack dieses Tröpfchens aus Malaga läßt mich in der Tat noch einmal jung werden, und ich sehe deswegen hier auch keinen Leichnam mehr vor mir liegen, sondern Grainne O'Malley steht mir genauso wieder vor Augen, wie sie mit neunzehn oder zwanzig Jahren blühte. Ich sehe sie auf den Decksplanken tanzen und uns gegen unsere Feinde führen – und dies waren wahrhaftig nicht nur schwächliche oder strohgestopfte Diakone. Denn ich habe deine Schwester ganz anders gekannt als du, Uail O'Malley, der du stets lieber im Söller von Carrigahowly gesessen hast, anstatt mit Grainne und ihren Genossen die See zu durchstreifen. Deswegen will ich nun berichten, was ich in ihren frühen Zeiten an der Seite dieser Heldin erlebt habe, die nun so friedlich inmitten unserer Runde ruht.«
»Dies wird mit Sicherheit eine feuchtfröhliche Erzählung werden«, sagte grinsend Mac William Eughter und köpfte für sich ebenfalls eine Flasche Malaga. Die anderen taten es ihm nach und lehnten sich zurück, voller Vorfreude auf

Die Geschichte des Davitt-mit-der-Nase

Nachdem Grainne O'Malley auf ihre unnachahmliche Art – wenn auch vielleicht nicht ganz im Sinne derer, die in dem fürchterlichen Irrtum befangen sind, der Mann sei stets und überall dazu berufen und fähig, über das Weib zu herrschen – die Führung des Clans übernommen hatte und von ihrem ersten unbedeutenden Raubzug zurückgekehrt war, änderte sich das Leben im Lande Upper Owle Malley grundlegend.

Denn um die Vorräte von Carrigahowly wieder aufzufüllen, hatte Grainne nur zwei oder drei ihrer Curraghs einsetzen müssen. Doch nach ihrer siegreichen Rückkehr setzte sie eine große Musterung in der Bucht von Clew an und inspizierte dabei sämtliche Boote und Männer, die nun in ihren Besitz oder unter ihre Herrschaft geraten waren.

Noch heute sehe ich Grainne vor mir, wie sie bei dieser Gelegenheit auf einer Klippe über dem Hafen von Clare stand, wie ihr kastanienfarbenes Haar flatterte und sie ihre herrlichen Brüste dem an diesem Tag scharfen Meerwind entgegenreckte. Zu ihren bestiefelten Füßen hatten sich die tapferen Männer des gesamten Landes von Upper Owle Malley versammelt, und nachdem sie deren Geschrei mit königlicher Handbewegung Einhalt geboten hatte, sprach Grainne folgendermaßen zu ihnen: »Ehre sei dem Andenken des Dhubdara von der Schwarzen Eiche, auch wenn er besoffen in die Anderwelt gefahren ist und mir neben einigen wenigen Curraghs, die mir leidlich brauchbar erscheinen, auch viele andere hinterlassen hat, von deren morschem Deck aus man noch nicht einmal einen Diakon ärgern könnte ...«

Verständnisvolles Gelächter ihrer Gefolgsleute unterbrach an dieser Stelle die kaum begonnene Rede der Grainne O'Malley, doch ebendies hatte sie offenbar erreichen wollen, denn als es verklungen war, fuhr sie fort: »Ich sehe, ihr begreift sehr gut, was ich meine, doch damit es keine Mißverständnisse gibt, will ich es noch deutlicher sagen. Mein Vater, der jetzt entweder mit Samhain bechert oder aber die Christenhölle unsicher macht, war während der letzten Monate seines Lebens nicht mehr recht auf der Höhe und hatte nur noch Unfug im Kopf. Dadurch hat, so meine ich, der Ruf des Landes Upper Owle Malley übel gelitten.«

»Aber hast du denn nicht gerade einen englischen Herrensitz im Süden geplündert?« warf ein vorwitziger Recke vom nördlichen Ufer der Bucht von Clew ein.

Grainne musterte ihn mit einem spöttischen Blick und erwiderte: »Es hätte eine ganze Grafschaft sein können, wenn ich in meinem Hafen mehr brauchbare Curraghs vorgefunden hätte. Doch die meisten der Fellboote, die früher einmal der Stolz des Landes Upper Owle Malley und der Schrecken seiner Feinde gewesen sind, lassen heute müde die Schnauzen hängen oder sind durchlöchert wie ein gespeertes Walroß. Nein, nein, es ist schon so, wie ich sagte: Dhubdara von der Schwarzen Eiche ließ zuletzt die Dinge böse schleifen und stellte schon seit einem Jahr oder mehr keine wirklich schlagkräftige Flotte mehr in Dienst. Dies jedoch möchte ich nun schnellstens ändern, und deswegen beschwöre ich euch, aus euren Wracks wieder anständige keltische Kriegsboote zu machen. Erledigt dies am besten hier auf der Insel von Clare, damit unsere Gegner keinen Wind davon bekommen und ich selbst euch jederzeit im Auge behalten kann. Ich gebe euch einen Monat Zeit und keinen Tag länger. Dann will ich eine Flotte von mindestens sechs Dutzend see- und kampftüchtiger Curraghs in der Bucht von Clew sehen, denn dies bin ich meiner Ehre und der meiner Vorfahren schuldig!«

Dagegen wußte keiner der Helden von Upper Owle Malley etwas Vernünftiges zu sagen, und schon am nächsten Tag begann auf der Insel von Clare ein Spantenschneiden und Häutepichen, daß es eine Art hatte. Als die Arbeiten ordentlich in Gang gekommen waren, kam Grainne eines Morgens zu mir und sagte: »Du, Davitt Monaghan, hast deinen Curragh trotz der Sauftouren meines Erzeugers stets in Ordnung gehalten und bist auch unter denen gewesen, die mir auf meiner ersten eigenständigen Raubfahrt gefolgt sind. Deswegen will ich dich zu meinem Vertrauten machen und gelegentlich auch einmal auf deinen Rat hören, denn auf meinen schmollmäuligen Bruder kann ich mich in dieser Hinsicht nicht verlassen. Zwar trägt er den Namen jenes ersten O'Malley, der von Cu-Chulainn höchstpersönlich gezeugt wurde, aber trozdem ist er nichts weiter als ein Weib und ein Hasenfuß. Dich jedoch habe ich dabei beobachtet, wie du einen schwertbewaffneten Engländer mit einem bloßen Knüttel erlegt hast, und deswegen vertraue ich dir. Sprich also, Davitt Monaghan, und sage mir, wie du den Ruhm des Landes Upper Owle Malley und vor allen Dingen meinen eigenen vermehren würdest!«

Ohne lange zu überlegen, entgegnete ich: »Am besten wäre es, wenn wir unsere Curraghs, nachdem sie wieder seetüchtig sind, mit Kanonen bestücken würden, doch ich fürchte, sie würden dann auf den Meeresgrund fahren, noch ehe wir einen einzigen Schuß abfeuern könnten.«

»In der Tat«, gab Grainne zu. »Denn ein Curragh von Clew trägt im allerhöchsten Fall sechs barfüßige Krieger und ragt dann mit seiner Bordwand bloß noch eine Handbreit aus dem Wasser. Trügen die sechs Recken Stiefel an den Beinen, müßte das Boot wegen dieses zusätzlichen Gewichts bereits sinken. Mit den Kanonen kann es also nichts werden, mein Freund. Ich sehe aber, daß du tapfer und todesmutig zu denken imstande bist, weil du mir einen solchen Vorschlag machtest.«

»Vielleicht sollten wir es dann mit gewissen Geheimwaffen versuchen«, sagte ich, nachdem ich dieses große Lob eingeheimst hatte. »Zwar weiß ich noch nicht, wie ein solch mörderisches Gerät aussehen könnte, doch ich will mir gerne den

Kopf darüber zerbrechen und bin sicher, daß wir mit irgendeiner keltischen Wunderwaffe unseren Feinden zuletzt mehr Schaden antun werden als mit einem Schock zwölf- oder sogar vierzehnpfündiger Kanonenkugeln.«
»Ich sehe die spanischen Galeonen und Galeassen bereits wie Fackeln brennen und zur Hölle fahren!« frohlockte daraufhin Grainne und schlug mir dabei so derb auf die Schulter, daß ich um ein Haar von der Klippe gestürzt wäre, auf der wir standen. Grainne rettete mich jedoch, indem sie mich am Gürtel festhielt, dann versicherte sie: »Ich werde deinen ausgezeichneten Rat, auch wenn er vielleicht noch nicht ganz ausgegoren ist, beherzigen, sobald die Zeit dazu gekommen ist.«
Auf diese Weise wurde ich, Davitt Monaghan, so etwas wie der Vertraute und Berater der neuen Herrin von Carrigahowly, und ich habe daraus in späteren Zeiten sehr großen Nutzen gezogen. Denn ehe Grainne zur Macht kam, war ich nichts weiter gewesen als ein armer Fischer von Clare, doch schon in naher Zukunft sollte ich dann tatsächlich eine ungeheuerliche Geheimwaffe erfinden, mit der wir gegen die Spanier ziehen konnten, und ich sollte dann mehr Wein zu verputzen haben als ein römischer Prälat oder ein königlicher Statthalter zu Dublin.
Vorerst ahnte ich freilich noch nichts von dem Glück, das mir in der Gefolgschaft der Grainne O'Malley blühen sollte, denn noch lagen unsere Curraghs traurig am Strand, und ich hatte zu schnitzen und zu pichen wie jeder andere Held von Clew auch und dazu noch lauter zu brüllen als alle anderen zusammen, denn schließlich hatte mich Grainne als Aufseher über sie gesetzt.
Nachdem jedoch ein Monat verstrichen war, wiegte sich die Flotte des Landes Upper Owle Malley schöner und kriegeri-

scher auf den Wellen als selbst die tausend oder noch mehr Drachenschiffe, auf denen in den alten Zeiten der verfluchte König Hartherz*) Irland und alle umliegenden Gegenden heimgesucht hatte. Alle unsere Curraghs besaßen nun neue Spanten aus Hartholz oder Walroßrippen, und die besten Felle von Clew waren straff darüber gespannt, so daß die See von ihnen abperlte wie von gefettetem Glas. Schon allein der Anblick dieser Kriegsflotte mußte allen unseren Feinden das Fürchten lehren, sobald wir es für gut befinden würden, gegen sie auszulaufen.

Nach dem Willen der Grainne O'Malley sollte bis dahin jedoch noch einige Zeit verstreichen, denn zuvor gedachte sie uns in den Gewässern von Clew gründlich einzuüben. So kam es, daß während der folgenden Wochen sechs Dutzend Curraghs bei Tag und oft auch bei Nacht wie die Wiesel zwischen der Insel Clare und dem Festland hin und her fegten. Grainne O'Malley selbst thronte dabei im größten ihrer Kriegsboote, das mit silbergrauem Seehundsfell überzogen war, und gab mit Hilfe einer Handtrommel die notwendigen Signale. Ich wiederum kauerte als Adjutant gleich hinter ihr und hatte auf das zu achten, was sie im Eifer des Manövers vielleicht übersehen mochte. Auf diese Weise brachten wir den Helden von Clew bei, wie sie sich im Rudel blitzschnell einem Feind zu nähern hatten, wie sie ihn umzingeln und im Rücken fassen konnten, oder wie er durch scheinbar kopfloses Durcheinanderrudern zu verwirren war. Grainne vergaß in ihrer erstaunlichen Weisheit aber auch nicht, mit ihren Piraten einen

*) Gemeint ist König Harald Haarderaade (Hartherz) von Norwegen. Er bekriegte und plünderte im elften Jahrhundert mit seiner Wikingerflotte Skandinavien, England und Irland, ehe König Harold II. von England ihn im Jahr 1066 in der Schlacht von Stamfordbridge besiegte.

strategischen und deswegen ehrenvollen Rückzug zu proben, und so verfügte sie nach einem weiteren Monat über eine Kampfflotte, wie sie von Iren und sonderlich von denen aus Upper Owle Malley noch niemals zuvor auf die Beine gestellt worden war.

Während dieser glorreichen Zeit jedoch, in der späterer Ruhm bereits greifbar schien, ereignete sich etwas, das für Erin auch in unseren Tagen noch höchst bezeichnend ist, denn die Menschen in diesem Land sind sich stets selbst die schlimmsten Feinde und werden dies – wie ich fürchte – auch in fünfhundert Jahren noch sein. Fellbekleidete Häuptlinge aus dem Norden hatten nämlich Wind von der Flotte bekommen, welche dank der Tatkraft der Grainne O'Malley nun die Bucht von Clew zierte, und nun meldeten unsere Kundschafter, daß die genannten Häuptlinge sich mit starkem Gefolge aufgemacht hätten, um die sechs Dutzend Curraghs von Upper Owle Malley zu rauben.

Da die Recken von Clew annahmen, die Barbaren aus Donegal würden möglicherweise gerade dann zuschlagen, wenn sie selbst nach dem täglichen Genuß des wohlverdienten Poteen den Schlaf der Gerechten schliefen, machte sich unter ihnen große Unruhe breit, und manche verzagten dermaßen, daß sie bereit gewesen wären, ihre Curraghs gleich freiwillig auszuliefern. Diese Hasenherzen fürchteten nämlich, die Fellbekleideten aus dem Norden könnten sie sonst bei günstiger Gelegenheit mit Hilfe ihres mörderischen Fusels ebenso vergiften wie kürzlich den tapferen Dhubdara von der Schwarzen Eiche, der jetzt in seiner Gruft wie ein verkohlter Leprechaun*) anzusehen war.

*) Leprechaun = Troll

Doch Grainne wäre nicht die Nachfahrin des Cu-Chulainn und der Königin Maeve gewesen, hätte sie sich in dieser schlimmen Lage ebenfalls kleinmütig gezeigt. Sie schalt also zunächst die größten Feiglinge unter ihren Curragh-Fahrern gehörig und teilte sie dann, bis die Gefahr gemeistert wäre, zum Küchendienst in den Kellern von Carrigahowly ein. Danach versammelte sie ihre sämtlichen Kriegsboote unter der seeseitigen Mauer ihres Schlosses – und zwar genau dort, wo hinter den Steinquadern ihre eigene Schlafkammer lag. Sie gab Befehl, die Curraghs sorgfältig miteinander zu vertäuen, und während ihre Recken dies kopfschüttelnd erledigten, kam sie zu mir und hielt einen gewaltigen Hammer und einen noch gewaltigeren Meißel in der Hand.

»Davitt Monaghan«, sprach sie, »du hast mir nunmehr schon in vielem gute Dienste geleistet und wirst mit Sicherheit bald auch noch die Wunderwaffe erfinden, die wir gegen die Spanier benötigen, und so wünsche ich, daß du mit Hilfe dieser Werkzeuge ein Loch in die Mauer von Carrigahowly schlägst, das direkt in meine Kemenate führen soll.«

Als sie mein Erstaunen und vielleicht auch noch etwas anderes in meinen Augen sah, denn ich stand damals noch in meinen besten Jahren und gut im Saft, setzte sie schnell hinzu: »Du sollst das Loch nicht so weit machen, daß etwa du selbst oder andere Kerle sich hindurchwinden könnten, sondern es genügt, wenn es etwa den Durchmesser eines Männerarmes hat. Und jetzt ans Werk, Davitt-mit-den-lüsternen-Gedanken, denn die Sache ist dringend, und es geht auch nicht um irgendeine dumme Tändelei, sondern um die Diebsteufel aus Donegal.«

Während ich nun verdattert hämmerte und meißelte, daß die Steinsplitter flogen, begriff ich überhaupt nichts mehr, doch noch vor Einbruch der Dunkelheit klaffte das Loch in der Mauer von Carrigahowly. Grainne betrachtete es und fand es ganz nach ihren Wünschen. Mit einem Seil in der Hand begab sie sich daraufhin zu den zusammengebengelten Curraghs hinunter, und während ihre Recken erstaunt glotzten, band sie das Tau am Mast jenes Kriegsbootes fest, das die Mitte der ganzen Rotte bildete. Anschließend führte sie das Seil durch das Loch, das ich so mühsam geschlagen hatte, bis in ihre Schlafkammer und erklärte mir sowie ein paar anderen, die wir uns kühn bis unter ihre Tür gewagt hatten: »Nun mögen die giftmischenden Halunken aus Donegal von mir aus kommen! Es wird ihnen – und seien sie auch noch so tollwütig – nicht gelingen, auch nur einen einzigen meiner Curraghs zu rauben, denn ich werde mir dieses Seil während der Nacht um den Arm binden und auf diese Weise sofort spüren, wenn sich irgendein Räuber an meiner Kriegsflotte zu schaffen macht. Sollte also etwas an meinem Arm zupfen, werde ich auf der Stelle meine Signaltrommel schlagen, und ihr anderen wißt dann hoffentlich, was ihr zu tun habt! Auch wenn euch die Schädel noch so sehr vom Poteen rauschen, will ich euch dann sofort auf den Zinnen und Wehrgängen von Carrigahowly sehen!«

Als wir an diesem Abend friedlich tranken, lobten wir alle unsere Herrin über die Maßen, denn es war uns klar, daß niemand außer ihr allein auf einen derartig genialen Einfall hätte kommen können. Und als wir zuletzt unsere Strohsäcke aufsuchten, da hatte jeder von uns eine geladene Muskete oder eine gespannte Armbrust griffbereit, falls es irgendeinem lüsternen Barbaren einfallen sollte, frevlerisch am Arm der Grainne O'Malley zu zupfen.

Die erste Nacht verstrich allerdings ruhig, ebenso die beiden folgenden, doch in der vierten geschah dann alles genauso, wie Grainne es vorausgesehen hatte. Gerade als im Osten das erste Morgengrauen über den Bergen von Connemara dämmerte, riß uns die Trommel unserer Herrin aus dem Schlaf, und wir stürzten, mit unseren Musketen und Armbrüsten bewaffnet, auf die Zinnen und Wehrgänge von Carrigahowly. Unten am Strand bemühte sich eine Horde fellbekleideter Barbaren verzweifelt, unsere zusammengebündelten Curraghs mit Hilfe einiger eigener Boote hinaus auf die Bucht zu ziehen. Doch alle ihre Mühe war vergebens, denn Grainne hatte inzwischen ihr Trommeln eingestellt und hielt mit geradezu cu-chulainnischen Kräften das Tau und damit ihre Kriegsflotte fest.

Einige von uns eilten ihr schleunigst zu Hilfe, während die übrigen das Feuer auf die frechen Räuber aus Donegal eröffneten. Allzuviele Armbrustbolzen und Musketenkugeln brauchten wir an sie noch nicht einmal zu verschwenden, denn noch ehe der erste Schuß überhaupt gefallen war, hatte einer ihrer rattenfelligen Häuptlinge bereits gerufen, daß die Curraghs von Clew ganz offensichtlich durch einen teuflischen Zauber an Ort und Stelle festgebannt seien, und als ihm und seinen Spießgesellen jetzt auch noch unsere Geschosse um die Ohren pfiffen, da brüllten sie alle zusammen lauthals »Verrat!« und gaben Fersengeld, daß das Meerwasser unter ihren peitschenden Rudern zu kochen schien.

Auf diese Weise wurde dank einer List Grainnes die Flotte von Upper Owle Malley gerettet und außerdem noch Rache für den Anschlag genommen, den die Häuptlinge aus Donegal gegen den verblichenen Dhubdara von der Schwarzen Eiche verübt hatten. Doch es war nicht nur der große Sieg allein, den wir an diesem Tag feiern konnten, sondern auch das

Gefühl, daß wir nun zu einer schlagkräftigen Armee zusammengewachsen waren. Wir alle waren uns auch darüber einig, daß unser Triumph ohne die listenreiche Führung der Grainne O'Malley möglicherweise nicht ganz so glorreich ausgefallen wäre, und so beschworen wir sie nun, uns gegen weitere und noch gefährlichere Feinde zu führen.

»Genau dies habe ich im Sinn«, verkündete daraufhin Grainne O'Malley, »und ich hatte es euch ja bereits damals angekündigt, als ihr mich zur Herrin dieses Schlosses und des umliegenden Landes wähltet. Doch vor zwei Monaten wart ihr, von einer oder zwei rühmlichen Ausnahmen abgesehen, noch nichts weiter als eine Horde barfüßiger Nichtsnutze, und ein volles Dutzend von euch hätte es noch nicht einmal mit einer verkropften Schafhirtin aus Donegal aufnehmen können. Inzwischen jedoch, wie ihr heute nacht bewiesen habt, seid ihr echte Recken geworden, was ihr niemand anderem als mir zu verdanken habt. Und wenn ich auch nicht glaube, daß mir einer von euch das Wasser reichen könnte, was die Kriegskunst anbelangt, und ihr deswegen noch immer viel weniger wert seid als ein Weib, so meine ich doch, daß es nunmehr Sinn hätte, euch probeweise einmal gegen die Spanier zu führen. Ihr wißt ja, daß es zwischen den Landzungen im Süden und der Bucht von Galway zahlreiche ihrer Galeonen und Galeassen gibt, und wahrscheinlich habt ihr ebenfalls schon gehört, daß diese Schiffe in ihren Bäuchen Unmengen der besten Weine aus Malaga, Granada oder Valencia transportieren, von den süßen Likören aus Jerez de la Frontera einmal ganz zu schweigen.«

Nachdem Grainne uns dies eröffnet hatte, kannte unser Jubel keine Grenzen mehr. Am liebsten wären wir auf der Stelle aufgebrochen, um die Spanier über die Klinge springen zu lassen und ihre köstlichen Rauschtränke zu kosten. Doch ein ungeschlachter Recke aus Mayo, der sich schon in der Vergangenheit manchmal ein wenig widerborstig gezeigt hatte, weil er – wie manche sagten – zu Hause übel unter dem Pantoffel stand, hinderte uns zunächst noch daran. Er sprang nämlich plötzlich breitbeinig auf die Tafel, an deren Kopfende Grainne thronte, und rief ihr zu: »Was du über die spanischen Schiffe und die Weine in ihren Laderäumen gesagt hast, mag ja noch hingehen, und ich habe eigentlich nichts Ernsthaftes dagegen einzuwenden. Doch daß es keinen unter den Männern des Landes Upper Owle Malley geben sollte, der dir das Wasser reichen könnte, kann ich beim besten Willen nicht hinnehmen. Denn was du da behauptet hast, kränkt nicht nur meine Ehre, sondern ist auch gotteslästerlich, da schon in der Bibel geschrieben steht, daß das Weib tunlichst dem Manne untertan sein müsse. Ich frage dich also, Grainne O'Malley, ob du deine Beleidigung gegen mich und Gott weiterhin aufrecht erhalten willst?«

»Was in der Bibel steht, weiß ich nicht so genau«, erwiderte Grainne, »denn ich habe in meinem Leben selten auf die Pfaffen gehört, sondern bin ihnen lieber mit der Breitaxt ans Eingemachte gegangen, wie du vielleicht vernommen hast. Wenn jedoch in diesem seltsamen Buch behauptet wird, daß ein Kerl mehr wert sei als ein Weib und daß meinesgleichen vielleicht gar einem wie dir die ungewaschenen Füße lecken müsse, dann macht mich solcher Unfug nicht weniger wütend als dich. Ich bin außerdem nach wie vor der Meinung, daß ich es mit einem jeden von euch aufnehmen kann, und zum Beweis meiner Behauptung frage ich dich, ob die Rettung der Kriegsflotte von Upper Owle Malley etwa dir oder möglicherweise nicht doch mir, dem Weib, zu verdanken ist?«

Auf dieses Argument ging der Riese aus Mayo verständlicherweise jedoch gar nicht erst ein, sondern begann nun wie ein Bär auf der Tafel zu tanzen und schrie dabei: »Man behauptet von mir, daß ich mit schandmäuligen Weibern nicht umzugehen wisse, was selbstverständlich eine freche Verleumdung ist. Da sich nun die Gelegenheit ergibt, allen Lästerern einmal gründlich Bescheid zu stoßen, will ich sie auch wahrnehmen und fordere dich, Grainne O'Malley, auf der Stelle zum Zweikampf heraus, damit alle sehen können, daß wir Männer euch Weibern nicht nur gewachsen, sondern weit überlegen sind. Wie steht es also mit deinem Mut, Grainne O'Malley? Stellst du dich mir – oder willst du lieber kneifen, was zwar nicht ehrenhaft, aber ganz bestimmt besser für dich wäre?«

»Du suchst einen Zweikampf? Auf der Stelle?« fragte Grainne und schüttelte sich ihre rote Mähne in den Nacken.

»Auf der Stelle!« brüllte ihr Herausforderer, wobei er auf dem Tisch noch hanebüchener herumstampfte als zuvor.

»Gut!« erwiderte Grainne und hielt im gleichen Augenblick das Seil in der Hand, mit dessen Hilfe sie ihre Kriegsflotte vor dem Zugriff der Barbaren aus Donegal gerettet hatte. Und ehe die Recken im Saal – insbesondere der von Achill – so richtig begreifen konnten, was geschah, hatte Grainne eine Tauschlinge um das stampfende Bein ihres Widersachers geworfen und ihn mit einem jähen Ruck von der Tischplatte auf den Estrich der Halle befördert. Dort unten lag er nun bölkend und glich auf fatale Weise einem Ferkel, das am Hinterlauf aus seinem Koben gelüftet wird, denn fast ebenso schnell, wie sie ihn mit dem einen Ende ihres Taus gefällt hatte, hatte Grainne dessen anderes Ende an einem vorstehenden Balken über ihrem Kopf befestigt, so daß das Großmaul aus Mayo ihr nun auf Gedeih und Verderben ausgeliefert war.

Die meisten Recken in der Halle tobten vor Freude wegen dieser neuen Großtat ihrer Herrin, und nur ein paar wenige murmelten verstohlen, daß dieses Weib in der Tat vom Teufel besessen sein müsse. Der Besiegte selbst wand sich nach wie vor hilflos in seiner Beinschlinge und blickte mit hervorquellenden Augen abwechselnd auf Grainne und dann wieder auf seinen Hosenstall, denn ganz offensichtlich befürchtete er, daß seine Überwinderin mit ihm jetzt ebenso mörderisch verfahren könnte wie mit dem berühmten Diakon von Dingle. Grainne jedoch musterte ihn lediglich ein unendlich langes Weilchen aus spottgrünen Augen, dann äußerte sie: »Ich könnte dich jetzt mit Leichtigkeit ganz an dem Balken hochhieven und ein paar Stunden oder auch Tage dort oben baumeln lassen. Doch denke ich, daß du deine Lektion gelernt hast, denn wie ich sehe, schielst du ganz zwanghaft hin zu deiner Leibesmitte. Was ich deiner sogenannten Männlichkeit dort antun könnte, scheint dir mithin große Sorgen zu bereiten. Doch ich glaube, ich kann es mir ersparen, dergleichen zu vollbringen, denn du scheinst nunmehr begriffen zu haben, daß ein solch lächerliches Anhängsel noch lange kein Beweis dafür ist, daß ein Mann etwa mehr wert wäre als ein Weib. – Ist es nicht so, mein tapferer Freund von Achill?«
»Haargenau so – und keinesfalls anders!« brachte der Riese ächzend hervor. »Und wenn ich den Kerl erwische, der all diesen biblischen Unsinn verbrochen hat, dann werde ich weniger glimpflich mit ihm umspringen als du mit mir, verehrte und geliebte Grainne O'Malley!«
»Du wirst dich und all die zahllosen geschädigten Frauen leider nicht mehr an ihm rächen können«, entgegnete die Herrin von Carrigahowly und kappte gleichzeitig das Tau, so daß dem einsichtig gewordenen Recken aus Achill Erleichte-

rung wurde. »Denn ich glaube, der bewußte Schmierfink ist bereits vor langer Zeit verstorben, wodurch er seiner zweifellos gerechten Strafe entgangen ist.«

»Welch ein Feigling!« schäumte der Held von Achill und stellte sich mühsam wieder auf seine Beine. »Immerhin werde ich, sobald ich wieder zu Hause bin, dieses verderbliche und widerwärtige Machwerk namens Bibel verbrennen!«

»Dies kannst du halten, wie du willst«, sagte Grainne O'Malley, »doch sieh zu, daß kein Pfaffe davon Wind bekommt, denn sonst könnte dir selbst ein ähnliches Schicksal blühen wie dasjenige, das du dem Buch zugedacht hast. – Ich will dir jedoch in dieser Sache nichts einreden, denn in meinem Land soll ein jeder nach seiner Fasson selig werden dürfen und denken und tun, was immer er will. Einen guten Rat jedoch möchte ich dir geben, mein Freund: Vielleicht gelingt es dir einmal, dein Eheweib ebenso in die Schlinge zu bekommen, wie ich es heute bei dir geschafft habe. Dann hänge deine Alte ruhig einen oder auch zwei Tage am Firstbalken deines Hauses auf, damit du in Zukunft nicht mehr gar so sehr unter ihrer Fuchtel leiden mußt. Denn solches macht dich offensichtlich gegenüber deinen Mitmenschen allzu reizbar.«

»Aber dies würde doch bedeuten, daß ich mich wiederum unverschämt gegenüber einer Frau benähme«, stotterte der Recke aus Achill.

»Sie ist ja bloß dein Ehedrachen«, erwiderte Grainne lachend. »Und um des häuslichen Friedens willen darfst du ihr gegenüber den Herrn und Meister schon einmal herauskehren. Dies ist, wie ich denke, kein Fehler für einen Mann. Einen Fehler hast du lediglich begangen, als du glaubtest, ich, Grainne O'Malley, sei ein Weib wie jedes andere. Doch ich bin mir sicher, du hast den Unterschied inzwischen begriffen.«

»Er ist mir in Fleisch und Blut übergegangen, wahrhaftig!« beteuerte der Riese.
»Dann ist es gut«, sagte Grainne und reichte dem Bekehrten einen großen Becher Poteen. »Doch jetzt wollen wir uns wieder wichtigeren Dingen zuwenden und beratschlagen, wie unser Raubzug gegen die Spanier am besten vonstatten gehen kann.«
Dies geschah, und schon am übernächsten Tag, nachdem alle wieder einigermaßen nüchtern geworden waren, segelten Grainne O'Malleys Curraghs nach Süden davon. Ich selbst, Davitt Monaghan, fuhr als Steuermann in Grainnes eigenem, silberfelligem Boot, und auch der bekehrte Hüne aus Achill befand sich bei uns und hatte geschworen, jede spanische Bibel, die er etwa erbeuten würde, auf der Stelle kielzuholen und zu ersäufen.
Die spanischen Weinschiffe pflegten damals den Weg über die Biscaya und dann vorbei an den Küsten der Halbinseln von Kerry und Dingle zu nehmen, um zuletzt in die Bucht von Galway zu gelangen, wo sie ihre Ladung löschten und dabei ganz unerhörte Profite machten. Um die Spanier und ihre Weinfässer zu schützen, kreuzten vor Galway ständig auch englische Kiele, und deswegen hatten wir uns vorgenommen, unsere Beute lieber anderswo zu suchen. Man darf uns deswegen jedoch keinesfalls als feige bezeichnen, denn wie Grainne uns erklärt hatte, handelte es sich dabei lediglich um eine durchaus erlaubte und ehrenhafte Kriegslist.
Nachdem wir also schlau und verwegen mehrere Tage nach Süden gesegelt waren, kamen die Felseninseln der Blaskets am äußersten Ende der Landzunge von Dingle in Sicht, und Grainne befahl uns, mit allen unseren Curraghs unterhalb dieser mörderischen Klippen in Deckung zu gehen. Wir taten

dies und liefen in eine günstig gelegene Bucht ein, dann stiegen einige von uns auf die Felsen hinauf, von wo aus man den offenen Ozean gut überblicken konnte. Auch ich selbst befand mich bei diesen Spähern und bekam auf diese Weise einige der wilden Einwohner der Blaskets zu Gesicht, welche sich ebenso wie die Barbaren von Donegal in Tierfelle zu kleiden pflegten, nur daß sie hier im Süden das Gerben noch schlechter verstanden als im Norden und deswegen noch übler stanken. Wir vertrieben diese Klippenschrate jedoch ohne große Mühe und ließen danach das Meer im Südosten Tag und Nacht nicht mehr aus den Augen.

Nach etwa einer Woche, als unsere Vorräte an gutem Poteen bereits beängstigend knapp geworden waren, tauchte kurz vor Sonnenuntergang dann endlich eine spanische Galeone über der Kimmung auf und näherte sich mit guter Fahrt und unter vollen Segeln unserem Standort. Ich und meine Gefährten hasteten hinunter zu unseren Curraghs und erstatteten Grainne O'Malley freudig Meldung. Nachdem unsere Herrin Wind und Entfernung berechnet hatte, kam sie zu dem erfreulichen Ergebnis, daß die Galeone gerade kurz nach Einbruch der Dunkelheit am südlichen Kap der Blaskets vorübersegeln würde, was für unsere eigenen Pläne nicht günstiger hätte sein können. Wir brachten also unsere Kriegsflotte zu Wasser und bereiteten uns darauf vor, im richtigen Augenblick auf den Spanier loszugehen.

Die Nacht brach soeben an, als Grainne O'Malley als erste die Topplaterne des Feindes sichtete. »Jetzt beweist, daß ihr echte Piraten von Clew seid!« rief sie uns zu – und schon schoß ihr Curragh an der Spitze aller übrigen hinaus auf die offene See. Wie Grainne es uns beigebracht hatte, fächerten wir aus und hatten bald die Galeone gestellt.

Schon glaubte ich, wir könnten den ahnungslosen Spanier ohne alle Mühe entern. Doch unsere Feinde mußten Luchsaugen besitzen, denn sie entdeckten uns, obwohl keiner unserer Curraghs auch nur die kleinste Lichtquelle an Bord führte. Vielleicht jedoch war der Alarm, den die Spanier jetzt trommelten, auch durch den Umstand ausgelöst worden, daß einige unserer Recken zuletzt ihre Zunge nicht mehr zu zügeln vermochten und das Clanlied von Upper Owle Malley zu schmettern begonnen hatten. Auf jeden Fall passierte etwas, das hasenherzigere Piraten als uns höchstwahrscheinlich auf der Stelle in die Flucht geschlagen hätte, denn an den Flanken der Galeone flogen die Stückpforten auf und gleich darauf wurden drüben die Zwölfpfünder ausgerannt. Als die Kanonen zu feuern begannen, erkannten wir, daß sie dies von zwei übereinanderliegenden Decks aus taten, und das Mündungsfeuer blitzte und blühte dermaßen grell und schaurig, daß die Nacht unversehens zum Tag wurde.

Im Schein der fürchterlichen Feuerstrahlen mußten wir mitansehen, wie im Handumdrehen ein halbes Dutzend unserer Curraghs getroffen und in den Grund gebohrt wurde. Ich selbst wünschte mir in diesen höllischen Augenblicken nur noch, so schnell wie möglich zurück zu den Blaskets zu kommen und mich dort bei den Eingeborenen verkriechen zu dürfen – und wenn es in einer ihrer stinkenden Erdhütten sein müßte. Doch Grainne O'Malley zeigte einmal mehr, wozu sie imstande war, denn sie verpaßte mir, obwohl eine vorüberpfeifende Kugel ihr genau in diesem Moment das rote Haar versengte, eine derbe Maulschelle und schrie dabei: »Her mit der Wunderwaffe, du Hasenfuß!«

Erst da erinnerte ich mich wieder an die Kruken mit giftigem Poteen aus Donegal, von denen jeder unserer Curraghs auf meine Anregung hin eine Menge mitführte, und ich griff mir einen der Tontöpfe, um dessen Hals ein teergepichter Fetzen gewunden war, und reichte ihn Grainne. Während weiterhin die spanischen Kugeln rumorten, drückte sie die Wunderwaffe, deren Konstruktion mich viele schlaflose Nächte gekostet hatte, an ihren kräftigen Busen, goß aus ihrer Leibflasche einen Schuß Fusel über die Lunte und legte dann mit Hilfe von Stahl und Feuerstein geschickt Feuer an. Der gepichte Fetzen flammte auf, und sofort schleuderte Grainne die Kruke mit dem Poteen todesmutig in die Takelage des unverschämten Spaniers. Dort zerbarst der Tontopf an einer Spiere und spritzte seinen mörderischen Inhalt über ein Segel. Im Handumdrehen fing das Segel Feuer, und die Flammen schlugen blau und schwefelgelb aus der Leinwand. Unmittelbar nach diesem herrlichen Wurf überschrie Grainne das Gewitter der Zwölfpfünder und befahl allen anderen noch lebenden Bootsbesatzungen, es ihr gleichzutun.

Grainnes cu-chulainnisches Beispiel gab den verstörten Helden von Upper Owle Malley denn auch ihren Mut zurück, und so krachten im Verlauf weniger Lidschläge mehr als fünf Dutzend ähnlicher Feuerbomben ins Segelwerk der Galeone, zersplitterten an Spieren und Wanten und ergossen ihren blitzschnell aufflammenden Inhalt über die gesamte Takelage, die nun an zahllosen Stellen zu brennen begann.

Daraufhin feuerten die Zwölfpfünder des Spaniers glücklicherweise viel stockender, und Grainne fand Gelegenheit, nun ihrerseits die Signaltrommel zu schlagen und auf diese Weise das Signal zum geordneten Rückzug zu geben. Unsere verbliebenen Curraghs formierten sich außerhalb der Reichweite der gegnerischen Kanonen neu, und zwar über den Untiefen der Blaskets, wohin uns die Galeone nur sehr schwer hätte

folgen können. Dies wäre ihr kurze Zeit später jedoch sowieso unmöglich geworden, denn nun flammte ihre Takelage bereits so entsetzlich wie ein Scheiterhaufen der katholischen Inquisition und brannte weg wie Zunder. Dadurch wurde der Spanier zuletzt vollkommen manövrier- und kampfunfähig. Er trieb jetzt wie eine lahme Ente unter dem eigenen Feuerschein auf der offenen See, und nun gab Grainne O'Malley zum zweiten Mal das Signal zum Angriff unserer Curraghs. Die Hälfte unserer Flotte steuerte daraufhin das Heck der Galeone an, die andere Hälfte ihren Bug, so daß wir stets außer Reichweite ihrer Breitseiten blieben. Und da viele Spanier durch das Feuer übel zu Schaden gekommen waren und die meisten übrigen ihren Mut verloren hatten, war es uns nun ein leichtes, das Schiff zu entern. Lediglich der Kapitän, ein hagerer Spitzbart, der auf der Brust eine dicke Reliquienkapsel trug, leistete im Vertrauen auf den darin aufbewahrten heiligen Knochen ernsthaften Widerstand, doch es nützte ihm nichts, denn Grainne höchstpersönlich brachte ihn schnell mit einem gutgezielten Hieb ihrer Breitaxt zum Schweigen – und dies auf ewig und immerdar.
Für uns übrige Recken war es danach kinderleicht, die restlichen Spanier zusammenzutreiben und zu entwaffnen. Anschließend löschten wir das Feuer an Deck der Galeone, indem wir sämtliche brennenden Spieren und Wanten sowie alles, was sonst noch glimmte, kappten und über Bord warfen. Damit hatten wir das spanische Schiff endgültig gewonnen, auch wenn es ein wenig angekohlt war, und wir warpten es nun näher an die Blaskets heran und warfen dort Anker. Bis der Morgen anbrach, inspizierten wir dann hocherfreut die reichhaltige Ladung, und ohne das, was wir bis zu diesem Zeitpunkt zum Gedenken an unsere gefallenen Kameraden

austranken, hatten wir sechshundertdreiundachtzig Fässer Wein und dazu noch viele tausend Flaschen sowie etliches an spanischen Stoffen und Lebensmitteln erbeutet.

Dies mag auch der Grund dafür gewesen sein, warum Grainne O'Malley mit den Gefangenen glimpflicher verfuhr, als wir eigentlich angenommen hatten. Die nunmehr grünlich angelaufenen und knickbeinigen Spanier wurden nämlich keineswegs ersäuft oder erschossen, sondern mußten – auf inständiges Bitten des riesigen Recken aus Achill hin – lediglich ihre Bibeln abliefern, welche dieser Religionsfeind daraufhin eigenhändig im Meer versenkte und sie dabei schrecklich verfluchte. Anschließend setzten wir die Spanier auf den Blaskets aus, wo sie ganz nach ihrem Belieben mit den dortigen Barbaren den Kampf fortsetzen oder aber sich mit ihnen vertragen konnten.

Wir von Upper Owle Malley kümmerten uns jedenfalls nicht weiter um sie, sondern untersuchten jetzt vielmehr Last- und Segelkammern der Galeone und fanden darin so viel Reservespieren und gutes Tuch, daß wir die Masten neu bestücken konnten, nachdem wir auch die verbrannten Wanten, Spieren und Rahen ersetzt hatten. Dann übernahmen diejenigen unter uns, die sich während des nächtlichen Gefechts am tapfersten gezeigt hatten, das Schiff, während der Rest unserer Streitmacht an Bord der Curraghs im Kielwasser der Galeone folgte. Grainne O'Malley hatte selbstverständlich die Kapitänskajüte bezogen, und ich selbst hatte die Kammer des Ersten Offiziers gleich daneben bekommen. So segelten wir nach Norden, und Grainne freute sich königlich, weil sie nun nicht mehr mit poteengefüllten Kruken zu werfen brauchte, sondern zusammen mit der spanischen Galeone auch zweiunddreißig Kanonen auf zwei Batteriedecks erbeutet hatte, die

sie von jetzt an zur höheren Ehre des Landes Upper Owle Malley raunzen und spucken lassen konnte.
Diese ehemals spanischen und nunmehr irischen Zwölfpfünder feuerten im Lauf der nächsten Wochen und Monate dann tatsächlich wie wild. Grainne O'Malley bohrte mit ihrer Hilfe hart vor der Bucht von Galway eine kleinere Galeasse in den Grund, die sich ihr um keinen Preis hatte ergeben wollen. So liegen nun im dortigen Sund leider viele hundert Weinfässer im Schlick, während die Ruderknechte dieses Sklavenschiffes sich zumeist an die Küste retten konnten.
Als Grainne O'Malley nach diesem Reinfall wieder weiter im Süden jagte, lächelte ihr das Glück jedoch noch strahlender als damals bei den Blaskets, denn es gelang uns, etwa fünfzig Seemeilen von der Halbinsel von Bantry entfernt, eine weitere Galeone aufzubringen und zu entern, und schon wenige Tage später konnten wir uns noch eine dritte schnappen. Dies ging völlig problemlos vonstatten, weil ich meiner Herrin nach dem Debakel mit der Galeasse geraten hatte, beim nächsten Angriff auf einen Spanier nicht wiederum die Flagge mit der Schwarzen Eiche von Upper Owle Malley am Masttopp zu führen, sondern die iberischen Farben. Deswegen hielten uns die Besatzungen der Galeonen vor Bantry für ihresgleichen, und wir konnten unangefochten auf Kabellänge bei ihnen längsseits gehen, um sie dann gnadenlos zu entern.
Daher gibt es seit jenen glücklichen Tagen, ebenso wie auf den Blaskets, auch auf der Halbinsel von Bantry eine kleine spanische Kolonie, und man sagt, daß aus der Vermischung von Irinnen und Südländern in den dreißig Jahren seither sehr schöne und rassige Frauenzimmer entstanden sind, welche schon so manchem reinblütig gebliebenen Gälen hoffnungslos den Kopf verdreht haben sollen.

Nachdem wir also die Stammväter dieser späteren südirischen Sirenen ausgesetzt hatten, sichteten wir unsere Prisen und stellten fest, daß wir mit der einen Galeone fünfhundertsiebenunddreißig Fässer Wein erbeutet hatten und mit der anderen sogar neunhundertundzwölf. Auch weniger wertvolle Dinge wie Kleider, Schmuck, Bücher und anderes waren uns in die Hände gefallen, und nachdem die Herbststürme nun ohnehin schon vor der Tür standen, beschloß Grainne O'Malley, mit ihren nunmehr drei Kriegsschiffen und inzwischen beinahe hundert Kanonen nach Clare zurückzukehren, damit wir dort die Früchte unserer glorreichen Siege genießen konnten.

Innerhalb der wenigen Tage, in denen wir von Bantry nach Mayo segelten, verbrauchten wir allein auf dem Flaggschiff sechsunddreißig Fässer Wein, und es geht an der Westküste Irlands noch heute die Sage, daß diese leeren Behältnisse damals im Kielwasser unserer Galeonen tanzten wie Perlen an einer Schnur. Ich selbst, Davitt Monaghan, soff jedenfalls auf dieser Reise ein ganzes Faß allein aus, und wenn mich einige miesepetrige Kameraden deswegen auch tadelten, so fand ich doch, dies stünde mir zu, denn schließlich war ich nach wie vor der Erste Offizier der Grainne O'Malley auf ihrem nunmehrigen Admiralsschiff, dessen Topp jetzt wieder die Schwarze Eiche zierte. Grainne selbst leistete mir bei meinen Gelagen übrigens oft Gesellschaft, und der Dritte im Bunde war gelegentlich der riesige Recke von Achill, der sich höchst tapfer geschlagen hatte.

Als wir zuletzt unterhalb der berühmten Mauern von Carrigahowly Anker warfen und unsere eineinhalbtausend erbeuteten Weinfässer an den Strand transportierten, empfing uns ein Jubelgeschrei, wie die Insel von Clare und alles Land

ringsum es noch niemals zuvor vernommen hatten. Denn dank der Kühnheit und Kriegskunst Grainnes war die gesamte Herrschaft von Upper Owle Malley nun über den ganzen Herbst und Winter und vermutlich sogar noch bis weit ins Frühjahr hinein mit Getränken versorgt. Die Zurückgebliebenen trugen also Grainne auf ihren Schultern ins Schloß, und viele sagten, sie sehe noch königlicher aus als ihre berühmte Vorfahrin Maeve von Connaught und habe, trotz ihrer Jugend, auch bereits bedeutend mehr geleistet als jene. In der Tat konnte einem das Herz weit werden, wenn man Grainne damals sah. Ihr kastanienfarbenes Haar hatte sich während unserer Piratenzüge zu einer herrlichen Löwenmähne ausgewachsen, und der Pulverdampf sowie die salzigen Winde, die sie hatte aushalten müssen, hatten ihre Gesichtszüge zu unerhörter Kühnheit und seltsam wilder Schönheit gemeißelt. Sie war nun wirklich und wahrhaftig zu unserer Fürstin geworden, und wir liebten sie – nicht nur wegen der Weinfässer, mit denen sie uns versorgt hatte – über alle Maßen.
Diese Liebe wurde nicht schwächer, während die Wolken des Herbstes, des Winters und zuletzt des Frühjahrs über die Zinnen von Carrigahowly hinzogen. Ich selbst verbrachte diese ganze Zeit auf der Insel von Clare, obwohl viele andere unserer Helden, mit Weinfässern beladen, damals zurück in ihre Dörfer und Einöden zogen, um wieder einmal ihre Familien zu sehen. Doch meine Familie war Grainne, auch wenn sie mir nach wie vor nicht gestatten wollte, ein Loch in die Mauer ihrer Schlafkammer zu meißeln, das groß genug gewesen wäre, damit ein Mann sich hätte hindurchzwängen können. So blieb mir, und ich war nicht allzu traurig deswegen, nur der spanische Wein zu meinem Trost, der in seinen Fässern turmhoch in den Kellern von Carrigahowly lagerte.

Ich trank damals so viel von diesem köstlichen Naß, daß ich mein ganzes weiteres Leben dann nicht wieder davon lassen konnte und bereits im späten Winter jenes glücklichen Jahres zu meiner gepichten Nase und dem entsprechenden Spitznamen kam. So kann ich also sagen, daß die ersten Raubfahrten an der Seite der Grainne O'Malley mich für alle folgenden Tage meines Daseins zeichneten und prägten – und dies auf die angenehmste Weise, die man sich vorstellen kann. Und wenn es nach mir allein gegangen wäre, hätte ich bis zur Stunde meines Todes so weitermachen können, zwischen vollen Weinfässern auf Carrigahowly sitzend und trinkend vom frühen Morgen bis zum späten Abend.
Doch als die Frühjahrsstürme über der Bucht von Clew verflattert und verweht waren, trat wiederum ein höchst unternehmungslustiger Ausdruck in die grünen Augen der Grainne O'Malley, und eines Tages sandte sie Boten aus und ließ all die Recken, die sie schon auf ihren ersten Raubfahrten begleitet hatten, zusammenrufen. Als wir dann in großer Zahl auf der Heide unterhalb von Carrigahowly versammelt waren, sprach Grainne zu uns folgende Worte: »Ein neuer Sommer will anbrechen, und die beinahe hundert Kanonen an Bord meiner Galeonen im Hafen von Clare sehnen sich nach neuen Heldentaten. Deswegen wollen wir unsere Schiffe flugs kalfatern und frisch besegeln, damit wir in einer oder zwei Wochen auslaufen können.«
»Das ist ein Wort, wie ich lange kein schöneres und lieblicheres gehört habe!« brüllte daraufhin der riesige Recke aus Mayo. »Ich bin dabei, denn die Vorräte an spanischem Wein in meinem Haus sind längst erschöpft, da mich die Anstrengung, mein Weib zu zähmen, während all der zurückliegenden Monate entsetzlich durstig gemacht hat. Und deswegen

meine ich, wir sollten schleunigst wieder gutbeladene iberische Galeonen kapern.«
Grainne O'Malley ging jedoch nicht auf diesen Vorschlag ein, sondern äußerte: »Den Spaniern haben wir vorerst genug Schaden zugefügt, und wenn wir noch weitere Kolonien mit ihnen gründen, wird die irische Küste bald nicht mehr gälisch, sondern ganz schrecklich katholisch sein. Nein, meine Gefährten, ich habe mich diesen letzten Winter über gründlich bedacht und dabei erkannt, daß wir zu größeren Taten berufen sind als bloß hölzerne spanische Weinwampen anzuzapfen. Denn unsere eigentlichen Feinde segeln unter englischer Flagge, und ihr alle wißt, wie übel dieses gewalttätige und krämerische Volk seit der Zeit der ersten Normanneninvasion unserer irischen Heimat mitgespielt hat. Deswegen will ich in diesem Sommer Jagd auf Löwen und Einhörner*) machen, und solches wird uns mehr Ruhm einbringen, als wenn wir, wie bisher, bloß spanische Spitzbärte stutzen. Da ich euch aber sehr gut kenne, ihr Helden von Upper Owle Malley, versichere ich euch außerdem, daß wir an Bord englischer Schiffe auch ausgezeichneten Rum aus Westindien vorfinden werden, welcher noch viel milder und bekömmlicher ist als der Poteen, den ihr über euren Torffeuern zu brennen pflegt. – Und nun laßt mich hören, was ihr von meinem Vorschlag haltet, aber macht es kurz, denn daß wir gegen die Erzfeinde Erins ziehen, ist ohnehin schon beschlossene Sache.«
Die Recken des Landes Upper Owle Malley waren so weise, auf jeden möglichen Einwand gegen Grainnes neue Pläne von vorneherein zu verzichten. Statt dessen brachen sie, nachdem sie die Kunde von dem milden westindischen Rum vernom-

*) Löwe und Einhorn sind die Wappentiere Englands.

men hatten, in lautes Jubelgeschrei aus, und damit war es endgültig abgemacht, daß fortan die Engländer als Erzteufel behandelt werden sollten. Es wurden also die drei Galeonen kalfatert und mit neuen Segeln versehen, und schon kleine zwei Wochen später zog Grainne O'Malley an der Spitze ihrer tapferen Helden erneut in den Krieg.

Mit diesen Worten beendete Davitt Monaghan seine Geschichte und spülte sich die Kehle mit drei Bechern Wein hintereinander, denn seine Erzählung war ausführlicher geworden, als er ursprünglich gedacht hatte. Nachdem er getrunken hatte, rülpste er und lehnte sich erleichtert in seinem Stuhl zurück.

»Du hast uns ausgezeichnet unterhalten«, lobte Rory O'Gilpatrick ihn, »auch wenn du über die spanischen Kanonen vielleicht ein wenig fachmännischer hättest sprechen können, denn wie mir bekannt ist, führten unsere Galeonen damals neben Zwölfpfündern auch Vierzehnpfünder. Doch da du im Gegensatz zu mir kein Artillerist bist, will ich dir dies nachsehen.«

»In der Tat«, sagte daraufhin John Faughart, »Davitt brachte im Verlauf des damaligen Kriegszuges seine Nase ganz offensichtlich besser zum Glühen als irgendwelche Geschützlunten, doch da ich nun schon sehr lange auf Clare lebe, habe ich begriffen, daß dies unter Umständen nichts weniger als allerbeste irische Tradition ist.«

»Dies sind erstaunliche Einsichten für einen, der wie du, John Faughart, drüben in England geboren wurde und vor dreißig Jahren noch auf einem englischen Schiff segelte«, warf Uail O'Malley ein. »Man kann daraus ersehen, daß selbst ein ehemaliger königlicher Matrose wie du bildungsfähig ist.«

»Ich danke für das Kompliment«, erwiderte John Faughart und strahlte unter seinem Strumpf über das ganze runde Gesicht, »doch es gebührt eigentlich unserem Davitt-mit-der-Nase, denn er hat seinen Zinken unbestritten bedeutend besser zur Leuchte von Clare ausgebildet, als mir dies jemals in Bezug auf meine Geistigkeit gelingen könnte.«
»Falls es sich so verhält, dann verdanke ich dies allein der Verblichenen, die hier so traulich in unserer Mitte liegt«, versicherte der Angesprochene, »denn niemand außer ihr hätte es geschafft, die Keller von Carrigahowly bis hoch unter die Gewölbebögen mit Weinfässern und später auch noch mit westindischem Rum zu füllen. Deswegen soll mein Abschied von Grainne auch entsprechend ausfallen, wie ihr, meine Freunde, gleich sehen werdet.«
Mit diesen Worten lüftete sich Davitt-mit-der-Nase von seinem Sitz, schnürte sein fischiges Lederwams bis zum Nabel auf und zerrte dann eine weinrote Schnur von seinem Hals, an der ein großer, handgeschmiedeter Korkenzieher befestigt war. Während er nun dieses Instrument sorgsam losknüpfte, äußerte er: »Diese nützliche Spirale, die vermutlich in Toledo aus bestem spanischem Stahl geschmiedet wurde, denn ich fand sie in der Kapitänskajüte jener ersten gekaperten Galeone vor den Blaskets, benötige ich selbst noch, sofern mir noch einige feuchtfröhliche Jährchen vergönnt sind. Doch beinahe ebenso wertvoll wie dieser vielfach erprobte Flaschenöffner ist das Band, das ich hier in meiner Hand halte, denn damit war das erste Fäßchen Malaga versiegelt, welches ich damals zu öffnen die Ehre hatte. Nunmehr jedoch soll dieses weinrote Band einen noch heiligeren Zweck erfüllen!«
Unter dem beifälligen Nicken seiner Gefährten beugte sich Davitt Monaghan daraufhin ehrfürchtig über die Leiche der

Grainne O'Malley und wand ihr die spanische Schnur um den Schädel. »Möge sie dir auch im Jenseits Glück und allezeit gefüllte Pokale bringen!« murmelte er dabei.
Dann füllte er wiederum seinen eigenen Becher, und die anderen taten es ihm nach und stießen mit ihm mächtig auf das Andenken der Verstorbenen an.

III

Das zerrissene Band

Über der Erzählung Davitts-mit-der-Nase war es Mittag geworden. Draußen über der Bucht hatte soeben noch die Sonne geschienen, jetzt ging plötzlich ein harscher Platzregen nieder. In den Turmsaal kroch feuchte Kälte, und durch das diffuse Zwielicht leuchtete Grainne O'Malleys rote Robe beinahe magisch. Doch keiner der neun Gefährten der Tafelrunde hatte in diesem Moment dafür einen Blick, vielmehr beutelte sich Padraic O'Flaherty, der ältere Sohn der Verstorbenen, wie ein frierender Hund ab und äußerte: »Ein nettes Wetterchen draußen. Der berühmte Nebel von London könnte sich nicht freundlicher zeigen, nicht wahr, John Faughart?« Spöttisch reckt Padraic bei diesen Worten seinen dolchspitz gestutzten fuchsroten Kinnbart gegen den Engländer.
»In der Tat«, erwiderte dieser. »Doch in meiner verlorenen Heimat kennt man seit ein paar Jahren ein gutes Mittel, um solche Luftfeuchtigkeit zu bekämpfen. Man setzt indischen Tee auf und würzt ihn mit braunem Zucker und Branntwein. Vielleicht sollten auch wir dies einmal versuchen, bis es sich da draußen ausgeregnet hat.«
»Branntwein kannst du meinetwegen haben«, mischte sich Uail O'Malley ein. »Irgendwo in der Nähe meiner verstummten Schwester muß sich ein Gallonenfäßchen davon verkro-

chen haben. Doch von indischem Tee will ich nichts hören, denn ich habe festgestellt, daß er schlecht für die Verdauung ist und Verstopfung hervorruft. Außerdem solltest du wissen, daß wir Nachfahren des Cu-Chulainn ein ungleich besseres Rezept gegen die Unbilden jäher Wetterumschläge kennen. Es nennt sich Irish Stew, und würde man den Leichnam da leichtsinnigerweise damit füttern, so könnte es leicht geschehen, daß meine Schwester uns den Tort antäte und entzückt noch einmal zum Leben erwachte.«

»Das verhindere, um Gottes willen, der Leibhaftige!« fuhr Mac William Eughter erschrocken dazwischen und schielte dabei betroffen auf das starre Antlitz der verblichenen Herrin von Carrigahowly.

»Keine Angst!« beruhigte ihn sofort Owen of Howth. »Wir haben ja schon zu Beginn unserer Feier beschlossen, daß wir in allem christliche Nächstenliebe walten lassen wollen – und deswegen wird keiner von uns versuchen, diese Tote vielleicht noch einmal zu neuem Leben zu erwecken. Du brauchst also nicht zu befürchten, sie möglicherweise zum zweiten Mal zum Eheweib nehmen zu müssen. Was jedoch einen Kessel Irish Stew für die Lebendigen angeht, so halte ich dies für einen ausgezeichneten Einfall.«

»Ich auch!« versetzte John Faughart, der in der Zwischenzeit das Branntweinfäßchen unter einer verrutschten Rockfalte der Grainne O'Malley entdeckt hatte. »Denn sobald ich an diesem Behältnis erst einmal den Spund eingedrückt habe, werde ich eine kräftige Unterlage brauchen können.«

»Dann will ich doch einmal nachsehen, ob die Mägde unten in der Küche das Feuer schon geschürt haben«, erklärte Uail O'Malley. »Begleitest du mich, Neffe Padraic?«

»Wenn es um Irish Stew geht – immer«, erwiderte der Angesprochene, strich sich seinen Zeremonialrock glatt und machte sich an der Seite seines Onkels auf den Weg zur Wendeltreppe, während der Rest der Tafelrunde sich bereits eifrig bemühte, John Faughart mit dem Spund des Branntweinfäßchens zu helfen.

Als Uail und Padraic das Erdgeschoß des Schlosses von Carrigahowly erreichten, vernahmen sie aus dem Kerker, in dem sie am Tag zuvor den Kaplan verwahrt hatten, seltsame Geräusche. Der Kleriker dort drinnen schien einerseits voller Inbrunst Lateinisches zu deklamieren, zwischendurch begann er jedoch immer wieder zu fisteln und zu kreischen wie eine hysterische Jungfrau, und was er dann von sich gab, war beim besten Willen nicht zu verstehen.

»Es scheint, als hätte der Poteen ihn mächtig in seinem Glauben beflügelt«, sagte Uail O'Malley, nachdem er und sein Neffe ein Weilchen andächtig gelauscht hatten. »Auf jeden Fall habe ich ihn in seiner Kapelle noch nie so beflissen und verzückt Messe halten hören. Fast könnte man meinen, er übe einen mystischen Dialog zwischen Gottvater und der heiligen Mutter Gottes ein.«

»Den Heiligen Geist dazu hat er auf jeden Fall aus seinen Schnapskruken gesogen, in diesem Punkt gebe ich dir recht«, erwiderte Padraic. »Was jedoch das Mystische angeht, bin ich mir nicht ganz sicher. Zwar sind meine Lateinkenntnisse leider nur rudimentär, aber ich glaube Sentenzen herauszuhören, die eher an Ovid als an Augustinus oder gar Johannes von Patmos erinnern ...«

»Meinst du damit jenen antiken Poeten, der von der Kirche verboten wurde, weil er ganz unerhörten Schweinkram von sich gegeben hat?« unterbrach Uail ihn aufgekratzt. »Vielleicht haben wir unseren Kaplan doch ein wenig zu streng behandelt und sollten ihn jetzt lieber wieder befreien und an unsere Tafel bitten.«

»Das verhüte Gott!« wehrte sich Padraic sofort gegen dieses Ansinnen und zog seinen Onkel am Ärmel von der Kerkertür fort, hinter der es gerade wieder weiberschrill hallte. »Selbst wenn der Pfaffe Ovid deklamiert, was ich ja auch nicht so genau beurteilen kann, heißt dies noch lange nicht, daß er jetzt plötzlich Verständnis für unsere keltische Leichenfeier aufbringen könnte. Wir haben ja gestern schmerzlich erfahren müssen, wie er dazu steht, und wenn wir ihn jetzt aus seinem Loch ließen, könnte dies leicht bedeuten, daß er wieder rückfällig würde und wir es möglicherweise ertragen müßten, daß er uns mit seinem Gequäke den Genuß unseres Stews vergällte.«

»Solches dürfen wir auf keinen Fall riskieren«, stimmte Uail ernüchtert zu und hastete seinem Neffen voraus in einen Quergang, um so schnell wie möglich in das Küchengewölbe zu gelangen.

Dort überwand er seinen Schock schnell, denn über der curraghgroßen Feuerstelle hing tatsächlich bereits ein voluminöser Kupferkessel, aus dem es verlockend duftete. Eine Magd stand daneben und rührte mit einem armlangen Kochlöffel um, während zwei weitere rotgesichtige Weiber Gemüsestrünke, Zwiebeln, Knoblauchzehen und Rüben kleinschnitten. Uail O'Malley trat an den Kessel heran, pustete feuchten Qualm weg und reckte seine Nase liebevoll über die brodelnde Öffnung. Nachdem er ausgiebig geschnuppert hatte, richtete er sich zufrieden wieder auf und sagte huldvoll zu den drei Mägden: »Ich muß euren Verstand loben, weil ihr rechtzeitig geahnt habt, was ich und meine tapferen Freunde an diesem Tag zum Mittagsmahl benötigen. Offensichtlich habt ihr mindestens einen halben Hammel gewürfelt und das Fleisch schon zwei oder drei Stunden in diesem spanischen Kessel gesotten. Auch habt ihr nicht an Gewürzen gespart, denn ich habe Majoran, Kerbel, Dill, Beifuß, Petersilie sowie viel schwarzen und weißen Pfeffer riechen können.« Uail nieste und setzte mit rinnender Nase hinzu: »Wenn jetzt noch Lauch, Pastinaken, Zwiebeln, Knoblauchzehen und Rüben hinzugefügt werden, die ihr ja auch schon vorbereitet habt, kann das Stew durchaus als ein würdiges seiner Gattung gelten. Doch meine ich, ihr solltet es zuletzt noch ein wenig verfeinern und es mit drei oder vielleicht sogar vier Flaschen Portwein ablöschen. – Was hältst du von diesem Einfall, Neffe Padraic?«

»Sehr viel«, erwiderte dieser, während die drei Küchenmägde eher skeptisch dreinblickten. »Doch durch den Portwein allein könnte dieser fürstliche Eintopf möglicherweise ein klein wenig zu süß werden, weshalb ich rate, daß man ihn zuletzt vielleicht noch mit einem kräftigen Schuß Poteen abschmekken sollte.«

»Ihr habt es gehört«, wandte sich Uail O'Malley an die Mägde. »Gebt euch also Mühe, denn dieses Stew ist für die ersten Recken Irlands bestimmt, und ihr müßt all euer Können einsetzen, damit es dem hehren Ruf von Carrigahowly auch gerecht wird. Doch ich und mein Neffe haben euch ja nun erklärt, wie dieses Mahl entsprechend zu verfeinern ist, und nun wollen wir in Ruhe abwarten, bis ihr in einer halben Stunde oder so den Kessel vom Feuer nehmt.«

Nachdem er auf diese Weise die Köchinnen ermuntert hatte, nahm Uail O'Malley auf der gut durchwärmten Einfassung der Feuerstelle Platz, und Padraic setzte sich neben ihn. Die beiden Recken verkürzten sich die Wartezeit mit dem einen oder anderen Schluck Portwein oder Poteen und blickten dabei sehr zufrieden um sich, während in dem spanischen Kupferkessel nun auch das Gemüse zu schmurgeln begonnen hatte. Nach einer Weile rieb sich Uail jedoch die vom Zwiebeldunst tränenden Augen, blickte sich danach aufmerksamer als zuvor im Küchengewölbe um und fragte schließlich die älteste der Mägde: »Täusche ich mich – oder seid ihr hier unten normalerweise nicht vier Köchinnen?«

»Verflucht nochmal, jetzt merke ich es auch!« mischte sich Padraic ein. »Wo, zum Teufel, steckt denn die kleine Kathleen? Ihr könnt hier doch nicht mit verminderter Mannschaft arbeiten, wenn es gilt, ein Irish Stew zuzubereiten!«

Daraufhin begannen die beiden jüngeren Mägde puterrot anzulaufen, die ältere jedoch bekreuzigte sich beleidigt und erwiderte unverdrossen: »Meckert hier nicht herum, ihr Herren, denn ihr habt überhaupt keinen Grund dazu. Denn das Stew wird auch von uns dreien zur Vollendung gebracht, wie es sich gehört – und was die kleine Kathleen angeht, so hat sie sich heute morgen unwohl gefühlt und sich deswegen in eine ruhige Kammer zurückgezogen. Sie muß sich dort auskurieren und will, wie sie sagte, gleichzeitig für den bedauernswerten Kaplan beten, dem ihr so übel mitgespielt habt.«

»Ihr Weiber müßt es doch stets und immerdar mit den Pfaffen halten!« schnaubte Padraic. »Eines Tages wird über solchen Dummheiten noch die Welt zugrunde gehen!«

»Ach was, mag Kathleen um den Kaplan litaneien, soviel sie lustig ist«, lenkte Uail ein. »Doch ist es falsch, wenn hier behauptet wird, wir hätten dem Kleriker Schlimmes angetan, denn er hat in seinem Verlies nicht weniger zu trinken als ich und meine Freunde oben im Rittersaal. Außerdem scheint er sich in seinem Loch sehr wohl zu fühlen, denn wir haben ihn vorhin predigen und lamentieren hören wie zwei oder drei Prälaten samt ihren Mätressen gleichzeitig.«

Die alte Magd blickte Uail O'Malley, nachdem er geendet hatte, an wie einen Ketzer, riskierte aber keine Lippe mehr und begann statt dessen heftiger als nötig in dem spanischen Kessel zu rühren.

»So ist es gut«, lobte Uail sie. »Ein anständiges Stew kann gar nicht kräftig genug durchgemischt werden. Und wenn du noch ein Glas lang so weitermachst, werden wir es wohl zur Freude unserer Gefährten nach oben tragen können.«

Uail und Padraic leerten also ihre Gläser noch einmal, und dann tauften sie das fertige Irish Stew genauso, wie sie es zuvor vereinbart hatten. Der Duft, der sich daraufhin verbreitete, war so paradiesisch und berauschend, daß die beiden Recken über das ganze Gesicht strahlten, als sie nun einen mächtigen Bratspieß von der Wand nahmen und ihn unter dem Henkel des Kupferkessels durchschoben. Auf diese Weise schleppten sie das königliche Mahl an der Zelle des nunmehr lauthals singenden Kaplans vorbei und dann über die Wendeltreppe nach oben, und eine der Mägde mußte ihnen neun tiefe Schüsseln sowie ebensoviele holzgeschnitzte Löffel nachtragen.

Als sie den Söller wieder erreichten und der Duft des Stews ihn augenblicklich mit köstlichen und anregenden Gerüchen erfüllte, kannte das Lob ihrer Gefährten keine Grenzen. Dies um so mehr, als sie in der Zwischenzeit John Faughart eifrig mit seinem Branntweinfäßchen geholfen hatten.

Draußen wütete immer noch der Regensturm, doch Mac William Eughter rief begeistert aus: »Für solch einen Kessel will ich jedes Wetter ertragen, sogar das von Clare, und außerdem könnte ich dafür noch ein ganzes Rittergut hingeben!«

»Wenn du es sagst, muß es wahr sein«, rief Rory O'Gilpatrick spöttisch und klatschte sich dabei mit diebischem Vergnügen auf seine Stelze. »Besonders, was die Rittergüter angeht, denn in solchen Dingen bist du Fachmann und hast ja tatsächlich schon einige davon verloren.«

Kaum hatte der Einäugige diesen leichtfertigen Ausspruch getan, fuhr der Normanne, wie von der Tarantel gestochen, von seinem Sitz hoch und herrschte ihn an: »Ich überlege ernsthaft, ob ich dich für deinen infamen Spott nicht zum Zweikampf fordern soll!«

»Wenn du willst – mit Zwölfpfündern!« raunzte Rory zurück. »Doch du wirst dann noch mehr verlieren als bloß die eine oder andere Burg, Mac William Eughter! Und selbst, wenn du deine eiserne Rüstung anlegst, um mir zu trotzen, soll dir das gegen meine Kanonenkugeln nichts nützen, denn ich will sie dir gesalzen und gepfeffert in den Wanst donnern!«

»Hund! Ich spalte dich mit meinem Breitschwert vom Schädel bis zu den Klöten!« schrie daraufhin, nunmehr ernstlich gekränkt, der riesenhafte Normanne.

Doch Uail O'Malley brachte ihn und auch den fauchenden Rory O'Gilpatrick rasch wieder zur Besinnung, indem er äußerte: »Wenn ihr euch wirklich schlagen wolltet, müßten wir anderen euch sekundieren, und dies wiederum würde bedeuten, daß wir dieses göttliche Stew nicht genießen könnten, denn ehe einer von euch ins Gras gebissen hätte, wäre es bestimmt längst kalt und ungenießbar geworden. Deswegen vertragt euch gefälligst wieder, wie sich dies für einen ehemaligen Ehemann und einen früheren Kampfgenossen meiner verblichenen Schwester gehört. – Letztere bereitet mir übrigens mehr Sorgen als ihr, denn sie liegt dermaßen brettbreit auf unserer Tafel, daß ich befürchte, wir werden aufgrund ihrer unseligen Fülle keinen Platz für unseren Kessel mit dem Stew finden.«

Die vernünftigen Worte des Uail O'Malley sowie das plötzlich aufgetauchte ernsthafte Problem ließen Rory O'Gilpatrick und Mac William Eughter ihren unnützen Streit nun tatsächlich schnell vergessen, und der Normanne zeigte sich sogar sehr hilfreich, denn er schlug vor: »Man müßte mein ehemaliges Ehekreuz querlegen, dann hätte der Stew-Kessel gut Platz.«

»Dann schlappt sie uns aber oben und unten über die Tischplatte hinunter«, gab Davitt-mit-der-Nase zu bedenken, »denn die Leichenstarre ist leider längst von ihr gewichen.«

»Vielleicht sollten wir ihr dann in christlicher Nächstenliebe zwei Fensterläden unterlegen«, meinte Owen of Howth.

»Das ist die Lösung!« lobte ihn Toby O'Malley, der jüngere Sohn der Betroffenen, und riß gleich darauf eines der westlichen Fenster des Söllersaales auf. Mit Hilfe seines Stiefbruders hängte er im peitschenden Regen zuerst den einen und dann den anderen Laden aus. Während nun Owen of Howth und Mac William Eughter die Verstorbene auf der Tafel drehten, wobei leider die eine oder andere Poteenkruke zu Bruch ging, unterfütterten ihr Toby und Padraic Oberkörper und Beine mit den triefenden Fensterläden, so daß Grainne O'Malley zuletzt in ihrer neuen Stellung ebenso solide dalag wie in der alten.

»Der Schloßkaplan würde zumindest in diesem Augenblick seine helle Freude an uns haben«, äußerte Rory O'Gilpatrick. »Denn, bei den Kanonen von Hamargeddon, wir haben aus dieser besudelten Tischplatte und dem Kadaver Grainnes ein veritables Kreuz gebildet!«

»Eben«, sagte Uail, »und deswegen können wir uns jetzt auch getrost das Tischgebet sparen und uns statt dessen sofort über das Stew hermachen.« Mit diesen Worten packte er den Kupferkessel und hievte ihn aus dem Scherenstuhl hoch, in den er und Padraic O'Flaherty ihn zuvor gestellt hatten. Uail setzte das Gefäß mitten auf dem Bohlentisch auf, und keiner störte sich daran, daß dabei ein Schwall Brühe über den Rand schwappte und die ohnehin schon ein wenig besudelte Robe der Grainne O'Malley netzte. Vielmehr griff sich nun jeder der neun Recken eine tiefe Schüssel und einen Löffel, dann füllten sie sich ihre Näpfe bis zum Rand und begannen mit wachsender Begeisterung zu speisen.
Das Mahl dauerte etwa eine Stunde, und zuletzt war der spanische Kessel bis auf den Grund geleert. Uail brüllte, aus gewaltig geblähtem Wanst heraus, nach der Magd und ließ das Tafelgeschirr wieder abtragen. Danach brachten die vorzüglich gesättigten Helden den Körper der Grainne O'Malley wieder in seine ursprüngliche Lage zurück, und ihre beiden Söhne hängten auch die Fensterläden wieder in ihre Scharniere.
Versonnen sprach, nachdem auf diese Weise alles wieder seine Ordnung gefunden hatte, John Faughart: »Wegen dieses wahrhaft göttlichen Stews hat sich unsere Verehrteste nun wie eine Kompaßnadel drehen müssen, und wir können daraus lernen, daß sich, was unser armseliges menschliches Dasein angeht, das Blatt oft ganz unverhofft zu wenden pflegt. Dies kann ich übrigens nicht nur aus dem Augenschein dieses Mittags, sondern auch aus eigenen früheren Erfahrungen heraus bestätigen.«
»Ich nehme an, du willst damit auf deine schändliche Desertion aus der englischen Flotte anspielen?« warf mit hochgezo-

genen Brauen und drohend gebleckten Raffzähnen Sir Henry Sydney, der Gouverneur von Galway, ein, wobei das genossene Stew unüberhörbar in seinem Bauch rumorte.

»Das ist ein viel zu hartes Wort«, verwahrte sich John Faughart. »Denn nachdem seitdem mehr als ein Vierteljahrhundert vergangen ist, kann man wirklich nicht mehr von Fahnenflucht sprechen, sondern höchstens von jugendlichen Irrungen und Wirrungen. Doch weil dieser Vorwurf nun einmal laut geworden ist, sehe ich ein, daß ich nicht umhin kann, euch die Hintergründe und genauen Umstände meines damaligen Frontwechsels in aller Objektivität darzulegen.«

»Dies könnte sehr kurzweilig werden«, stimmte Uail O'Malley zu.

Mit Ausnahme vielleicht des Gouverneurs von Galway pflichteten ihm alle begeistert bei, füllten erneut ihre Pokale und warteten darauf, daß John Faughart beginnen möge. Der starrte ein Weilchen nachdenklich in den immer noch heftig strömenden Regen hinaus, schneuzte sich sodann in das Zehenende seiner grobgestrickten Mütze, räusperte sich, und dann vernahmen die Recken im Turmzimmer

Die Geschichte des John Faughart

Auch damals schüttete es aus einem unfreundlichen Himmel wie aus Kübeln. Wir kreuzten mit unserer Galeone, der berühmten *Hexe von Plymouth*, ungefähr hundert Seemeilen südlich der gefährlichen Klippen von Lands End und sollten eigentlich ein Auge auf vorwitzige Spanier haben, denn zwischen unserer Königin Elisabeth und deren galligem Vetter

Philipp*) standen die Dinge längst nicht mehr zum besten. Doch das Wetter war so schlimm, daß wir alle Hände voll zu tun hatten, nach jedem Schlag die wasserschweren Segel notdürftig wieder zu trimmen, so daß uns die Spanier an jenem verfluchten Tag allmählich egal wurden.

Ich stand damals im ehrenwerten Rang eines Maats der Königlichen Flotte, doch nützte mir dies unter den immer mörderischer herabstürzenden Regenschauern wenig, denn zwei meiner Matrosen waren bereits auf Nimmerwiedersehen ins Meer gespült worden, so daß ich mich schließlich an Stelle des einen selbst hoch oben in den Rahen der *Hexe von Plymouth* wiederfand, wo ich das zweifelhafte Vergnügen hatte, mir die Hände und die Knie dazu blutig zu schinden, anstatt vom sicheren Mitteldeck aus bloß meine Befehle brüllen zu müssen. Gerade hatten wir wiederum gehalst, und das flappende Segeltuch deckte mich mit einer Reihe derber Maulschellen ein, als unser Wachoffizier plötzlich mit erschrockenem Geschrei feststellte, daß wir uns nicht mehr allein inmitten dieses schändlichen Tohuwabohus befanden. Denn an Steuerbord waren auf einmal die Segel dreier weiterer Galeonen zu erblicken, und im ersten Moment dachten wir schon, es wären gottverdammte Spanier, die uns schändlicherweise mit heruntergelassenen Hosen erwischt hätten.

Während tief unter mir die Signalpfeifen schrillten und die Tamboure ihre Trommeln zu bearbeiten begannen, kämpfte ich notgedrungen weiter mit meinen Zeisingen**), bis es mir endlich gelang, sie zu beschlagen. Danach konnte auch ich einen längeren Blick auf die drei vermeintlichen Spanier wer-

*) König Philipp II. von Spanien, der England später mit seiner Armada angriff

**) Zeisinge = Taue, mit denen die Segel an den Rahen befestigt sind

fen – und dabei entdeckte ich, daß von ihren Rahnocken gar nicht die verfluchten katholischen Kreuze flatterten, sondern irgend etwas anderes Schwarzes auf blutrotem Flaggengrund, das mich vage an einen Baumstamm erinnerte. Ich enterte also blitzschnell ab und meldete dem Wachoffizier: »Es sind gar keine Spanier, Sir, es sei denn, der siebenmal verfluchte Philipp hätte sich zu einer neuen Religion bekehrt.«
»Was schwatzt du da?« fuhr mich mein Vorgesetzter verstört an und brüllte gleich darauf zum Batteriedeck hinunter: »Geschütze laden und ausrennen!«
Dann jedoch musterte auch er die Flaggen der immer näher heranstampfenden Galeonen genauer und erkannte nun ebenfalls, daß sie ein Emblem zeigten, wie es in keinem Handbuch der christlichen Seefahrt verzeichnet war. »Es scheint tatsächlich irgendeine barbarische Keule oder auch ein Baum zu sein«, keuchte der Leutnant und machte entsprechende Meldung an unseren Kapitän auf dem Achterkastell. Gleichzeitig trennten sich die drei gespenstischen Segler voneinander, und während zwei sich an unserer Steuerbordflanke auseinanderzogen, halste der dritte ganz unvermittelt und lag wenig später in unserem Backbordluv, so daß er uns auf ganz unverschämte Weise den Wind aus der Leinwand nahm.
Dies hätte nun ein Vollschiff der Königlichen Flotte von England auf gar keinen Fall mit sich geschehen lassen dürfen, doch muß zur Ehrenrettung der Marine gesagt werden, daß die Schuld daran einzig bei unserem Kapitän lag, denn dieser hatte während der letzten Tage dermaßen unter dem Dauerregen gelitten, daß er mehr Toddy getrunken hatte, als ein Mann vertragen kann. Deswegen hatte er es nunmehr sehr schwer, die nötigen Befehle zu geben, und seine und der übrigen Offiziere Verwirrung wurde noch dadurch gesteigert,

daß keiner wirklich wußte, ob wir es im Fall der drei fremden Galeonen nun eigentlich mit Freunden oder Feinden zu tun hatten.

So kam es, daß lediglich die Hälfte unserer Kanonen ausgerannt war und wir außerdem mit flappenden Segeln dümpelten, als die anderen urplötzlich das Feuer eröffneten. Schon die erste Breitseite riß uns das Steuerruder weg und fällte gleichzeitig sowohl den Fock- als auch den Besanmast. Danach wußten wir zwar über die Gesinnung derer, die unter der sonderbaren Baumflagge fuhren, genauer Bescheid, aber dies nützte uns in diesem fortgeschrittenen Stadium des Gefechts wenig, denn wir waren bereits so gut wie besiegt. Zwar konnten wir noch einige unserer Steuerbordgeschütze abfeuern, doch während wir dies taten und dabei nichts weiter als ein paar Löcher in die Segel unserer Gegner schossen, enterten uns an Backbord bereits zahlreiche sehr wild aussehende Gestalten. Diese Trolle fielen wie die Teufel über uns her, und aus ihrem Kampfgeschrei konnten wir nun endlich auch ihre Volkszugehörigkeit ersehen, denn sie brüllten und kreischten unverkennbar auf Gälisch. Außerdem stanken sie fürchterlich nach selbstgebranntem Fusel und liefen barfuß, so daß es gar keinen Zweifel mehr daran geben konnte, daß es sich um Iren handeln mußte.

Ehe ich noch nach einem Schwert, einer Muskete oder auch bloß einem simplen Belegnagel greifen konnte, versetzte mir einer dieser Barbaren einen solch mörderischen Schlag mit seinem Pistolenkolben in den Magen, daß ich sofort zu Boden ging und den Rest des Kampfes nur noch verkrümmt und unter entsetzlichen Schmerzen beobachten konnte. Ich sah, wie eine großgewachsene Hexe mit roter Haarmähne zuerst auf dem Mitteldeck und dann auf dem Achterkastell wütete, und an ihrer Seite focht ein ganz übel aussehender Kerl, dessen Nase in einer ähnlichen Farbe leuchtete wie das Haar seiner Kampfgenossin. Diese beiden und dazu noch ein wahrhaft riesiger Unhold trieben den Kapitän und die ihn umringenden Offiziere dermaßen zu Paaren, daß die meisten schon im ersten Ansturm fielen. Der Kapitän selbst sprang, als die Rothaarige mit einer gigantischen Breitaxt auf ihn losging, aufkreischend über Bord, wobei er schrie, daß man gegen einen solchen Weibsteufel, der ganz offensichtlich direkt aus der Hölle aufgefahren sei, ohnehin nicht kämpfen könne. Dies waren denn zugleich auch seine letzten Worte, denn er versank danach dank seines schweren Harnischs sang- und klanglos in der See.

Immerhin mußte er nicht allein auf den Grund des Ozeans fahren, denn ihm folgten, ehe die Iren mit uns fertig waren, noch gut zwei Drittel seiner Mannschaft; wir übrigen wurden zuletzt unter gotteslästerlichen Drohungen gebunden und dann hinunter auf das Batteriedeck geschleppt, wo wir zunächst einmal liegenblieben, bis unsere Feinde die *Hexe von Plymouth* mit einer Notbesegelung versehen hatten, um sie danach in die Mitte ihrer eigenen Galeonen zu nehmen und mit ihr nach Westen davonzugehen, wo sich dann endlich auch das Wetter besserte.

Als ich und meine überlebenden Kameraden am Spätnachmittag unter der nunmehr wieder strahlenden Sonne dampften, tauchte plötzlich wiederum jene rothaarige Barbarin auf, gefolgt von einem ganzen Schwarm ihrer barfüßigen und versoffenen Leute. Das Ungeheuer mit der Breitaxt, dem man – wie ich jetzt bemerkte – trotz allem gewisse weibliche Reize nicht absprechen konnte, baute sich vor uns auf und hielt uns dann eine bombastische Rede. »Mein Name ist Grainne

O'Malley«, begann sie, »und mein Vater war der berühmte Dhubdara von der Schwarzen Eiche, welcher wiederum direkt von Cu-Chulainn von Ulster und der Königin Maeve von Connaught abstammte. Ich selbst herrsche über das Land von Upper Owle Malley, welches während der vergangenen Jahrhunderte viel Leid durch euch verfluchte Engländer ertragen mußte, weshalb ich auch unter dem Banner der Schwarzen Eiche gegen euch in den Krieg gezogen bin.«
Nun wußten wir also auch Bescheid darüber, was die seltsamen Flaggen an den Masttopps der irischen Galeonen zu bedeuten hatten, doch kaum hatten wir diese Erkenntnis gewonnen, fuhr Grainne O'Malley auch schon fort: »Ihr habt gesehen, wie mehr als zwei Drittel eurer Besatzung gleich bei unserem ersten tapferen Ansturm auf den Grund des Ozeans fuhren, und eigentlich hatte ich vor, daß ihr dasselbe Schicksal wie die anderen erleiden solltet. Doch bin ich inzwischen zu der Einsicht gekommen, daß die von mir erbeutete Galeone, die übrigens ab sofort *Hexe von Clare* heißen soll, sich ohne Mannschaft schwerlich steuern lassen wird, so daß ich euch das Leben schenken will, sofern ihr mir auf der Stelle unabdingbare Treue bis in den Tod schwört. Tut ihr das, so kommt ihr noch einmal glimpflich davon, und ich werde eure gelichteten Reihen mit drei oder vier Dutzend meiner eigenen Leute auffüllen, damit ihr nicht trotz allem auf dumme Gedanken kommt. Und es kann die *Hexe von Clare* dann an der Seite meiner übrigen Kriegsschiffe beweisen, was zu vollbringen sie unter einer ruhmreicheren Flagge als der englischen imstande ist. Leistet mir also jetzt euren Schwur, damit man euch losbinden und zur Förderung künftiger Kameradschaft vielleicht auch an irischen Poteen gewöhnen kann!«
Wir waren noch genau dreißig Überlebende, und neunund-

zwanzig von uns standen nicht an, auf der Stelle das zu tun, was Grainne O'Malley von ihnen verlangt hatte. Sie versicherten dieser Piratin also unter Hinzufügung zahlreicher biblischer Sprüche, daß sie ihr folgen wollten bis in den Tod, und daß es ihnen eine Ehre sein werde, in Zukunft jeden Engländer, der ihnen unterkäme, gnadenlos über die Klinge springen zu lassen. Allzu verwunderlich war dieser jähe Gesinnungswandel freilich nicht, denn erstens ging es für meine Kameraden um Leben oder Tod, und zweitens waren die meisten von ihnen ohnehin nur unter massivem Zwang in die Königliche Flotte von England geraten, denn man hatte sie in anrüchigen Tavernen oder verrufenen Bordellen überfallen und zum Dienst gepreßt.

Ich selbst dagegen hatte mich einst freiwillig zum Dienst in der Flotte Ihrer Majestät gemeldet und trug außerdem den Rang eines Maats, so daß ich der einzige unter der Besatzung der nunmehr umgetauften *Hexe von Plymouth* war, der den Treueschwur auf diese irische Piratin verweigerte. Ich sagte ihr klipp und klar, daß ich ein Untertan Elisabeths von England sei und auch bleiben wolle – und daß sie mich deswegen zu den Krebsen schicken müsse, wenn dies nun einmal mein Schicksal sein solle.

Während ihre Gefolgschaft daraufhin die allerwüstesten Drohungen gegen mich ausstieß und da und dort bereits Säbel und Entermesser gezogen wurden, musterte mich die Rothaarige lange und nachdenklich. Ihr Adlatus mit der Säufernase wetzte gleichzeitig seinen Dolch und machte zuletzt schon unverkennbare Anstalten, mir das Eisen an die Kehle zu setzen, als Grainne O'Malley ihm in den Arm fiel und zu mir sprach: »Ich kann nicht umhin, deinen Mut zu bewundern, du rundschädliger Engländer, denn im Gegensatz zu deinen Kameraden, die nichts weiter fertiggebracht haben, als ihrer Vernunft zu gehorchen und die Schwänze einzukneifen, hast du es gewagt, gegen mich anzuknurren wie jener Löwe, der vor kurzem noch vom Toppmast dieses Schiffes auf die See herabblickte. Dein Verhalten gefällt mir sogar über die Maßen, denn gerade Männer wie dich brauche ich in meiner Flotte. Du wirst mir also jetzt den Treueschwur leisten, und danach können wir die allerbesten Freunde sein.«

»Dies bezweifle ich«, erwiderte ich, »denn würde ich nunmehr schwören, so benähme ich mich nicht weniger hasenfüßig als meine neunundzwanzig Genossen, und es müßte dann mit deiner Achtung vor mir sehr schnell wieder vorbei sein.«

»Daran ist etwas Wahres«, stimmte Grainne O'Malley nach einigem Nachdenken zu. »Ich sehe schon, du bist nicht nur tapferer als die meisten hier an Bord, sondern hast auch etwas von einem Philosophen an dir, was wir Iren stets zu schätzen wissen, denn wir sind keineswegs nur üble Piraten und Rauhbeine, wie du vielleicht glaubst. Und weil dies so ist, schlage ich dir nun vor, daß du dich durch einen Zweikampf mit mir von meinen Führungsansprüchen und sonstigen Qualitäten überzeugen läßt.«

Daraufhin brach an Bord der nunmehrigen *Hexe von Clare* großer Jubel aus, und der rotnasige Gnom steckte feixend seinen Dolch wieder weg, während sein und Grainne O'Malleys riesiger Begleiter sich beeilte, seiner Herrin die Breitaxt zu reichen, die sie zu Beginn unseres Gesprächs gegen die Reling gelehnt hatte.

»Leider fürchte ich, daß ich in solchen Waffen nicht sonderlich geübt bin«, sagte ich schnell, »denn sie sind in meinem eigenen Land schon seit den glorreichen Tagen des Richard Löwenherz aus der Mode gekommen. Vielleicht sollten wir, wenn es denn schon sein muß, daß wir uns gegenseitig umbringen, deswegen lieber zu Feuerwaffen greifen, denn mit Musketen oder Pistolen bin ich entschieden besser als mit barbarischen Äxten. Dies gebe ich jedoch nicht etwa aus Feigheit zu bedenken, sondern allein deswegen, damit unser bevorstehender Zweikampf fair verlaufen kann. Denn etwas anderes wirst du, Grainne O'Malley, aufgrund deiner nicht zu bezweifelnden philosophischen Bildung garantiert nicht wollen.«

»Laß dich von dem Haferfresser bloß nicht für dumm verkaufen!« warnte besorgt der Gnom mit der feuerroten Nase, und sein riesenhafter Freund setzte brummig hinzu: »Schlag ihm flugs den Schädel ein, denn was der Kerl da faselt, hat ganz sicher etwas mit schändlichem Hexenwerk zu tun und könnte uns möglicherweise gefährlicher werden, als wir jetzt glauben.«

Grainne O'Malley jedoch beachtete die beiden gar nicht, sondern sagte freundlich zu mir: »Wir werden uns weder mit Breitäxten schlagen, noch uns mit Musketen oder Pistolen schießen, denn ein Sieg mit derartigen Waffen über dich würde mir letztlich nichts nützen, weil du dann ja nicht mehr unter meiner Flagge segeln könntest. Deswegen wollen wir es auf gut keltische Weise austragen und nichts weiter als eine einfache Lederschnur zwischen uns entscheiden lassen.«

Als ich die Rothaarige daraufhin lediglich groß anzustarren wußte, setzte sie hinzu: »Es ist ein Spiel, wie es in gälischen Ländern vor allen Dingen im Lauf unserer berühmten und herzerfrischenden Trinkgelage gepflegt wird, und es kann nichts Übleres dabei herauskommen, als daß dem einen oder anderen Mitwirkenden vielleicht einmal ein Finger abhanden kommt. Denn mit seinem Mittelfinger faßt ein jeder der

Kontrahenten in die bereits erwähnte Lederschlinge und versucht dann, seinen Gegner über einen Tisch oder irgendein anderes Hindernis zu sich herüberzuziehen. Ist dies gelungen, so ist der harmlose Kampf gewonnen, und genauso werden nun auch wir beide es halten, mein englischer Freund. Und da ich nicht daran zweifle, daß mein Finger kräftiger gewachsen ist als der deine, wirst du danach deinen Eid leisten und hinfort in meiner Flotte segeln.«

»Einverstanden«, sagte ich, denn immerhin ging es jetzt nicht mehr um Leben und Tod, sondern allerhöchstens noch um Besitz oder Verlust meines Mittelfingers, und außerdem würde niemand an meiner Ehre zweifeln können, wenn Grainne O'Malley meinen Treueschwur mit Hilfe eines ehrlichen Zweikampfes gewann. Da ich jedoch annahm, daß ich Sieger bleiben würde, denn ich hatte mir in der Zwischenzeit blitzschnell einen unfehlbaren Schlachtplan ausgedacht, erkundigte ich mich jetzt vorsichtig: »Was aber geschieht, wenn du dich in deinem Finger täuschst und ich dich über mich zu zerren imstande bin?« Dabei bereitete mir der Gedanke, mich mit dieser rothaarigen Teufelin zu wälzen, plötzlich arge, wenn auch nicht gerade unangenehme Verwirrung.

Grainne O'Malley musterte mich mit einem räuberschönen Grinsen, dann erwiderte sie: »Dies wird, wie ich dir schon sagte, keinesfalls geschehen, auch wenn dir der Gedanke Vergnügen zu bereiten scheint, du könntest etwa unter meine federnden Brüste zu liegen kommen. Solches haben nämlich schon andere vergeblich versucht, und ich verspreche dir, daß auch dir der Schnabel in dieser Sache sauber bleiben wird. Solltest du jedoch, möglicherweise durch ein göttliches Wunder, tatsächlich über mich siegen, bist du selbstverständlich wieder ein freier Mann, und ich werde dich dann am nächsten

Kap aussetzen, damit du gehen kannst, wohin du willst. Aber nun wollen wir keine unnützen Worte mehr machen, sondern zur Tat schreiten. – Bindet also diesen Engländer los, ihr Männer von Clare, und dann schafft ein Wein- oder auch ein großes Rumfaß heran, damit es uns als Kampfplattform dienen kann.«

Diesem Befehl der rothaarigen Piratin wurde sofort Folge geleistet. Der Kerl mit der Säufernase säbelte meine Fesseln durch, wobei er nicht gerade zimperlich mit mir umging und mir die Schwarte an den Handgelenken und den Knöcheln ziemlich lädierte. Gleichzeitig rollte jener riesenhafte Ire unter Mithilfe einiger anderer Barfüßiger das Leibfaß unseres verblichenen Kapitäns vom Achterkastell heran und pflanzte mir diese ungeheuerliche Rumtonne, die mir gut bis zum Gürtel reichte, direkt vor die Füße. Um ein Haar wäre ich dabei plattgequetscht worden wie eine Flunder, denn ich wich und wankte nicht vor dem Ansturm dieses Fasses, das vor kurzem noch der Augapfel und der Lebensinhalt unseres dahingegangenen Schiffsführers gewesen war, sondern ich behauptete eisern meinen Standort zwischen dieser Tonne und einer schweren, eichenholzgezimmerten Kanonenlafette in meinem Rücken.

Während die irischen Barbaren nun lauthals grölten und – darin hämisch unterstützt von meinen bereits bekehrten ehemaligen Untergebenen – zahlreiche Wetten dahingehend abschlossen, welcher meiner Mittelfinger mir nun gleich von ihrer mörderischen Anführerin ausgerissen werden würde, griff ich mir im Schutz des Schnapsfasses blitzschnell die zerschnittenen Tauenden, mit denen ich eben noch gefesselt gewesen war, knotete sie eilig wieder zusammen und knüpfte mir dann mein eigenes Bein mit etlichen derben und unzerreißbaren Seemannsknoten an die bereits erwähnte Kanonenlafette. Denn obwohl ich felsenfest davon überzeugt war, daß ich diese Grainne O'Malley durchaus auch in einem ehrlichen Kampf besiegen konnte, wollte ich trotzdem lieber ganz auf Nummer Sicher gehen, da schließlich jeder vernünftige Mensch weiß, daß den Weibern letztlich nie zu trauen ist. Deswegen vertraute ich mein Bein lieber der Lafette an, und wenn die irische Piratin nunmehr den Kampf gewinnen wollte, mußte sie mich wohl oder übel samt der ganzen zwölfpfündigen Kanone aus den Decksplanken reißen.

Keiner der zahlreichen umstehenden Schreihälse bemerkte meine Kriegslist, denn sie alle hatten nur Augen für Grainne O'Malley oder die noch gut zur Hälfte gefüllte Rumtonne, und so konnte ich nun den Ausgang des Duells mit frohem Mut erwarten. Ebenso froh blitzte es allerdings aus den Augen der Piratin, als sie sich jetzt mir gegenüber aufstellte und sich von dem Rotnasigen eine lederne Schlinge geben ließ, welche sie mitten auf den Deckel der Tonne legte. »Wir greifen gleichzeitig mit unseren Mittelfingern hinein«, befahl sie mir, und als dies geschehen war, setzte sie in typischer weiblicher Überheblichkeit hinzu: »Und nun möge die Bessere gewinnen!«

Kaum hatte Grainne O'Malley diesen einseitigen Ausspruch getan, knackte mein Fingerknöchel auch schon ganz fürchterlich, und ich fuhr mit meinem halben Oberkörper wie ein Wischlappen über die Rumtonne. Denn Grainne O'Malleys unweibliche Kraft, dies mußte ich jetzt leider feststellen, war wirklich ungeheuerlich, und ich hätte wohl gleich bei ihrem ersten Angriff sang- und klanglos Kobolz geschlagen, wenn mich nicht die Kanonenlafette gerettet hätte. So jedoch fand die Piratin alsbald derben Widerstand, und ich hielt mit aller

Macht meines geschundenen Fingers und vor allem meines festvertäuten Beins dagegen, so daß nunmehr so etwas wie eine Patt-Situation zwischen mir und diesem wölfischen Weibsbild entstand. Ja, nach einer Weile gestaltete sich die Lage sogar noch günstiger für mich, und ich begann leichte Vorteile zu gewinnen, denn schließlich mußte ich mich ja bloß mit dem Arm der Piratin herumhebeln, während sie es zusätzlich mit einer kompletten Kanone zu tun hatte. Schon glaubte ich, ich könnte sie samt ihren schändlich wogenden Brüsten tatsächlich bald über mich zerren, als das Heulen der umstehenden irischen und leider auch englischen Meute noch stärker wurde – und Grainne O'Malley sich dadurch offenbar zusätzlich angestachelt fühlte, so daß sie nun alles auf eine Karte setzte. Ihr Zug an meinem Finger wurde so stark, daß mir die Schwielen mit einem Knall platzten, und dann gab es plötzlich ein Geräusch wie einen Peitschenschlag. Im gleichen Augenblick segelte ich koppheister über das Rumfaß, und als ich auf der heftig atmenden Piratin wieder zu mir kam, begriff ich, daß meine Seemannsknoten ihrer belialischen Kraft doch nicht gewachsen gewesen waren – und sie mich ganz einfach von der Kanonenlafette abgerissen hatte.

Als ich so auf ihr lag, verstand ich aber auch, daß gegen dieses rothaarige Weib auf der ganzen Erde kein Kraut gewachsen war, und seltsamerweise verspürte ich in diesem Augenblick sogar so etwas wie deutliche Sympathie für sie, obwohl mich mein Finger und mein Bein höllisch schmerzten. Ich konnte mich jedoch diesen so plötzlich erwachten positiven Gefühlen gegenüber meiner Überwinderin nicht lange hingeben, denn mit einem derben Rippenstoß schüttelte sie mich nun wieder von sich ab, sprang auf die Beine und zog mich am Kragen ebenfalls hoch. Dabei fiel ihr Blick auf das Tauende, das

immer noch an meinem Fußknöchel baumelte, und sie begriff auf der Stelle, daß sie nicht nur mich, sondern auch noch eine veritable Kanone besiegt hatte.
Schon fürchtete ich, sie würde mich wegen meiner mißlungenen Kriegslist bestrafen, doch Grainne lachte nur fröhlich auf und sagte: »Du hast also geglaubt, mich hereinlegen zu können, mein kleiner Engländer, doch wie du gesehen hast, nützen selbst die abgefeimtesten Mittel nichts, wenn es gegen eine wie mich geht. Ich hätte dich gewiß auch dann noch überwältigen können, wenn du nicht nur dein Bein, sondern dazu auch noch deinen Allerwertesten an dem Zwölfpfünder vertäut hättest. Doch trage ich es dir nicht nach, daß du mit mehr oder weniger hinterhältigen Mitteln gegen mich gekämpft hast, denn dies beweist mir, daß du durchaus das Zeug zu einem kühnen Piraten hast. Und jetzt leiste mir deinen Treueschwur, mein Freund, damit du hinfort auf diesem Schiff, auf dessen Zwischendeck du dank meiner Hilfe über die Rumtonne gesegelt bist, als Erster Offizier unter dem riesigen Recken von Mayo hier an meiner Seite fahren kannst.«
Es blieb mir nun wirklich nichts anderes mehr übrig, als meinen lädierten Finger zum Schwur zu heben und für alle deutlich hörbar zu sagen: »Ich, John Faughart, ehemals Maat auf der *Hexe von Plymouth* und nunmehr Erster Offizier auf dem Achterkastell der *Hexe von Clare*, verspreche, daß ich meiner unüberwindbaren Herrin Grainne O'Malley heute und in aller Zukunft treu dienen werde! Gott und die Königin von England mögen mir dabei helfen!«
Wenn ich nunmehr jedoch Jubelgeschrei meiner ehemaligen und frischgebackenen Untergebenen zu hören geglaubt hatte, so hatte ich mich darin schwer getäuscht, denn während die

Engländer verschämt schwiegen, brach unter den Iren ein wahrer Aufstand los, und jener riesenhafte Recke aus Mayo, der von jetzt an mein Kapitän sein sollte, maulschellte mich links und rechts ab und schrie: »Du sollst nicht bei Gott und schon gar nicht bei der Königin von England schwören, du alberner Hundsfott, der du noch dümmer bist als mein Ehekreuz, das ich eines Tages bestimmt am Firstbalken meines Hauses auf der Insel von Achill aufhängen werde! Denn einzig und allein unserer Herrin und Fürstin Grainne O'Malley sollen deine Gedanken gelten.«

Daraufhin beutelte er mich noch einmal ab wie einen Straßenköter und wandte sich an die rothaarige Piratin mit folgenden schändlichen Worten: »Ich glaube nicht, daß dieser Schwengel, den du so glorreich von der Kanone gepflückt hast, das Zeug zu einem Ersten Offizier in deiner Flotte hat. Denn er ist noch immer vom englischen und wahrscheinlich auch vom klerikalen Untertanengeist verseucht, und dies wird sich auch kaum ändern, selbst wenn er noch siebenmal auf die Schwarze Eiche von Upper Owle Malley schwören sollte. Deswegen schlage ich vor, daß wir einen Würdigeren zu meinem Stellvertreter erwählen, denn dieser englische Hanswurst mit seinem Tauende an der Hinterpfote taugt höchstens dazu, die Bilgen meiner tapferen Galeone zu scheuern.«

Hätte mich nicht mein inzwischen wurstdick angeschwollener Mittelfinger daran gehindert, ich hätte dieses ungebildete Schandmaul gewiß auf der Stelle erschlagen. Doch so blieb mir nichts anderes übrig, als den Kerl mit Verachtung zu strafen und mich, um die leidige Angelegenheit zu klären, ebenfalls an Grainne O'Malley zu wenden. »Höre nicht auf das, was dieser Trampel dir einzublasen versucht«, sagte ich. »Denn wahrscheinlich spricht nur der Neid aus ihm, da nicht er es gewagt hat, auf dir zu liegen zu kommen, sondern ich. Was jedoch den Schwur angeht, an dessen Ende mir irrtümlich jene Unnennbare in London über die Lippen fuhr, so kannst du versichert sein, daß mein Gelöbnis ganz und gar ernst gemeint war, denn schließlich warst du es, die mich vom einfachen Maat zum Ersten Offizier befördert hat, was jene lächerliche Engländerin, der ich dummerweise bis zum heutigen Tag diente, in ihrer Beschränktheit niemals geschafft hat. Daraus läßt sich ersehen, daß du ungleich berühmter und mächtiger bist als jene, und damit die Dinge nun wirklich wieder ins Lot kommen, will ich meinen Eid nunmehr korrigieren und hiermit laut ausrufen: Es gibt keinen Gott und keine Königin außer Grainne O'Malley!«

Daraufhin schnappte der Pirat von Mayo, dem ich auf diese Weise den Wind aus den Segeln genommen hatte, bloß noch verdattert nach Luft, Grainne jedoch äußerte: »Du hast nicht schlecht gesprochen und diesmal auch zu meiner Zufriedenheit geschworen, John Faughart; ja, du hast sogar dein Maul gewetzt wie nur irgendein Shanakee*) in den Bergen von Connemara. Deswegen glaube ich, daß wir dich doch nicht die Bilgen scheuern lassen müssen, wie dein Kapitän es gefordert hat, sondern daß wir es mit dir in der Tat auf dem Achterkastell versuchen können. Damit jedoch in deinem Geiste der englische Größenwahn nicht noch einmal überhand nimmt, will ich dir lieber rechtzeitig ein Zeichen setzen.«

Damit schlug sie mir freundlich auf die Schulter, wandte sich dem Riesen aus Mayo zu und forderte ihn auf: »Sei so gut und zieh deinen rechten Strumpf ab, denn ich benötige ihn.«

Im Gegensatz zu den meisten anderen Piraten trug der frisch-

*) Shanakee = gälischer Geschichtenerzähler

gebackene Kapitän der *Hexe von Clare* tatsächlich Stiefel und Strümpfe, und mit verdattertem Gesichtsausdruck schlüpfte er nunmehr aus seiner rechten Lederröhre und schälte sich dann einen gewaltigen, grobgestrickten Socken vom Fuß, der nicht nur für drei andere Piraten ausgereicht hätte, sondern auch für ebensoviele duftete.

Grainne O'Malley jedoch störte sich wenig an der grausigen Wolke, welche im Nu das ganze Mitteldeck der *Hexe von Clare* einräucherte, sondern griff beherzt zu – und stülpte mir gleich darauf diese Fußbekleidung wie eine Mütze auf meinen Schädel. Augenblicklich spürte ich eine schwere und dumpfe Betäubung in mein Gehirn dringen und hörte Grainne wie durch dämpfige Schleier sagen: »Diesen Strumpf sollst du nun bis an dein Lebensende tragen, John Faughart, damit ich versichert sein kann, daß du deinen Treueid mir gegenüber niemals vergißt. Denn der Strumpf soll dich stets daran erinnern, daß dir die fürstliche Macht des Landes Upper Owle Malley im Nacken sitzt. Dies soll jedoch nicht demütigend gemeint sein, sondern dir vielmehr zu Ruhm und Ehre ausschlagen, denn dieser gewaltige Strumpf, den ich dir verliehen habe, ist mehr wert als etwa ein Ritterschlag von jener, die sich in unglaublicher Überheblichkeit als Königin von England bezeichnet. Trage also, John Faughart, deine Mütze mit Ehrfurcht und Achtung, wenn du mir von nun an als Erster Offizier auf der *Hexe von Clare* dienst.«

Der Jubel der Piraten, die kurz zuvor noch so widerwärtig gegen mich gebölkt hatten, kannte nun keine Grenzen mehr, doch nahm ich ihn leider nur undeutlich wahr, da der Geruch der verfluchten Mütze mein gesamtes Inneres durcheinanderwühlte. Trotzdem brachte ich es fertig, Grainne O'Malley für ihren Großmut zu danken. »Ich werde in Zukunft samt meiner Haube wie Herkules im Stall des Augias gegen deine und meine Feinde wüten!« versicherte ich ihr – um mich dann jedoch, sobald der Anstand es erlaubte, auf das Achterkastell der *Hexe von Clare* zurückzuziehen, wo ein scharfer Wind mir alsbald den Schädel soweit klärte, daß ich einem meiner Untergebenen befehlen konnte, ein großes Schaff Wasser heranzubringen, in welchem ich meinen Schädel und meine Mütze unter den mißbilligenden Blicken des Kapitäns dann stundenlang badete, während die Flotte der Grainne O'Malley inzwischen Kurs auf neue Kriegsschauplätze nahm.

Und noch ehe wir den nächsten feindlichen Engländer aufbrachten, hatte ich es geschafft, den mörderischen Dunst aus den Maschen meiner Ehrenmütze zu vertreiben, und nachdem ich dann zwei oder drei Monate in der Flotte der Grainne O'Malley Dienst getan hatte, war mir der Strumpf sogar dermaßen ans Herz gewachsen, daß ich ihn nie wieder missen wollte und ihn Tag und Nacht nicht mehr von meinem Schädel zog. Denn ein solches Kleidungsstück wärmt einen Mann nicht nur trefflich, sondern kann auch als Helmfutter in der Schlacht oder zur Reinigung der Nase bei scharfem Nordwind sowie bei zahllosen anderen Gelegenheiten höchst nützlich sein.

Der Ehrenstrumpf, den Grainne O'Malley mir verliehen hatte, begleitete mich also während der nun folgenden Kämpfe, die wir mit großer Bravour gegen jeden Engländer führten, der es wagte, uns mit seinem lächerlichen Viehzeug am Masttopp in die Quere zu kommen. Beinahe ein ganzes Jahr lang ließ Grainne O'Malley ihre nunmehr vier Galeonen, die jetzt zusammen mehr als zehn Dutzend Kanonen trugen, durch den Atlantik pflügen. Wir machten die Biscaya zu einem dermaßen unsicheren Gewässer, daß man in der englischen Admiralität bald von uns behauptete, wir seien eine noch ärgere Heimsuchung als jene abscheulichen Stürme, die während der Frühjahrsmonate den genannten Meeresteil zwischen England und Spanien regelmäßig zu einem nassen Grab für zahllose christliche Seefahrer werden lassen. Doch muß gesagt werden, daß die arg verkalkten Lords der Admiralty in dieser Sache nichts weiter als verleumderische Gerüchte ausstreuten, denn wenn wir, was damals oft geschah, einen englischen Kauffahrer kaperten, sprangen wir zumeist weit glimpflicher mit der Besatzung um, als Neptun dies in seinem Frühjahrswüten getan hätte. Denn wir ließen nur ganz wenige Uneinsichtige wie etwa Kapitäne oder für Neu-England bestimmte Missionare über die Planke laufen. Die vernünftigen Besatzungsmitglieder hingegen, welche Grainne O'Malleys Herrschaftsanspruch auf allen sieben Weltmeeren anerkannten, wurden von uns freundlich und sogar sehr human behandelt, denn wir pflegten sie in ihren Barkassen auszusetzen und sie außerdem auch noch mit starken Getränken aus unseren eigenen Vorräten zu versorgen, so daß sie frohen Mutes die nächstgelegene Küste ansteuern konnten.

Doch nicht nur in der Biscaya vermehrten wir den Ruhm der Grainne O'Malley und füllten die Laderäume unserer Galeonen mit wertvollen Beutestücken an, sondern wir wagten uns in diesem kurzweiligen Jahr noch viel weiter nach Süden und Westen vor.

So kaperten wir etwa in Sichtweite der Straße von Gibraltar einmal einen Indienfahrer, der den ganzen Weg um Afrika herum ungeschoren zurückgelegt hatte, doch nun angesichts unserer bestens sitzenden Schüsse die Flagge streichen mußte. Freilich bereitete uns dieser Pott dann während der Plünderung eine arge Enttäuschung, denn wir fanden nicht mehr als lächerliche zwei Dutzend Schnapskruken an Bord, dafür aber ganze Berge von Teeballen, mit denen unsere Iren wenig anzufangen wußten. Zwar versuchte ich, der ich ja einmal Engländer und damit auch Teetrinker gewesen war, meinen Kameraden den Nutzen dieser aromatischen Blätter klarzumachen, doch sie verlachten mich nur und zeigten sich völlig uneinsichtig, so daß ich zuletzt mitansehen mußte, wie die gesamte Ladung im Wert von vielen tausend Pfund Sterling über Bord geworfen wurde. In der allgemeinen Frustration gingen auch noch einige Ostindienfahrer mit, ehe ich mit meiner Mütze und in meiner Eigenschaft als Erster Offizier unter die Wildgewordenen fuhr und sie wieder zur Raison brachte, so daß sich der Rest der Engländer zuletzt auf den Felsen von Gibraltar retten konnte, wo sie dann frierend und verdattert inmitten der schnatternden Affen hockten.

Nach diesem Reinfall führte uns Grainne O'Malley jedoch nach Westen, wo sie sich mehr Glück und wertvollere Beute erhoffte. Nachdem wir viele Tage und Nächte gesegelt waren und die weniger Ausgepichten unter unseren Besatzungsmitgliedern bereits von Meuterei faselten, sichteten wir endlich eine Insel namens Hispaniola, die aus irgendeinem Grund, der mir leider entfallen ist, in der Geschichte der Menschheit eine bedeutende Rolle gespielt haben soll. Als unsere vier Galeonen vor der Ostküste aufkreuzten, war davon allerdings nichts weiter zu bemerken; wir erblickten lediglich drei englische und zwei spanische Kriegsschiffe, deren Mannschaften gegeneinander kanonierten, als gälte es die ewige Seligkeit.

Die *Hexe von Clare* segelte zu diesem Zeitpunkt so nahe an dem Admiralsschiff der Grainne O'Malley, daß wir uns von Achterkastell zu Achterkastell miteinander verständigen konnten. »Vielleicht sollten wir unseren Kurs ein paar Strich nach Norden oder auch nach Süden legen«, rief ich zu der Rothaarigen hinüber, »denn sonst könnte es leicht geschehen, daß wir hier mitten in eine Auseinandersetzung geraten, die uns im Grunde überhaupt nichts angeht.«

Grainne O'Malley jedoch war entschieden anderer Meinung und schrie zurück: »Du solltest wieder mal deinen Strumpf auslüften, John Faughart, damit dein Gehirn klarer wird. Weißt du denn nicht, daß die Spanier in diesen Breiten riesige Mengen an Gold und Silber in den Bäuchen ihrer Schiffe mitführen, weil sie nämlich seit beinahe einem vollen Jahrhundert die hiesigen Eingeborenen bis aufs Blut aussaugen? Was aber die Engländer angeht, so pflegen diese nicht ohne wertvolle Marketenderwaren wie Musketen, Schießpulver, Tuche und schottischen Whisky in dieser Gegend aufzutauchen, mit denen sie, nachdem sie den Spaniern vielleicht noch einigen Rum geraubt haben, ihre Kolonien weiter im Norden versorgen. Und dies alles bestärkt mich in meinem Plan, sowohl die Katholiken als auch die Protestanten anzugreifen, denn wie es aussieht, können wir als neutrale Heiden hier von beiden Seiten Gewinne einheimsen.«

»Wenn wir dies wagen, werden aber leider unsere vier gegen fünf feindliche Schiffe stehen!« gab ich zu bedenken.

»Keineswegs, denn zwei und zwei dort drüben setzen sich gegenseitig matt«, rechnete mir Grainne O'Malley vor, »und das bedeutet, daß wir es eigentlich nur mit einem einzigen ernsthaften Gegner zu tun haben. Wenn dieser dritte Engländer freilich noch lange so zielsicher feuert wie im Augenblick, werden die spanischen Galeassen bald in den Grund gebohrt sein, denn sie sind ja wirklich deutlich unterlegen – und dies könnte unsere taktische Situation etwas ungünstiger gestalten. Zwar würden wir auch dann noch ohne allen Zweifel

Sieger bleiben, doch denke ich, wir lassen es nicht darauf ankommen, sondern greifen auf der Stelle an, solange unsere Chancen noch so gut stehen wie im Augenblick.«

Dagegen wußte ich nichts mehr einzuwenden, um so mehr, als Grainne O'Malley im selben Augenblick jeden verfügbaren Fetzen Leinwand auf ihrer Galeone setzen ließ und damit schnell aus meiner Rufweite entschwand. Der *Hexe von Clare* und unseren beiden anderen Schiffen blieb nichts übrig, als es ihr nachzutun, und so näherten wir uns nun schnell unseren fünf Gegnern, die noch immer wie die Wilden aufeinander feuerten, auch wenn nun bereits deutlich zu erkennen war, daß die Engländer in dieser Seeschlacht Sieger bleiben mußten.

Das Blatt wendete sich jedoch schnell, als nun unsere irischen Segler in den Kampf eingriffen, was uns mit einem tödlichen Überraschungseffekt gelang, denn sowohl die Spanier als auch ihre Widersacher bemerkten uns in ihrer Kampfeshitze erst, als es für sie bereits zu spät war und unsere eigenen Zwölf- und Vierzehnpfünder mit fürchterlichen Breitseiten gegen sie losraunzten. Auf diese Weise schossen wir, schneller als ich es erzählen kann, die spanischen Galeassen samt den englischen Galeonen manövrierunfähig und enterten sie.

Letzteres bereitete uns überhaupt keine Schwierigkeiten, denn die fünf gegnerischen Mannschaften hatten sich gegenseitig bereits dermaßen dezimiert, daß wir pro Schiff höchstens noch zwei Dutzend Gefangene machen konnten. Diese setzten wir, wie sie uns gerade unter die Fäuste kamen, in etliche herumtreibende Barkassen und Schaluppen und sahen dann lachend zu, wie sie – trotz verschiedener Nationalität und uralter Erbfeindschaft – plötzlich sehr gut im Gleichtakt rudern konnten und die Insel Hispaniola ansteuerten.

Uns aber, den Männern der Grainne O'Malley, gehörten nun die fünf Schiffe, und ehe sie vollends wegbrannten und versanken, plünderten wir sie bis zu den Kielschweinen*) aus und mußten dabei der weisen Voraussicht unserer Herrin wieder einmal recht geben, denn unsere Beute an Gold, Silber, Waffen und anderen Dingen war in der Tat ganz erstaunlich, auch fanden wir dermaßen viel Rum und schottischen Whisky vor, daß die Herrschaft von Upper Owle Malley selbst bei dem maßlosen Verbrauch an Spirituosen, an den man dort seit alters her gewöhnt war, auf Jahre hinaus versorgt sein würde.
Deswegen gab es für Grainne O'Malley jetzt auch keinen vernünftigen Grund mehr, die Raubfahrt dieses glorreichen Jahres noch länger auszudehnen, denn sie hatte bereits jetzt wie eine Mutter für ihre Untertanen gesorgt und außerdem noch jede Menge Ruhm errungen, indem sie zahlreiche Engländer und nebenbei auch noch ein paar Spanier nach Kräften und mit unerhörtem Erfolg gerupft hatte. Dies wurde uns besonders deutlich vor Augen geführt, als wir auf der Heimfahrt für eine oder zwei Wochen in die Kalmenzone gerieten, und Grainne O'Malley, während unsere Matrosen in den Booten schwitzten und in der Windstille pullten, was das Zeug hielt, ihre Offiziere einmal auf dem Flaggschiff versammelte und uns reichlich bewirtete. Bei dieser Gelegenheit gab sie uns auch Einsicht in ihr Logbuch, und es stellte sich heraus, daß wir während dieses Jahres pro Monat durchschnittlich zweiundeinviertel feindliche Schiffe aufgebracht hatten, wobei in dieser Aufstellung die ehemalige *Hexe von Plymouth* und jetzige *Hexe von Clare* noch gar nicht berück-

*) Tiefster Punkt im Laderaum eines Segelschiffes

sichtigt war, denn diese Galeone hatte schließlich das unerhörte Glück gehabt, in den Kampfverband der Grainne O'Malley aufgenommen zu werden.

»Wir haben in diesem einen Jahr mehr gegen die Engländer ausgerichtet als selbst König Philipp von Spanien«, gab Grainne O'Malley zu bedenken, als sie das Logbuch wieder zuklappte. »Dies erfüllt mich mit tiefer Genugtuung, denn es beweist ganz augenscheinlich, daß ich mächtiger bin als dieser Popanz, in dessen Reich angeblich die Sonne niemals untergeht.«

»Ja, man kann mit Fug und Recht behaupten, daß seit Menschengedenken niemand mehr zum Ruhm Irlands getan hat als wir«, äußerte daraufhin Davitt-mit-der-Nase, den ich in der Zwischenzeit nicht mehr als einen versoffenen Barbaren, sondern als einen guten Freund ansah.

»Vor allen Dingen sind wir auch nicht einseitig gewesen, sondern haben unsere Gunst sowie unsere Kanonenkugeln nicht nur den Engländern, sondern auch den Spaniern zugute kommen lassen«, sagte mein Kapitän, der mir dereinst meine ehrenhafte Mütze übertragen hatte. »So kommt es, daß wir jetzt nicht bloß englischen Schnaps, sondern auch welschen Rum mit zurück nach Clew bringen, was mir zweifellos helfen wird, wenn es wiederum gilt, mein Ehekreuz zu zähmen.«

»Du scheinst bereits arges Heimweh nach deiner kratzbürstigen Alten zu haben, oder täusche ich mich da?« fragte Grainne O'Malley und spielte dabei bedeutungsvoll mit einem Tauende, das ihr zwischen die Finger geraten war.

»Dies ist in der Tat so«, erwiderte der riesige Recke aus Mayo, »auch wenn ich den Grund dafür mit dem Verstand allein nicht recht begreifen kann.«

»Es geht uns allen so«, sprang ihm Davitt Monaghan bei. »Denn wenn es auch großes Vergnügen bereitet, auf den sieben Weltmeeren feindliche Schiffe zu jagen und reichliche Beute zu machen, so geht doch nichts über das Gefühl, danach wieder die Heimat zu sehen und als ein cu-chulainnischer Held in die Bucht von Clew einzulaufen. Wir sollten deswegen unseren wackeren Mitstreitern in den Booten vielleicht die eine oder andere Kruke Geistiges zusätzlich zukommen lassen, damit sie unsere Galeonen noch eifriger in Richtung Irland pullen.«

»Dieser Gedanke zeugt von großer Menschenliebe«, stimmte Grainne O'Malley ihrem Vertrauten zu – und so wurde er denn auch umgehend in die Tat umgesetzt. Unsere Ruderer bekamen eine Mischung aus Poteen, schottischem Whisky und westindischem Rum, und sie legten sich daraufhin dermaßen ins Zeug, daß wir schon wenige Tage später die Kalmenzone hinter uns gebracht hatten und wiederum Segel setzen konnten. Den Rest unseres Heimweges legten wir dann wie die Windsbräute zurück und liefen noch vor den ersten Herbststürmen in die Bucht von Clew und in den Hafen von Clare ein. Ich sah diese berühmte Landschaft damals zum ersten Mal in meinem Leben, doch ich schäme mich nicht zu gestehen, daß ich sie auf der Stelle, noch ehe die jubelnden Zurückgebliebenen uns im Triumph von Bord und hinauf aufs Schloß geleiteten, als meine wahre und wirkliche Heimat empfand. So war also, dank meiner Herrin Grainne O'Malley, das Wunder an mir geschehen, daß ich als ein beschränkter und unwissender englischer Maat auf der *Hexe von Plymouth* in See gestochen war, nun jedoch als ein von allen geachteter Erster Offizier und ruhmreicher Ire auf der *Hexe von Clare* in meiner neuen Heimat landete.

Nachdem er mit diesen patriotischen Sätzen seine Geschichte zu Ende gebracht hatte, griff sich John Faughart von der Flanke der Leiche eine frische Flasche, entkorkte sie und füllte sich seinen Pokal bis zum Rand. Die anderen taten es ihm nach, und nachdem sie allesamt ihre Pokale bis zur Nagelprobe geleert hatten, äußerte Davitt-mit-der-Nase: »Bei meinem Korkenzieher, John Faughart, du verfluchter Hund! Zu Beginn deiner Erzählung dachte ich schon, ich müßte dir deinen Schädel samt der Mütze vom Hals schneiden, denn du hast mich als einen rotnasigen Säufer bezeichnet, was ich nicht einmal von meinem besten Freund hinnehmen kann. Doch im Lauf deiner Geschichte wurde dann klar, daß du dich zuletzt doch noch eines Besseren besonnen hast, denn du siehst in mir jetzt keinen versoffenen Barbaren mehr, sondern – wenn ich recht gehört habe – den großherzigsten Recken des Landes Upper Owle Malley, und deswegen will ich dir deine einmalige Entgleisung noch einmal verzeihen. Auch will ich dir nachsehen, daß du deine eigenen sogenannten Heldentaten viel zu großmäulisch herausgestellt hast, während das, was ich damals leistete, fast völlig unter den Tisch gefallen ist. Doch dies wußtest du wahrscheinlich nicht besser, da du eben doch von einem beschränkten englischen Vater gezeugt bist. Immerhin hast du aber wenigstens einige der unerhörten Stücke der Grainne O'Malley noch einmal lebendig werden lassen, und dies muß dir trotz deiner zwielichtigen Herkunft und sonstigen Fehler als Verdienst angerechnet werden.«
John Faughart nickte dazu friedlich und schneuzte sich gleichzeitig ausgiebig in seine Mütze.
»In der Tat, unser ehemaliger Maat ist im Lauf der letzten Jahrzehnte ebenso ein Stück von Irland geworden wie mein braves Holzbein«, sagte Rory O'Gilpatrick.

Uail O'Malley verrieb gedankenvoll einen Weinfleck auf seiner Lammfellhose und äußerte dabei: »Es rührt einen immer wieder an, wenn ein Mensch zuletzt seine wahre Bestimmung und Heimat entdeckt, so wie es unserem Freund John geschehen ist. Und wenn auch meine mißratene Schwester in ihrem Leben viel Ungutes bewirkt hat, so hat sie doch in diesem wollbezipfelten Engländer einen ganz beachtlichen Kämpfer für die Sache Irlands gewinnen können, auch wenn sie ihn zuerst von einer Kanonenlafette abpflücken mußte, um ihn zu seinem eigenen Glück zu zwingen.«
»Ich kann es wirklich nicht leugnen, daß ich erst in jenem Moment zu einem echten Kerl wurde, als Grainne mich in ihre Klaue bekam«, stimmte John Faughart zu. »Und das Andenken an jene glorreiche Stunde trage ich jetzt seit beinahe dreißig Jahren bei mir. Nun jedoch scheint mir der rechte Augenblick gekommen zu sein, um mich von jenem erinnerungsträchtigen Anhängsel zu trennen.«
Während seine acht Kameraden daraufhin beifällig nickten, nestelte John Faughart ein verwittertes und verschlissenes Tauende los, das er anstelle eines Gürtels um seinen Hosensattel trug. »Dies ist der Faden, der mich vor beinahe dreißig Jahren noch an mein altes Leben knüpfte«, erklärte er. »Der Strick hat mir seitdem treulich gedient, besonders dann, wenn es an Bord der *Hexe von Clare* in späteren Jahren manchmal dermaßen heiß zuging, daß ich die Hosen gestrichen voll hatte, doch nunmehr soll er von meinem Wanst zurück zu derjenigen wandern, die ihm dereinst so große Bedeutung verliehen hat.«
Damit umrundete der bekehrte Engländer die Tafel, bis er zu Häupten der Leiche stand, und wand ihr dann den Strick mit dem ausgefaserten Ende um den wachsbleichen Schädel.

»Möge dir dieses zerrissene Band in der puritanischen Hölle oder auch in der keltischen Anderwelt dabei behilflich sein«, murmelte er dabei, »daß du in keine allzu große Abhängigkeit von Teufeln, Dämonen oder gar Göttern dort gerätst. Sollten dich diese Geister aus irgendeinem Grund in Bande schlagen wollen, um dich dann wegen irgendwelcher Missetaten, die man dir vielleicht nachsagt, zu sieden, zu rösten oder dich gar mit siebenzinkigen Gabeln zu forkeln, dann erinnere dich daran, daß du dereinst dieses Tauende wie eine Spinnwebe zerrissen hast und dir Ähnliches jederzeit wieder gelingen kann. Denn du bist immer noch Grainne O'Malley, wenn auch ein wenig durchsichtiger als in früheren Tagen, und es sollte deswegen kein großer Unterschied für dich sein, ob du nun mit einem britischen Maat oder dem Leibhaftigen höchstpersönlich die Kräfte mißt.«

»Sehr gut gesprochen!« lobte daraufhin Mac William Eughter den Prediger mit der verrotzten Mütze und reichte ihm einen großen Becher Poteen. Ehe John Faughart sich jedoch wieder setzen und mit den anderen anstoßen konnte, fügte der Normanne gedankenvoll noch hinzu: »Freilich möchte man sich wünschen, daß wenigstens der Teufel dem scharlachroten Ungeheuer, das jetzt noch hier vor unseren Augen liegt, einmal Herr würde – doch ich fürchte, es ist schon so, wie du gesagt hast, John, daß Grainne nämlich den Satan ebenso über den Löffel balbieren wird wie einst dich.«

»Dies ist gut möglich«, sagte Uail O'Malley, »doch immerhin besitzt der Leibhaftige einen widerstandsfähigeren Wanst als wir sterblichen Menschen und sollte deswegen einen Zusammenstoß mit meiner ungeheuerlichen Schwester auch besser verkraften können.«

»Gott gebe, daß es sich wirklich so verhält«, schloß Mac

William Eughter diese eschatologischen Betrachtungen ab und äugte dabei mißtrauisch auf die Leiche, die sich während der letzten Stunden irgendwie drohend gebläht hatte.

Diesem frommen Wunsch wußte keiner der anderen Recken mehr etwas hinzuzufügen, und so kamen nun endlich die Pokale wieder zu ihrem Recht und wurden im Verlauf der zweiten Abenddämmerung dieser bemerkenswerten Leichenfeier viele Male geleert.

IV

Das pulverschwarze Band

»Feuer frei!« röhrte Rory O'Gilpatrick. »Und wenn die Ladestöcke verkohlt sind, dann stopft mit meiner Stelze nach! Man muß die Engländer mit Vollkugeln, Kartätschen und doppeltem Treibsatz in Grund und Boden bohren!«
Nachdem er dies mit schwerer Zunge von sich gegeben hatte, wälzte er sich herum und schnarchte wie ein Walroß weiter. Draußen, über der Bucht von Clew, tobte ein jähes nächtliches Sommergewitter. Als nun wiederum der Donner rollte und ein greller Blitz das Turmgemach von Carrigahowly erhellte, beleuchtete dieser ein höchst malerisches Bild.
Der kriegerische Rory O'Gilpatrick lag quer unter der Tafel, seine Augenklappe hing ihm um den Hals, und sein Schädel mit der leeren, verwucherten Höhle ruhte auf dem Lederkoller des Normannen. Unter dem Holzbein des Artilleristen lag wiederum Davitt-mit-der-Nase und hatte das Fußende von dessen Stelze umschlungen wie ein geliebtes Weib. Uail O'Malley hing mit verdrehten Armen zwischen zwei umgestürzten Stühlen; unter ihm, schräg hingegossen, ruhte im schwarzen spanischen Zeremonialgewand sein Neffe Padraic O'Flaherty.
Sir Henry Sydney dagegen, der Gouverneur von Galway, hatte sich aus irgendeinem Grund dem allgemeinen Absturz

auf den Estrich des Söllers nicht angeschlossen, sondern kuschelte sich statt dessen zwischen zerbrochenen Kruken und Weinpfützen an die Leiche der Grainne O'Malley. Diese selbst jedoch war zu einem Drittel von der Tafel gerutscht, aber Mütze, Kopf und Schultern John Faugharts bildeten für ihre gestiefelten Beine ein solides Widerlager, denn der sitzende Engländer hatte wiederum an einem Tischbein guten Halt gefunden. Außerdem lag zwischen Faugharts Schenkeln als ein zusätzlicher Anker der wohlbeleibte Owen of Howth und hatte seinerseits einen Stiefel quer über den Nacken von Toby O'Malley gestreckt, der bäuchlings in einer Lache von edelstem Malaga schwamm.

Diese Idylle also beleuchtete der jäh durch den Saal zuckende Blitz, und Rory O'Gilpatrick quittierte ihn mit einem weiteren artilleristischen Kommando, indem er im Delirium krächzte: »Doppelte Pulverladung, ihr Idioten! Kohlt den unverschämten Hunden den Hintern an!« Daraufhin versetzte er dem Normannen einen üblen Schlag gegen das Zwerchfell, doch hätten beide und wahrscheinlich auch alle anderen wohl friedlich weitergeschnarcht, wenn kurze Zeit später nicht ein besonders lauter Donnerschlag das Gemach in seinen Grundfesten hätte erzittern lassen. Der Krach bewirkte jedoch, daß Rory O'Gilpatrick aus seinem Rausch erwachte, zwar zu einem dritten Kommando ansetzte, sich dann aber darauf besann, wo er war, und sich mühsam auf alle viere hievte, wobei er ganz betroffen und kläglich grunzte. Dadurch wurde Davitt-mit-der-Nase urplötzlich des Haltes der artilleristischen Stelze beraubt und kam infolgedessen ebenfalls wieder zu sich.

»Es scheint, daß wir ein bißchen eingenickt sind«, sagte er mit verquollenem Maul. »Oder aber Feinde sind über uns gekommen und haben uns fürchterlich etwas über den Schädel gegeben.«

»Nein«, erwiderte Rory O'Gilpatrick, während er sich am Tafelrand hochzuhangeln versuchte. »Es können keine Barbaren aus Donegal oder sonst irgendwelche Ungeheuer gewesen sein, denn ich erinnere mich jetzt daran, daß wir kurz vor Einbruch der Nacht Poteen, westindischen Rum, schottischen Whisky sowie spanischen Wein in einem kupfernen Kessel gemischt haben und diesen reihum gehen ließen. Und dieses teuflische Gepansche hat uns offenbar ein bißchen aus dem Gleichgewicht gebracht.«

»Damit kannst du recht haben«, versetzte Davitt-mit-der-Nase, während über dem Turm von Carrigahowly allmählich das Gewitter abzog. »Doch aufgrund meiner reichen Lebenserfahrung weiß ich, daß ein Schluck unvermischten Poteens uns schnell wieder kurieren kann. Ich bitte dich also, schlag schleunigst Feuer und zünde eine der erloschenen Kerzen an, damit wir nach einer gefüllten Kruke suchen können, denn ich möchte mit der Kur nicht solange warten, bis uns etwa wieder ein Blitz leuchtet.«

»Was denkst du wohl, warum ich auf den Tisch zu kommen versuche?« erwiderte keuchend Rory O'Gilpatrick. »Ah, jetzt habe ich endlich eine Funzel erwischt!«

Man hörte, wie Stahl gegen Feuerstein schlug, dann glimmte eine Lunte und wenig später der Docht einer Kerze auf. »So ist es schon besser, nicht wahr?« brabbelte der Artillerist, während er weitere umgestürzte Kerzen anbrannte, so daß der Söller allmählich wieder gut erleuchtet wurde.

»Bei deiner Stelze, das hast du gut gemacht!« lobte ihn Davitt und kroch auf allen Vieren zur Tafel. Dann schnupperte er wie ein Hund über den Rand und erspähte, gleichzeitig mit

Rory O'Gilpatrick, eine Kruke Poteen, die im Verlauf des wüsten Gelages noch nicht zu Bruch gegangen war. Das tönerne Behältnis stand eingeklemmt zwischen der Hüfte der Leiche und dem schlummernden Sir Henry Sydney da. Davitt und Rory griffen gleichzeitig und mit großer Hast danach, und es gab ein kurzes und heftiges Gerangel, in dessen Verlauf der gepichte Davitt-mit-der-Nase Sieger blieb und den Hals der Kruke dann blitzschnell an den Mund führte. Im selben Augenblick kam der Körper der Grainne O'Malley samt dem Gouverneur von Galway ins Rutschen, und beide rissen auch noch den nach wie vor schnarchenden John Faughart mit sich auf den Estrich hinunter.
Daraufhin fuhren sowohl der bekehrte Engländer als auch der raffzähnige Vertreter der Britischen Krone aus ihrem bleiernen Schlaf hoch und begannen über die blutrote Robe hinweg dermaßen gegeneinander zu zetern und zu keifen, daß innerhalb kürzester Zeit auch die übrigen Mitglieder der Tafelrunde wieder zu sich kamen.
Davitt-mit-der-Nase, der nach einem Quart Poteen schon wieder ganz zu sich selbst gefunden hatte, sorgte jedoch schnell wieder für Ordnung, indem er den allgemeinen Lärm überschrie: »Was brüllt und schwadroniert ihr hier herum wie kopflose Weiber? Nur weil es einen kleinen Sturz vom Tisch gegeben hat, wird Carrigahowly noch lange nicht untergehen! Jammert also nicht, sondern nehmt statt dessen einen kleinen Schluck Poteen zu euch, damit eure vom gerechten Schlaf getrübten Augen wieder klar werden!«
Rory O'Gilpatrick, der mit Hilfe einer zweiten aufgefundenen Kruke den guten Rat Davitts in der Zwischenzeit bereits befolgt hatte, setzte hinzu: »Gut, es ist ein unbedeutendes Malheur passiert, weil der Körper unserer verehrten Verstor-

benen sich im Moment nicht mehr dort befindet, wo er eigentlich hingehört. Doch ich versichere euch, daß die Dinge auf Carrigahowly zu ihren Lebzeiten oft bedeutend schlimmer drunter und drüber gingen. Ich brauche da beispielsweise nur an die Hochzeitsnacht dieser Abgestürzten mit dem guten Donnell O'Flaherty zu erinnern ...«

»Solange meine Schwester bäuchlings und noch dazu mit hochgerecktem Hintern auf dem Estrich liegt, ist dies ungehörig!« unterbrach ihn Uail O'Malley, der sich mittlerweile von seinen beiden Stühlen befreit hatte.

»Dann laßt uns sie schleunigst wieder hochhieven«, lenkte Davitt ein.

»Dies sind wir ihr in der Tat schuldig«, sagte der Artillerist, wobei er seine verrutschte Augenklappe vom Hals hochzerrte und wieder an ihre angestammte Stelle rückte.

»Gut!« schnaubte Davitt Monaghan und rollte mit einigen sanften Fußtritten den mittschiffs so obszön gereckten Körper der Grainne O'Malley auf den Rücken. Dann griff er ihr von hinten unter die Achseln und hob den Oberkörper der Scharlachroten ächzend an, während Rory O'Gilpatrick, zwischen den gestiefelten Beinen stehend, nach Kräften mithalf. Auf diese Weise gelang es den beiden Recken nach einiger Mühewaltung, Grainne O'Malley wieder auf ihrem angestammten Platz in der Mitte der Tafel zu lagern und ihre Glieder dort nach Sitte und Gebühr auszustrecken. Den Dolch und den Rosenkranz, die sie bei ihrem Sturz verloren hatte, klaubte Mac William Eughter auf und legte auch diese Gegenstände wieder an die richtige Stelle. Freilich brachte er es dabei fertig, die Dolchspitze wie von ungefähr gegen Grainnes Halsgrube zu richten und ihr außerdem unauffällig die Handgelenke mit Hilfe der geweihten Perlenkette zu fesseln. Keiner der anderen bemerkte jedoch diese kleinen Veränderungen, und so richtete der Normanne sich zuletzt erleichtert auf und rief: »Nun sind die Schwierigkeiten, die wir mit diesem Ungeheuer hatten, samt und sonders wieder behoben, und wir können uns wieder erfreulicheren Dingen zuwenden. Freilich weiß ich nicht, ob die Vorräte, die von unserem kleinen Dämmerschoppen noch übriggeblieben sind, dafür ausreichen werden, oder ob wir möglicherweise neue Kruken und Flaschen aus den Kellern von Carrigahowly herauftragen müssen, um wieder in eine gelöste Stimmung zu geraten.«

»Diese Frage läßt sich schnell klären«, erwiderte Uail O'Malley. »Mach mal eines der Fenster auf, Davitt-mit-der-Nase!«

Der einstige Vertraute der Grainne O'Malley gehorchte, und ein belebender Nachtwind strömte in das Turmgemach. Gleichzeitig war zu hören, wie das Gewitter sich endgültig im Osten über den Hügelzügen von Connemara vergrummelte. Uail O'Malley lauschte dem fernen Donner, der sämtliche Recken der Tafelrunde so nachdrücklich wieder zum Leben erweckt hatte, ein Weilchen nach, dann fuhr er mit beiden Händen in die Verwüstung auf dem Tisch und sortierte dort mit erstaunlicher Geschicklichkeit all jene Gefäße aus, die zerbrochen oder leer waren. Während der folgenden zehn Minuten ging nun durch das geöffnete Fenster ein Regen von Scherben, unnützen Flaschen und ausgedienten Kruken in den Schloßhof nieder, wie Carrigahowly ihn noch nie zuvor in seiner langen Geschichte erlebt hatte. Zuletzt richtete sich Uail O'Malley schweratmend auf und äußerte: »Was sich etwa noch unter der Tafel oder sonstwo auf dem Fußboden findet, soll mich nicht kümmern, denn das ist sowieso alles bloß zerbrochener Plunder. Es wäre jedoch interessant zu wissen, was letztlich rings um meine Schwester überlebt hat.«

»Es sind gerade noch drei Kruken Poteen«, erklärte Rory O'Gilpatrick, nachdem er die Umgebung der Grainne O'Malley mit seinem einen Auge scharf gemustert hatte. »Für den Rest der Nacht könnte es ausreichen, doch ich muß sagen, die Situation ist beinahe so schlimm wie damals in Grainnes erster Hochzeitsnacht, besonders auch, was den Scherbenhaufen unten im Schloßhof angeht. Denn der Schutt dort unten muß jetzt fast ebenso hoch liegen wie damals, als Grainne heiratete.«

»Ich sehe schon, daß du dich von der Geschichte meiner Zeugung nicht länger abhalten lassen willst«, äußerte nun Padraic O'Flaherty. »Und der Spaß sei dir auch gegönnt, denn ich selbst würde nur allzu gerne einmal erfahren, wie es damals wirklich zugegangen ist.«

»Falls du dir schweinische Einzelheiten erwartest, wirst du enttäuscht werden«, warnte Uail O'Malley. »Denn in Wahrheit war niemand Zeuge, als Grainne und dein seliger Vater zum ersten Mal das Lager teilten.« Er deutete auf den raffzähnigen Gouverneur von Galway und setzte hinzu: »Denn die Mordbuben dieses Sirs da setzten uns damals dermaßen zu, daß keiner von der Burgbesatzung auf irgendwelche dumme Gedanken kommen konnte.«

»In der Tat war ich damals so vermessen, mich mit einer wie Grainne O'Malley anzulegen«, murmelte kleinlaut und zerknirscht Sir Henry Sydney.

»Du hast ja auch bitter dafür bezahlt, und so ist heute alles vergeben und vergessen«, tröstete ihn mitfühlend Owen of Howth, und Mac William Eughter fügte hinzu: »Deswegen bist du ja auch unser Leidensgenosse und darfst hier an unserer Tafel sitzen.«

»Genug dieser sülzigen Redensarten – bei meiner Stelze!« rief

Rory O'Gilpatrick. »Denn jetzt bin ich an der Reihe und kann mich beim besten Willen nicht mehr zurückhalten, und wenn ihr denkt, daß diese drei Kruken Poteen bis zum Morgen ausreichen, dann will ich jetzt endlich loslegen.«
»Ob wir drei oder mehr Gallonen brauchen, wird sich zeigen«, sagte Uail O'Malley abgeklärt, dann füllte er den Inhalt der ersten in die neun Pokale ab, die sich ihm entgegenstreckten, und nachdem alle miteinander angestoßen und sich die Kehle gut durchgespült hatten, räusperte sich Rory O'Gilpatrick nachdrücklich, und dann vernahmen seine Freunde

Die Geschichte von der Hochzeitsnacht der Grainne O'Malley

Ich schwöre es bei meinem Holzbein, meiner Augenklappe sowie bei allen Zwölf- und Vierzehnpfündern, die ich in meinem langen Leben abgefeuert habe, daß Grainne O'Malley die tapferste Piratin Irlands war, nichtsdestoweniger aber zuweilen gewaltige Dummheiten anstellte. Und eine dieser Dummheiten war der Angriff auf die drei englischen und die beiden spanischen Vollschiffe auf der Höhe der Insel Hispaniola in der Karibik, wo Grainne dank der Kühnheit ihrer Artilleristen zwar beide feindliche Flotten versenke, jedoch leider die Überlebenden in ihren Schaluppen und Barkassen entkommen ließ.
Befände ich mich noch einmal in der damaligen Situation, so würde ich alle diese Nußschalen gnadenlos in den Grund bohren, um auf solche Weise spätere Heimsuchungen von vorneherein unmöglich zu machen. Ähnliches riet ich damals

vor Hispaniola auch Grainne O'Malley, doch sie wollte nicht auf mich hören, und so erreichten mehr als drei Dutzend englischer Seeleute und Schandmäuler schließlich eine britische Kolonie in Westindien, von wo aus sie wenige Monate später die Heimreise nach Plymouth, Folkstone, Bristol oder einem anderen dreckigen britischen Hafen antraten. Und so gelangte die Kunde von der Seeschlacht, die Grainne O'Malley in der Karibik geschlagen hatte, zuletzt an den königlichen Hof von London, und die kahlköpfige Elisabeth dort hatte nichts anderes zu tun, als sofort in ganz und gar unkönigliches Gezeter auszubrechen, denn die von uns leider viel zu großzügig behandelten Seeleute hatten erzählt, daß die englische Flotte vor Hispaniola den Sieg über die Spanier bereits in der Tasche gehabt hätte und nur durch das diabolische Eingreifen der Grainne O'Malley um dessen Früchte gebracht worden sei.

Daraufhin verfolgte jene Elisabeth, tückisch und unberechenbar, wie Weiber auf Königsthronen nun einmal sind, Grainne und alle ihre tapferen Gefolgsleute mit ungeheuerlichem Haß, erklärte meine Herrin für vogelfrei und setzte darüber hinaus auch noch eine Belohnung von 500 Pfund Sterling auf Grainnes Kopf aus, was allein schon eine Gemeinheit war, denn der rothaarige Schädel wäre mit der siebenundsiebzigfachen Summe noch immer weit unter seinem wahren Wert veranschlagt gewesen.

Doch sind auch 500 Pfund ein schöner Batzen Geld, für das man gut und gerne eine oder sogar zwei Burgen hätte kaufen können, wie unser Freund Mac William Eughter sicher bestätigen wird. Dies sagten sich, nachdem wir friedlich wieder auf unserem Schloß Carrigahowly saßen, auch etliche englische und sogar irische Nichtsnutze und setzten in der Folge alles daran, in den Besitz des Kopfes der Grainne O'Malley zu gelangen, um dadurch wohlhabende Grundbesitzer zu werden.

Grainne hatte während der folgenden Monate unter diesen Schädeljägern übel zu leiden, um so mehr, als ihr der Sinn gerade nach ganz anderen Dingen stand, als sich mit irgendwelchen goldgierigen Halunken herumzuschlagen, denn sie hatte sich damals unsterblich in einen gewissen Donnell O'Flaherty verliebt, der aus beinahe ebenso ehrwürdigem irischen Adel wie sie stammte und darüber hinaus ein höchst ansehnlicher Galan und Recke war. Anstatt aber mit ihrem Donnell sorglos turteln zu dürfen, mußte Grainne sich immer wieder über die Kopfgeldjäger ärgern, die ihr einen Hinterhalt nach dem anderen legten. So geschah es beispielsweise, daß Grainne und Donnell eine Poteen-Brennerei besichtigen wollten, die O'Flaherty als Mitgift in die in einem wahren Leidenschaftsrausch bereits fest geplante Ehe einzubringen gedachte. Doch kaum hatte die in unsterblicher Liebe erglühte Herrin von Carrigahowly die ersten paar Becher mit ihrem Anbeter geleert, als plötzlich ein Rudel Galgenstricke die Brennöfen inmitten der Heide überfiel, um Grainne und vielleicht auch ihren Verlobten in ihre Gewalt zu bekommen und an das Ungeheuer auf dem englischen Königsthron zu verscherbeln. Grainne mußte daraufhin das fröhliche Gelage und das lustvolle Tändeln mit ihrem Geliebten unterbrechen und die Angreifer zu Paaren treiben, was ihr dank ihrer Kampfkraft und mit der bescheidenen Hilfe des Donnell O'Flaherty auch gelang, doch taten die Leichen, die zuletzt auf der Heide herumlagen, ihren weiblichen Gefühlen argen Abbruch. Und da sich immer wieder andere Irregeleitete fanden, die glaubten, sie könnten der Fürstin von Upper Owle Malley irgendwie ans

Leder, blieben die Zärtlichkeiten der beiden Verlobten mehr als einmal kläglich im Ansatz stecken, so daß Donnell O'Flaherty zuletzt ganz gallig dreinblickte und auch Grainne O'Malley von einer Unruhe befallen wurde, wie man sie noch niemals an ihr beobachtet hatte.

Grainne wäre jedoch nicht die Nachfahrin des Cu-Chulainn und der Königin Maeve gewesen, wenn sie in dieser für sie so frustrierenden Situation nicht auf Abhilfe gesonnen hätte. So nahm sie mich, Rory O'Gilpatrick, nach einem weiteren dieser hinterhältigen, wenn auch erfolglosen Überfälle, einmal beiseite und erkundigte sich, ob es möglich sei, mit unseren vier Galeonen London anzugreifen, um dann den königlichen Palast dort durch konzentrierte Breitseiten in Schutt und Asche zu legen. Ich mußte ihr von diesem heldenhaften Plan jedoch dringend abraten, denn ein solches Unternehmen wäre mit Sicherheit unglücklich ausgegangen, da es in London für unsere irischen Recken nichts weiter als faden Tee zu erobern gegeben hätte, so daß wir mit völlig unlustigen Kriegern in den Kampf hätten ziehen müssen. Grainne sah dies zuletzt auch ein und gestand sogar: »Du hast mir den Kopf, in dem es mir, seit ich Donnell O'Flaherty getroffen habe, wie von Hummelschwärmen braust, dankenswerterweise zurechtgerückt, Rory O'Gilpatrick! Und ich begreife jetzt, daß wir meiner Widersacherin an der Themse mit unseren Kanonen leider nicht ans Leder können. Trotzdem werde ich etwas gegen sie unternehmen müssen, denn es ist nicht recht, daß auf ihre Intrigen hin meine Verlobungszeit immer wieder durch hinterhältige Anschläge gestört wird. Zwar könnte ich selbst dies notfalls noch ertragen, denn ich habe weibliche Sanftmut stets gut mit den harten Notwendigkeiten des Lebens in Einklang zu bringen gewußt, doch muß ich auch an den armen Donnell denken, der nicht meine Charakterstärke und innere Kraft besitzt, so verführerisch er ansonsten auch ausgestattet ist, und mir bereits in den Ohren liegt, meine Herrschaft hier aufzugeben und mit ihm nach Amerika auszuwandern. Solches ist selbstverständlich für eine wie mich unmöglich, so daß nun – Kanonen hin oder her – ernsthaft etwas getan werden muß, und damit mir die nötige Erleuchtung kommt, werde ich den armen O'Flaherty jetzt solange nicht mehr in meine Nähe lassen, bis ich einen Plan gegen die Heimtücke Elisabeths von England gefaßt habe, der sich auch verwirklichen läßt.«

Während der sieben folgenden Tage wurde Donnell O'Flaherty also in die Kellergewölbe von Carrigahowly zu den Mägden verbannt, und Grainne überlegte mit weniger Hummelsummen in ihrem geplagten Haupt, was gegen ihre gesalbte Feindin zu unternehmen war. Am Ende des siebten Tages dann durfte ein vor Sehnsucht beinahe verrückt gewordener Donnell O'Flaherty wieder neben ihr im Söller von Carrigahowly Platz nehmen, und während er liebeskrank und winselnd wie ein Hündchen mit seinem Bartmaul an ihrem Handgelenk und ihrem nackten Arm zugange war, erklärte Grainne O'Malley uns anderen, die wir zu ihren Vertrauten zählten: »Man wird mich an die Königin von England ausliefern müssen, damit endlich wieder Frieden im Land zwischen Connemara und den Inseln von Aran herrscht.«

Daraufhin verschluckte sich der arme Donnell übel an seinem Liebesseiber, während Grainnes Berater so verdattert und entsetzt auf sie blickten, daß ihnen die Augen wie Glasmurmeln aus den Köpfen zu quellen schienen. Davitt-mit-der-Nase vergaß in seinem Schrecken sogar auf die Flasche, an der er soeben hatte saugen wollen, und sie stand ihm in seinem

Schlund wie ein vergessener Ladestock in einer Kanonenmündung. Ich allein, Rory O'Gilpatrick, bewahrte in dieser Schicksalsstunde meinen klaren Kopf und sagte: »Dies kann, so wahr ich in meinem Leben mehr Kanonen abgefeuert habe als Winde, nicht dein Ernst sein, Grainne O'Malley, oder falls doch, dann hat dir die Liebe jetzt endgültig den Verstand geraubt. Du kannst der kahlköpfigen Königin von England doch nicht freiwillig zugestehen, was du ihr bisher so erfolgreich mit Gewalt verwehrt hast!«

»Es ist meine Pflicht«, versteifte sich Grainne, »und ich muß sie zum Wohl des Landes Upper Owle Malley erfüllen.«

»Aber wenn diese Pickelärschige aus dem verrotteten Stamm der Tudors dich erst einmal in ihren Klauen hat«, heulte ich, »dann wird sie dich im tiefsten Verlies des Tower vermodern lassen oder gar noch Schlimmeres mit dir anstellen!«

»Sie kann meinen Leib zerstören, nicht jedoch meinen Geist«, erwiderte Grainne, wobei ich nun ohne allen Zweifel so etwas wie metaphysischen Irrsinn in ihren grünen Augen zu lesen glaubte.

»Ich weiß nicht, wo und wann du dich, entgegen deiner guten früheren Gepflogenheiten, mit hinterhältigen Pfaffen eingelassen hast, die nur dein Verderben planen«, hielt ich ihr vor. »Doch auf jeden Fall hat dich deren Geschwätz ganz und gar um den Verstand gebracht! Es mag ja sein, daß die Seelen irgendwelcher christlicher Märtyrer noch immer irgendwie gespenstern und vielleicht sogar übernatürliche Pulverschwaden über jenen Orten zu bilden vermögen, wo man die zugehörigen Leiber dereinst geröstet, gesotten, gerädert oder gevierteilt hat. Aber dem Lande Upper Owle Malley oder auch einem Brünftigen wie dem bedauernswerten Donnell O'Flaherty hier können sieben Schock von diesen Qualmern nichts nützen – und um so weniger dein eigener toter Geist, auch wenn er, nachdem die Engländerin mit ihm fertig wäre, sicherlich aus einem bemerkenswerteren Leib ausfahren würde als aus solchen von christlichen Heiligen. Ich beschwöre dich also, bleibe leibhaftig bei uns und speise uns nicht mit irgendeinem Geist ab, auch wenn dieser rothaarig und grünäugig wäre, denn nur dann, wenn du voll und kräftig im Saft stehst, kannst du die Recken von Upper Owle Malley auch weiterhin mit westindischem Rum, schottischem Whisky und spanischem Wein versorgen – und Donnell O'Flaherty zusätzlich noch mit etwas anderem.«

»Hüte deine Zunge, du Zotenreißer!« schnappte da der Genannte, der nun endlich den vernünftigen Gebrauch seiner eigenen wiedererlangt hatte. »Denn wenn du damit dem Körper oder auch nur dem Geist meiner Geliebten unter die Röcke fährst, muß ich sie dir mit Stumpf und Stiel ausreißen!« Gleichzeitig zückte Donnell O'Flaherty seinen Dolch und stierte mit gebleckten Zähnen auf meinen Hosenstall.

Es wäre wahrscheinlich zum Zweikampf gekommen, und ich hätte diesen großmäuligen und eifersüchtigen Bastard dabei ganz bestimmt übel zusammenkartätscht, wenn nicht Grainne O'Malley plötzlich in ein wahrhaft homerisches Gelächter ausgebrochen wäre und danach gerufen hätte: »Aus eurem Verhalten und euren Redensarten, geliebter Donnell und tapferer Rory, läßt sich wieder einmal ersehen, wie beschränkt ihr Mannsbilder doch seid. Der eine faselt von christlichen Märtyrern und den über ihnen schwebenden Qualmwolken; der andere blickt nicht weiter als bis unter meine Röcke und glaubt, er könnte sich das Paradies dort mit Hilfe eines Dolchstiches bewahren. Keiner von euch und sicher auch sonst niemand hier im Saal hat jedoch begriffen, was ich wirklich gemeint habe, als ich von meinem Körper und meinem Geist redete. Deswegen muß ich nun ein wenig deutlicher werden.«

»Wir bitten darum!« gurgelte Davitt-mit-der-Nase, während er gleichzeitig seine Flasche wieder zu jenem Zweck benutzte, für den sie gedacht war.

Grainne O'Malley schaute ihm andächtig zu. Als Davitt den letzten Tropfen Malaga genossen hatte, sagte sie: »Man könnte behaupten, der Alkohol sei die Seele dieses Rotnasigen da, und ebenso bin ich selbst der Geist des Landes Upper Owle Malley. Wenn ich also davon gesprochen habe, daß dieser Geist euch von niemandem geraubt werden und deswegen auch nicht zerstört werden kann, auch nicht von der englischen Königin, dann habe ich damit nichts anderes gemeint, als daß ich keineswegs daran denke, euch untreu zu werden. Was jedoch meinen Körper angeht, so soll die Kahlköpfige auf dem Tudor-Thron ihn getrost haben, allerdings nicht den, der von Cu-Chulainn und der Königin Maeve abstammt. Ich habe vielmehr vor, ein Weib einfangen zu lassen, das mir gleicht, und dieses nach London zu senden, und ich glaube, dieser Plan ist nichts weniger als genial, denn auf diese Weise wird nicht nur wieder Ruhe zwischen Connemara und den Inseln von Aran einkehren, sondern ich werde auch noch die 500 Pfund Kopfgeld einstreichen können und so meine Mitgift ganz erfreulich vermehren.«

»Du bist das prächtigste Weib, das je in Erin gelebt hat!« frohlockte Donnell O'Flaherty. »Ich schwöre, daß ich dich und die 500 Goldstücke zeitlebens auf Händen tragen werde!«

Auch wir übrigen brachen nun in begeistertes Geschrei aus, denn Grainne hatte uns eine große Last von der Seele genommen. Nach einer Weile wandte jedoch Davitt-mit-der-Nase, dem eine weitere Flasche Malaga offensichtlich den Verstand sehr geschärft hatte, ein: »Dein Plan ist herrlich, königliche Grainne, doch hat er leider einen kleinen Haken. Ich fürchte nämlich, es gibt in ganz Irland kein Weib, das dir in deiner Pracht auch nur annähernd gleichen würde. Wo also sollte man ein solches Exemplar einfangen können?«

Ich wandte mich an Davitt-mit-der-Nase und erklärte: »Wäre der Einwand von einem anderen als von dir gekommen, so hätte ich hellauf lachen müssen. Da ich jedoch weiß, daß du, verehrter Davitt Monaghan, schon seit langem keine anderen Lüste mehr kennst als diejenigen, die aus Flaschenhälsen kommen, will ich dir deine Ignoranz nachsehen. Aber jeder andere Kerl hier im Saal von Carrigahowly weiß sicher, daß in Galway eine Hure lebt, die sich zwar keinesfalls mit Grainne O'Malley vergleichen läßt, deren Körper aber sehr üppig gestaltet und außerdem mit roten Haaren und grünen Augen gesegnet ist.

Dieses Prachtweib lebt in einem kleinen Haus am Hafen, und Seefahrer aus aller Herren Länder pflegen dort zu verkehren, wodurch diese Rote Stute, wie man sie nennt, mit den Jahren sehr weltläufig geworden ist. Sie kann also bei der Königin von England durchaus als eine Fürstin aus Irland durchgehen, denn wie man weiß, ist die jungfräuliche Elisabeth in gewissen Dingen des menschlichen Daseins ziemlich unerfahren und wird deswegen eine Hure bestimmt nicht gleich als eine solche erkennen.«

»Um so mehr, als die Rote Stute in der Tat eine Königin in ihrem Gewerbe ist!« rief John Faughart begeistert aus. Und jener riesenhafte Recke aus Mayo, der sich seit unserer Rückkehr von den Westindischen Inseln noch nicht wieder nach Hause gewagt hatte, setzte hinzu: »Wirklich und wahrhaftig ist sie einzigartig und darüber hinaus auch noch mit einem leisen, gefälligen Mundwerk sowie sehr sanften Umgangsformen gesegnet. Dies schwöre ich im Namen aller, die je durch ihr Pförtchen eingegangen sind.«

»Wolltest du jetzt diese Namen aufzählen, dann hättest du wochenlang zu tun«, brachte ich ihn zur Ruhe, dann wandte ich mich an Grainne O'Malley und fragte: »Nun, was hältst du von der Roten Stute von Galway?«

»Sie scheint in ihrer Art kaum weniger bemerkenswert zu sein als ich«, gab Grainne großmütig zu. »Und ich denke, wir sollten meine Widersacherin in London mit ihr beglücken. Wer von euch Recken erklärt sich also bereit, sie für mich einzufangen?«

Daraufhin brach im Söller von Carrigahowly ein tosendes bejahendes Gebrüll aus, und sogar Donnell O'Flaherty stimmte lauthals mit ein, was Grainne jedoch glücklicherweise nicht bemerkte. Sie hatte nämlich bereits mich ins Auge gefaßt und erklärte nun: »Euer Eifer in Ehren, ihr Helden von Clew, doch glaube ich nicht, daß es nötig ist, eine ganze Armee nach Galway zu senden, um einer Stute den Zaum anzulegen. Es sollte dazu ein kräftiger Mann ausreichen, und ich denke, Rory O'Gilpatrick ist dazu sehr gut geeignet, denn er ist als Kanonier bereits in zahlreichen Schlachten erprobt und scheint die betreffende Dame außerdem sehr gut zu kennen. Nimm dir also zwölf oder vierzehn Pfund Silber mit, du Meister der Kanonenschlünde, und dann begib dich, so schnell dich deine beiden Beine tragen, nach Galway. Dort sollst du dann die Rote Stute mit Hilfe sanfter Überredung dazu bringen, sich für mich und das Land Upper Owle Malley zu opfern.«

»Dies wird nicht allzu schwierig sein«, versicherte ich, »denn ihr Leib ist zwar üppig ausgestattet, doch von einem herausragenden Geist, wie du, Grainne, ihn zuvor beschworen hast, kann bei ihr überhaupt nicht die Rede sein. Und deswegen wird sie schon bald nach England unterwegs sein, ohne überhaupt begriffen zu haben, wie ihr geschehen ist.«

»Möge meine Schwester auf dem Thron von England ihr gnädig sein!« sagte Grainne O'Malley fromm, und damit war ich entlassen und brach zu meiner Mission auf.

Ich erreichte Galway wenige Tage später und stahl mich durch die Scharen der dort stationierten britischen Soldaten hinunter zum Hafen und in das Haus der Rothaarigen. Unterwegs hatte ich einen trefflichen Plan gefaßt, wie ich das Weib an den Königshof von England verfrachten und außerdem noch die Silbermünzen der Grainne O'Malley für mich retten konnte, und deswegen wartete ich nun vor dem Hurenhaus, bis ein englischer Kapitän über die ziemlich ausgetretene Schwelle im Inneren verschwand. Kurz nach ihm stürzte ich ebenfalls hinein und brüllte dabei lauthals: »Verrat!«

Der Kapitän Ihrer Majestät hatte es sich mit heruntergelassenen Hosen bereits im Bett der Roten Stute bequem gemacht und schickte sich soeben an, bei ihr in den Sattel zu steigen, als ich mitten in die Idylle platzte. Jetzt fuhr er samt seinem bereits ausgeworfenen Anker hoch und auf mich los und schrie mich an: »Was fällt dir ein, du irischer Halunke, mich hier dermaßen vom Kurs abzubringen?«

Die Rote Stute selbst starrte mich strafend an und erkannte mich selbstverständlich als einen ihrer früheren Besucher wieder, ehe sie aber noch Laut geben konnte, meldete ich bereits dem britischen Kapitän: »Nehmt Euch in acht vor der da, Sir! Denn Ihr habt keineswegs die vielfach erprobte Rote Stute unter Euch, sondern das größte Ungeheuer Irlands, das je gelebt hat – nämlich Grainne O'Malley, auf deren Kopf 500

Pfund Sterling stehen, und die außerdem, wie Ihr sicher wißt, eine außergewöhnliche Ähnlichkeit mit jener anderen hat, die hier in diesem Haus in früheren Zeiten ihrem menschenfreundlichen Gewerbe nachging.« Und während nun der englische Kapitän totenbleich, schlotternd und entsetzlich geschrumpft ganz aus dem Bett schoß, setzte ich noch hinzu: »Ich bin ein patriotischer britischer Spion und habe soeben erfahren, daß Grainne O'Malley, die Ihr hier leibhaftig vor Euch seht, die Rote Stute ermorden ließ, um sich selbst in ihr Bett zu legen und auf diese Weise der gerechten Strafe der Krone für ihre Missetaten zu entgehen.«

»Was ich da zu hören bekomme, ist in der Tat dermaßen schändlich, daß es allein von dem Ungeheuer von Carrigahowly in Szene gesetzt werden konnte!« schrie der Kapitän und fuhr, als könne er darin Rettung finden, blitzschnell wieder vollständig in seine Hosen. Dann griff er sich seinen Säbel vom Tisch, richtete die Spitze gegen die Kehle des völlig verdatterten Weibes und brüllte sie an: »Du, Grainne O'Malley, Ausbund aller Schlechtigkeit Irlands, hast also geglaubt, im Bett deines Opfers untertauchen zu können, um hier unter dem Schutz der königlichen Marine vor deren gerechter Strafe sicher zu sein. Doch wurde deine teuflische Verstellung nunmehr durch diesen aufrechten Patrioten hier an meiner Seite entlarvt, und du wirst hinfort nie wieder von einem Engländer beglückt, sondern auf der Stelle in Ketten nach London gebracht werden.«

Die Rote Stute begriff in ihrer ungewöhnlichen Beschränktheit so gut wie nichts; lediglich die Drohung, daß sie in Zukunft ohne irgendwelche Kerle auskommen müsse, schien in ihr Spatzengehirn gedrungen zu sein, weshalb sie jetzt auch wie ein Schloßhund losheulte.

»Spar dir ja deine Krokodilstränen!« fuhr der ernüchterte Kapitän sie an und versetzte ihr drei oder vier Maulschellen, daß das Salzwasser nach allen Seiten spritzte. »Du hast bestimmt auch nicht gejammert, als du ehrliche englische Seeleute um ihre wohlverdienten Whiskyrationen brachtest oder in Westindien eine komplette Flotte versenktest. Ganz zu schweigen von denen, die du anderswo noch geschädigt und wahrscheinlich hundertfach über die Planke geschickt hast! Doch nunmehr sollst du deinen gerechten Lohn erhalten, du Heimsuchung der Britischen Krone!« Damit zerrte er die Rote Stute an ihren Haaren aus dem Haus und schleppte sie wie einen Sack Lumpen zum Palast des Gouverneurs von Galway. Die bedauernswerte Hure raffte sich zwar unterwegs mehrmals auf, um die Dinge richtigzustellen, denn inzwischen war selbst ihr klargeworden, daß sie nicht die war, für die der diensteifrige Kapitän sie hielt, doch es nützte ihr nichts, denn kaum öffnete sie den Mund zu Widerworten gegen die Anschuldigungen des Offiziers, da wurde er ihr von jenem durch hagelbuchene Breitseiten mit der flachen Hand auch schon wieder gestopft.

Ich selbst begleitete das ungleiche Paar bis direkt in die Höhle des Löwen, und da Sir Henry Sydney damals noch längst nicht so abgeklärt war wie in seinen späteren Jahren, verschwendete er auch keine Zeit auf eine langwierige Vernehmung der vermeintlichen Grainne O'Malley, sondern übernahm kurzerhand alles, was der Kapitän immer ausschweifender gegen sie vorbrachte, so daß das improvisierte Gerichtsverfahren innerhalb einer kleinen Stunde abgeschlossen war. Die Rote Stute selbst kam dabei praktisch überhaupt nicht zu Wort, denn nachdem sie zu Beginn einige Male verzweifelt aufgekeift hatte, ließ der Gouverneur sie einfach knebeln, und als das Urteil dann gesprochen war, wurde sie von Kopf bis Fuß mit schweren Ketten behängt und an Bord einer Galeone gebracht, die noch am gleichen Tag nach London in See stechen sollte.

Ich selbst ging ungleich unbeschwerter und glücklicher als sie aus dem Palast des Gouverneurs, denn ich hatte nicht nur den Auftrag der wahren Grainne O'Malley höchst zufriedenstellend erfüllen können, sondern trug in meiner Geldkatze außerdem die 500 Pfund Sterling bei mir, die für die Festnahme der Piratin ausgelobt worden waren, und die Sir Henry Sydney mir großzügigerweise persönlich in die Hand gezählt hatte. Außerdem besaß ich auch noch das Silber, das eigentlich der Roten Stute hätte zukommen sollen, das ich aber dank meiner Schlauheit gar nicht hatte anlegen müssen, und so kehrte ich sehr frohen Herzens nach Carrigahowly zurück – ohne damals zu ahnen, daß wir später auf dem Schloß noch großen Schaden von meiner Heldentat haben würden.

Nachdem ich Carrigahowly erreicht und Grainne sowie den anderen Recken dort Bericht erstattet hatte, kannte der Jubel keine Grenzen mehr, und Grainne erklärte mit liebreichem, bräutlichem Lächeln, daß nunmehr die Zeit gekommen sei, die Hochzeitsvorbereitungen zu treffen.

»Denn da mir nun die Königin von England samt ihren Meuchelmördern nicht länger im Nacken sitzt«, sagte sie, »soll auch der gute Donnell O'Flaherty endlich von seiner Brunst erlöst werden und in längstens einem Monat saftigere Kost schmecken dürfen als bloß immer meine nackten Arme.«

Während ihr Bräutigam sie daraufhin ganz blödsinnig verliebt anschmachtete, setzte sie hinzu: »Zieht also auf der Stelle los, meine Getreuen, und durchstreift das ganze Land von Upper Owle Malley auf der Stelle nach den fettesten Hammeln, die aufzutreiben sind. Diese Hammel sollt ihr zur Küste treiben und dann in Curraghs nach Carrigahowly übersetzen, doch nehmt sie meinen Untertanen nicht etwa mit roher Gewalt weg, sondern bezahlt sie mit Silber, denn man soll später nicht sagen können, Grainne O'Malley hätte ihre eigene Hochzeit nicht auf ehrenhafte Weise auszurichten gewußt. Außerdem soll Davitt-mit-der-Nase in den Kellern von Carrigahowly Nachschau halten, ob auch genügend Poteen, Whisky, Rum und spanischer Wein dort eingelagert ist, um uns damit zwei oder auch drei Wochen nach altem Brauch und Herkommen die Kehlen zu netzen. Sollten jedoch die Vorräte nicht ausreichen, dann unternehmt mit vier oder fünf Curraghs schnell einen kleinen Raubzug nach dem Süden und plündert noch einen oder zwei englische Gutshöfe.«

»Vielleicht sollten wir für den Fall des Falles zu diesem Zweck lieber eine unserer Galeonen seetüchtig machen?« gab Davitt-mit-der-Nase zu bedenken.

»Dies überlasse ich ganz dir, denn du bist der erfahrenste Säufer unter meinen Recken«, erwiderte Grainne leutselig, »und wenn du meinst, du benötigst eine Galeone, um dein Mundschenkamt zu meiner Zufriedenheit erfüllen zu können, dann sollst du sie auch bekommen.«

Daraufhin verfügte sich Davitt-mit-der-Nase umgehend in die Tiefen von Carrigahowly, um dort eine erste Sichtung der Vorräte durchzuführen, und die meisten anderen von uns setzten auf der Stelle aufs Festland über, um die Jagd auf die fettesten Hammel von Upper Owle Malley in Szene zu setzen.

Ich selbst, der ich mein Teil zur glücklichen Durchführung der bevorstehenden Hochzeit bereits geleistet hatte, blieb im Söller von Carrigahowly sitzen, und während Donnell O'Flaherty seiner Braut viele intime Dinge ins Ohr zu flüstern begann, leerte ich friedlich einen oder auch zwei Becher Poteen. Plötzlich jedoch schoß mir eine entsetzliche Erkenntnis durch den Kopf, und ich störte das liebende Paar jäh auf, indem ich schrie: »Bei allen verfluchten Leprechauns und Heiligen! Wir haben das Allerwichtigste vergessen! Denn zu deiner Hochzeit, Grainne, benötigst du nicht nur fette Hammel und Getränke, sondern auch einen Pfaffen, der dich und Donnell O'Flaherty nach Recht und Gesetz zusammengeben kann.«

Donnell fuhr hoch und wollte sichtlich etwas sehr Unchristliches von sich geben, doch Grainne kam ihm zuvor und rief: »In der Tat habe ich dies überhaupt nicht bedacht, und du tust sehr gut daran, mich an diese Nachlässigkeit zu erinnern, Rory O'Gilpatrick. Denn ohne göttlichen Segen soll man wahrhaft nicht ins Brautbett fahren, denn sonst könnte zwischen den Polstern möglicherweise etwas nicht so laufen, wie es sollte. Schaff mir also sofort den Schloßkaplan her, damit ich alles Nötige mit ihm besprechen kann.«

»Dies ist schwieriger als du denkst«, wandte ich ein. »Vielleicht erinnerst du dich, daß du einmal einen strohgestopften Geschorenen auf der Schloßmauer gekappt hast, und sein leibhaftiger Kollege nahm noch im gleichen Augenblick die Beine in die Hände und ist, wie ich hörte, hinüber bis Dublin ausgerissen. Und auch später wagte sich kein Pfaffe mehr nach Upper Owle Malley, geschweige denn nach Clare, so daß es jetzt nicht leicht sein dürfte, einen solchen Diener Gottes zu beschaffen.«

»Dies ist schlimm«, lamentierte Grainne. »Ich hätte nicht gedacht, daß diese Betbrüder so überhaupt keinen Spaß verstehen. – Möglicherweise mußt du deswegen noch einmal nach Galway wandern, Rory O'Gilpatrick, denn ich nehme an, daß man dort einen Geschorenen einfangen könnte.«

»Dies würde aber bestimmt unliebsames Aufsehen erregen und die Engländer möglicherweise wiederum auf deine Spur bringen«, gab ich zu bedenken. Als Grainne unwillig ihre schönen Brauen runzelte, setzte ich schnell hinzu: »Selbstverständlich mache ich einen ausfindig, schlage ihn bewußtlos und schleppe ihn her. Aber ich weiß wirklich nicht, ob dies so klug wäre.«

»Das wäre es auf gar keinen Fall«, mischte sich Donnell O'Flaherty ein. »Außerdem soll niemand gezwungen zu meiner Hochzeit erscheinen – und schon gar nicht der, der mir meine Braut ins Bett zu zwingen hat.« Er schnitt einen Einwand Grainnes ab und fuhr fort: »Doch dies ist auch gar nicht nötig, denn wie ich während unserer Verlobungszeit, als ich leider nichts Besseres zu tun hatte, in den Annalen und alten Urkunden von Carrigahowly gelesen habe, besitzt die Herrschaft hier das Recht, sich selbst einen Priester zu weihen, sofern die Zeiten schlecht sind und solches unbedingt notwendig ist.«

»In der Tat? Ist das so?« fragte Grainne erstaunt.

»Es steht schwarz auf weiß aufgeschrieben«, versicherte Donnell O'Flaherty. »Denn vor ungefähr 700 Jahren wurde einer deiner Vorfahren vom Blutrausch befallen, weil ein Kleriker ihm über seine Geliebte gekommen war, und er rottete darauf zwischen Achill und den Inseln von Aran alles aus, was eine Tonsur oder Kutte trug. Daraufhin wagte sich lange kein Priester mehr nach Upper Owle Malley, und das Land wäre sicherlich wieder heidnisch geworden, wenn nicht der Bischof von Cashel deinem blutrünstigen Vorfahren das Privileg erteilt hätte, sich seine Pfaffen ganz nach seinem Geschmack zu weihen. Dein Ahne war nämlich damals der einzige, der die Macht hatte, das Christentum in seinem Land wieder einzuführen, und deswegen wich wohl der Bischof von Cashel auch ein wenig von den vorgeblichen Prinzipien seiner Kirche ab. Kurz und gut, jener Herrscher von Upper Owle Malley ließ sich damals ein halbes Dutzend Eunuchen aus Cordoba kommen und weihte sie eigenhändig zu Priestern – und dasselbe könntest du, Grainne, nun mit gutem Gewissen ebenfalls tun, denn die heutige Notlage ist bestimmt nicht weniger schlimm als jene vor 700 Jahren.«

Grainne O'Malley schien von dieser Idee sehr angetan zu sein, denn sie nickte und erkundigte sich: »Wie geht dieses Geschäft denn? Macht man es ähnlich wie bei einem Ritterschlag?«

»Dies würde ich dir nicht raten«, sagte Donnell schnell. »Denn wenn du einem zukünftigen Pfaffen mit irgendeiner Klinge zu nahe kommst, dann werden wir in Ewigkeit nicht heiraten können, denn alle Aspiranten würden vorher verstört das Weite suchen. Nein, du mußt dem Auserwählten vielmehr sanft die Hände auf den Scheitel legen und wohl dazu irgend etwas Lateinisches von dir geben.«

»Dies dürfte keine allzugroße Mühe machen«, erklärte Grainne. »Doch wo nehme ich den zu weihenden Priester selbst her? Es sollte schließlich ein Kerl sein, der auch etwas darstellt, aber meine besten Recken sind unterwegs, um Hammel zu jagen.«

»Sie würden sich vielleicht auch nicht ganz gutwillig scheren lassen«, gab Donnell zu bedenken. »Doch einer sitzt ja hier im Söller, und da er dir bereits mit der Roten Stute so uneigennützig gedient hat, ließe er sich vielleicht auch jetzt überreden . . .«

Grainne warf einen seltsamen Blick auf mich und schien bereits auf dem Sprung, um mich zu packen und zu weihen – doch da hatte ich bereits meinen Dolch gezogen und alle meine Untertanenpflichten ihr gegenüber vergessen, denn ich schrie sie, ganz außer mir, an: »Lieber lasse ich mich vor einen Vierzehnpfünder binden und mich von der Kugel in tausend Fetzen reißen, als daß irgend jemand, und handelte es sich auch um Grainne O'Malley, einen salbadernden Pfaffen aus mir macht. Bedenke außerdem, du Teufelsweib, daß ich dein Geschützmeister bin und es mir aufgrund meiner Verdienste vor der Insel Hispaniola und anderswo wahrlich nicht zuzumuten ist, jetzt nur noch Psalmen und fromme Sprüche aus mir zu pulvern. Du mußt dir also schon einen anderen Dummen suchen, wenn wir beide nicht ernstlich aneinandergeraten sollen!«
Grainne blickte auf meinen gezückten Dolch, und ich fürchtete schon, sie würde im nächsten Augenblick ihre Breitaxt von der Kaminwand reißen, doch dann lachte sie plötzlich und sagte: »Ich sehe ein, Rory O'Gilpatrick, daß du nicht die Demut und Unterwürfigkeit besitzt, die man von einem Pfaffen erwarten muß, und würde ich dich etwa mit Gewalt zu einem Geschorenen machen, was mir durchaus möglich wäre, dann müßte ich dennoch fürchten, daß du mir dies noch im Priesterkleid mit Kanonenkugeln vergelten würdest. Deswegen sollst du lieber gleich Geschützmeister bleiben, doch vielleicht kannst du mir raten, wem an deiner Stelle die Ehre widerfahren soll, von mir geweiht zu werden.«
»Ich wüßte keinen außer dem Dorftrottel von Clare«, erwiderte ich und steckte meinen Dolch wieder weg. »Denn jeder andere deiner Untertanen wird wahrscheinlich ebenso vernünftig in dieser Sache denken wie ich. Wenn du also willst,

gehe ich hinunter ins Dorf und hole dir den sabbernden Brian herauf, und du kannst ihn dann meinethalben nicht nur zum Schloßkaplan, sondern gleich zu einem Bischof machen.«

»Man wird dich tatsächlich noch einmal vor eine Kanonenmündung binden müssen!« schäumte da Donnell O'Flaherty. »Oder glaubst du im Ernst, daß ich mich von einem Idioten verheiraten lassen will? Auf der Stelle bittest du um Verzeihung, du Hund, oder ich will dir mit meinem Schwert auf die Schwarte schreiben, wer in einem Monat der Herr auf Carrigahowly sein wird!«

Unsere theologische Disputation hätte also wahrscheinlich ein übles Ende gefunden und Grainne O'Malley mit Sicherheit noch vor der Hochzeit ihren Bräutigam gekostet, wenn nicht genau in diesem Augenblick der riesenhafte Recke aus Mayo in das Gemach gestürzt wäre, der im Leben Grainnes schon einige Male zuvor eine wichtige Rolle gespielt hatte. Dieser Unglückswurm also, dessen großflächiges Antlitz auf seltsame Weise ganz grün und blau gestriemt war, donnerte in den Söller von Carrigahowly, wobei er durch mehrere frische Zahnlücken ächzte: »Der Teufel hole sämtliche Weiber auf dieser Erde, die Rote Stute von Galway vielleicht einmal ausgenommen!«

Sofort vergaßen Donnell O'Flaherty und ich unsere kleine Auseinandersetzung und blickten voller Interesse auf den Helden aus Achill, während Grainne selbst ihn fragte: »Du scheinst einen Abstecher an deinen ehelichen Herd gewagt und dabei schlimme Erfahrungen gemacht zu haben?«

»Sehr schlimme!« jammerte der Riese. »Man könnte sagen, daß sie mir mit Bratpfannen und Molkeschlegeln kreuzweise ins Gesicht gedengelt wurden, und dabei wollte ich mich meinem Weibe lediglich liebreich nähern und ihr vielleicht gewisse Grundsätze des menschlichen Zusammenlebens erklären. Doch war meinen ehrlichen Bemühungen alles andere beschert als der verdiente Erfolg, und so kann ich, voller Weltschmerz, nur sagen: Vanitas vanitatum – oder wie es auf gut irisch heißen würde: Jede männliche Mühe gegenüber einem streitsüchtigen Weib ist eitel und vergeblich, und dies ist der traurige Lauf der Welt seit Anbeginn!«

Nachdem er dies von sich gegeben hatte, blickte der Riese aus Mayo zerknirscht wie ein Eremit auf Grainne O'Malley, weil er offensichtlich hoffte, daß ihm von dort Trost und Verständnis kommen würde. Statt dessen jedoch begann die Herrin von Carrigahowly über das ganze bräutliche Antlitz zu strahlen, doch ihre grünen Augen blitzten dabei irgendwie tückisch, als sie sich erkundigte: »Gehe ich recht in der Annahme, daß du von der schnöden Welt genug hast und deinen Geist hinfort in edlere Sphären erheben willst?«

»Das ist es!« rief der Recke aus Achill ahnungslos aus. »Vorausgesetzt, daß es in diesen Gegenden keine Frauen, oder doch zumindest keine Eheweiber gibt!«

»Dann bist du mein Mann!« frohlockte Grainne, und ehe er sichs versah, hatte sie ihren grobschlächtigen Gefolgsmann auf die Knie gedrückt, ihm beide Hände auf den verlausten Scheitel gelegt und dazu gemurmelt: »So weihe ich dich denn zum Priester von Carrigahowly, auf daß die Eitelkeit der Welt dich nicht länger quälen möge, ich selbst aber sowie mein Bräutigam mit dem Segen der Kirche in den Hafen der Ehe einfahren können. In nomine sanctorum et in spiritu sancti, Amen!«

Zufrieden trat sie dann zurück und musterte huldreich ihr Opfer, das ziemlich verstört wieder auf die Beine kam und sich danach mit flatternder Stimme erkundigte: »Was soll dieser Unsinn bedeuten? Hast du mich etwa verhext, damit ich gegen meinen Willen doch wieder zu meinem Weib zurückkehren muß?«

»Ganz im Gegenteil! Sie hat dich zum Priester von Carrigahowly gemacht«, sagte Donnell O'Flaherty lachend. »Du mußt es doch selbst ganz deutlich gehört haben, bevor sie lateinisch zu quäken begann. Und du solltest ihr sehr dankbar dafür sein, denn als Pfaffe hast du nun und in aller Zukunft ehelos zu leben, wie dir ja hoffentlich bekannt ist.«

»Ehelos?« frohlockte da der Recke. »Das läßt sich meiner Mutter Sohn mit Freuden gefallen! Ich will mich damit auch gerne einverstanden erklären, doch was meine Priesterschaft angeht, sind mir die Dinge nicht so ganz klar. Vielleicht seid ihr also so freundlich und erklärt mir, was es damit auf sich hat, denn ich selbst bin in der Theologie nicht sehr bewandert, da wir Menschen von Mayo und sonderlich von Achill allesamt seit Anbeginn der Zeiten Heiden sind.«

»Wir können uns langwierige pfäffische Erklärungen sparen«, beschied ihn Grainne, »denn die Bürde, die ich dir aufgegeben habe, ist leicht zu tragen. Du hast Donnell O'Flaherty und mich, wenn in Kürze der Zeitpunkt unserer Hochzeit gekommen ist, lediglich in der Kapelle von Carrigahowly zu trauen, und dann werden wir nie wieder irgend etwas Theologisches von dir verlangen, so daß du dann, vom Ehejoch befreit, wiederum leben kannst, wie du lustig bist. Und eine simple Trauung wirst du doch wohl noch vollziehen können, oder sollte ich mich da täuschen?«

Der frischgebackene Priester von Carrigahowly überlegte ein Weilchen angestrengt, dann erwiderte er: »Mit der Trauung sollten wir irgendwie schon klarkommen, denn im Prinzip handelt es sich dabei um nichts anderes, als wenn wir auf der

Insel Achill einen Stier zur Kuh führen. Diese Rindviecher wollen auch nicht anders geleitet werden als Menschen, und so kann ich euch den Gefallen sicher tun.«

»Dein Vergleich ist vielleicht ein bißchen respektlos, doch den Kern der Sache hast du durchaus begriffen«, lobte Grainne O'Malley ihn, während allerdings ihr Bräutigam ziemlich verbiestert und stieräugig dreinblickte. Grainne achtete jedoch nicht weiter darauf, sondern schloß zufrieden: »So ist nun auch diese leidige Sache geklärt, und die Herrschaft von Upper Owle Malley ist wieder katholisch geworden, so wie es sich gehört. Ich denke, wir sollten dies feiern, und du, Hochwürden, solltest deswegen jetzt in den Keller hinuntersteigen und ein oder auch zwei Dutzend Flaschen Meßwein heraufholen.«

Gegen diese theologische Übung hatte der Angesprochene nichts einzuwenden, und auch das Antlitz des Bräutigams klärte sich wieder auf und ähnelte in seinen Zügen nicht länger einem ergrimmten Bullen. Und so feierten wir die Erhöhung des pantoffelheldischen Recken von Mayo zum Priester Gottes und der Grainne O'Malley bis tief in die Nacht hinein.

Im Lauf der folgenden Wochen kehrten dann allmählich die Hammeljäger mit reicher Beute nach Clare zurück, und auch Curraghs, die reich mit Getränken beladen waren, liefen in den Hafen ein. Zuletzt tauchte auch Davitt-mit-der-Nase wieder auf, und er hatte die Galeone, die Grainne ihm zugestanden hatte, so nützlich einzusetzen gewußt, daß er lediglich ein kleines Dutzend Kanonenkugeln gegen einen englischen Handelsfahrer hatte investieren müssen, um eine ganze Fracht Whisky zu gewinnen. Auf diese Weise waren nun alle Vorbereitungen für die Hochzeit der Grainne O'Malley mit dem tapferen Donnell O'Flaherty getroffen, und an einem schönen Morgen sollte das bemerkenswerte Ereignis dann endlich stattfinden.

Sämtliche Recken von Clare samt ihren Familien und dazu noch viele andere aus der Umgebung hatten sich in der Kapelle von Carrigahowly zusammengefunden, und diejenigen, die dort drinnen nicht mehr hatten unterkommen können, wuselten im Schloß selbst durcheinander, vor allen Dingen in dessen tieferen Regionen, wo die Getränke gelagert waren, welche diesem Tag seine tiefere geistige Weihe verleihen sollten.

Grainne O'Malley selbst hat nie in ihrem Leben schöner ausgesehen als an ihrem Hochzeitsmorgen, denn sie trug ein Kleid aus feinstem flandrischen Tuch, das sich einst an Bord eines Holländers gefunden hatte, der von Ostende nach La Rochelle in Frankreich bestimmt gewesen war, den besagten Hafen dank Grainnes Kriegsglück jedoch niemals erreicht hatte. Das rote Haar der Braut, das ihr wie eine Traumwolke bis zu den Hüften reichte, war mit Perlenketten sowie silbernen und goldenen Fäden durchwunden, und um den weißen Hals trug sie ein Geschmeide aus peruanischen Medaillons, die sie in der berühmten Seeschlacht vor Hispaniola erbeutet hatte.

Kaum weniger fürstlich ausstaffiert als seine Braut schritt Donnell O'Flaherty an ihrer Seite in die Schloßkapelle, doch wirkte er irgendwie barbarischer als Grainne, denn er trat in der Kluft seines Clans auf. Sein reckenhafter Körper steckte in Tartan und Kilt, und um die mächtigen Schultern hatte er ein Bärenfell geschlungen, während er an den Beinen hochgeschnürte Strümpfe aus Wolfspelz trug. Außerdem hatte er Breitschwert und Dolch umgeschnallt und hatte zusätzlich quer über den Rücken einen gewaltigen Dudelsack hängen, von dem die Sage ging, daß ihn dereinst einer seiner Urahnen im sängerischen Wettstreit mit Cu-Chulainn höchstpersönlich gespielt hatte, gegen dessen Künste er jedoch letztendlich nicht hatte aufkommen können. Doch war durch diesen ehrwürdigen Dudelsack die jahrtausendealte Verbindung zwischen den O'Flahertys und den O'Malleys aufs beste dokumentiert, und mit seiner Hilfe sowie mit seinen Hieb- und Stichwaffen versehen, gedachte der tapfere Donnell die Hochzeit mit Grainne wohl durchzustehen.

Auf diese Weise trefflich gerüstet, schritten also beide zum Altar, vor dem bereits der von Grainne O'Malley erwählte Priester wartete, der sich zur Feier des Tages ebenfalls in sein bestes Gewand geworfen hatte. Er trug nämlich einen spanischen Harnisch, der ihm in vielen Schlachten bereits gute Dienste geleistet hatte, und in dessen Ösen und Riemen mehrere Dolche, Pistolen und Enterbeile steckten. Über dieses Arsenal hatte er sich jedoch den Rauchmantel eines katholischen Bischofs geworfen, den er in weiser Voraussicht schon vor mehr als einem Jahr beim Sturm auf eine spanische Galeasse umgebracht hatte. Auch die Mitra dieses Pfaffen war ihm damals in die Hände gefallen, und diese trug er zum Zeichen seiner Würde in der Hand; denn den gewaltigen Schädel zierte der zum Harnisch gehörige Morion, so daß er noch riesenhafter wirkte als sonst.

Als Grainne O'Malley und Donnell O'Flaherty vor diesen ungeheuerlichen Diener Gottes traten, stimmte dieser das alte Clanlied von Carrigahowly an, doch sang er es auf gregorianische Weise, welche Fertigkeit er sich während der vergangenen Wochen seines Klerikertums mit ganz erstaunlichem Lerneifer selbst beigebracht hatte, und zwar aus übergroßer

Dankbarkeit darüber, daß seine Herrin ihn von der Bürde seines eigenen Ehejochs befreit hatte. Um so eifriger machte er sich aber, nachdem sein Choral beendet war, daran, das Brautpaar unter das genannte Joch zu zwingen, indem er sich nämlich an Donnell O'Flaherty wandte und ihn anherrschte: »Willst du deinem Weibe untertan sein, so wie ich selbst dies gewesen bin? Wenn ja, so gib dies laut und deutlich allen hier Versammelten kund und schweige hinfort!«

Der Bräutigam glotzte ihn daraufhin ganz verdattert an, dann jedoch riß er sein Breitschwert halb aus der Scheide und raunzte: »Du bist wohl besoffen, elender Pfaffe, daß du eine derartige Trauformel von dir zu geben wagst! Umgekehrt wäre es richtig gewesen, und diese Erkenntnis will ich dir jetzt auf der Stelle mit blanker Waffe einbleuen!«

Daraufhin riß der Priester eine seiner Pistolen aus dem Halfter, spannte den Hahn und entzündete die Lunte an einer der dicken Wachskerzen, die auf dem Altar aufgebaut waren. Dabei schrie er: »Bei allen heiligen Galeonen und spanischen Märtyrern, denen ich zu himmlischen Ehren verholfen habe! Niemand wird mir etwas einbleuen, denn diese Zeiten sind vorüber, seit ich dem Ehejoch entronnen bin! Und wenn du mit deinem Schwert und deinem Dudelsack auf mich los willst, werde ich dich wahrlich und wahrhaftig dermaßen aus dem letzten Loch pfeifen lassen, bis du jenem Dhubdara ähnlich bist, der hier unter unseren Füßen ganz zusammengeschnorrt und schwarz in seiner Gruft liegt!«

»Du sollst einen noch scheußlicheren Tod sterben als jener, du belialischer Hund!« fauchte der Bräutigam zurück. »Wenn du noch weiter so schändlich psalmodierst . . .«

In diesem Augenblick schnitt ihm Grainne jedoch mit einer herrischen Geste das Wort ab und brachte beide Widersacher zur Vernunft, indem sie sich in ihrer ganzen bräutlichen Pracht zwischen sie stellte und fauchte: »Streitet euch nicht, denn dieser Tag und dieser Ort sind in der Tat nicht geeignet dafür. Befänden wir uns an Deck einer meiner Galeonen, so könntet ihr euch gerne gegenseitig ein wenig rupfen, und ich würde vielleicht nicht anstehen, selbst kräftig mitzumischen, doch dies hier ist etwas anderes, und ihr sollt mir den schönsten Tag meines Lebens nicht durch unflätiges Geschrei verderben. Besonders du, Donnell O'Flaherty, solltest deine Zunge hüten, denn was dieser gute Priester vorhin gesagt hat, will mir beileibe nicht so dumm erscheinen wie vielleicht dir. Doch muß man andererseits einsehen, daß der von mir Geweihte in Sachen Ehe vielleicht ein wenig engstirnig denkt, denn er konnte in seinem Haus auf der Insel Achill in diesen Dingen nur sehr beschränkte Erfahrungen sammeln. Deswegen redete er wohl auch davon, daß du, Donnell O'Flaherty, mir nach der Eheschließung in allem untertan sein müßtest, doch wir befinden uns nicht auf Achill, sondern in meinem Schloß auf Clare, und deswegen will ich von irgendwelcher Unterwerfung nunmehr gar nichts mehr hören, denn solches ist weder ein Charakterzug der O'Malleys noch der O'Flahertys. Ich denke daher, wir sollten überhaupt auf alle gefährlichen Formeln verzichten, und wenn ihr beiden nun eure Waffen wieder weggesteckt habt, dann soll dieser würdige Priester uns ganz einfach zusammengeben, indem er unsere Hände ineinander legt und sich dabei alle weiteren Floskeln spart, die möglicherweise Unfrieden in unsere Ehe tragen könnten, noch ehe wir sie überhaupt geschlossen haben. Wir wollen uns statt dessen selbst unser Hochzeitsversprechen geben. Dies aber soll so lauten, wie ich dir jetzt gleich leise vorsagen werde, mein geliebter Donnell.«

Daraufhin flüsterte Grainne ihrem Bräutigam geheimnisvoll etwas ins Ohr, und nachdem sie sich wieder von ihm gelöst hatte, legte der nunmehr wieder ganz friedlich gewordene Priester ihre Hände zusammen. Grainne O'Malley plusterte sich in ihrem weißen Brautkleid und sprach laut und nachdrücklich zu ihrem Gatten: »Ich schwöre dir, daß ich dir niemals untertan sein werde, weder in guten noch in schlechten Zeiten!«

Donnell O'Flaherty nahm dies mit guter Miene hin, dann reckte jedoch auch er sich zu voller Größe hoch, legte die freie Hand auf das Heft seines nun wieder in der Scheide ruhenden Schwertes und dröhnte seinerseits: »Ich schwöre dir, daß ich dir niemals untertan sein werde, weder in guten noch in schlechten Zeiten – und sollte mich auch der Teufel deswegen holen!«

Der diabolische Zusatz zu seinem Ehegelöbnis war ihm ganz offensichtlich nicht von Grainne eingegeben worden, sondern war dem armen O'Flaherty ganz spontan aus der Kehle gefahren, denn er erntete dafür von seinem nunmehrigen Weib einen scharfen und strafenden Blick. Ehe daraus aber größere Widrigkeiten erwachsen konnten, stimmte der Priester am Altar erneut das Clanlied von Carrigahowly an, doch sang er es nach vollzogenem Sakrament jetzt nicht mehr gregorianisch, sondern in der uralten und oftmals erprobten kämpferischen und blutrünstigen Art. Die versammelten Untertanen des Landes Upper Owle Malley fielen lauthals und mit rauhen Stimmen ein und trommelten dabei im Takt gegen ihre Schilde, Rüstungen und Poteen-Kruken. Donnell O'Flaherty tat ein Übriges, denn er warf sich seinen Dudelsack vom Rücken auf die Brust und stolzierte, höchst kriegerisch quäkend, siebenmal um den Altar, wobei aus seinen Pfeifen allerdings nicht die Töne der Hymne von Upper Owle Malley quollen, sondern die des beinahe ebenso alten Clanliedes der O'Flahertys. Nachdem Donnell seinen siebten Umgang um den Opferstein beendet hatte und wiederum an der Seite seiner Gattin angelangt war, unterbrach der Priester aus Mayo den allgemeinen Gesang mit einer herrischen Handbewegung sowie einem urwelthaften Schrei, und als daraufhin wieder Stille in der Kapelle von Carrigahowly eingekehrt war, wandte er sich an Grainne O'Malley und sagte gönnerhaft: »Du darfst nunmehr deinen Bräutigam küssen!«

Grainnes Augen wurden ganz groß und milchig, doch dann näherte sie sich keineswegs zärtlich ihrem Donnell, so wie man dies eigentlich hätte erwarten können, sondern sie schnappte sich den riesigen Kleriker an seinem Rauchmantel und herrschte ihn an: »Dazu brauche ich nicht deine Erlaubnis, du pfäffischer Trottel! Denn ich küsse den da, wann immer ich dazu lustig bin, und wenn es mir einfällt, stelle ich noch ganz andere Dinge mit ihm an!«

Der Priester begann daraufhin zu schlottern und schien gerne bereit, dies alles und noch mehr zuzugestehen, doch der tapfere O'Flaherty hatte den Ausspruch seiner Braut ganz offensichtlich in die falsche Kehle bekommen, denn er ließ aus seinem Dudelsack einen wütenden und aufrührerischen Laut fahren, der sich wie das Röhren eines Berghirsches anhörte, und gleichzeitig herrschte er seine Angetraute an: »Aus dir, Grainne O'Malley, scheint keineswegs jener friedliche und duldsame Geist zu sprechen, zu dem wir uns soeben bekannt haben. Denn schon verlangst du von mir, daß ich dir dennoch untertan sein solle, denn du hast mich in deiner Überheblichkeit nicht gefragt, ob ich es überhaupt dulden will, daß du mich küßt oder gar noch ganz andere Dinge mit mir anstellst.

Ich muß gegen eine solche Vergewaltigung schärfstens protestieren und auf jeden Fall darauf bestehen, daß ich zuerst konsultiert werde, ehe wir irgend etwas in jener Richtung in Angriff nehmen, die der Pfaffe angedeutet hat. Denn nur dann habe ich das Gefühl, daß mein Eheversprechen auch gewürdigt wird und nicht bloß in den Wind gedudelt war.«

»Man hätte euch Männer erschlagen sollen, noch ehe der erste von eurer hirnlosen Sorte im Paradies aufgetaucht ist«, keifte Grainne. »Bist du denn von allen guten Geistern verlassen, O'Flaherty, daß du meine liebevolle Annäherung durch derart blödsinnige Reden in den Schmutz zu ziehen wagst? Wenn ich noch einen einzigen Raunzer von dir höre, der meine zarten Gefühle verletzt, dann kannst du deine Hochzeitsnacht auf einem Rumfaß im Keller von Carrigahowly feiern!«

»Dies würde vielleicht eine feurigere Nacht, als du sie mir je bieten könntest!« brüllte Donnell zurück. »Verflucht, wo habe ich bloß meinen Verstand gelassen, als ich dich zum Weib...«

Vermutlich hätte der wackere Bräutigam noch weitere und bedeutend hanebüchenere Unflätigkeiten von sich gegeben, und Grainne O'Malley wäre ihm im Gegenzug ganz bestimmt nichts schuldig geblieben, so daß die würdige Feier in der Kapelle von Carrigahowly höchstwahrscheinlich in einem allgemeinen Blutbad geendet hätte, wenn nicht plötzlich etwas ganz und gar Unvorhergesehenes geschehen wäre. Denn mitten in den Satz des Donnell O'Flaherty hinein platzte auf einmal ein Feuerstrahl, und etwas Glühendes und Zischendes fuhr durch das östliche Fenster des Gotteshauses herein und durch das westliche wieder hinaus, während in der Kapelle selbst ein übler Geruch nach Schwefel zurückblieb.

»Das habt ihr nun davon! Ihr habt den Teufel höchstpersönlich durch eure dreiste Mißachtung der ehelichen Liebe. herausgefordert!« hörte man den riesigen Priester schreien – und sofort zogen einige der tapfersten Recken von Upper Owle Malley ihre Waffen und rannten nach draußen, um sich den belialischen Störer ihrer friedlichen Familienfeier vorzuknöpfen.

Ich selbst jedoch, Rory O'Gilpatrick, ließ mich durch den metaphysischen Unsinn, den der Pfaffe von sich gegeben hatte, nicht täuschen, sondern sagte mir aufgrund meiner reichen artilleristischen Erfahrung sofort, daß es keineswegs der Leibhaftige gewesen war, der durch die Kapelle gerauscht war, sondern eine mindestens vierzehnpfündige Kanonenkugel, der nach all meiner Kenntnis der menschlichen Bosheit ganz gewiß noch weitere folgen würden. Deswegen überschrie ich jetzt mit allen meinen Lungenkräften das allgemeine Getümmel und forderte: »Auf, Grainne O'Malley! Führe deine Krieger auf die Zinnen und Bastionen von Carrigahowly, denn wir werden angegriffen, und zwar mit schwerem Kaliber, was darauf hindeutet, daß wir es nicht bloß mit fellbekleideten Barbaren aus Donegal zu tun haben!«

»Wer auch immer uns so dreibastig stört – schlachtet sie!« schrie Grainne. »Wir wollen blutige Ohren sammeln!«

Daraufhin rannte sie mit wehendem Brautkleid hinaus, gefolgt von ihrem Gatten, der in einer Hand sein Schwert und in der anderen den Dolch schwang – doch war dies nun keinesfalls mehr als Aufmüpfigkeit gegen seine Gemahlin gedacht, sondern galt allein jenen immer noch Unsichtbaren, welche gerade in diesem Augenblick eine ganze Salve gegen die Mauern von Carrigahowly donnern ließen. Dem frischgebackenen Ehepaar nach hetzte der Priester mit wehendem Rauchmantel

und blitzendem Enterbeil, und im Sog dieser drei Recken quollen alle übrigen Hochzeitsgäste ins Freie, wobei sie wüst fluchten und die abgefeimtesten Drohungen gegen jene ausstießen, die es gewagt hatten, den Hochzeitsfrieden dermaßen hinterlistig zu stören. Ich selbst griff mir blitzschnell noch die Altarkerzen, um mit ihrer Hilfe meine Kanonenlunten um so nachdrücklicher zum Glühen zu bringen, und dann verließ auch ich das Gotteshaus, dessen Dach bereits zusammenzustürzen begann.
Kaum hatte ich die Wehrmauer von Carrigahowly erklommen, wo meine Zwölf- und Vierzehnpfünder in bronzenen Reihen aufgestellt waren, konnte ich auch schon das ganze Ausmaß der unverhofften Bescherung überblicken. Denn auf dem Festland, gegenüber der Insel Clare, war eine veritable Armee von mindestens achthundert oder gar tausend Halunken aufmarschiert, welche mehrere Batterien Artillerie mit sich führten, und diese ganz offensichtlich auch sehr gut zu benutzen verstanden. Denn schon wieder heulte eine Salve gegen das Schloß von Carrigahowly heran und ließ die mächtigen Buckelquadern erzittern. Splitter und Steinstaub fuhren zu uns herauf und hüllten uns wie eine satanische Wolke ein. Der Schwefelqualm nahm mir für ein Weilchen den Atem, doch dann schaffte ich es, meine Kanoniere an ihre Geschütze zu treiben, und indem ich mit meinen Altarkerzen nachhalf, hatten wir schnell Feuer an den Lunten und feuerten nun unsererseits wie wild gegen das Festland zurück, so daß unsere Zwölf- und Vierzehnpfünder wie verrückt gewordene Böcke auf den Bastionen sprangen und sich bäumten.
Meine erste Salve saß immerhin so gut, daß es in den Reihen unserer Feinde einige Verwirrung gab, und die daraus entstehende Feuerpause nützte Donnell O'Flaherty, indem er mit

fuchsteufelswildem Gesicht fragte: »Wer kann das bloß sein, der uns dermaßen in die Hochzeitsfeier spuckt?«
Sein Eheweib blieb ihm die Antwort nicht lange schuldig, denn Grainne hatte sich inzwischen weit über die Brustwehr gebeugt, um auszuspähen, und nun fuhr sie ihren Gatten an: »Hättest du Augen im Kopf, könntest du sehen, daß dort drüben ein scheußlicher Löwe und ein noch scheußlicheres Einhorn einträchtig nebeneinander von den Fahnenstöcken wehen. Es muß sich also um verfluchte Engländer handeln, welche die Herrschaft von Upper Owle Malley ohne jede Kriegserklärung überfallen haben.« Dann fuhr sie zu mir, Rory O'Gilpatrick, herum und schrie: »Bist du dir denn sicher, daß die Rote Stute auch gut nach London gekommen ist – oder hast du mich etwa betrogen, als du mir kürzlich mitteiltest, du hättest die Briten mit ihrer Hilfe über meinen wahren Aufenthaltsort täuschen können?«
»Jeden anderen müßte ich wegen einer solchen Unterstellung gnadenlos um die Ecke bringen!« gab ich beleidigt zurück. »Doch da du Grainne O'Malley bist, schwöre ich dir, daß die Nutte wirklich und wahrhaftig in Ketten nach London eingeschifft wurde.«
»Dann begreife ich nicht, was die kahlköpfige Elisabeth noch von mir will«, versetzte Grainne, während schon wieder eine Salve gegen Carrigahowly heranrauschte und das Schloß in seinen Grundfesten erzittern ließ. Als wir einander wieder verständlich machen konnten, setzte Grainne hinzu: »Doch wie auch immer, wir sitzen arg in der Bredouille, und wenn ich mir meine Hochzeit auch ein wenig romantischer vorgestellt hätte, so hilft doch jetzt alles Jammern nichts mehr, und deswegen befehle ich dir, Rory O'Gilpatrick, daß du diesen Engländern jetzt wirklich Zunder geben sollst!«

Ich sah nun selbst ein, daß ich bis jetzt bei der Verteidigung von Carrigahowly nicht viel geleistet hatte, und gab deswegen Befehl, unsere Kanonen mit doppelter Pulverladung und Kartätschen zu versehen. Als ich kurze Zeit später wiederum eine Breitseite losbrennen ließ, richtete diese auf dem Festland mehr als die vorherigen aus, und wir sahen erfreut, wie etliche Engländer durch die Luft gewirbelt wurden und die übrigen aufgelöst durcheinander rannten.
»So ist es schon besser!« lobte mich Donnell O'Flaherty, »und ich will den Tänzern dort drüben gerne auch ein wenig Musik machen!« Daraufhin entlockte er seinem Dudelsack ein solches Geheule, daß meine Kanoniere dadurch noch mehr ermuntert wurden und die meisten Engländer über den nächsten Hügelkamm zurück kartätschen konnten. Auf diese Weise trat nun eine kleine Feuerpause ein, und ich wollte mich soeben mit einem Schluck Poteen stärken, als auf dem Festland plötzlich ein Kerl über den Strand rannte, sich einen dort liegenden Curragh schnappte und wie ein Wirbelwind auf die Insel von Clare zuzurudern begann. Die Engländer schossen ihm eine Handvoll Musketenkugeln nach, woraus wir ersahen, daß es sich um einen Freund Irlands handeln mußte. Wir gewährten ihm daher aus unseren eigenen Rohren Feuerschutz, und wenig später erreichte er ungeschoren den Hafen von Carrigahowly und wurde sofort vor Grainne O'Malley gebracht.
»Du, Sheamus?« rief sie erstaunt, als sie ihn erkannte. »Solltest du nicht als mein Spion in Galway sein?«
»Dort weilte ich bis vor kurzem in der Tat«, erwiderte schweratmend der Vertraute Grainnes, »und ich habe auch eine Menge auskundschaften können. Leider jedoch nicht gerade erfreuliche Dinge!«

»Daß mein Hochzeitstag für mich unerfreulich verläuft, merke ich schon eine ganze Weile«, versetzte Grainne. »Melde also, was du weißt.«
»Es hängt alles mit jener verfluchten Roten Stute zusammen«, erklärte daraufhin Sheamus. »Ich habe von allem Anfang an daran gezweifelt, daß es eine kluge Idee war, mit Hilfe dieser Hure Politik machen zu wollen. Doch der Fehler ist nun einmal begangen worden, und nun müssen wir wohl oder übel auch die Folgen tragen.«
»Falls du mit deinen frechen Worten mich beleidigen willst, kann ich dich gerne über eine Kanonenmündung binden und dich zurück zu den Engländern befördern!« unterbrach ich ihn.
»Du solltest lieber weitere Kartätschen nach drüben schießen!« fuhr mich Grainne an. »Denn nur auf diese Weise können unsere Gegner niedergehalten werden, und Sheamus wird dann Gelegenheit finden, sich etwas deutlicher auszudrücken.«
Ich wandte mich also notgedrungen wieder meinen Zwölf- und Vierzehnpfündern zu, doch da ich so schlau war, meine Feuerkommandos aus dem Schallschutz eines Halbturmes heraus zu geben, konnte ich durch das Krachen der Abschüsse hindurch trotzdem ganz gut verstehen, was jener merkwürdige Sheamus zu berichten hatte.
»Die Rote Stute wurde in der Tat nach England eingeschifft«, erzählte er, »und langte auch wohlbehalten, wenn auch etwas rostig, in London an. Der Kapitän des Schiffes höchstpersönlich brachte sie in einer von Bewaffneten begleiteten Kalesche zum Palast der Königin, worüber bei Elisabeth selbst sowie ihren Hofschranzen sehr großer Jubel herrschte. An der wahren oder vielmehr der vermeintlichen Identität der Rothaari-

gen konnte darüber hinaus niemand am Hofe auch nur den geringsten Zweifel hegen, denn der Kapitän aus Galway hatte ihr in seiner Weisheit kurzerhand den Mund verboten und ihr die schrecklichsten Marinestrafen angedroht, falls sie ihn trotzdem öffnen sollte. Anstelle der Hure schwang nun vielmehr der Offizier große Reden und berichtete, wie er in eigener Person sieben Galeonen der Hochverräterin in den Grund gebohrt und, zusammen mit nur ganz wenigen eigenen Leuten, beinahe achthundert Piraten erschlagen habe. Daraufhin habe er Grainne O'Malley in schwere Ketten gelegt, auch wenn sie sich wie eine Wölfin dagegen gesträubt habe, und sei stracks mit ihr nach England gesegelt, um sie ihrer gerechten Strafe zuzuführen und selbst, so die Königin gnädig sei, einen bescheidenen Lohn für seine Heldentaten einzuheimsen.

Elisabeth von England schlug diesen wackeren Kapitän, der doch in Wahrheit nichts weiter geleistet hatte, als im rechten Augenblick aus dem Bett einer Hure zu springen, daraufhin sofort zum Ritter, dann wandte sie sich an die vorgebliche Grainne O'Malley und herrschte sie an: ›Du verfluchte Kanaille! Jetzt, da du dich in Ketten windest wie ein Wurm, siehst du wohl ein, wie arg du gegen die von Gott eingesetzte Herrscherin von England und Irland gefrevelt hast?‹

Die Rote Stute schien wütend antworten zu wollen, besann sich dann aber, nach einem kurzen Blick auf den nunmehr ritterlichen Kapitän, eines Besseren und gab lediglich ein undefinierbares Grunzen von sich.

Die Königin von England schien mit dieser unzulänglichen Antwort jedoch recht zufrieden zu sein, denn sie äußerte, an ihre Schranzen gewandt: ›Da kann man es wieder einmal sehen! Gegenüber Unserer sowie der spanischen Flotte vor

Hispaniola wagte sie ihr Maul und ihre Stückpforten frech aufzureißen, doch angesichts Unserer Majestät muß sie jetzt beschämt schweigen und kann lediglich grunzen und brummen wie die Bären, die Wir unterhalb des Towers zu Unserer Kurzweil halten. Und Wir denken, artikuliertere Lebensäußerungen werden Wir von der Verbrecherin Grainne O'Malley auch niemals wieder zu hören bekommen, denn Wir haben beschlossen, sie ganz wie die genannten Bären zu behandeln und sie auf Lebenszeit lebendig im Schwarzen Tower zu begraben. Schafft sie Uns also aus den Augen, damit Wir Unseren Sieg über die widerborstigen Iren freudig feiern können, ohne von dem Anblick dieser Grunzenden beleidigt zu werden.‹

Damit schien das traurige Schicksal der Roten Stute für alle Zeiten besiegelt zu sein, und sie wurde auf einem Schinderkarren zum Tower gebracht, wo man sie in ein übles Verlies warf, in dem im Lauf der Jahrhunderte bereits viele widerborstige Adelige, vornehmlich aus Irland, Wales, Cornwall oder Schottland, verfault waren. Damit das neueste Opfer des Königlichen Gottesgnadentums jedoch auch nicht die allergeringste Chance haben sollte, seinem grausamen Los zu entgehen, wurde außerdem eine komplette Kompanie von Beef-Eatern abgestellt, um die vermeintliche Grainne O'Malley Tag und Nacht aufs schärfste zu bewachen.

Diese militärische Maßnahme sollte sich jedoch sehr bald als völlig unzulänglich erweisen, denn kaum war die Rote Stute dem so glorreich in den Adelsstand erhobenen Kapitän aus den Augen gekommen und in ihrem Loch gelandet, da fand sie auch ihre Sprache wieder und benutzte ihre Hurenzunge nun ununterbrochen dazu, ihren Bewachern die allerschändlichsten Zoten an den Kopf zu werfen. Die Beef-Eater wiederum waren durch die Bank gestandene Mannsbilder und standen außerdem bestens im Futter und im Saft, so daß sie an den Schweinereien ihrer Gefangenen naturgemäß großes Vergnügen fanden. Da außerdem einer von ihnen, der früher einmal in Dublin stationiert gewesen war, seinen Kameraden versicherte, daß es auf Erden keine geschickteren Huren gäbe als sündig gewordene Katholikinnen, wässerte den Beef-Eatern bald gewaltig das Maul nach der, die ihnen verbal sowieso schon höchst raffiniert an die Schwänze ging. Und da die ihnen auf Gedeih und Verderben ausgelieferte Rothaarige außerdem in ihren Augen auch noch von hohem Adel war, kam bald die einhellige Meinung unter den Beef-Eatern auf, daß es im gesamten Britischen Empire schwerlich eine saftigere Hure geben könne als Grainne O'Malley, und der bewußte Veteran aus Dublin schwor das eine um das andere Mal: ›Blaues Blut – und von katholischer Verworfenheit dazu: Da jubelt einem der Zebedäus wie ein Erzengel im Paradies!‹

Dieses verheißene Paradies nun ging der Kompanie der Beef-Eater, vom Trommeljungen bis zum Hauptmann, nicht mehr aus dem Sinn, und als die Rote Stute wieder einmal eine halbe Nacht lang lauthals verkündete, was sie mit den Erzengeln ihrer Bewacher anzustellen gedenke, sofern sie nur die Hände und vielleicht noch den einen oder anderen Körperteil frei hätte, da konnte sich der Veteran aus Dublin zuletzt beim besten Willen nicht mehr zurückhalten und gab der Eingekerkerten Gelegenheit, ihren Versprechungen die entsprechenden Taten folgen zu lassen.

Es muß nun so gewesen sein, daß die falsche Grainne sogar noch mehr hielt, als sie jemals verheißen hatte, denn bei Anbruch des neuen Tages wankte ihr schwach gewordener

Bewacher ohne Hosen, Stiefel und Hut aus ihrem Kerker und meldete seinem Hauptmann mit einem irren Leuchten in den Augen: »Grainne O'Malley ist völlig unschuldig, denn das hat sie mir in dieser Nacht siebenmal bewiesen!«

Eigentlich wäre der Hauptmann daraufhin verpflichtet gewesen, seinen Untergebenen ebenfalls in Eisen legen zu lassen, doch auch der Offizier war nur aus Fleisch und Blut, und deswegen verfügte er sich nun höchstpersönlich in den Kerker, um sich selbst ein Bild von der Unschuld seiner Gefangenen zu machen.

Diese war unter den siebenfachen Stößen des Dubliners hübsch warm geworden und dank ihrer langen Abstinenz jetzt noch heißer denn je auf weitere akrobatische Übungen, so wie sie ihr während ihrer Jahre am Hafen von Galway zum täglichen Brot geworden waren. Deswegen empfing sie den Hauptmann mit derartig abgefeimten Lockungen, daß man sie gar nicht beschreiben kann, und als der Offizier sich später zum wohlverdienten Mittagsschlaf zurückzog, war auch er felsenfest davon überzeugt, daß Grainne O'Malley – zumindest was ihre Verurteilung wegen Hochverrats anging – vollkommen unschuldig sein müsse.

Ähnlich begannen im Lauf der folgenden Wochen auch alle anderen Kompaniemitglieder der Beef-Eater zu denken, und selbst der Trommelknabe schloß sich da nicht aus, so daß sich das Verhältnis zwischen ihnen und der vermeintlichen Grainne O'Malley bald dermaßen freundschaftlich und herzlich gestaltete, daß der Tower nun eher einem Luxusbordell, denn einer Festung glich. Die Rote Stute brauchte längst nicht mehr in Ketten oder auch in ihrem unfreundlichen Kerker zu liegen, sondern sie hatte die Amtswohnung des Hauptmannes bezogen und empfing dort in einem riesigen Himmelbett die

nicht abreißende Prozession ihrer Bewacher. Die Beef-Eater schleppten Spanferkel und Mastochsen in den Tower, dazu ganze Fässer Wein und Bier, und feierten mit der Rothaarigen ein Gelage nach dem anderen. Und dies hätte möglicherweise bis zum Tod der Roten Stute oder zumindest bis in ihre Wechseljahre so weitergehen können, wenn sich nicht eines Tages der Hauptmann der Kompanie moralisch aus seiner Geilheit emporgeschwungen und sich, seelisch sehr an der Roten Stute gewachsen, unsterblich in sie verliebt hätte.
Damit wurde der Untergang dieser glorreichen Gardeeinheit eingeläutet, denn der nunmehr irgendwie platonisch denkende Offizier beanspruchte ab sofort die Liebe und die Künste der vermeintlichen Grainne O'Malley ausschließlich für sich allein – und schon keine vierundzwanzig Stunden später kam es deswegen zu einer rüden Meuterei gegen ihn und seine Autorität. Der Hauptmann wurde in einem elementaren Wutausbruck seiner Untergebenen zuerst erschlagen und dann in einem Hinterhof des Towers aufgehängt, und nachdem dies vollbracht war, stürzten die nunmehr führerlos gewordenen Beef-Eater in das Gemach der Roten Stute, um sie von ihrem platonischen Höhenflug wieder in die Realität zurückzuholen. Doch leider lief dieses Vorhaben vollkommen schief, denn ohne die Autorität ihres Hauptmannes wurde es den einfachen Soldaten unmöglich, sich darüber zu einigen, in welcher Reihenfolge sie bei der vermeintlichen Grainne O'Malley anzutreten hatten, so daß es nun zu einem weiteren Gemetzel kam. In dessen Verlauf blieb gut ein Drittel der Kompanie tot auf der Strecke, und der Rest wurde zumeist schwer verwundet, so daß zuletzt der Trommeljunge der einzige war, der noch militärische Tatkraft zeigen konnte und die Rote Stute, so gut er es eben vermochte, tröstete.

Während jedoch der Trommeljunge die falsche Grainne O'Malley beglückte, stürmten plötzlich vier Königliche Gardekompanien den Tower, denn in London hatte sich inzwischen das Gerücht verbreitet, daß von der altehrwürdigen Zwingburg eine fundamentale puritanische Revolution auszugehen drohe. Solches wollte Elisabeth von England selbstverständlich im Keim erstickt wissen, und deswegen fielen nun die Verteidiger ihres Thrones über den Trommeljungen und seine Stute her und arretierten beide als Hochverräter, wobei dieses Schicksal der falschen Grainne O'Malley nunmehr schon zum zweiten Mal widerfuhr.
In Ermangelung besserer Beute wurde die Rote Stute also wiederum vor Gericht geschleppt, und dort stellte sich alsbald heraus – denn diesmal war kein Kapitän zugegen, der ihr das Maul verboten hätte –, um wen es sich in Wahrheit bei ihr handelte. Ja, die ehemalige Hure aus Galway war durch den fatalen Verlust ihrer Liebhaber dermaßen verwirrt und betroffen, daß noch nicht einmal die Folter gegen sie angewendet werden mußte, damit sie gestand, daß sie anstelle der wahren Grainne O'Malley nach England gebracht worden war.
Nachdem man alles, was sie nunmehr höchst jämmerlich aus sich heraussprudeln ließ, sorgsam protokolliert hatte, brachte man sie auf allerhöchsten Befehl sang- und klanglos um die Ecke, und Ihre Majestät, Elisabeth I. von England, ordnete wutschnaubend an, daß nun die wahre Grainne O'Malley unter allen Umständen vernichtet und in die Hölle geschickt werden müsse, denn noch niemand habe, wie Ihre Majestät sich auszudrücken beliebte, den Thron von England übler erschüttert als jene Teufelin von Carrigahowly. Man solle also diese verrottete Burg umgehend erobern und die Verwor-

fene an ihren roten Haaren herauszerren, zu welchem Zweck die gesamte Garnison von Galway gegen die Festung auf der Insel Clare aufzubrechen habe.
Nachdem Elisabeth also diese Befehle gegeben hatte, gingen die entsprechenden schriftlichen Ordres sofort per Eilkurier nach Irland. Ich selbst, Sheamus, lungerte gerade vor dem Palast des Gouverneurs von Galway herum, als die Boten der Königin von England dort eintrafen. Es gelang mir, indem ich mich als Weinlieferant ausgab, zusammen mit ihnen bis zu Sir Henry Sydney selbst vorzudringen, und auf diese Weise erfuhr ich dann alles, was ich nun dir, Grainne O'Malley, berichtet habe.
Der verfluchte Gouverneur von Galway alarmierte, kaum hatte er das Siegel seiner Fürstin erbrochen, schnurstracks seine gesamte Heeresmacht und ließ sie, versehen mit zahlreichen Kanonen, gegen die Herrschaft von Upper Owle Malley marschieren. Ich selbst lief in ihrem Troß mit und gab mir wahrlich alle Mühe, die Bucht von Clew vor den britischen Halunken zu erreichen, doch war mir dies leider nicht möglich, denn Sir Henry Sydney ist von einem derartigen Haß auf dich, Grainne, beflügelt, daß er samt seinen Truppen dahinrauschte wie Samhain persönlich und ich unmöglich schneller vorwärts kommen konnte als er.
Den ganzen Marsch über schrie der Gouverneur nämlich praktisch unentwegt, man müsse Carrigahowly bis auf die Grundmauern zerstören, und dir selbst, verehrte Grainne, würden die Gliedmaßen dann auf dem Rad noch ärger gedengelt werden, als man dies seit Adams Zeiten je mit dem Höllenschlund einer Nutte angestellt habe.«
Nachdem der Spion aus Galway dies berichtet hatte, legte er den Schädel schief und warf einen ängstlichen Blick auf

Grainne O'Malley. Doch noch ehe die Herrin von Carrigahowly etwas zu dem unerhörten Ansinnen Sir Henry Sydneys äußern konnte, nahm ihr Gemahl Donnell O'Flaherty das Wort und brüllte: »Dies ist eine Beleidigung, wie sie den O'Malleys und auch den O'Flahertys seit den Tagen des Cu-Chulainn noch niemals widerfahren ist, und jenes raffzähnige Großmaul aus Galway wird bitter dafür bezahlen müssen. Ich schlage vor, daß wir sofort den Strand erstürmen, wo er sein lächerliches Lager aufgeschlagen hat, und dann darf er sich sehr glücklich preisen, wenn wir ihn bloß rädern und ihn nicht außerdem noch von vier wilden Pferden zerreißen lassen.« Daraufhin nahm er einen gewaltigen Schluck Poteen aus seiner silbergetriebenen Leibflasche. Doch Grainne wandte sich von ihrem wutschnaubenden Gatten ab und erkundigte sich beiläufig bei Sheamus: »Wie stark, sagtest du, ist die Kriegsmacht, welche jener vorlaute Gouverneur aufgeboten hat, um seine unverschämten Spielchen mit mir zu treiben?«

»Um dir dies genau zu melden, bin ich ja aus seinem Lager geflohen«, erwiderte der Spion. »Und auch wenn ich damit einige Mühe hatte, denn ich wurde zuletzt doch noch als dein Vertrauter entlarvt, so kann ich dir nun ganz genau berichten, daß dort drüben beinahe tausend Mann gegen dich im Feld stehen, diejenigen allerdings nicht gerechnet, die deine tapferen Helden bereits erschossen haben. Es handelt sich etwa zu zwei Dritteln um Fußtruppen, zu einem Drittel aber leider um Artilleristen, die etwa drei Dutzend Geschütze bei sich haben. Außerdem hat der verfluchte Sydney auch noch siebzehn eisengepanzerte Ritter bei sich, welche aber weniger zu fürchten sind als seine übrige Heeresmacht, denn in ihren Eisenschalen und auf ihren schweren Rössern werden sie schwer-

lich über die Bucht von Clew hinweg Attacke gegen Carrigahowly reiten können.«
»Die Lage ist also ernst, aber nicht hoffnungslos«, äußerte daraufhin Grainne O'Malley. »Und wir werden ganz bestimmt mit diesen Strandkröten dort drüben fertig werden, wenn es vielleicht auch einige Zeit dauern kann. Vorerst wollen wir sie weiter hübsch mit Kartätschen eindecken, damit sie nicht etwa zur unrechten Zeit angreifen, wenn vielleicht gerade mein und Donnells Brautbett aufgedeckt wird. Gib ihnen also noch kräftiger Zunder als bisher, tapferer Rory O'Gilpatrick, und während du dies tust, werde ich mir überlegen, wie wir ihnen die Schwänze dann endgültig kappen können.«
»Da hört ihr es – eure Herrin ist in der Tat eine Schwefel- und Höllenschlündige!« rief Donnell O'Flaherty begeistert aus und brannte eine Kanone gegen die Engländer auf der anderen Seite des Sundes los. Da ich, Rory O'Gilpatrick, die Mündung der Kanone zuvor höchstpersönlich gerichtet hatte, glückte dem Gatten Grainnes der Schuß auch ausnehmend gut, denn er traf einen der zuvor erwähnten siebzehn Ritter, der sich im Vertrauen auf seinen Panzer nicht in Deckung begeben hatte, und die Kartätschenkugeln durchlöcherten ihn dermaßen, daß er dem verfluchten Sir Henry Sydney hinfort höchstens noch als Teesieb dienen konnte.
Leider nahmen jedoch die Briten diese gute Lehre nicht an, sondern schossen aus der Deckung der Dünen heraus nunmehr ebenfalls wieder heftiger zurück, und so entwickelte sich ein stundenlanges Feuergefecht, in dessen Verlauf keine der beiden Seiten einen entscheidenden Vorteil erringen konnte, wenn auch wir hinter den Wällen und Bastionen von Carrigahowly unsere Lunten selbstverständlich viel tapferer schwan-

gen und die Bronzeschlünde unserer Kanonen viel todesverachtender stopften als unsere nichtswürdigen Gegner auf dem Festland, die feige immer wieder ihre schmutzigen Deckungslöcher aufsuchten.

Im Lauf des Nachmittags griff dann Grainne O'Malley, die einige Zeit verschwunden gewesen war, selbst wieder in die Schlacht ein, indem sie zu mir, ihrem Gatten und ihren sonstigen nächsten Vertrauten sagte: »Ihr wundert euch vielleicht, weil ich mich jetzt für eine kurze Weile nicht an vorderster Front gezeigt habe, doch dies ist keinesfalls deswegen geschehen, weil ich etwa meine Unaussprechlichen voll hätte, sondern ich mußte mich vielmehr darum kümmern, daß mein Brautbett in der Kemenate von Carrigahowly auch ordnungsgemäß aufgestellt wurde.« Sie warf bei diesen Worten einen freudigen und ahnungsvollen Blick auf Donnell O'Flaherty, der diesen unter seiner Pulverkruste sichtlich erröten ließ, dann fuhr sie fort: »Als ich aber sah, wie die Eichenbohlen des besagten Bettes zusammengefügt wurden, und wie die Mägde auch mehrere Kruken Poteen unter demselben einlagerten, um mir und Donnell die Hochzeitsnacht zu versüßen, hatte ich plötzlich eine sehr glorreiche Idee, wie nämlich diese Nacht mir und meinem Gatten zur ganz außergewöhnlichen Freude gereichen könnte.«

Donnell leckte sich lüstern das Maul, während gleichzeitig zahlreiche englische Kugeln gegen die Mauern krachten, und als sich der Staub wieder gelegt hatte, erklärte Grainne sich – sehr zum Leidwesen ihres Gemahls – noch deutlicher: »Ich ordnete nämlich an, daß mein eichenbohliges Hochzeitsbett wieder abgeschlagen und durch ein solches aus Fichte ersetzt werden sollte, und aus den ursprünglichen Balken habe ich nun ein Katapult zimmern lassen, das jetzt gut gedeckt im

Innenhof unseres Schlosses steht. Auf der Wurfpfanne dieses Katapults aber liegen Kruken, die mit dem scheußlichen Poteen aus Donegal gefüllt und mit gut brennbaren Lunten versehen sind, und ich denke, mit ihrer Hilfe werden wir Sir Henry Sydney nunmehr mächtig einheizen können. – Was hältst du von dieser Taktik, Donnell O'Flaherty?«

»Ich weiß nicht recht«, versetzte der Bräutigam, welcher offenbar nur dem ersten Teil der Rede Grainnes gefolgt war. »Eichenbohlen wären für mein Liebeslager bestimmt geeigneter gewesen, denn ich fürchte, die Fichtenbretter könnten sich als zu wenig widerstandsfähig erweisen, sobald ich mich erst einmal daran gemacht habe, meinen ersten ehelichen Sohn zu zeugen.«

»Du hast mir einmal mehr bewiesen, daß man mit einem Mann nicht vernünftig reden kann – und noch weniger mit dem eigenen Ehegatten«, verwies ihn daraufhin wütend Grainne O'Malley und wandte sich nunmehr mir zu: »Glaubst du, wir könnten das Lager der Engländer mit Hilfe meines Hochzeitsbettes ebenso in Brand setzen wie damals die Segel jener spanischen Galeone vor den Blaskets?«

»Was fragst du Rory, der doch höchstens etwas von Kanonen, aber nichts von giftigem Poteen versteht?« mischte sich eifersüchtig Davitt-mit-der-Nase ein und stieß mich rüde beiseite. Dann versicherte er: »Aber wenn du mich das Katapult abschnellen läßt, schwöre ich dir, daß die Zelte der Briten bald brennen werden, denn auch sie bestehen nur aus Leinwand, und ich werde bei jedem Schuß außerdem ein volles Dutzend Poteen-Kruken zu schleudern wissen, auch wenn mir dies sehr im Herzen schmerzen wird.«

»Es wird deiner Gesundheit nur dienen – denke an meinen eingeschwärzten Vater!« sagte Grainne. »Und da die Strategie

nun klar ist, wollen wir zur Tat schreiten, sobald die Dämmerung hereinbricht und meine Hochzeitsnacht beginnt.«
Wir kanonierten also auf konventionelle Art noch ein Weilchen weiter, als aber die Schatten der Nacht über die Bucht von Clew zu fallen begannen, begaben wir, die Stabsoffiziere Grainnes, uns hinunter in den inneren Hof von Carrigahowly und versammelten uns um das riesige Katapult, das ursprünglich viel daseinsfreundlicheren Zwecken hatte dienen sollen, als ausgerechnet den Engländern Feuer unter den Hintern zu machen. Donnell O'Flaherty warf denn auch mehr als einen bedauernden Blick auf das eisenfest gefügte Balkenwerk und gab nebenbei viel Verächtliches über minderwertiges Fichtenholz von sich, doch Davitt-mit-der-Nase zeigte sich umso begeisterter und packte eigenhändig eine Kruke mit Poteen aus Donegal um die andere auf den Löffel, bis das versprochene Dutzend voll war. Dann stellte er, indem er über den Hals seiner eigenen Leibkruke hinweg nach Osten peilte, diverse Flugbahnschätzungen an und meldete zuletzt Grainne O'Malley: »Wir müssen nur noch einige Keile unter die vordere Lafette treiben und sie auf diese Weise etwas erhöhen, dann sollte es ganz mörderisch klappen.«
»Rory O'Gilpatrick wird diese Feinabstimmung vornehmen, denn er ist der eigentliche Artillerist unter uns«, sagte Grainne, die meine speziellen Fähigkeiten wie immer zu schätzen wußte. Ich schlegelte also das ungewöhnliche Geschütz mit Hilfe von dicken Eichenkeilen noch eine oder zwei Ellen höher, und so waren wir zuletzt tatsächlich schußbereit. Grainne O'Malley legte Feuer an die Lunten unserer giftigen Geschosse und hieb, während Donnell O'Flaherty erschrocken zusammenzuckte, mit ihrer Breitaxt die Haltetaue des Katapultarms durch. Der Eichenhebel schnalzte und schlug nach

vorne, krachte gegen das Widerlager – und die zwölf feuerschweifigen Granaten schossen in hohem Bogen über den Innenhof und die Schildmauer von Carrigahowly, um dann wie höchst unheilverheißende Kometen auf das Festland im Osten niederzugehen.
»Und jetzt packt ihnen noch einen kleinen Kellerinhalt an Kruken obendrauf!« schrie blutdurstig Donnell O'Flaherty, der sein zweckentfremdetes Brautbett nun wenigstens in kriegerischer Hinsicht so gut wie möglich nutzen wollte. Wir anderen hatten dagegen auch nichts einzuwenden, und so schickten wir, unter dem Jubel unserer irischen Krieger, eine Ladung Poteen nach der anderen gegen das feindliche Lager hinüber, und erst als uns der giftige Fusel aus Donegal ausging und wir bekömmlichen aus Upper Owle Malley hätten opfern müssen, wenn wir noch hätten weiterfeuern wollen, ließen wir unser Katapult wieder zur Ruhe kommen.
Grainne voran, stürmten wir daraufhin wieder auf den Wehrgang von Carrigahowly hinauf, um zu sehen, was unsere Geschosse angerichtet hatten – und die Sache hätte auch wirklich gar nicht besser laufen können, denn jenseits des Sundes von Clew standen jetzt zahlreiche britische Zelte in Flammen und dazu mindestens ein Dutzend Batteriestellungen, wie blinde Pulverdetonationen uns sagten. Auch brannte der Strand selbst flächenweise ganz bläulich und scheußlich, so daß uns also durch Grainnes Kriegslist ein Erfolg beschert war, wie wir ihn uns schöner gar nicht hätten wünschen können, es sei denn, es wäre uns gelungen, gleich sämtliche Engländer wie Hammelseiten zu braten.
Wir waren jedoch auch mit dem zufrieden, was wir erreicht hatten, und Grainne O'Malley sprach deswegen wohl auch voller Entzücken und Überschwang: »Nun haben sie be-

stimmt für den Rest der Nacht ausreichend damit zu tun, die Brunst zu löschen, die von meinem Hochzeitslager ausgegangen ist, und deswegen darf ich nunmehr mit Fug und Recht auch an meine eigenen bräutlichen Gefühle denken, welche ganz gewiß nicht schwächer lodern als der Flächenbrand dort drüben. – Komm also nun endlich mit mir, Donnell O'Flaherty, damit wir im Fichtenbett vollbringen, was uns dank der Mißgunst der Engländer auf eichener Unterlage nicht vergönnt sein kann.«

»Es geschieht auf deine eigene Verantwortung!« rief Donnell O'Flaherty und nahm unter dem Jubel und den Anfeuerungsrufen aller umstehenden Recken sein Weib um die Hüfte. Ganz offensichtlich wollte er sie hochheben, um sie dann in den Palas und hinauf in die Kemenate zu tragen, wo die gemeinsame Hochzeitsnacht in Szene gesetzt werden sollte. Doch Grainne verwies es ihm, indem sie sagte: »Der Brauch, den zu erfüllen du offenbar im Sinn hast, mag für andere Weiber in Upper Owle Malley durchaus taugen und sie heiß auf weitere Umschlingungen machen, doch in meinem Fall fände ich ihn unwürdig, denn ebenso wie du mich, könnte sicherlich auch ich dich fünf Stockwerke oder noch mehr hochschleppen. Ja, ich wette sogar, daß dir dabei eher die Lungen pfeifen würden als mir, und deswegen wollen wir es auch lieber lassen, und ich will ganz aus freien Stücken vor dir her zu unserem Brautbett schreiten.«

Dies tat Grainne O'Malley denn auch, und Donnell O'Flaherty wagte kein einziges Widerwort dagegen zu tun, auch wenn ihm dies einigen Spott seitens der umstehenden Recken eintrug. Und so verschwand das Brautpaar denn im Palas von Carrigahowly, während drüben auf dem Festland noch immer die Feuersbrunst loderte und große Panik unter den Engländern herrschte. Jedoch war dies für uns, die wir nun die Hochzeitsnacht der Grainne O'Malley feiern sollten, von zweitrangigem Interesse, und wir würdigten die Briten deswegen keines Blickes mehr, sondern verfügten uns, nachdem wir einige wenige Wachen auf den Wällen zurückgelassen hatten, in die unteren Räume des Schlosses von Carrigahowly, um dort die Brautnacht so zu begehen, wie dies seit den alten Zeiten in Irland der Brauch ist.

Wir öffneten also zahlreiche Poteen-Kruken, aber auch solche mit westindischem Rum oder schottischem Whisky sowie viele versiegelte Flaschen mit spanischem Wein, um daraus auf den Fortbestand des Geschlechts von Cu-Chulainn und der Königin Maeve zu trinken. Zwischendurch brachten wir zahlreiche Kernsprüche gegen das minderwertige Gezücht der Engländer aus und erinnerten uns gegenseitig daran, wie wir während all der vergangenen glorreichen Jahrhunderte deren blutige Ohren gesammelt hatten. Auf diese Weise feierten wir sehr fröhlich mehrere Stunden, und der eine oder andere unserer Recken lag zuletzt nicht mehr ganz nüchtern unter dem Tisch, als aus den oberen Regionen von Carrigahowly plötzlich ein fürchterliches Krachen ertönte, das uns jäh aus unserer unschuldigen Euphorie riß.

»Es muß eine feindliche Kanonenkugel im Palas eingeschlagen haben!« brüllte Davitt-mit-der-Nase. »Verflucht, daß diese Engländer noch nicht einmal Ehrfurcht vor der Tatsache zeigen können, daß in dieser Nacht ein Nachfahr Cu-Chulainns auf Carrigahowly gezeugt wird!«

»Es werden wohl eher irische Hilfstruppen meiner ehemaligen Landsleute gewesen sein, die den schändlichen Schuß abfeuerten«, meldete sich sofort John Faughart zu Wort. »Denn ich habe von den Wällen aus gesehen, daß sich solch vaterlandslose Gesellen bei der feindlichen Heeresmacht aufhalten, weil man sie entweder durch üble Tricks dazu gezwungen oder sie ganz einfach mit Whisky geködert hat, und diese Charakterlosen wissen leider nicht viel von den bekannten englischen Kriegsbräuchen, die vor allen Dingen besagen, daß man mit Kanonen nicht auf Spatzen und noch weniger auf ein taufrisches Ehepaar schießt.«

Mehrere unserer Recken warfen daraufhin argwöhnische und beleidigte Blicke auf John Faughart, doch zu Schlimmerem, wie etwa einem Dolchkampf oder einem Pistolenduell, kam es nicht, denn ich selbst rief schleunigst: »Was streitet ihr da um Grainnes Bärtchen?! Wichtig ist doch allein, daß eine feindliche Kugel in ihr Brautlager gefahren zu sein scheint, und deswegen, bei der zwölfpfündigen Madonna und ihrem vierzehnpfündigen Sohn, sollten wir schleunigst nachsehen, ob nicht etwa gar wichtige Körperteile unserer Herrin oder ihres Beschälers verletzt wurden!«

Meine Rede brachte im Nu sämtliche Recken von Carrigahowly auf die Beine, selbst diejenigen, die bereits unter den Tischen gelegen hatten, und daraufhin rannten wir allesamt nach oben, um den Schaden im Hochzeitsgemach der Grainne O'Malley zu inspizieren.

Nachdem wir die Eichentür zur Kemenate mit Hilfe unserer Breitäxte und einiger Pistolenschüsse aufgebrochen hatten, bot sich uns ein schreckliches Bild. Denn die mörderische Kanonenkugel, deren krachenden Einschlag wir zuvor vernommen hatten, hatte ganz augenscheinlich ihr Ziel dermaßen gut getroffen, daß von dem Brautbett Grainnes und Donnells nur noch ein wüster Haufen zersplitterten Fichtenholzes übriggeblieben war. Von dem Hochzeitspaar selbst erblickten wir zunächst gar nichts, so daß Uail O'Malley totenbleich und

dennoch mit einem irgendwie seltsamen Grinsen in den Mundwinkeln äußerte: »Jetzt ist sie also, wie ich es ihr immer wieder prophezeit habe, samt ihrem Gatten sang- und klanglos in die Hölle gefahren! Samhain sei ihrer verworfenen Seele gnädig – und da ja nunmehr ich endlich Herr auf Carrigahowly geworden bin, sollten wir uns vielleicht eines Besseren besinnen und in Friedensverhandlungen mit den Engländern eintreten, denn die Ursache des Krieges ist gottlob aus der Welt geräumt ...«
Uails hochverräterische Ausführungen, die glücklicherweise sowieso bloß ich vernommen hatte, weil er unmittelbar neben mir stand und in Ehrfurcht vor der vermeintlich verblichenen Grainne auch nur sehr leise zu sprechen gewagt hatte, wurden jedoch jetzt durch ein Krachen und Splittern von der Bettstatt her unterbrochen – und dann fuhren aus der Verwüstung heraus eine rote Haarmähne sowie ein prachtvoller nackter Oberkörper, und wir alle erkannten schaudernd, daß Grainne O'Malley im Begriff stand, wieder von den Toten aufzuerstehen. Dieses Wunder, das sich vor unser aller Augen offenbarte, ließ nun wiederum mich und alle meine Mitstreiter in eine Art von Leichenstarre verfallen, doch Grainne erlöste uns schnell aus dieser, indem sie sich nun in völliger Nacktheit zur Gänze über die Trümmerlandschaft ihres Hochzeitsbettes erhob, anschließend auch einen arg blutig gestriemten Donnell O'Flaherty zu sich hochzerrte und sprach: »Ich muß mich bei dir, Donnell O'Flaherty, und auch bei allen anderen Insassen von Carrigahowly entschuldigen, denn es war ganz offensichtlich ein großer Fehler, mein solides Eichenbett abschlagen zu lassen und mich zusammen mit meinem Bräutigam in jene lächerliche Fichtenholzkiste zu wagen, die hier am Boden liegt, als wäre ein Kanonenschuß in sie gefahren.«

»Dann hat dich also möglicherweise gar nicht der Teufel geholt?« erkundigte sich Uail O'Malley mit ersterbender Stimme.
»Und auch die Engländer haben dir nicht in dein Brautlager kartätscht?« fragte Davitt-mit-der-Nase.
»Weder das eine noch das andere«, ließ sich daraufhin Donnell O'Flaherty ein wenig beschämt vernehmen, »denn Tatsache ist, daß ich lediglich einen Sohn zu zeugen versucht habe – dies jedoch vielleicht ein klein wenig zu kräftig.« Nachdem er dies geäußert hatte, überwand er augenscheinlich seine Scham und blickte sich stolz und herausfordernd in der Runde der Recken von Carrigahowly um.
Doch Grainne fuhr ihm auf der Stelle in die Parade, indem sie rief: »Hier sprach wieder einmal die typische Überheblichkeit des männlichen Geschlechts aus dir, denn nicht allein du hast gezeugt, ehe unsere Bettstatt zusammenkrachte, sondern auch ich tat mein Teil dazu – und dies höchstwahrscheinlich viel kräftiger als du, denn ich erinnere mich genau daran, daß du im entscheidenden Augenblick unter mir lagst und ich sozusagen ganz allein den Verlauf jener Zeugung bestimmte, während du nur noch wie ein schwaches Weib zu winseln und zu keuchen vermochtest.«
»Daraus läßt sich ersehen, wohin es führt, wenn die Weiber stets und immerzu das Sagen haben müssen«, wehrte sich Donnell O'Flaherty. »Denn du wirst nicht leugnen können, daß dann logischerweise das Brautlager vornehmlich durch deine Herrschsucht zum Einsturz gebracht worden ist.«
»Dies streite ich ja gar nicht ab, sondern betrachte es vielmehr als eine Tat, wie sie die meisten anderen Frauen in Irland nicht hätten vollbringen können«, entgegnete Grainne und begann nunmehr zu lachen, »und fast glaube ich, daß auch eine

Unterlage aus Eichenholz meiner Kraft nicht hätte widerstehen können.«
»Es wäre dir, mit meiner Mithilfe, durchaus zuzutrauen, auch derartige Balken zum Bersten zu bringen«, gab Donnell grinsend zu, »doch falls wir es ausprobieren wollen, solltest du vielleicht zuvor all jene Getreuen aus unserem Brautgemach weisen, denn sie starren schon die ganze Zeit alles andere als untertänig auf deine Brüste und deine sonstigen unbedeckten Schönheiten und machen dabei Glotzaugen, daß man befürchten muß, selbige könnten ihnen jeden Moment aus den Köpfen springen.«
Zum ersten Mal im Verlauf seiner Ehe erntete Donnell O'Flaherty keine Widerworte von Grainne, sondern sie errötete und raffte hastig einen Mantel über sich, um sich ihren Untertanen nicht länger so unfürstlich in ihrer fürstlichen Nacktheit zu zeigen. »Warum seid ihr überhaupt in mein Hochzeitsgemach eingedrungen?! Doch bestimmt nicht aus ernstlicher Sorge um mich, die ich stets auf mich selbst zu achten weiß, auch dann noch, wenn vielleicht tatsächlich Kanonenkugeln über mein Kopfkissen pfeifen sollten! Nein, ich glaube vielmehr, allein eure Lüsternheit hat euch hergetrieben, denn es ist in ganz Irland und auch noch bis hinüber nach Amerika bekannt, daß die Erde zu beben pflegt, wenn eine O'Malley ihr Brautlager aufsucht. Von diesem Ereignis wolltet ihr ganz offensichtlich einen geilen Ruch mitbekommen, ihr Halunken. Ich aber dulde keinen in meiner Nähe als höchstens meinen Gatten, sobald ich einmal aus meinen Kleidern gefahren bin. Deswegen hinaus mit euch, ehe hier drinnen noch mehr zusammenkracht als bloß eine fichtene Bettstatt. Sollte euch aber eure Geilheit trotz meiner gutgemeinten Ermahnungen immer noch nicht verlassen haben, dann

verweise ich euch an die Mägde und Marketenderinnen, die es ja sehr zahlreich auf Carrigahowly gibt, und ich habe nichts dagegen, daß der eine oder andere von euch einmal versucht, ob er mit Hilfe eines dieser Weibsstücke ebenfalls ein Bett zum Einsturz zu bringen vermag. Und nun hinaus!«

Ich, Rory O'Gilpatrick, sowie alle anderen Recken von Clare begaben uns also schleunigst wieder nach unten, und als wir wiederum vor unseren Trinkgefäßen saßen, stimmten wir darin überein, daß wir uns ganz unnötig Sorgen um unsere Herrin gemacht hatten, und daß – wenn überhaupt jemand – höchstens der arme Donnell O'Flaherty vorhin, als der vermeintliche Kanonenschuß krachte, in Gefahr gewesen sei. Dies war jedoch seine ureigene Angelegenheit, denn er ganz allein hatte Grainne geehelicht, und deswegen zerbrachen wir uns auch nicht länger die Köpfe über sein Schicksal, sondern feierten nun unbeschwert weiter. Im Verlauf der zweiten Nachthälfte versuchten dann einige von uns tatsächlich, dem Rat Grainnes zu folgen und, zusammen mit einer Küchenmagd oder einer Marketenderin, ebenfalls eine Bettstatt zum Einsturz zu bringen, doch gelang dieses Kunststück keinem einzigen der heldenhaften Recken.

Als dann jedoch der Morgen über den Zinnen von Carrigahowly zu grauen begann, ereignete sich etwas, das viel mehr Schaden innerhalb unserer Schloßmauern anrichtete, als etwa das Zusammenkrachen einiger weiterer Bettgestelle, denn ganz plötzlich begannen unsere Wachen auf den Wehrgängen entsetzt zu brüllen und Alarm zu schlagen. Als ich, Rory O'Gilpatrick, an der Spitze meiner Artilleristen nach oben hastete, schlugen bereits zahlreiche Feuerbälle auf den Dächern und im Schloßhof von Carrigahowly ein, und kaum trafen sie auf die Schindeln oder Pflastersteine und zerplatzten dabei, breiteten sich auch schon höllische Flammenseen aus.

»Verflucht – nun sind es die verdammten Engländer, die unsere eigene gestrige Kriegslist ganz hundsföttisch gegen uns selbst anwenden!« rief Uail O'Malley wütend aus.

»Es ist mir aber nichts davon bekannt, daß Sir Henry Sydney ein Brautbett aus Eichenholz von Galway hertransportiert hätte, aus dem sich ein Katapult hätte zimmern lassen«, wandte Sheamus, der Spion, ein.

Davitt-mit-der-Nase wiederum schnupperte gegen einen der Brandherde hin, dann schrie er: »Es handelt sich bestimmt um eine andere Waffe, als wir sie gestern eingesetzt hatten, denn ich rieche keineswegs giftigen Poteen aus Donegal, sondern bloß gewöhnlichen schottischen Whisky.«

»Das soll dich nicht verdrießen, denn du wirst ihn sowieso nicht saufen können!« ließ sich in diesem Augenblick Donnell O'Flaherty vernehmen, der von der Kemenate her angekrochen kam und seine Blöße lediglich mit einer Decke, seinem Dudelsack sowie seinem Schwertgurt notdürftig bedeckt hatte. Ihm nach rannte, höchst vergnügt, Grainne selbst, und ein an zahlreichen Stellen feuchtschillerndes Bettlaken wehte um ihren Leib. Kaum hatte sie die Bescherung erblickt, als sie selbiges auch schon abnahm und es, nun wiederum so nackt wie wenige Stunden zuvor in ihrer Kemenate, über den nächstgelegenen Brandherd schleuderte, wobei sie sprach: »Vielleicht vermögen die Rückstände meiner eigenen Brunst diese Flammen zu löschen, nachdem Donnell O'Flaherty mich kürzlich in der Tat ganz gewaltig anzufachen gewußt hat!« Und das Wunder geschah, denn das schottische Feuer widerstand dem Hochzeitslaken der Grainne O'Malley nicht, sondern verzischte kläglich unter dem wundersamen Tuch.

Doch war damit die große Gefahr, die Carrigahowly drohte, noch keineswegs gebannt, denn immer noch kamen die Brandgeschosse in hellen Rudeln geflogen, und dies änderte sich auch nicht, als wir nun eifrig dagegen kanonierten, so daß die Kugeln über die Bucht von Clew hin und her rauschten wie Kometen und drohende Himmelszeichen. Bald jedoch brach der Tag an, und kaum lockten die ersten Sonnenstrahlen die Dünste und die Feuchtigkeit aus den Quadern von Carrigahowly hoch, als der Sieg sich dennoch uns, den Mannen der Grainne O'Malley, zuneigte. Denn der Morgendunst brachte alsbald die Feuer, die uns die Engländer ins Nest gesetzt hatten, überall zum Verlöschen, so daß wir unsere Aufmerksamkeit nun wieder ausschließlich auf die Feinde richten konnten und sie noch vor der Frühstückszeit wieder zurück hinter ihre Dünen kartätschten.

»Ich sagte es ja gleich«, frohlockte Davitt-mit-der-Nase, während er zufrieden die brandgeschwärzten, jedoch unzerstörten Mauern von Carrigahowly betrachtete, »daß dieser britische Whisky in den Feuertöpfen von sehr minderer Qualität gewesen ist. Deswegen mußte sein Odem auch sang- und klanglos unserem glorreichen irischen Morgennebel weichen, und wir haben wiederum einen großen Sieg errungen! Laßt uns also auf die neuerliche Niederlage der Engländer trinken, denn der Tag scheint für das Land von Upper Owle Malley gerettet zu sein.«

»Siegesfeiern sind immer gut – aber vielleicht wäre ein Ausfall in dieser gottgesegneten Stunde noch besser!« ließ sich daraufhin der riesige Recke aus Mayo und nunmehrige Priester von Carrigahowly vernehmen, dessen Rauchmantel diesen Namen nun in der Tat verdiente, denn er war vom Kragen bis zum Saum völlig pulvergeschwärzt und eingeschwefelt.

»Möglicherweise können wir die gegenwärtige Verwirrung unserer Feinde ausnützen, mit Hilfe unserer Curraghs aufs Festland übersetzen und ihr Lager im Sturm nehmen. Ich jedenfalls würde zu diesem Zweck gerne den Segen Gottes auf unsere Waffen herabflehen. Außerdem habe ich zwischen den Zelten der Engländer zwei oder drei reformierte Kleriker mit gewaltigen Beffchen gesehen und würde mit diesen verfluchten Ketzern gerne einmal theologisch disputieren.«

»Das bedeutet, daß du ihnen den Schädel einschlagen möchtest, nicht wahr?« erkundigte sich Uail O'Malley und setzte kopfschüttelnd hinzu: »Selbstverständlich befinden wir uns im Krieg und haben deswegen das Recht, unseren Vorteil zu suchen, wo immer uns dies möglich ist. Doch während Kämpfer wie ich dies mit Vernunft und Augenmaß tun und deswegen lediglich die Kanonade von unseren sicheren Bastionen aus fortsetzen wollen, ist es mit euch Geweihten wahrlich ein Kreuz! Kaum seid ihr nämlich gottähnlich geworden, wollt ihr auch schon ohne Sinn und Verstand und wie die leibhaftigen Teufel auf eure Mitbrüder im Herrn los, nur weil diese die Messe vielleicht ein wenig anders quäken als ihr selbst. – Bedenke doch, Mann aus Mayo, daß du vor wenigen Tagen noch ein anständiger Krieger und kein Gesalbter warst, und sei deswegen nicht gar so blutrünstig!«

»Ich bin kein simpler Krieger gewesen, sondern zuletzt Kapitän der *Hexe von Clare*«, verwahrte sich der reckenhafte Streiter Gottes, »und ich habe schon damals viele meiner Widersacher über die Planken getrieben. Doch nun hat der Heilige Geist meinen Grimm noch gewaltiger entfacht, da ich übernatürliche feurige Zungen auf Carrigahowly niederfahren sah. Deswegen muß ich, bei den siebenundsiebzig Wundmalen Christi, darauf bestehen, daß wir auf der Stelle das

Lager der Engländer stürmen! Diejenigen unter diesen Heiden, die wir nicht auf der Stelle zur Hölle schicken, müssen gefangengenommen und einem Inquisitionsgericht vorgeführt werden, auf daß wir sie aufgrund göttlicher Gerechtigkeit zum Scheiterhaufen verurteilen können. Nachdem wir dann auf diese Weise den Willen des Herrn erfüllt haben, werde ich zum Kreuzzug gegen England selbst aufrufen, damit es dieser belialischen Insel und den Ketzern darauf ergeht wie jenen spanischen und britischen Galeonen, die ich vor Hispaniola auf den Meeresgrund gesandt habe, denn wahrlich, ich sage euch, es darf dieses verfluchte England überhaupt nicht mehr geben, sobald ich mit ihm fertig bin!«

Der riesenhafte Pfaffe hätte wahrscheinlich noch weitere Ungeheuerlichkeiten von sich gegeben, wenn nicht Davitt-mit-der-Nase so klug gewesen wäre, ihm den Hals seiner poteengefüllten Leibflasche an den klerikalen Spund zu pressen, worauf der Priester endlich verstummte und, ganz nach der Weise seines Berufsstandes, einen gewaltigen Morgentrunk nahm, denn es war jetzt gerade die Zeit seiner vorgeschriebenen Frühmesse.

Während er also ausdauernd nuckelte, fanden seine Genossen Gelegenheit, sich vernünftig zu beraten, und John Faughart meinte: »Zwar kam der Vorschlag zum Sturm auf das feindliche Lager von einem, der während der letzten Tage ganz offensichtlich verrückt geworden ist, doch halte ich den Plan auch nicht für so dumm, daß man nicht darüber reden könnte. Immerhin könnte, sollte uns der Angriff gelingen, der Krieg auf einen Schlag beendet werden – und wir müßten unsere Gefangenen dann auch keineswegs verbrennen, so wie der Priester es in seinem Wahn vorgeschlagen hat, sondern wir könnten sie möglicherweise gegen gutes Silber oder gar Gold wiederum an die Königin von England verkaufen. Ganz bestimmt würde der Gouverneur von Galway ein schönes Trinkgeld einbringen, denn Elisabeth hält viel von seinen Raffzähnen, wie man immer wieder gehört hat.«

»Ich halte einen Sturm ohne ausreichende Artillerievorbereitung für sehr gefährlich«, erwiderte ich, Rory O'Gilpatrick. »Wir müßten sie mindestens noch einen Tag weichklopfen, ehe wir eine Chance haben könnten.«

»Vielleicht könnten wir sie mit Hilfe unserer Galeonen zusätzlich an der Flanke packen?« gab Uail O'Malley zu bedenken, doch ich redete ihm diesen Plan schnell aus, indem ich erklärte: »Die Feuerkraft unserer Schiffe wäre derzeit sehr gering, denn als wir nach unserem karibischen Abenteuer wieder in den Hafen von Clare einliefen, habe ich sämtliche Zwölf- und Vierzehnpfünder auf die Wälle von Carrigahowly schaffen lassen, um dieses Schloß in guten Verteidigungszustand zu versetzen. Dies geschah, wie sich jetzt herausgestellt hat, in sehr kluger Voraussicht, doch die Galeonen sind deswegen momentan leider gar nichts wert.«

»Bis auf diejenige, mit der ich kürzlich noch Getränke für das Hochzeitsfest requirierte«, warf Davitt-mit-der-Nase ein, setzte dann aber traurig hinzu: »Leider haben wir auf der Rückreise aber schon ein wenig gefeiert, und irgendein volltrunkenes Mitglied meiner Mannschaft hat bei dieser Gelegenheit nur so aus Spaß die Zündlöcher der Geschütze vernagelt. Ich habe ihn deswegen aus der Flotte verstoßen, doch dann im folgenden Trubel vergessen, die Kanonen wieder brauchbar zu machen. Der Priester strafe mich – aber dies ist die traurige Wahrheit ...«

»Man sollte dir die Nase dafür abhäuten!« schrie ihn John Faughart an.

»Jammern wir nicht über Dinge, die ohnehin nicht mehr zu ändern sind«, sagte ich, auch wenn mir die Seele beim Gedanken an die vernagelten Geschütze schmerzte. »Und da wir mit unseren strategischen Planungen offensichtlich nicht recht weiterkommen, sollten wir vielleicht Grainne konsultieren und sie fragen, ob wir nun weiterhin kanonieren oder vielleicht doch einen Ausfall riskieren sollen.«

»Sie ist leider sofort verschwunden, nachdem die Feuersbrünste verloschen waren«, erklärte Uail, ihr Bruder. »Und dasselbe muß man von Donnell O'Flaherty sagen, so daß ich vermute, daß die beiden bereits wieder zeugen. Dies ist, im Hinblick auf den Fortbestand des Hauses von Upper Owle Malley auch sehr verdienstlich, doch wir selbst werden deswegen ohne Grainnes Rat auskommen müssen, was ich zum ersten Mal in meinem Leben bedauere. – Ich schlage also vor, daß wir vorerst nichts Unüberlegtes unternehmen und lediglich weiterhin kräftig zum Festland hinüber raunzen. Einverstanden, Rory O'Gilpatrick?«

»Es soll mir ein Vergnügen sein, auch wenn meine Batterien durch die Narretei dieses Nasenbären da etwas geschwächt sind«, erwiderte ich und heizte daraufhin meinen Kanonieren kräftig ein, bis drüben auf dem Festland der Sand und die Engländer gewaltig zum Himmel flogen. Und weiter ist von diesem und auch den folgenden Tagen nichts zu berichten, außer, daß die Engländer meine Voll- und Kartätschenkugeln selbstverständlich nicht so ohne weiteres auf sich sitzen ließen und deswegen immer wieder kräftig antworteten.

Auf diese Weise zog sich die Schlacht um Carrigahowly eine volle Woche lang hin, und die Last der Auseinandersetzung lag dabei vor allem auf meinen Schultern, denn Grainne O'Malley und ihr Ehegatte verließen das Hochzeitsgemach nur dann, wenn dies unumgänglich war, weil etwa Mauern einzustürzen drohten. Außerdem wurden Grainne und ihr Ehegatte noch zweimal von ihrem Hochzeitslager gebombt, auch wenn sich dieses seit dem Zusammenkrachen des Fichtenbettes nun ständig auf dem Estrich befand, doch richteten die Geschosse, die in die Kemenate schlugen, zumindest an dem Paar selbst keinen ernsthaften Schaden an – und als wir zuletzt alles auf eine Karte setzten und die Engländer aus allen Rohren und mit unserem eichenstarken Katapult dazu dermaßen eindeckten, daß sie schließlich mit stark reduzierter Mannschaft die Flucht ergreifen mußten, standen auch Grainne O'Malley und ihr Gatte wieder auf den Wällen und bejubelten zusammen mit allen ihren Recken den glorreichen Sieg, den wir nach einer Woche voller Pulverqualm und Schwefeldampf doch noch errungen hatten, wenn auch nicht ohne beträchtliche eigene Opfer.

Besonders ich selbst hatte mich während der letzten zwei oder drei Tage stets mitten im schärfsten Feuer aufgehalten, und deswegen ließ mich Grainne O'Malley denn auch, kaum daß die Geschütze schwiegen, vor allen anderen Recken zu sich laden. Vier meiner tapfersten Artilleristen trugen mich auf einer Bahre vor Grainne und Donnell O'Flaherty, und nachdem die Herrin von Upper Owle Malley mich lange gemustert hatte, sprach sie: »Ich sehe, Rory O'Gilpatrick, daß du dich kühner geschlagen hast als alle anderen, denn die gottverdammten Engländer haben dir nicht nur eines deiner Augen aus dem Schädel geschossen, sondern dir zudem noch eines deiner Beine direkt am Knie abkanoniert, wodurch du dir für alle Zeiten einen Platz in meinem Herzen erobert hast. Du hast also wahrlich große Opfer für mein Geschlecht gebracht, indem man dich nach dieser Schlacht wohl bloß noch als

Stückwerk bezeichnen kann. Doch erfüllt es dich vielleicht mit Stolz, daß du durch deine Kühnheit ganz maßgeblich dazu beigetragen hast, daß das Geschlecht von Upper Owle Malley nicht untergehen wird, denn während du mein Hochzeitslager schütztest, haben Donnell und ich mit Sicherheit einen Erben für Carrigahowly gezeugt, und dies allein zählte für mich, nachdem ich mich einmal dazu überwunden hatte, mich ins Ehebett zu legen.

Ich schwöre dir auch, daß der Sohn, den ich in neun Monaten zur Welt bringen werde, dir später einmal danken wird, was du für sein Zustandekommen auf den Wällen von Carrigahowly geleistet hast, denn du sollst, sobald er erwachsen ist, zu seinen engsten Vertrauten und Freunden zählen. Damit du aber erkennst, wie hoch ich selbst deine Treue schätze, befehle ich hiermit, daß der Priester dieses Schlosses dein Bein in der Gruft von Carrigahowly beisetzen soll – und zwar direkt neben der Mumie meines eingeschwärzten Vaters. Und es soll der Pfaffe sieben Tage, ebensolange wie die Schlacht dauerte, über dieser Beinreliquie, die für den unnachahmlichen Geist der Helden von Clew steht, psalmodieren.

Für dich selbst jedoch, Rory O'Gilpatrick, du Treuester der Treuen, wird sich gewiß ein feines Stück Holz finden, aus dem man dir eine schöne Stelze anfertigen kann.«

Trotz meines fürchterlichen Wundfiebers war ich von den seelenvollen Worten Grainnes sehr gerührt und fühlte mich ihr so stark verbunden wie noch niemals zuvor in meinem Leben. Deswegen wagte ich, zwischen zwei Anfällen von Schüttelkrampf, folgende Bitte an sie zu richten: »Gewähre mir die Gnade, verehrte Grainne, daß ich mir meine Stelze aus dem Eichenholz deines ursprünglichen Brautlagers und späteren Katapults anfertigen darf. Denn auf dermaßen be-

deutungsvollem Stab werde ich gewiß noch besser laufen können als mit meinem verlorenen Bein, das nunmehr und in alle Zukunft als Reliquie dienen wird.«
»Dein Wunsch kann leicht erfüllt werden, denn ich benötige jetzt weder das Brautbett noch das Katapult mehr«, erwiderte Grainne gönnerhaft.
So kam es, daß ich nach meiner Genesung, die sich allerdings über sehr lange Zeit hinzog, einäugig auf der berühmtesten Stelze Irlands zu stolzieren lernte – und es ist genau dieselbe, die ihr heute noch an mir seht, auch wenn sie sich im Lauf der Jahre vielleicht ein wenig abgeschliffen hat.
Laßt uns also unsere Pokale noch einmal füllen und daraus auf dieses Möbel, meine Augenklappe und meine Tapferkeit trinken, denn zumindest ohne letztere wäre es heute wahrscheinlich nicht möglich, daß ein leibhaftiger Sohn der Grainne O'Malley an unserer Tafelrunde sitzt.

Mit diesen Worten schloß der kühne Artillerist Rory O'Gilpatrick seinen Bericht von der Brautzeit der Grainne O'Malley, dem grausamen Schicksal der Roten Stute sowie der vergeblichen Belagerung von Carrigahowly ab und leerte dann zusammen mit seinen Freunden die drei Poteen-Kruken, die zu Beginn seiner ausufernden Geschichte noch gefüllt gewesen waren, bis auf den letzten Tropfen. Danach blickte er sich mit seinem einen Auge stolz in der Tafelrunde um und tätschelte dabei seine Stelze wie den Hals eines edlen Rennpferdes.
Padraic O'Flaherty schaute ein Weilchen nachdenklich und voller Ehrfurcht auf den an vielen Stellen derb eingekerbten und abgewetzten Eichenstempen, dann äußerte er: »Man möchte es wirklich kaum glauben, mein Freund, daß ich möglicherweise auf nichts anderem als deinem Holzbein gezeugt

wurde. Bislang war mir dies jedenfalls völlig unbekannt, denn meine Mutter hat nie etwas davon verlauten lassen.«
»Ich glaube nicht, daß du dich deiner Menschwerdung in besagtem Eichenbett rühmen kannst«, warf Uail O'Malley ein, »denn ehe jenes allererste Hochzeitsbett Grainnes tatsächlich in Gebrauch genommen werden konnte, war es ja bereits zum Katapult geworden, wie der Bericht Rory O'Gilpatricks ganz unzweifelhaft bewiesen hat. – Allerdings ist es denkbar, daß meine schamlose Schwester ihren späteren Gatten bereits vor der Einsegnung einmal auf die genannten Bohlen gezerrt hat, so daß du vielleicht wirklich auf eichener Unterlage entstanden sein magst und nicht auf schnödem Fichtenholz oder gar auf nacktem Estrich. Man müßte allerdings dann auch sagen, daß du – da bei deiner Zeugung auf Eichenholz der göttliche Segen gefehlt hätte – zumindest als halber Bastard auf die Welt gekommen wärst.«
Die Enden von Padraics feuerfarbenem Spitzbart sträubten sich daraufhin drohend aus seinem spanischen Kragen heraus, doch ehe Schlimmeres geschehen konnte, meldete sich Sir Henry Sydney zu Wort und äußerte: »Wir wollen uns wegen solcher Haarspaltereien lieber nicht entzweien, denn in der Tat steht nur eines fest: Daß unser verehrter Padraic damals so oder so entstanden ist, und daß Grainne zu dieser Tat mehr Anläufe als nur einen benötigte. Damit will ich jedoch keinesfalls behaupten, sie wäre etwa kein Vollblutweib gewesen, sondern vielmehr waren die Umstände irgendwie gegen sie gerichtet, und ich gebe zu, daß ich selbst daran nicht ganz unschuldig war, denn immerhin kommandierte ich damals ja jene englischen Truppen, die Carrigahowly um ein Haar eingenommen und dem Erdboden gleichgemacht hätten.«
Als sich nun von allen Seiten wütende Blicke auf ihn richte-

ten, setzte er schnell hinzu: »Ich brauche wohl nicht extra zu betonen, daß sich die Zeiten seit damals gründlich geändert haben, denn wir alle sind älter, abgeklärter und weiser geworden. Deswegen würde ich heute auch bestimmt nicht mehr wagen, was mir damals in meinem jugendlichen Übermut in den Sinn gekommen ist: nämlich uneingeladen zur Hochzeit einer irischen Fürstin zu erscheinen.

Und wenn ich auch nicht davon abgehen kann, daß ich in jenen Tagen zumindest eine kleine Siegeschance gehabt hätte, wenn Grainne O'Malley ihr eichenes Hochzeitsbett fairerweise bloß für seinen angestammten Zweck und nicht als Katapult benutzt hätte, so gebe ich doch zu, daß sie uns ganz fürchterlich einheizte, denn es ist in die Annalen der britischen Militärgeschichte eingegangen, daß ich mit tausend Mann von Galway nach Carrigahowly zog, aber mit nur dreihundert zurückkehrte, und auch von diesen desertierte später noch einmal die Hälfte, weil meine überlebenden Soldaten an der Schlagkraft ihrer eigenen Armee ganz und gar verzweifelt waren.«

Sir Henry Sydney drehte bedauernd seinen leeren Pokal und schloß: »Der langen Rede kurzer Sinn: Selbst der Zorn der Königin von England konnte damals nicht verhindern, daß Grainne O'Malley einen Sohn zeugte, wenn auch vielleicht erst im dritten oder vierten Anlauf, doch hatte Elisabeth von ihrem Größenwahn letztlich weniger Schaden als ich, der ich so irrsinnig war, gegen eine wie Grainne in den Krieg zu ziehen. Und ich kann nur von Glück sagen, daß die Herrin von Upper Owle Malley und ich später Verbündete wurden, denn sonst säße ich heute vermutlich nicht hier, sondern hätte früher oder später das gleiche traurige Schicksal erlitten wie jene siebenhundert Streiter meines Heeres, deren Gebeine nun schon seit einem Vierteljahrhundert drüben am Strand von Clew modern.«

»Man muß deine Einsicht loben, und solche Abgeklärtheit steht gerade einem englischen Gouverneur von Galway sehr gut an«, sagte Padraic O'Flaherty versöhnt. »Wir alle haben deine Rede gerne und mit Genugtuung angehört, doch vermisse ich einen, dem sie gewiß ebenfalls Freude bereitet hätte. – Wo ist denn auf einmal Davitt-mit-der-Nase geblieben? Er wird doch nach den paar Schlückchen Poteen dieses Morgens nicht schon wieder unter dem Tisch liegen!«

»Keineswegs, sondern er ist vielmehr gegangen, um neue Getränke zu besorgen«, erwiderte Mac William Eughter. »Er hielt es nämlich vor seinem leeren Pokal nicht mehr aus – und ich selbst kann ihn da sehr gut verstehen.«

Wie auf ein Stichwort erschien in diesem Augenblick Davitt wieder im Söller von Carrigahowly und ächzte unter einer Korblast neuer Poteen-Kruken, während ihm zwei Küchenmägde je eine Schwinge mit spanischem Wein nachtrugen.

»Du hättest alle vier Mamsellen von Carrigahowly als Lasteselinnen anstellen sollen!« tadelte ihn Uail O'Malley. »Denn unsere Vorräte sind wirklich übel zur Neige gegangen.« Mit diesen Worten füllte er hastig seinen Pokal auf.

»Ich fand leider nur diese beiden Weiber vor«, entgegnete Davitt schwer atmend. »Weiß der Teufel, wo die anderen stecken. Vielleicht sind sie vor dem Kaplan geflüchtet, der in seinem Verlies ärger schrillt, singt und tobt denn je.«

»Dann werden wir uns mit dem zufriedengeben müssen, was wir haben – jedenfalls vorerst«, sagte Rory O'Gilpatrick und versorgte sich ebenfalls mit einer frischen Ladung Poteen. »Immerhin dürfte das da für meinen Leichenspruch erst einmal ausreichen.«

Dem stimmte die Tafelrunde einmütig zu, und als die Mägde mit ihren leeren Korbschwingen wieder verschwunden waren, stieß Rory O'Gilpatrick der Reihe nach mit allen seinen Genossen an. Dann sprach er: »Die Verstorbene in unserer Mitte, die im Verlauf der letzten Stunde irgendwie schwefelsüß zu riechen begonnen hat, besaß nicht nur ein Herz für ihren Gatten und ihre Untertanen im Lande Upper Owle Malley, sondern stets auch ein solches für die Artillerie. Weil Grainne aber die Zwölf- und Vierzehnpfünder dermaßen schätzte, habe ich sie stets angebetet, auch wenn mir solche Frömmigkeit ein Auge und ein Bein kostete. Und in übergroßer Dankbarkeit will ich dir, Grainne O'Malley, nun auch ein entsprechendes Angebinde mit auf deine Reise ins Jenseits geben!«

Nach diesen Worten erhob sich Rory O'Gilpatrick, und in dem ihm verbliebenen Auge schimmerte es ganz verräterisch. Dann lüftete er das Hosenbein über dem oberen Ende seiner Stelze ein wenig an und rollte von seinem Eichenstempen eine dicke schwarze Schnur ab, die kaum weniger scharf roch als die Verblichene selbst.

»Mit dieser Kanonenlunte«, sprach er, »wurde mir damals nach meiner Verwundung in bester artilleristischer Manier mein Beinstumpf abgebunden, und ich habe sie an mir getragen, bis die Narbe verheilt war, und sie auch später niemals von meiner Stelze getan, denn sie stellte für mich ein heiliges Andenken dar. Doch nunmehr soll sie einen besseren Platz bekommen.«

Damit beugte sich Rory O'Gilpatrick über die Leiche und wand ihr das pulverschwarze Band um den Schädel. Ehrfürchtig betrachtete er sein Werk ein Weilchen, dann sagte er, wie im Gebet: »Falls es im Jenseits Kanonen, aber keine zugehörigen Lunten gibt, kühne Grainne, bist du nunmehr versorgt und kannst deine Rohre ganz nach Belieben gegen die Götter oder auch den Teufel losbrennen. Mögest du sie also zusammenkartätschen wie damals die Engländer vor Carrigahowly und dabei vielleicht auch einmal an deinen treuen Geschützmeister denken!«

Nach einer Schweigeminute klangen erneut die Becher an der Tafelrunde zusammen, und dann sprach Uail O'Malley: »Nun ist sie also dank deiner Fürsorglichkeit auch noch geschwefelt, Rory O'Gilpatrick, und ich finde, daß ihr die Lunte um den Schädel nicht schlecht steht. Denn sie war in der Tat eine, die selbst in ihrer Hochzeitsnacht auf dem Pulverfaß zu reiten pflegte, und deswegen ist ihr dieses nützliche Zubehör jetzt auch zu gönnen.« Während seiner letzten Worte schlich sich ein schalkhafter Ausdruck in seine grünen Augen, und beinahe flüsternd setzte er hinzu: »Vielleicht sollten wir, nur so zum Spaß, einmal kurz Feuer an sie legen – bloß um zu sehen, wie sie zischt ...«

Doch Rory O'Gilpatrick erhob sofort Einspruch gegen diesen frivolen Plan.

»Es wäre wohl auch vermessen, dem Teufel vorgreifen zu wollen«, meinte nun auch Mac William Eughter. »Lassen wir sie also vorerst noch in Frieden in der Tafelmitte ruhen – und sollte sie etwa von den Toten auferstehen wollen, dann können wir ja immer noch Feuer an ihre Lunte legen und sie, zu unserer eigenen Sicherheit, in die Luft sprengen.«

Dies akzeptierten die Gefährten des Normannen, wenn auch manche nur unter bedenklichem Kopfschütteln, und so blieb Grainne O'Malley zuletzt verschont, und die Tafelrunde widmete sich friedlich wieder ihren Getränken, während draußen über der Bucht von Clew die Morgensonne strahlte.

Nachdem auf diese Weise eine oder zwei Stunden in ruhigem Gespräch vergangen waren, bekamen die Recken von Carrigahowly Hunger, und die in der Küche verbliebenen beiden Mägde mußten ihnen erneut einen fetten Hammel auftischen, wobei auch die Fensterläden des Söllers wiederum zu ihrem Recht kamen. So stärkte sich die Tafelrunde ausgiebig für einen weiteren Tag der Leichenwache und ließ sich dabei von dem bedrohlichen pulverschwarzen Band um den Schädel Grainnes keinesfalls stören.

V

Das muselmanische Band

Mit dem Ablaufen der Vormittagsflut trieben die Curraghs der Fischer von Clew auf die offene See hinaus, und als sie den Turm von Carrigahowly passierten, verfinsterte sich über den Köpfen der Insassen der Himmel mit Hammelknochen. – Davitt-mit-der-Nase hatte es diesmal übernommen, den ehrwürdigen Söller von den Überresten des gemeinsamen Frühstücks zu befreien.

Die übrigen Recken rückten auf der abgeräumten Tafel sorglich den Leichnam Grainnes zurecht, und nachdem auf diese Weise die Dinge im Trauersaal wieder ihre natürliche Ordnung gefunden hatten, äußerte Padraic, wobei er seinen fuchsroten Spitzbart unternehmungslustig aus dem spanischen Kragen reckte: »Wie wir aus der Geschichte Rorys gelernt haben, bin ich also ganz unzweifelhaft gezeugt worden, doch dies allein will mir irgendwie als Stückwerk erscheinen, denn von meiner Geburt, die ja mindestens ebenso wichtig gewesen ist, hat unser artilleristischer Freund leider überhaupt nichts verlauten lassen. Deswegen schlage ich vor, daß ich nun auch in die Welt gesetzt werde, denn ich möchte nur ungern bis zum Abschluß unserer Leichenfeier als ein zwar Gezeugter, aber nicht Geborener sozusagen zwischen allen Stühlen hängen.«

»Dies stünde einem Sproß Grainnes auch schlecht an«, gab Uail zu, »auch wenn es vielleicht besser gewesen wäre, ein solches Schicksal, wie du es soeben beschrieben hast, wäre ihr selbst zwischen Zeugung und Geburt beschieden gewesen. Hätte sie nämlich genügend Nächstenliebe besessen, um niemals einen Fuß auf diese Erde zu setzen, wäre dieser viel Leid erspart geblieben. Doch die Götter wollten es anders, und deswegen entstandest auch du, Padraic O'Flaherty. Wenn du also etwas dazu zu sagen hast, so lege deiner Redekunst keinerlei Zügel an.«

»Solltest du jedoch Bedenken haben, einer Sache Ausdruck zu geben, die du natürlicherweise nur schemenhaft in Erinnerung haben kannst, Bruder«, sagte Toby O'Malley, »dann wird Davitt dir sicherlich Schützenhilfe geben können, denn er entkorkt gerade den Hals einer frischen Kruke, von der ich vermute, daß er sie dir zur Förderung deiner Phantasie zugedacht hat.«

»Dies ist in der Tat so«, brabbelte Davitt-mit-der-Nase, »denn Padraics Geist muß jetzt sehr nachdrücklich angeregt werden, damit er das Kunststück fertigbringt, von seiner eigenen Geburt zu berichten. Solches ist wirklich noch keinem Sterblichen vor ihm gelungen.« Er reichte Padraic die Kruke und setzte hinzu: »Aber mit dieser Hilfe kannst du es sicher schaffen, und wir anderen werden dir begeistert zuhören.«

»Euch mit einem guten Trunk zu versehen, wird mir ganz bestimmt leichter fallen als das, was sonst noch von mir verlangt wird«, erwiderte Padraic O'Flaherty und goß seinen und die acht anderen Pokale, die ihm entgegengestreckt wurden, bis zum Rand voll. Dann tat er einen kräftigen Schluck, lehnte sich in seinem Scherenstuhl zu Häupten der Grainne O'Malley zurück und bedachte sich noch ein Weilchen, während seine Gefährten gespannt dessen harrten, was da kommen sollte, nämlich

Die Geschichte von der Geburt des Padraic O'Flaherty

Besser als ich könnte von jenen Ereignissen sicher der kühne Donnell O'Flaherty, mein Vater und Erzeuger, berichten, doch weilt dieser leider nicht mehr unter uns, denn es war ihm nur ein kurzes Leben an der Seite Grainnes vergönnt. Deswegen will ich nun selbst, so gut ich eben kann, all das in meinem Gedächtnis zusammenkratzen, was sich damals im Mittelmeer zutrug und was mir mein Vater und andere Rekken später, als ich für solche Dinge bereits verständig genug geworden war, erzählten. Da ich jedoch aus begreiflichen Gründen nicht direkt Augenzeuge meiner eigenen Geburt gewesen bin, wird mein Sermon sicherlich viel kürzer ausfallen als der ausufernde unseres Freundes Rory O'Gilpatrick, der zur Ehre meiner Eltern geraunzt hat wie das Batteriedeck einer großen Galeone. Ich will jedoch mein Bestes geben und dort beginnen, wo Rory endete, nämlich mit der Niederlage der Truppen unseres verehrten Genossen Sir Henry Sydney vor Carrigahowly, wobei ich betonen möchte, daß der Untergang dieser englischen Armee für dieselbe keineswegs als ehrenrührig bezeichnet werden kann, denn über meine Erzeuger wäre ein Sieg auch in hundert Jahren nicht möglich gewesen.

Dies zu dem – und niemand braucht deswegen ein langes Gesicht zu machen oder seine Zähne zu blecken, um so mehr, als Grainne O'Malley nach ihrem Sieg selbst sehr nachdenklich wurde und, nachdem die schlimmsten Schäden an ihrem Schloß repariert waren, zu der Einsicht kam, daß sie sich besser andere Gegner suchen sollte als ausgerechnet die Engländer.

Und nachdem Grainne sicher sein konnte, daß der Fortbestand ihres Geschlechts nunmehr gewährleistet sei, kam sie in einer stillen Stunde mit ihrem tapferen Gemahl überein, die Taufgeschenke für mich, ihren in etwa sieben Monaten zu erwartenden Sohn, weder von den Engländern noch von den Spaniern zu besorgen, sondern mich viel besser auszustatten, als es diesen jemals möglich gewesen wäre – nämlich mit orientalischer Pracht. Mit zu diesem Entschluß beigetragen hat sicherlich auch die Tatsache, daß Grainne in ihrem bisherigen Leben allzuviele christliche Diakone und dergleichen ums Leben gebracht hatte, doch nun, als ehrbare und christlich getraute Ehefrau, wollte sie offenbar Buße dafür tun und deswegen zur Abwechslung einmal veritable Heiden, Ketzer und Gottesleugner über die Klinge springen lassen. Deswegen wurde ein Kriegszug gegen die Sarazenen im Mittelmeer beschlossen, und schon bald liefen Grainnes Galeonen mit gefüllten Pulverkammern und bestens ausgestatteten Getränkebunkern nach Süden aus.

Nach einigen unbedeutenden Geplänkeln zuerst mit Engländern und später mit Spaniern kam zuletzt der Felsen von Gibraltar in Sicht und glitt an Backbord von Grainnes Schiffen vorüber, womit meine Mutter nun tatsächlich völlig neues und unbekanntes Terrain erreicht hatte.

Sie wäre jedoch nicht die Tochter des Dhubdara von der Schwarzen Eiche und die Nachfahrin des Cu-Chulainn sowie der Königin Maeve gewesen, wenn sie sich dadurch hätte beirren lassen, und so kam es, daß sie schon wenige Tage östlich des genannten Affenfelsens eine sarazenische Galeere stellte, die von ungefähr drei Schock katholischer Sklaven gerudert wurde, während ein fetter muselmanischer Aufseher ihnen dazu den Takt mit Hilfe einer langen Nilpferdpeitsche angab.

Meine Mutter, die schließlich erst kurz zuvor einen Pantoffelhelden aus Mayo eigenhändig zu einem Priester des Herrn erhöht hatte, geriet ob der beschriebenen muselmanischen Menschenverachtung und Lästerung der katholischen Kirche in Gestalt der spanischen Rudersklaven in grimmigen Zorn und gab deswegen Befehl, der sarazenischen Galeere auf der Stelle die Masten und möglichst auch die peitschenden Riemen wegzukanonieren. Dies wurde unter der Feuerleitung des berühmten Rory O'Gilpatrick auch bestens erledigt, denn der Geschützmeister auf Grainnes Flaggschiff vermochte mit seinem verbliebenen einen Auge nunmehr noch besser zu visieren als zuvor mit beiden, und so waren die Sarazenen im Nu manövrierunfähig geschossen und reif zum Entern.

Allen anderen Helden von Clew voran, schwang sich Grainne, die mich in ihrem Leib trug, über das Schanzkleid der muselmanischen Galeere und spaltete schon im ersten Anlauf mit Hilfe ihrer Breitaxt den riesigen Turban des Kapitäns sowie dessen darin steckenden Schädel. Donnell O'Flaherty wiederum übernahm den Ersten Offizier, und die anderen Recken von Clew erledigten den Rest, so daß an Deck der Galeere bald nichts mehr lebte, was den verfluchten Mohammed verehrte.

Auf diese Weise hatten also meine, Padraic O'Flahertys, kühne Eltern blitzschnell die Galeere zur Plünderung vorbereitet, und schon versuchte Grainne, mit heftigen Beilschlägen das Schott in der Kapitänskajüte zu erbrechen, hinter dem sie viel muselmanisches Gold und Silber vermutete, während ihre Gefolgsleute sich über zahlreiche voluminöse Fässer hermachten, aus denen es verführerisch nach Anis duftete, denn die gotteslästerlichen Sarazenen hatten – ganz gegen das Gebot ihres seltsamen Propheten – eine ungeheuerliche Ladung Raki*) mit sich geführt. Ehe jedoch Grainne im Gold wühlen und ihre Gefolgsleute die Früchte ihres Sieges kosten konnten, ertönte vom Ruderdeck des Schiffes herauf schrilles Geplärr, welches ganz offensichtlich aus den Kehlen der spanischen Sklaven kam, die dort unten immer noch in ihren Ketten hingen.

Grainne sandte ihren eigenen Priester hinunter, damit dieser herausfinden sollte, warum sich die Sklaven so aufmüpfig zeigten, während sie selbst noch heftiger als zuvor das eichenverschlagene Schott bearbeitete. Doch sie und Donnell hatten kaum eine Handvoll Münzen ans Tageslicht befördern können, als der riesenhafte Recke und Priester aus Mayo auch schon wieder auftauchte und meldete: »Die Schreihälse unter unseren Füßen behaupten, sie seien allesamt mit höheren oder niedrigeren Weihen versehen, denn es handle sich bei ihnen in Wahrheit um die Insassen eines spanischen Karmelitenklosters, die sich auf einer Wallfahrt zum Heiligen Grab in Jerusalem – was immer das auch ist – befunden hätten und bei dieser Gelegenheit von den Sarazenen aufgebracht und eingefangen worden seien. Deswegen hätten sie nunmehr schon seit mehr als drei Jahren unter der Nilpferdpeitsche rudern müssen, doch jetzt hätten sie neue Hoffnung gefaßt, daß man sie aus ihren Banden befreien würde.«

*) Raki = orientalischer Anisschnaps

»Dann haben wir uns also einhundertachtzig Geschorene eingefangen«, erwiderte Grainne erschrocken. »Dies will mir gar nicht behagen, denn ich habe schon an dir, du Ausgeburt von Achill, genug, seit ich dich als Priester in meiner Nähe dulden muß!«
Der Pfaffe von Carrigahowly nahm dies mit guter Miene hin, nagte ein Weilchen an seiner Unterlippe und äußerte dann: »Außerdem sinkt die Galeere sehr schnell, und als ich unten auf dem Ruderdeck war, da saßen die angeketteten Jerusalempilger bereits bis zu ihren Hüften in der See. Ich erinnere mich jetzt auch wieder daran, daß sie mich anflehten, sie schleunigst von ihren Fesseln loszumachen und dadurch ihr Leben zu retten. Und einer, der wohl ihr Abt sein muß, denn er sieht noch vergeistigter aus als alle anderen, versicherte, daß ein gewisser Jago oder Jakob*) uns dafür im Jenseits herrliche Freuden bereiten werde.«
»Dies sind wahrscheinlich nur leere Versprechungen«, antwortete Grainne, »wie sie von Geschorenen immer dann abgegeben werden, wenn sie andere Menschen hereinlegen wollen – oder aber es ihnen selbst an den Kragen zu gehen droht. Doch wir können jetzt sowieso nicht mehr nachprüfen, was dieser Jago oder Jakob vielleicht vermag, denn da diese Galeere, wie ich selbst ebenfalls schon bemerkt habe, immer schneller sinkt, stellt sich uns keineswegs die Frage nach dem Schicksal dieser Mönche, sondern vielmehr die, wie wir von der Ladung retten können, was zu retten ist.«
»Dies ist ein vernünftiges Wort, und ich habe von dir auch kein anderes erwartet«, lobte der Kleriker aus Mayo. »Was

*) Jago oder Jakob – gemeint ist der Apostel Jakobus, der von den Spaniern besonders verehrt wird.

die Goldfüchse und die Schnapsfässer angeht, hast du durchaus meinen Segen!«

»Dann quassle auch nicht lange herum, sondern hilf mir mit diesem verdammten Schott!« beschied ihn Grainne. Und ihrem Ehegatten befahl sie: »Du aber überwache das Umladen der Schnapsfässer auf unsere eigenen Schiffe, denn wenn ich und du auch mehr auf Gold und Silber aus sind, so werden unsere Krieger doch früher oder später meutern, wenn sie sich auf unserem Kreuzzug nicht dann und wann betrinken können. Beeile dich, denn dieses Schiff schwimmt höchstens noch eine kleine halbe Stunde!«

Damit hatte Grainne O'Malley alle etwa anstehenden Fragen zufriedenstellend geklärt und bald darauf hatte sie mit Hilfe ihres Priesters auch den beinahe unermeßlichen Schatz des sarazenischen Kapitäns geborgen, während ihr Gatte dafür Sorge trug, daß auch nicht eines der Fässer mit Raki verlorenging. Freilich wurden diese Arbeiten zunächst noch durch das Jammern, Flehen und Psalmensingen der spanischen Mönche gestört, doch je tiefer der Bauch der Galeere sich in die Fluten des Mittelmeers senkte, um so dünner wurde das unpassende Geschrei, um zuletzt ganz zu verstummen. Zu diesem Zeitpunkt wurde es aber auch für Grainne und ihre Gefolgsleute unumgänglich, das sarazenische Schiff zu verlassen, und kaum befanden sie sich wieder glücklich an Bord ihrer eigenen Galeonen, als sich über dem Heckkastell des Muselmanen und den einhundertachtzig Jerusalempilgern gurgelnd die Wogen schlossen. Auf diese Weise hatte Grainne ihre erste Beute im Mittelmeer gemacht, wenn auch unter Verlust von drei Schock Geweihten, was jedoch, im allgemeinen Siegestaumel, niemandes Gewissen sonderlich belastete. Erst Tage später warfen einige Zartbesaitete aus ihrer Gefolgschaft Grainne

vor, sie habe im Fall der Mönche unchristlich und menschenverachtend gehandelt. Doch bestritt meine spätere Mutter dies auf das entschiedenste, indem sie nämlich zu bedenken gab, daß sie sich nicht anders benommen habe als zu allen Zeiten die christliche Kirche selbst, als sie – Grainne – zwischen Menschenleben und Beute zu wählen gehabt habe. Denn auch die Kleriker – zumindest jene, die dazu die Macht besessen hätten – hätten sich stets für das Gold und gegen irgendwelche Gekettete entschieden. Deswegen sei ihre Tat ebenso christlich gewesen wie viele ähnliche der Päpste, und da sie außerdem noch zahlreiche Sarazenen umgebracht habe, sei sie möglicherweise sogar eine berühmtere Heilige als jener Jago oder Jakob, zu dem die einhundertachtzig Karmeliten in ihrer Sterbestunde so erfolglos gefleht hätten.
Auf diese Weise brachte diejenige, die mich später gebären sollte, ihre Kritiker schnell zum Schweigen, denn keiner wußte gegen ihre durchschlagenden Argumente etwas einzuwenden – wenn er nicht seine Heiligkeit den Papst selbst sowie die meisten seiner Vorgänger in ein schiefes Licht hätte bringen wollen. Immerhin ist es möglich, daß der Untergang jener Kleriker trotzdem Gott erzürnte, denn wie ich, Padraic O'Flaherty, später noch berichten werde, wendete sich dann das Kriegsglück Grainnes, und sie geriet mit ihrer Flotte in arge Schwierigkeiten, woran vielleicht die Mönche, die ja inzwischen vor dem Thron ihres Gottes lamentieren durften, nicht ganz unschuldig waren.
Von solchen Gemeinheiten ahnte freilich noch niemand etwas, als Grainnes Flotte nunmehr entlang der nordafrikanischen Küste immer weiter nach Osten vordrang und jene Meeresgegenden unsicher machte, die in alten Zeiten von den Ägyptern, später dann von den Karthagern, Römern und

zuletzt den Kreuzfahrern beherrscht worden waren. Als nunmehr wir dort aufkreuzten – ich selbst allerdings immer noch ziemlich hilflos in Grainnes Fruchtwasser schwimmend –, hatten die Sarazenen überall in dieser Region das Sagen und hielten sich für die wahren Beherrscher der Meere, weil sie nämlich über den Felsen von Gibraltar nicht hinauszublicken wußten. Grainne belehrte sie jedoch bald eines Besseren, indem sie eine maurische Galeere nach der anderen kaperte und ebenso mit den Dhaus*) verfuhr, die sich mit ihren dreieckigen Segeln leichtsinnigerweise aus den Nilmündungen herausgewagt hatten. Besonders letztere stellten eine sehr willkommene Beute für die Recken von Clew dar, denn sie führten so gut wie nie Kanonen an Bord und feuerten lediglich aus lächerlichen, langläufigen Flinten, ehe sie niedergekämpft, geentert, geplündert und versenkt wurden.

Auf diese Weise türmte sich das Frachtgut in Grainnes Galeonen bald haushoch, und nachdem nur einige wenige Monate verstrichen waren, hatte sich die Gattin des Donnell O'Flaherty am Hof des sarazenischen Kalifen einen ebensolchen Ruf errungen wie im Palast der Königin von England, und besagter Kalif sah sich gezwungen, einen großen Goldschatz demjenigen auszusetzen, dem es gelingen würde, Grainne O'Malley zu besiegen und vor ihn zu schleppen, damit er sie dann wegen Beleidigung der muselmanischen Religion nach allen Regeln der Kunst pfählen lassen könne.

Grainne wiederum hatte in diesen Tagen ganz andere Sorgen. Ihre Schiffe segelten nunmehr bereits volle sieben Monate durch die östlichen Regionen des Mittelmeeres, und nun mußte jeden Tag ihre große Stunde schlagen – nämlich dieje-

*) Dhau = ägyptisches Segelschiff.

nige meiner Geburt. Am Horizont kamen gerade die arg zerbeutelten Türme der ehemaligen Kreuzritterfestung Akkri in Sicht, als die Hochschwangere, die soeben persönlich das Reinigen einer vierzehnpfündigen Kanone überwachte, plötzlich erbleichte und sich unter großen Schmerzen krümmte. Die Luft pfiff ihr mit einem jähen Wehlaut aus dem Rachen, kaum hatte sie aber wieder Atem, herrschte sie den erschrokken neben ihr stehenden Donnell O'Flaherty an: »Daran bist ganz allein du schuld, du Hundsfott, weil du in wilder Brunst mit mir zeugen mußtest! Meine Wehen haben ganz fürchterlich eingesetzt, und wenn du mich jetzt nicht schleunigst in die Kajüte bringst, kann es leicht geschehen, daß der Balg, den du mir gemacht hast, auf seewasserbespritzten Decksplanken zur Welt kommmen muß!«

Donnell O'Flaherty war so verstört, daß er keinen Ton darauf erwidern konnte, doch der riesenhafte Priester aus Mayo tröstete ihn: »Du darfst es ihr nicht übelnehmen, sollte sie jetzt auch drei Tage und drei Nächte dazu keifen und dich auf die schlimmste Art und Weise beschimpfen, denn sie meint das keineswegs böse, sondern dies ist ganz einfach die Unflätigkeit gebärender Weiber. Dies weiß ich aus eigener Erfahrung, denn ehe unsere Herrin mich zum Priester weihte, mußte ich mir selbst siebenmal die endlosen und abscheulichen Flüche meiner Angetrauten anhören. Ich sage dir auch gleich, daß es noch schlimmer werden wird, doch ernsthafte Gefahr besteht für dich dabei kaum, denn sie wird dann ziemlich hilflos auf ihrem Lager liegen und nicht mit ihrer Breitaxt oder den Donnerbüchsen, mit denen sie in letzter Zeit Sarazenen abzuschießen pflegte, auf dich losgehen können, auch wenn sie dir solches in ihren Qualen und in ihrer weiblichen Verblendung möglicherweise androhen wird. Immerhin sollten wir danach trachten, sie nun schnell auf besagtes Lager zu schleppen und sie nicht hier an Deck zu lassen, denn letzteres wäre in ihrer speziellen Situation irgendwie nicht ganz passend.«

»Du hast es gehört, meine Liebste: Wir werden alles Menschenmögliche für dich tun!« säuselte Donnell O'Flaherty. »Aber bitte schone dich und spare deinen Atem, denn weiteres Geschrei könnte möglicherweise meinem Erben schaden!«

Grainne gab daraufhin ein wütendes Grunzen von sich; trotzdem griffen mein, Padraic O'Flahertys, Erzeuger sowie der Priester tapfer zu und begannen sie zum Achterdeck zu tragen, während der Rest der Mannschaft in Hochrufe auf sie ausbrach, die nun schon bald den späteren Fürsten von Upper Owle Malley gebären sollte. Davitt-mit-der-Nase hingegen stolperte, wie meistens ziemlich benebelt, neben der fauchenden Grainne, ihrem bleichgesichtigen Gatten und dem nunmehr heftig psalmodierenden Priester her und versuchte, seine Herrin folgendermaßen zu trösten: »Wenn du jetzt vielleicht auch ein bißchen Schmerz ertragen mußt, so ist dies gar nichts gegen das, was dein Geschützmeister Rory O'Gilpatrick vor nunmehr genau neun Monaten auszuhalten hatte. Er hat es aber überlebt, wobei ihm freilich die Überwindung besagter Widrigkeiten nur deswegen gelingen konnte, weil ich ihn während seiner Leidenszeit fleißig mit Poteen versorgte und darin Tag und Nacht nicht ruhte. – Denselben Dienst will ich nun gerne auch dir erweisen, und du sollst sogar jenen speziellen Trank aus meiner Leibflasche kosten dürfen, damit dir die Leibesfrucht selbst harmonisch und so fröhlich wie ein Saufliedchen abgeht. Vertraue dich mir also ganz unbesorgt an, Grainne O'Malley, und wenn du mich machen läßt, so wie ich mir dies in meiner Weisheit vorstelle, dann wirst du von der Geburt möglicherweise überhaupt nichts mitbekommen. Dies schwöre ich dir, und ich muß es wissen, denn meine Muhme mütterlicherseits ist zu ihrer Zeit eine berühmte Hebamme auf der Insel von Clare gewesen und handelte vierzig Jahre lang nicht anders, als ich es jetzt mit dir vorhabe.«

Diese Rede des Davitt Monaghan schien Grainne ein wenig zu beruhigen, und sie akzeptierte auch die Leibflasche, die er ihr sofort nach seinen Worten reichte. Nachdem sie einen kräftigen Schluck genommen hatte, trugen sie ihr Gatte und der Priester zum Achterkastell und legten sie nun auf ihrer Admiralskoje nieder, nachdem sie von dort zuvor sorglich eine Breitaxt sowie etliche Donnerbüchsen mit riesigen Trichtermäulern entfernt hatten.

Der Priester wollte sich außerdem sofort ans Werk machen und Grainne aus ihren beengenden Kleidern schälen, doch erreichte er in dieser Sache nichts weiter, als daß Donnell O'Flaherty dadurch endlich seinen Mannesmut wiederfand und dem Kleriker dessen Vorhaben entschieden und mit derben Worten verwies. Ja, er scheuchte den lüsternen Pfaffen mit Hilfe einer der Donnerbüchsen sogar wieder aufs Deck hinaus und löste dann eigenhändig seine Gemahlin aus ihren Hüllen, wobei er sprach: »Du siehst, wie treu ich dir in allen Dingen zur Seite stehe, auch wenn du vorhin meine Gattenehre übel beschimpft hast. Doch ich nehme dir dies nicht übel, denn man muß jetzt wirklich Nachsicht mit dir haben, da du doch inzwischen so schwach geworden bist, daß sogar ein Pfaffe dir um ein Haar an die Unterröcke hätte gehen können. Ich habe ihn jedoch dahin geschickt, wohin er gehört, nämlich zum Teufel. Du mußt dich nicht an der Anwesenheit unseres Freundes Davitt Monaghan stören, denn erstens wird seine

Leibflasche uns beiden in der Tat sehr vonnöten sein, und zweitens hat er sich selbst an diesem denkwürdigen Tag bereits dermaßen gestärkt, daß er alles nur noch wie durch einen dichten Schleier hindurch betrachten könnte. Laß dir also noch einen kräftigen Schluck von ihm verabreichen – und dann sieh zu, daß mein Erbe nicht länger als unbedingt nötig in dir verbleibt!«

Grainne hätte darauf wohl viel zu entgegnen gewußt, doch Davitt-mit-der-Nase wußte dies seinerseits trotz seines Rausches dadurch zu verhindern, daß er ihr blitzschnell wiederum seine Leibflasche reichte, worauf bei der Herrin von Upper Owle Malley wie auf Bestellung die nächste Wehe einsetzte. Wenig später brach dann auch das Fruchtwasser aus ihr, und wenn sie deswegen auch wiederum arg gegen ihren Gatten zeterte, so ließ sich doch meine Geburt ganz normal an.

Während sich also in der Admiralskajüte des Flaggschiffes mein Eingang in diese Welt vorbereitete, drehte die Flotte selbst bei, denn die Helden von Clew, die inzwischen alle mitbekommen hatten, was sich in Grainnes Leib tat, hatten, wie es ihre Art war, sofort beschlossen, dieses Ereignis kräftig zu feiern – und sollte es auch drei Tage und ebensoviele Nächte dauern. Es wurden also, nur wenige Seemeilen von Akkri entfernt, die Segel gerefft und Treibanker ausgebracht und sodann zahlreiche Fässer mit Poteen, Whisky, Raki und Wein an Deck geschleppt. Auch wurden zwischen den Kanonen Feuerroste aufgebaut und etliche Hammel geschlachtet, die man kürzlich auf einer sarazenischen Dhau erbeutet hatte. So konnten nun die Feierlichkeiten anläßlich meiner Geburt beginnen, und die Recken von Clew schworen, daß dies das größte Fest werden müsse, das jemals zwischen Akkri und Gibraltar stattgefunden habe.

Die Kruken und Hammelkeulen kreisten nun einen vollen Tag und auch die darauffolgende Nacht durch, und in das ausgelassene Geschrei der Seeleute mischte sich in regelmäßigen Abständen das Heulen, Winseln und Fluchen Grainnes, das so laut aus ihrer Kajüte drang, daß es über die ganze Flotte hin zu hören war. Keiner der Recken von Clew machte sich deswegen jedoch ernsthafte Sorgen, denn fast ebenso regelmäßig, wie meine werdende Mutter schrie, tauchte auch Davitt-mit-der-Nase auf dem Achterkastell der Flagg-Galeone auf und versicherte dann jedesmal, daß alles seinen Gang gehe und mit Hilfe der Götter sowie seiner Leibflasche auch zu einem guten Ende kommen werde. Danach pflegte er besagte Flasche aus seinen ganz persönlichen Vorräten immer wieder nachzufüllen, um daraus die schwer arbeitende Grainne von neuem zu laben.

Es hatte sich Davitt in seinem Rausch jedoch fürchterlich über den Ausgang von Grainne O'Malleys Geburtswehen getäuscht, wie sich gegen Mittag des zweiten Tages zum Entsetzen aller vier Schiffsbesatzungen herausstellen sollte. Denn offenbar war das Geschrei der Recken von Clew zuletzt bis auf das Festland hinübergedrungen, und nun schossen plötzlich aus dem Hafen von Akkri sechs gewaltige Galeeren auf die Flotte Grainnes zu, und ihre Ruderreihen peitschten so schnell, daß an den Riemen nicht bloß geschorene Karmeliten sitzen konnten.

Diese sechs mörderischen Galeeren näherten sich also wie der Wind der beigedrehten irischen Flotte, und kaum waren sie in Schußweite gekommen, da raunzten auch schon ihre Buggeschütze los und deckten die vier Galeonen Grainnes mit einem üblen Geschoßhagel ein.

Die Helden an Bord der irischen Schiffe sagten sich daraufhin ganz richtig, daß es dem sarazenischen Kalifen ganz offenbar gelungen sein mußte, die Seeleute von Akkri mit Hilfe schnöden Goldes gegen Grainne O'Malley aufzuhetzen, und daß man sich selbst vielleicht nicht so nahe an die Küste heranwagen und die eigene Identität dadurch so leichtsinnig hätte preisgeben sollen.

Diese späte Erkenntnis nützte den Streitern Grainnes jedoch jetzt nur noch wenig, denn kaum hatte man die eigenen Kanonen geladen und ausgerannt, hatten die gegnerischen Galeeren auch schon die dritte und vierte Salve gegen die vier Galeonen losgelassen.

Auf diese Weise entwickelte sich im Angesicht des heiligen Landes genau das, was diese Weltgegend schon seit den ältesten Zeiten immer wieder grausam heimgesucht hatte: nämlich ein vollkommen sinnloser Kampf.

Während meine Mutter, eine heimatlose Wanderin auf den Meeren, verzweifelt versuchte, mich zu gebären, schlugen rings um ihr Flaggschiff die Vollkugeln und Kartätschen der Muselmanen ein, und den anderen drei Schiffen Grainnes erging es keineswegs besser.

Ja, sie wären wohl dem sarazenischen Überraschungsangriff sehr schnell unterlegen, wenn nicht der kühne Rory O'Gilpatrick einmal mehr bewiesen hätte, was in seinem verstümmelten Körper steckte.

So aber visierte Rory, nachdem es gelungen war, ein paar Segel zu setzen und dem Feind die Breitseite zu zeigen, über den Lauf des schwersten Stücks von Grainnes Galeone und traf im direkten Schuß die Pulverkammer des nächstliegenden Gegners so glücklich, daß die entsetzten Muselmanen, die sich dort drüben unglücklicherweise aufgehalten hatten, inmitten feuriger Zungen direkt in ihr schauderhaftes Paradies auffuhren, wo sie sich dann bis in alle Ewigkeit von Huren beglücken lassen mußten.*)

Kaum hatte Rory O'Gilpatrick diese erste Galeere erlegt, als er auch schon zum zweiten Mal ganz trefflich visierte und noch eine weitere Galeere zwar nicht ins Paradies, aber doch manövrierunfähig schoß, so daß sie alsbald von einer der anderen irischen Galeonen versenkt werden konnte.

Die Seeschlacht konnte nun also von gleichstarken Kräften auf beiden Seiten ausgetragen werden, und das Kriegsglück schien sich jetzt sogar auf die Seite des Banners von Upper Owle Malley zu neigen, denn auf dem Schauplatz tauchte plötzlich mein, Padraic O'Flahertys, Erzeuger auf, der als ein wahrer Berserker galt, seit es ihm gelungen war, meine Mutter zu schwängern. Angesichts der großen Gefahr hatte sich Donnell vom Schmerzenslager seiner Gattin losgerissen, und ihn im Kielwasser rannte Davitt-mit-der-Nase zum Batteriedeck, so daß Grainne O'Malley nunmehr ganz allein zusehen mußte, wie sie mit ihrer eigenen mißlichen Lage fertig wurde, während sich ihr Gatte und ihr Geburtshelfer um die Muselmanen kümmerten.

Donnell und Davitt besetzten nun flugs die Kanonen links und rechts derjenigen von Rory O'Gilpatrick, und dann stopften und feuerten sie, so schnell sie nur konnten. Sie brachten durch ihren tapferen Einsatz die Sarazenen auch übel in die Bredouille, doch dann widerfuhr dem kühnen Davitt-mit-der-

*) Hier irrt Padraic O'Flaherty, denn der Prophet Mohammed hat seinen Anhängern und Gläubigen keineswegs paradiesische Huren in Aussicht gestellt, so sie im sogenannten Heiligen Krieg ihr Leben gäben, sondern er sprach vielmehr von Huris, welche zwar auch ungeahnte Qualitäten haben sollen, jedoch solche religiöser *und* körperlicher Art in glückseligster Verbindung. Die Huris Mohammeds dürfen also keinesfalls etwa mit der Roten Stute von Galway verwechselt werden.

Nase leider ein großes Mißgeschick, denn er rammte in seinem Kampfeseifer eine dreifache Pulverladung ins Rohr, das außerdem vom vorangegangenen Schuß noch glühte, und auf diese Weise fuhr diesmal keine Kugel gegen die muselmanischen Galeeren, sondern die den Feinden zugedachte Ladung krepierte mit einem entsetzlichen Reißen in Davitts eigenem Geschütz, ließ es zerbersten und schleuderte den armen Monaghan sowie zahlreiche umstehende Artilleristen kreuz und quer über das Batteriedeck. Die herumfliegenden Bronzeteile setzten die Bedienungsmannschaften des gesamten Batteriedecks außer Gefecht, so daß die Kampfkraft von Grainne O'Malleys Flaggschiff, alles in allem gerechnet, ganz plötzlich auf weniger als die Hälfte reduziert war.
In ihrer hinterhältigen Art erkannten die Sarazenen sofort, daß unsere Geschütze schwiegen, und nahmen daraufhin ihre Chance wahr, und ihr eigener Admiral bereitete sich jetzt allen Ernstes darauf vor, Grainnes Galeone zu rammen, um sie dann von seinen teuflischen Bluthunden entern zu lassen. Unter peitschendem Ruderschlag kam also diese riesige feindliche Galeere immer näher, und schon konnte man auf ihrem Achterkastell den sarazenischen Admiral sowie zahlreiche seiner Offiziere erkennen, denn wie allgemein bekannt ist, pflegen diese muselmanischen Emire sich stets mit einem großen Hofstaat aus Strategen, Schranzen und Mullahs zu umgeben. Und diese ganze Corona von Würdenträgern begann nun wie wild Befehle zu kreischen und Allah anzurufen, während der Schiffsbug mit dem eisenbeschlagenen Rammsporn immer näher heranpflügte und die Sarazenen sich bereits zum Entern fertigmachten.
Dies alles war um so schlimmer, als man solchem Ungemach an Bord der irischen Flagg-Galeone nur mehr wenig entge-

genzusetzen hatte, denn Donnell O'Flaherty, Davitt Monaghan, Rory O'Gilpatrick sowie mehrere Dutzend ihrer Untergebenen lagen noch immer arg betäubt neben ihren Geschützen. Deswegen feuerte eigentlich bloß noch der Priester aus Mayo – und der eher stuckernd – nebst zwei oder drei Kanonen auf dem Oberdeck. Immerhin versuchten aber die anderen drei Galeonen dem Schiff Grainnes zu Hilfe zu kommen, doch da sie sich zusätzlich noch mit jeweils einem Sarazenen herumzuschlagen und kaum Leinwand an den Rahen hatten, konnten sie kaum rechtzeitig herankommen, so daß jeder vernünftige Mensch bereits glauben mußte, daß es nun um Grainne und den Fortbestand ihres Geschlechts geschehen sei. Immerhin gelang es den behenden Recken von Clare, Fahrt aufzunehmen und die Galeone so weit zu wenden, daß der Rammstoß unsere Breitseite verfehlte.

Dann krachte der Rammsporn der sarazenischen Galeere schräg gegen den Backbordbug von Grainnes Galeone, womit die beiden Schiffe nun ächzend und stampfend ineinander hingen und ein riesiges V bildeten. Die Sarazenen nahmen ihre Krummsäbel zwischen die Zähne und begannen, sich von Reling zu Reling zu schwingen, während der Admiral und seine Offiziere auf dem feindlichen Achterkastell ärger schrillten und kreischten denn je. Schon setzte von Bug zu Bug ein mörderischer Nahkampf ein, wobei zwei Sarazenen auf einen Iren kamen, als sich plötzlich die Tür zur Admiralskajüte der so arg bedrängten Galeone auftat und eine höchst gespenstisch und fürchterlich anzusehende Gestalt an Deck trat.

Ein geisterhafter, weißer Umhang flatterte um den hochgewachsenen Körper, darüber wehte in der Brise brandrotes Haar, und das Antlitz, das von dieser Mähne umrahmt war, leuchtete totenfahl. Diese Erscheinung schleppte sich, anzusehen wie ein Schicksalsbote aus dem Jenseits, über das Achterkastell, und als sie das Schanzkleid an Backbord erreicht hatte, flatterte ihr seltsamer weißer Mantel noch wilder als zuvor, während ihr das rote Haar wie ein Bündel medusenhafter Schlangen ums Haupt züngelte.

Der Admiral und die Offiziere gegenüber auf dem Achterkastell der sarazenischen Galeere unterbrachen ihr kriegerisches Gekreisch und wichen unwillkürlich einen Schritt zurück. Etwas wie eine Lähmung schien sie plötzlich befallen zu haben, und sie vermochten nichts mehr zu tun, als mit schreckgeweiteten Augen auf das gespenstische Weib im weißen Umhang zu starren. Und auch die Sarazenen am Bug wurden verwirrt und ließen die krummen Säbel sinken.

Um so kriegerischer benahm sich indessen die weiße Erscheinung, denn jetzt flog plötzlich ihr Umhang beiseite, und sie zeigte sich darunter in ihrer nackten Frauenpracht – doch nicht Brüste und Schenkel allein wurden sichtbar, sondern außerdem zwei gewaltige, trichterschlündige Donnerbüchsen, deren Mündungen im selben Augenblick gehacktes Blei mitten in die Rotte der feindlichen Offiziere sandten und mehrere von ihnen tot oder verwundet niedersinken ließen. Grainne O'Malley, denn niemand anders war das Gespenst, hatte nämlich mit gewaltiger Kraftanstrengung beidhändig aus ihren Donnerrohren gefeuert und mit dieser einen Tat mehr geleistet, als mehrere gut plazierte Breitseiten ihrer Galeone hätten erreichen können, denn nachdem das Blei aus ihren Trichterschlünden auf der sarazenischen Galeere eingeschlagen hatte, war die feindliche Flotte so gut wie führerlos und sozusagen ganz und gar von Allah verlassen.

Die irischen Recken unter Führung des wiedererwachten,

zwar noch etwas taumeligen, aber in seiner Kampfeslust urplötzlich wieder gestärkten Donnell O'Flaherty konnten die verdatterten und entmutigten Gegner nun schnell zu Paaren oder zurück auf ihr Vorderkastell treiben, und nachdem man mit Breitäxten die Leinen der Draggen gekappt hatte, war die Schlacht nach ihrer unverhofften Wendung bereits so gut wie entschieden, denn nunmehr wurden die Geschütze wieder besetzt, und die Sarazenen empfingen bedeutend mehr, als sie führerlos noch austeilen konnten, Donnell O'Flaherty jedoch fand Zeit, sich um seine Gattin zu kümmern, die ihr und aller Schicksal so meisterlich zum Guten gewendet hatte.

Während also die sarazenischen Schiffe jetzt der Reihe nach zusammengeschossen wurden, hielt Donnell seine Angetraute im Arm und sprach zu ihr: »Wolltest du nicht eigentlich unseren Erben gebären, anstatt dich so nachdrücklich an der Schlacht zu beteiligen, die ich ja ganz sicher auch ohne dein Eingreifen zu unseren Gunsten entschieden hätte?«

»Wenn es nach dir und deinem Unvermögen gegangen wäre«, gab Grainne mit schmerzlich verzerrten Mundwinkeln zurück, »dann hätte ich samt meiner Leibesfrucht auf den Meeresgrund fahren können – und alles, was man als die glorreiche Flotte von Upper Owle Malley bezeichnet, dazu. Da ich dies jedoch trotz meiner Schmerzen begriff, habe ich auf meine Weise dafür gesorgt, daß die Schwarze Eiche am Masttopp meines Flaggschiffes nicht untergehen mußte, und im Gegensatz zu dir und deinen Saufkumpanen, denen wertvolle Kanonen krepierten und um die Ohren flogen, habe ich mit meinen eher bescheidenen Böllern Entscheidendes ausgerichtet. Damit aber noch nicht genug, denn ehe ich mir mein Bettlaken überwarf, um darunter meine Waffen bis zum Augenblick der Wahrheit zu verbergen, auf daß dann die tödliche

Überraschung für meine Feinde um so größer sein sollte, habe ich auch Sorge um den Erben von Carrigahowly getragen und selbigen im wahrsten Sinne des Wortes mutterseelenallein geboren. Und er liegt nun unten in meiner Koje und ist noch nicht einmal abgenabelt, denn mein Gatte, der dies eigentlich hätte besorgen müssen, zog es vor, sich sinnlos und noch dazu auf ganz und gar täppische Weise mit irgendwelchen Sarazenen herumzuschlagen.«

Donnell O'Flaherty nahm dies mit weit aufgerissenem Mund hin, während die Seeschlacht sich allmählich ihrem Ende zuneigte und die noch manövrierfähigen Sarazenengaleeren eiligst dem schützenden Hafen zustrebten. Endlich brachte er heraus: »Ich dachte es mir doch gleich, als ich dich auf dem Achterkastell so gespenstisch erscheinen sah, daß du irgendwie nicht mehr so aufgewölbt warst.« Erst dann schien er in Wahrheit zu begreifen, was Grainne ihm mitgeteilt hatte, denn er brüllte plötzlich wie ein Wahnsinniger los: »Ich habe also einen Sohn und Erben gezeugt, und mein Geschlecht wird in ihm fortleben bis in alle Ewigkeit! Damit ist mir Größeres gelungen als je einem Häuptling unter irischem Himmel, und auch wenn ich nicht nur diese sechs muselmanischen Galeeren, sondern sechs Schock von ihnen besiegt hätte, so ließe sich ein solcher Triumph noch immer nicht mit jenem vergleichen, wie die Zeugung und Geburt dieses meines Sohnes ihn bedeutet, und du, Grainne O'Malley, hast durchaus brav dein Teil dazu geleistet, auch wenn man darüber nicht viele Worte verlieren muß, denn solches war deine selbstverständliche eheliche Pflicht.«

Daraufhin richtete Grainne fauchend eine ihrer Donnerbüchsen auf ihren vor Glück zeternden Gemahl und bemühte sich, erneut Pulver und gehacktes Blei in den Lauf zu füllen, aber da sie nach den gehabten Anstrengungen nun doch ein wenig zittrig war, konnte Donnell O'Flaherty ihr diese und auch die zweite Waffe entwinden, und indem er sie nun selbst von neuem lud, unterbrach er einen sprudelnden Wortschwall Grainnes, in dem viel von männlichem Dünkel und ungeheuerlicher Überheblichkeit die Rede war, und äußerte höchst selbstzufrieden: »Du erwähntest, daß mein Sohn noch nicht abgenabelt ist, und ich schwöre dir, daß dies auf der Stelle geschehen soll, sobald ich nur erst die geeignete Schnur dafür erobert habe, nämlich eine, wie sie die Welt noch nie gesehen hat, denn eine gewöhnliche wäre für meinen Erben, der während eines meiner schönsten Siege zur Welt gekommen ist, eine arge Beleidigung!«

Und ehe Grainne darauf etwas erwidern konnte, hatte sich Donnell O'Flaherty bereits an einem Tau hinüber auf das feindliche Admiralsschiff geschwungen, das entmastet und zerschossen direkt neben der irischen Galeone trieb, und nun kämpfte er sich mit Hilfe der Donnerbüchsen einen Weg durch die letzten überlebenden Sarazenen frei, bis er zu jenem wüsten Haufen von gefällten Offizieren vorgedrungen war, die kurz zuvor Grainnes unerhörten Böllerkünsten zum Opfer gefallen waren.

Mit raschen Kolbenschlägen räumte Donnell O'Flaherty die niedrigeren muselmanischen Chargen beiseite und traf auf diese Weise zuletzt auf den sarazenischen Admiral, der ächzend und röchelnd in seinem Blut lag.

Donnell musterte ihn voller Anteilnahme und sprach sodann: »Du tust mir leid, mein Freund, denn du hast unter meinem Weib eigentlich schon genug gelitten. Doch was ich nun zu vollbringen habe, geschieht zum Ruhme meines Sohnes und Erben, und da ich annehme, daß du dank des Harems, den du dir in deinen glücklicheren Zeiten sicherlich gehalten hast, ebenfalls Vater bist, wirst du mich zweifellos verstehen.« Mit diesen Worten zog er sein Schwert und schlug dem Admiral den Kopf samt dem darauf befindlichen golddurchwirkten Turban ab. Mit diesem Beutestück in der einen sowie seinen Waffen in der anderen Hand kehrte er dann mit einem kühnen Sprung auf das eigene Flaggschiff zurück, während einige letzte Vollkugeln unter die Wasserlinie das Schicksal der feindlichen Galeere besiegelten.

Als das muselmanische Admiralsschiff wenig später unter Balkenächzen und dem Geschrei der angeketteten Rudersklaven dem Meeresgrund entgegengurgelte, hatte Donnell O'Flaherty bereits die eroberte wertvolle Turbanschnur vom inzwischen blutleeren Schädel des Admirals gelöst. Jetzt reichte er letzteren Davitt-mit-der-Nase und befahl ihm, diese Trophäe seiner Tapferkeit zuerst zu räuchern und danach gut einzusalzen, damit man sie mit nach Irland nehmen und später über dem Kamin von Carrigahowly zur Schau stellen könne. Die Turbanschnur selbst aber schwenkte Donnell triumphierend vor den Augen seiner Gemahlin, wobei er verkündete: »Jetzt steht einer Abnabelung meines Sohnes und Erben nichts mehr im Wege, denn mit Hilfe dieses prächtigen Beutestücks kann sie so ruhmvoll, wie mein und selbstverständlich auch dein Sprößling es verdient, vonstatten gehen.«

Auf diese Weise wurde ich, Padraic O'Flaherty, nicht nur auf dem Höhepunkt einer gewaltigen Seeschlacht in Sichtweite der berühmten Stadt Akkri geboren, sondern meine Mutter leistete zu meinem späteren Ruhm schon in meinen allerersten Lebensminuten noch mehr, indem sie nämlich einen sarazenischen Admiral samt seinem ganzen Stab praktisch

noch während ihrer Niederkunft zusammenschoß und dabei noch nicht einmal einen Harnisch, sondern lediglich ein Bettlaken trug.
Damit aber noch nicht genug, denn ich wurde auch noch mit der Turbanschnur des erwähnten Admirals abgenabelt, so daß man mit Fug und Recht behaupten kann, daß mein Eintritt in diese Welt von einer dreifachen Heldentat begleitet wurde, und so ist es auch kein Wunder, daß ich alsbald zu einem Recken und Helden heranwuchs, der heute in ganz Irland und weit darüber hinaus gefürchtet und geachtet ist.
Meine Bescheidenheit verbietet mir jedoch, jetzt auch noch von meinen eigenen späteren Heldentaten zu berichten und etwa zu erzählen, wie ich zu jenem spanischen Prunkgewand kam, das ich heute trage. Ich zog es nämlich einem Granden, der mit Hilfe der Inquisition zu einem der reichsten Männer seines Königreiches geworden war, auf hoher See vom Leib, allerdings auf sehr ungewöhnliche Weise, denn ich hatte ihn zuvor samt seiner katholischen Streckbank aus seinem eigenen Schloß geraubt. Und mit Hilfe dieses Möbels brachte ich ihn dann nicht nur dazu, mir seine Prachtgewänder zu übereignen, sondern mir auch noch den Aufenthalt von etlichen Dutzend Morisken zu verraten, welche von diesem Grafen und einem ihm sehr verbundenen Bischof auf einer einsamen Insel eigentlich zum angeblich einzigen wahren Glauben bekehrt werden sollten, dann aber dank meiner Großherzigkeit wieder freikamen und in Frankreich ein neues Leben beginnen konnten. Und es sind aus diesen Morisken später sehr geachtete Hugenotten geworden, während der Graf und auch der Bischof kleiderlos über die Planke laufen mußten. – Doch will ich lieber berichten, was an Grainnes Mittelmeerfahrt sonst noch erwähnenswert ist.

Nachdem man mich nämlich glücklich abgenabelt hatte, wurde ich inmitten der treibenden Trümmer der sarazenischen Flotte getauft, allerdings nicht mit geweihtem Wasser, denn solches führte meine Mutter niemals an Bord mit sich, sondern mit Hilfe von viel Poteen, Whisky, Wein und auch muselmanischem Raki. An Taufpaten hatte ich nicht weniger als sämtliche Offiziere und Matrosen unserer vier Galeonen, und sie alle wetteiferten darin, sich aus Freude und Entzücken über meine Menschwerdung einen möglichst barbarischen Rausch anzutrinken. Auf diese Weise währte meine Tauffeier volle drei Tage und ebensoviele Nächte, und Grainnes Flotte dümpelte diese ganze Zeit über nach wie vor auf der Reede von Akkri, denn nunmehr waren ja weitere sarazenische Kriegsschiffe nicht mehr zu fürchten.
Dies war jedoch auch der Grund, warum meine Eltern nach jenen drei Tagen und Nächten darauf drängten, nach Irland zurückzusegeln, denn sie sagten sich ganz richtig, daß sie nunmehr keine weitere Kurzweil mit muselmanischen Admiralen mehr haben könnten, denn den einzigen, den es in diesen Gewässern gegeben hatte, hatten die beiden schließlich bereits überwältigt. Deswegen ließ Grainne O'Malley, die schon gleich nach meiner Abnabelung das Kommando wieder übernommen hatte, nunmehr Segel setzen, und auf diese Weise gelangte ihre Flotte nach einigen Wochen nach Clew zurück, womit das sarazenische Abenteuer meiner Erzeuger beendet war. Daß auf der Insel von Clare und weit ringsum im Lande von Upper Owle Malley große Freude herrschte, als die Galeonen wieder in den Hafen von Carrigahowly rauschten, brauche ich nicht eigens zu erwähnen, denn schließlich brachten Grainne und Donnell nicht nur unermeßliche Beute zurück, sondern außerdem auch noch mich, ihren Sohn und

Erben, und so will ich bloß noch sagen, daß – als die Galeonen zuletzt abgetakelt und auf den Strand gelegt waren – hier auf diesem Schloß ein Fest stattfand, das noch ausufernder verlief als dasjenige anläßlich meiner Taufe vor Akkri.
Dies, meine Freunde, war also die Geschichte meiner Geburt, und jedermann wird zugeben müssen, daß ich nicht wie irgendein gewöhnlicher Sterblicher in diese Welt gelangt bin, sondern durchaus so, wie es dem Erstgeborenen der Grainne O'Malley auch gebührte. Und darauf wollen wir nunmehr einen Schluck trinken – und zwar aus einem ganz besonderen Fäßchen, das ich bis zu dieser Stunde wohlweislich dort drüben in jener Truhe verborgen habe.

Mit diesen Worten erhob Padraic O'Flaherty sich, rückte seinen spanischen Zeremonialrock zurecht, strich sich seinen Knebelbart sowie sein wucherndes rotes Haupthaar glatt und schritt dann zu der erwähnten Truhe, die in einer Mauernische ganz am Ende des Söllers stand. Er lüftete den Deckel und kramte ein Weilchen unter irgendwelchen alten Rüstungsteilen, um schließlich ein Fäßchen ans Tageslicht zu hieven, das mit seltsamen sarazenischen Arabesken verziert war. Dieses Behältnis schleppte er zum Tisch und stellte es dann sorglich neben dem Haupt der Grainne O'Malley nieder. Als er danach mit Hilfe seines Dolches den Zapfen aus dem Spund hebelte, begann Davitt-mit-der-Nase plötzlich ganz aufgeregt zu schnuppern, um gleich darauf entzückt auszurufen: »Ich irre mich bestimmt nicht, denn dieser Geruch ist unverwechselbar. Du bist ein ganz hinterhältiger Hund, Padraic O'Flaherty, denn während du erzählt hast, hast du uns einfachen Poteen trinken lassen, obwohl wir doch aus diesem Fäßchen echten Raki hätten haben können!«

»Dies geschah in weiser Voraussicht«, erwiderte Padraic, während er den duftenden Schnaps in die Pokale füllte, die ihm von allen Seiten entgegengestreckt wurden, »denn wäre dir, Davitt, dieser paradiesische Wohlgeruch zur Unzeit in die Nase gestiegen, dann wäre dieses Fäßchen jetzt bestimmt bloß noch wertloses Kleinholz. Ich wollte jedoch, daß wir Raki trinken, während ich den Schädel meiner Mutter mit einem muselmanischen Band verziere.«

»Jawohl, wir wollen vorher und nachher einen Kräftigen heben!« frohlockte Rory O'Gilpatrick. »Auf jeden Böllerschuß, den meine Herrin damals abfeuerte, einen Pokal!«

»Genauso soll es geschehen«, stimmte Padraic O'Flaherty zu. »Doch wir sollten vielleicht nicht an die Kernschüsse allein denken, sondern wenigstens bei dem einen Trunk auch an meinen armen Vater, welcher – wie wir ja sicherlich bald vernehmen werden – schon kurz nach der Mittelmeerfahrt aus ganz unerfindlichen Gründen das Zeitliche segnen mußte und nun schon seit vielen Jahren in der Gruft von Carrigahowly ruht.«

»Gott gebe ihm Frieden!« krähte Davitt-mit-der-Nase. »Aber nun laßt uns endlich diesen Raki seiner Bestimmung zuführen!«

Dagegen hatte keiner der neun Recken etwas einzuwenden, und so wurden nun die Gefäße bis zur Nagelprobe geleert. Nachdem das folgende wohlige Gestöhne und auch ein gelegentlicher Rülpser verklungen waren, zog Padraic O'Flaherty erneut seinen Dolch und löste damit eine mit Goldfäden durchwirkte Schnur, die um den Bauch des Rakifäßchens gewunden war, ab. Andächtig hielt er sie daraufhin hoch und erklärte: »Manche unter euch werden dieses Band bestimmt wiedererkennen, denn es ist kein anderes als dasjenige, das einst den Turban jenes sarazenischen Admirals schmückte, ehe mein Vater es samt dem zugehörigen Kopf an sich brachte und mich selbst damit abnabelte. Doch eigentlich hat niemand anders als Grainne O'Malley diese wertvolle Trophäe geschossen, und deswegen soll meine Mutter sie nun auch im Jenseits bei sich haben.«

Mit diesen Worten nestelte Padraic das muselmanische Band an Grainne O'Malleys Schädel fest, wo es zwischen den bereits angebrachten ganz auffällig schimmerte.

Dem wußte nun keiner mehr etwas hinzuzufügen, so daß die Tafelrunde bloß noch andächtig nickte und auf Grainne O'Malley blickte. Und alle sahen, daß ihre Daumen sich unter dem Rakidunst sowie dem Verwesungsdruck deutlich aufgerichtet hatten – so, als habe sie vor, noch einmal die Hähne ihrer Donnerbüchsen zu spannen.

VI

Das hänfene Band

Der Nachmittag stand bereits in seiner vollen Pracht, als Mac William Eughter sich die fettigen Hände an seinem Lederkoller reinigte, nachdem er zielsicher einen Berg Hammelknochen durchs Söllerfenster in den Burghof von Carrigahowly hinunter befördert hatte. Auch seine acht Gefährten beendeten ihr Mahl, und nachdem Uail O'Malley zusammen mit Padraic O'Flaherty wiederum jene bereits beschriebene Prozedur mit dem Fensterladen und dem Leichnam Grainnes, die sie nun schon wie im Traum beherrschten, hinter sich gebracht hatten, wandte sich Uail an den Normannen und fragte: »Du hast während des ganzen Mittagsmahls irgendwie düster dreingeblickt – war möglicherweise der Hammel nicht so, wie er hätte sein sollen?«

»An dem Vieh war nichts auszusetzen«, entgegnete Mac William Eughter, »wenn es auch durchaus eine etwas reichlichere Füllung hätte vertragen können. Doch daß die Küche von Carrigahowly während unserer Trauerfeier immer magerer wird, will ich dir nicht ankreiden, denn daran sind allein die Mägde unten schuld. Ich verstehe nicht, warum uns der Braten wiederum nur von zweien aufgetragen wurde, wobei die eine auch noch ganz geistesabwesend zu sein schien. Irgend etwas stimmt nicht mit diesen Mamsellen, vor allem, weil zwei von ihnen offenbar ganz und gar verschwunden sind. Und vielleicht hat sie der verrückte Kaplan mit seinem Gewinsel, das nun manchmal schon bis zu uns herauf dringt, von der Insel vertrieben. Doch dies ist nichts, was einen Recken wie mich beschäftigen sollte. Vielmehr geht mir etwas ganz anderes im Kopf herum, das mir nun schon seit zwei oder drei Stunden keine Ruhe lassen will.«

»Dann solltest du dich deinen Freunden anvertrauen«, riet Davitt-mit-der-Nase. »Und wenn dir dies allzu schwer fällt, kann man ja vielleicht mit einem Schlückchen nachhelfen, um deine Hemmungen zu beseitigen.«

»Wahrscheinlich sollte ich deinen Rat beherzigen, auch wenn wir Normannen sonst eher nüchterne und zurückhaltende Menschen sind, die ihre Probleme sehr gut allein zu lösen wissen«, versetzte Mac William Eughter und tat, unter dem Beifall der anderen, einen gewaltigen Zug aus der Kruke, die Davitt ihm zugeschoben hatte. Danach ließ er einen Rülpser und eine Duftwolke wie ein Feuerschlucker aus sich quellen, dehnte seine tonnenartige Brust und sagte: »Du, Padraic O'Flaherty, sprachst vorhin davon, daß dein Vater Donnell aus ganz und gar unerfindlichen Gründen schon bald nach seinem sarazenischen Abenteuer sein tapferes Leben aushauchen mußte. Was jedoch die von dir unterstellte Unerklärlichkeit seines Todes angeht, bin ich vollkommen anderer Meinung, denn ebenso wie Donnell war schließlich auch ich mit Grainne verheiratet und kann deswegen seine frühe Weltflucht durchaus verstehen. Seit Stunden – doch im Grunde genommen schon seit vielen Jahren – schlage ich mich deswegen mit dem erschreckenden Gedanken herum, daß eine Ehe mit Grainne O'Malley grundsätzlich nur Unglück und möglicherweise sogar den Tod bringen konnte.

Und deswegen habe ich vorhin nicht nur aus einem Pokal, sondern aus allen beiden auf den Untergang des bedauernswerten Donnell O'Flaherty getrunken, denn was er kurz nach der Rückkehr von Akkri erlitten hat, hätte um ein Haar auch mir geblüht, und wahrscheinlich verdanke ich es allein meiner normannischen Reckenhaftigkeit und Kraft sowie meiner Abstammung von den kühnsten der göttlichen Asen, daß ich die Ehe mit Grainne irgendwie doch überlebt habe. Als mir jedoch jetzt der frühe Tod meines Vorgängers bei Grainne O'Malley wieder in Erinnerung gebracht wurde, da begriff ich, daß ich gleich ihm am Rande eines fürchterlichen Abgrundes wandelte, und deswegen mußte ich mich sehr heftig aus Davitts Kruke stärken, ehe ich dies auszusprechen vermochte, und will jetzt lieber noch einen tröstenden Schluck nehmen, denn sicher ist sicher!«

Nach diesen Worten setzte Mac William Eughter seine Ankündigung so nachdrücklich in die Tat um, daß Davitts Kruke beinahe leer wurde und sich die Nase des Letztgenannten erschrocken blähte. Doch es kam nach diesem Sturztrunk glücklicherweise wieder ein wenig Lebensmut in die Augen des Normannen, so daß er stolz um sich blicken und lauthals krähen konnte: »Was ich soeben über die Ehemänner Grainnes gesagt habe, kann natürlich auf keinen Fall bedeuten, daß diese etwa feige und minderwertig gewesen wären. Im Gegenteil muß man sie zu den tapfersten Recken Irlands zählen, denn sie haben gewagt, was anderen nicht im Traum eingefallen wäre – und besonders ich habe dieser rothaarigen Teufelin schon in der Hochzeitsnacht bewiesen, wer ihr Herr und Meister war. Und sollte irgend jemand mich der Lüge zeihen, dann bin ich gerne bereit, ihn mit der Schärfe meines Schwertes von der Wahrheit meiner Worte zu überzeugen!«

»Du kannst deine Klinge in der Scheide lassen, denn wir alle wissen, daß du dich in der ersten Nacht mit Grainne wie ein Berserker benommen hast«, sagte daraufhin der junge Toby O'Malley und Viscount of Mayo und legte seinem Vater beruhigend die Hand auf den Arm. »Und ich bin stolz darauf, denn auf diese Weise wurde ich unter nicht weniger ungewöhnlichen Umständen gezeugt als mein Halbbruder Padraic. Daß deine Ehe mit Grainne dann auch später sehr dramatisch verlief, ist mir und den anderen ebenfalls bekannt, doch haben wir bisher diese Geschichte immer nur in groben Zügen und mit großen Lücken vernommen. Deswegen wäre es vielleicht gut, Vater, wenn du dich heute dazu aufraffen könntest, uns sie einmal ganz zu erzählen. Dies um so mehr, als du ja keineswegs zu befürchten brauchst, die Tote könnte dir wegen dieser Tat noch irgendwie einen Strick drehen oder gegen dich intrigieren, denn sie liegt jetzt schon fast zwei Tage völlig harmlos da.«

»Schweig endlich! Denn es ist keinesfalls nötig, daß du mir so beredt Mut zu meiner Geschichte machst!« unterbrach Mac William Eughter seinen und Grainnes Sprößling. »Und was irgendwelche Stricke angeht – so habe ich mir den meinigen schon vor vielen Jahren selbst gedreht. Wenn also niemand etwas dagegen hat, dann sollt ihr jetzt vernehmen, was ich über das Leben der Geblichenen da und sonderlich über meine Ehe mit ihr zu berichten habe.«

»Ich kann mir vorstellen, daß deine Fährnisse uns die Zeit bis in die Nacht hinein trefflich verkürzen werden«, sagte daraufhin Rory O'Gilpatrick. »Denn wie man seit vielen Jahren in Clew munkelt, hast du an der Seite der Grainne O'Malley ungleich mehr eingebüßt als bloß ein Bein und ein Auge.«

»Möglicherweise sogar mehr als ich«, fiel Uail ein, »der ich

doch immerhin Carrigahowly sowie die gesamte Herrschaft von Upper Owle Malley an sie verloren habe.«
Mac William Eughter musterte die beiden Spötter mit drohenden Blicken, doch dann nahm er sich zusammen, umklammerte heftig seine Kruke und erzählte

Die Geschichte von der zweiten Ehe der Grainne O'Malley

Wie allgemein bekannt ist, lebt und herrscht das Geschlecht von Bourke oder Mac Eughter schon seit den Zeiten des glorreichen Herzogs und Königs William, den man auch den Eroberer nennt, in Irland. Einer meiner Vorfahren, der seine Abstammung wiederum auf germanische Wikingerfürsten und heldische Asen zurückführen konnte, gelangte im Jahr des Herrn 1066 im Gefolge des Eroberers nach England und focht als einer der tapfersten Ritter in der Schlacht von Senlac*) mit, welche den Sachsenkönig Harold nicht nur das Auge, sondern auch das Leben sowie die Herrschaft über Britannien kostete. Ja, man sagt sogar, daß es mein Ahne gewesen sei, der Harold durch einen unnachahmlichen Pfeilschuß um seine Sehkraft brachte, und daß jener erste Bourke dann zusammen mit William höchstpersönlich den Sachsen vollkommen in Stücke hackte.
Jedenfalls wäre England ohne die Mitwirkung meines Vorfahren möglicherweise überhaupt nicht erobert worden, und des-

*) Senlac war der Ort, wo jene Schlacht stattfand, die später als die von Hastings in die Geschichte eingegangen ist.

wegen war es auch kein Wunder, daß William, kaum daß sich dieser unter tatkräftiger Hilfe seiner normannischen Ritter einigermaßen in Britannien festgesetzt hatte, meinen Ahnherrn auch schon mit einer neuen wichtigen Aufgabe betraute. Der König trug jenem Bourke nämlich auf, nach Irland überzusetzen und die barbarischen Stämme dort zu unterwerfen, indem er an dafür geeigneten Orten möglichst viele Steinburgen errichten sollte.

Dies erledigte mein Ahnherr mit Bravour, und sein Cri de Guerre*) war bald bis an die Westküste Erins gefürchtet. Da an jener Küste aber die wildesten Völkerschaften der Insel wohnten, erbaute er die meisten seiner Zwingburgen ebenfalls hier, nämlich hauptsächlich östlich des Lough Mask und des Lough Corrib**), um auf diese Weise die wilden Ureinwohner von Connemara und Clew gut in den Griff zu bekommen. Dies ging freilich nicht ohne ausufernde Kämpfe und Gemetzel ab, doch bewährten sich die ritterlichen Künste meines Vorfahrens darin stets aufs beste, so daß schon bald nach seiner Landung die Grundpfeiler der späteren Baronie von Bourke oder auch Mac Eughter gelegt waren.

Diese Baronie entwickelte sich im Lauf der folgenden Jahrhunderte zu einer Macht, mit der man im Guten und im Bösen sowohl in England als auch in Irland stets zu rechnen hatte, und im Westen Erins konnte sie höchstens mit der Herrschaft von Upper Owle Malley verglichen werden, die sich – freilich stets unter gälischen Fürsten – ebenfalls über die Jahrhunderte hinweg behauptet hatte.

Im Jahr 1539 wurde dann ich, Mac William Eughter, als der

*) Cri de Guerre = Kriegsschrei der Normannen

**) Lough Mask, Lough Corrib = Seen an der Ostgrenze von Connemara siebzehnte Baron meiner Dynastie geboren und übernahm bereits in meinem neunzehnten Lebensjahr die Regierung über die sieben steinernen Burgen und zugehörigen Ländereien meines Vaters, denn dieser starb im Kampf gegen Räuber aus Donegal einen frühen Tod. Mir selbst gelang es schon ein kleines Jahr später, die Mörder meines Erzeugers in einer gewaltigen Schlacht zu besiegen und aus ihren angestammten Wohnsitzen zu vertreiben, worauf sich die Überlebenden mit dem Brennen von giftigem Poteen begnügten.

Wie allgemein bekannt ist, meuchelten sie damit später den bedauernswerten Dhubdara von der Schwarzen Eiche, und man kann sagen, daß auf diese Weise die Schicksale derer von Mac Eughter und derer von O'Malley bereits früh irgendwie miteinander verknüpft wurden. Damals ahnte ich freilich noch nicht, daß daraus einmal Ernsthafteres entstehen sollte; ich war vielmehr Tag und Nacht damit beschäftigt, meinen noch jungen Ruhm zu mehren. Jedermann in Irland wird mir zugestehen müssen, daß mir dies ganz trefflich gelang, denn meine diesbezüglichen Unternehmungen brachten mir bald den ehrenvollen Beinamen Eiserner Richard ein, und mit meinem Kriegsruhm konnte in ganz Irland eigentlich nur noch eine ein wenig konkurrieren, nämlich Grainne O'Malley.

Ich muß zugeben, daß ich mich von ihrem Mut und ihrer Kühnheit gelegentlich beeindrucken ließ, und als ich schließlich erfuhr, daß sie sich mit einem gewissen Donnell O'Flaherty, dessen Namen ich niemals zuvor vernommen hatte, eingelassen hatte – und dies auch noch mit dem Segen eines ketzerischen Priesters, ließ mich dies nicht ganz gleichgültig. Denn ich hatte insgeheim bereits Pläne geschmiedet, wie sich möglicherweise meine sieben Burgen mit Carrigahowly und

Grainnes Ländereien zu einer noch mächtigeren Herrschaft unter dem Banner von Mac Eughter zusammenschließen lassen könnten. Diese Ausweitung meiner Regierungsgewalt schien sich nun allerdings zerschlagen zu haben, als die kurzsichtige Rothaarige jenen O'Flaherty unter Kanonenbeschuß in ihr Bett nahm. Ich zog mich deswegen weise und abgeklärt wieder auf meine eigenen Geschäfte zurück, indem ich meine Festungen zu wirkungsvollen Zollburgen ausbaute und auf diese Weise bald so viele Schätze gewann, daß ich daran denken konnte, mir auf irgendeiner Insel an der spanischen Weinroute ein achtes Schloß zu errichten.

Dann jedoch gelangte plötzlich die Nachricht vom Ableben jenes Donnell O'Flaherty auf meine Stammburg, und wenn auch viele Normannen und Iren munkelten, er sei den Hexenkünsten seiner rothaarigen Gattin zum Opfer gefallen, erschien mir die jugendliche Witwe auf Carrigahowly dennoch auf einmal begehrenswerter denn je, denn neben den scheußlichen Gerüchten, die über sie umliefen, hatte ich außerdem vernommen, daß sie von ihrem Piratenzug gegen den sarazenischen Kalifen unermeßliche Beute nach Hause gebracht hatte.

Also machte ich mich eines schönen Maientages voll der freundschaftlichsten Gedanken nach Upper Owle Malley auf, und als ich samt meinen Begleitern nach Clare übersetzte, erregte alles, was ich dort sah, sehr angenehme Gefühle in mir, denn das Schloß selbst war außergewöhnlich reich ausgestattet und bestens befestigt, und außerdem dümpelten im Hafen vier wunderschöne Galeonen, die mir sehr gut dafür geeignet schienen, meine Tätigkeit als Zolleinnehmer irgendwann einmal auch auf die hohe See auszuweiten.

Den allerangenehmsten Anblick bot jedoch Grainne O'Malley

selbst, als ich im Söller von Carrigahowly auf sie stieß, denn sie sah keineswegs wie eine verhärmte Witwe aus, sondern ganz im Gegenteil sehr lebenslustig, und ihr rotes Haar sowie ihr räuberschönes Gesicht wirkten, im Verein mit ihrem reichen Gold- und Silberschmuck, auf mich so liebreizend, daß ich – wie es nun einmal kühne Normannenart ist – mich nicht mit langen Vorreden aufhielt, sondern sofort zum Kern der Sache kam und zu Grainne sagte: »Wie ich weiß, bist du der Ehe nicht abgeneigt, denn schon einmal bist du mit einem Gatten ins Bett gestiegen, und du tatest dies, obwohl man dir dabei große Hindernisse in den Weg legte und dich sogar von jenem Donnell O'Flaherty wieder wegzukanonieren versuchte. Dies zeigt mir, daß du ganz offensichtlich großen Geschmack an den Dingen des Fleisches findest, auch wenn du in deiner ersten Ehe vielleicht noch manches vermissen mußtest. Denn du hast damals einen Mann an deine Unterröcke gelassen, der zwar von Adel, aber trotzdem nicht von bestem Blut war. Denn wie allgemein bekannt ist, sind allein Normannen wie ich die tapfersten Recken und strotzendsten Ehemänner Irlands, und du solltest deswegen einmal ausprobieren, wie es sich mit einem solchen anläßt.
Doch nicht nur in körperlicher Hinsicht hätte ich dir ohne allen Zweifel mehr als andere Sterbliche zu bieten, bin ich doch zudem mit den wahren und höheren Werten des Lebens sehr reich gesegnet.«
Während ich Grainne O'Malley auf diese Weise das Maul nach meinen Vorzügen wäßrig gemacht hatte, war sie immer unruhiger und auf ganz entzückende Art rotwangig geworden, und nun wollte sie wissen: »Von welchen wahren und höheren Werten des Lebens hast du soeben gesprochen?«
»Ich meinte meine zahlreichen Burgen«, erwiderte ich. »Wie

du weißt, sind es nicht weniger als sieben, und meine Ahnen haben beinahe ebenso viele Jahrhunderte benötigt, um diese unbezwinglichen Felsennester zu errichten. Und so wache ich nun über sämtliche Handelsstraßen, die vom Osten Irlands nach Mayo und Connemara führen, und ziehe dermaßen guten Gewinn daraus, daß ich dir zur Freude und zur höheren Ehre Gottes jederzeit eine eigene Hochzeitskirche zu errichten imstande bin, falls du Wert darauf legst.«

Grainne nagte an ihrer Unterlippe, was sie noch entzückender als zuvor aussehen ließ, dann entgegnete sie: »Daß du mit Hilfe deiner Raubburgen gewaltige Werte geschaffen hast und bestimmt auch einen oder sogar ein ganzes Dutzend fetter Pfaffen finden könntest, die sich in einer derartigen Pfründe wie einer eigenen Hochzeitskirche mit Begeisterung suhlen würden, denn ihre Lebensarbeit darin wäre an einem einzigen Tag erledigt, kann ich nicht leugnen. Und ebensowenig läßt sich abstreiten, daß die sieben Burgen der Mac Eughters das Land Upper Owle Malley seit beinahe ebenso vielen Jahrhunderten nach Osten hin übel knebeln. Denn falls es sie nicht gäbe, hätten ich und meine Vorfahren unser Heil nicht immer wieder in den freien Jagdgründen der offenen See suchen müssen. Hätte es andererseits die O'Malleys nicht gegeben, so würde in deiner durchaus stattlichen Gestalt, Mac William Eughter, heute nicht nur ein berüchtigter Land-, sondern zusätzlich noch ein schlimmer Seeräuber vor mir stehen.«

»Dies beweist, wie klug es wäre, wenn wir uns verbünden würden, liebreizende Grainne«, sagte ich daraufhin. »Denn wie du ganz richtig erkannt hast, haben sich unsere Sippen in der Vergangenheit gegenseitig behindert, und hätten vielleicht schon deine Ahnin Maeve sowie einer meiner reckenhaften Vorfahren aus Wikingerzeiten die Ehe geschlossen, dann könnten wir, ihre Nachfahren, heute ganz anders dastehen und über ganz Irland sowie möglicherweise über Frankreich, England, Dänemark, Schweden und auch Norwegen herrschen. Doch sollten wir diejenigen, die unsere Stämme gezeugt haben, nicht allzusehr ins Unrecht setzen, denn im Gegensatz zu uns wußten sie es nicht besser. Uns jedoch ist es aufgegeben, und dies erkenne ich immer deutlicher, die alten Fehlentwicklungen zu korrigieren und uns so schnell wie möglich zu einem neuen Bund zusammenzuschließen, welcher sowohl unserer brünstigen Liebe dienen als uns auch sonst unschätzbare Vorteile einbringen kann.«

»Wir wollen nicht zuviel von Liebe faseln«, versetzte Grainne O'Malley, »denn durch solches süße Gerede sind schwache und unschuldige Frauen seit Anbeginn der Zeiten immer wieder verführt worden und mußten ihre Gutgläubigkeit dann bitter bereuen. Auch redet es sich in dieser Hinsicht sehr leicht, doch was die Gefühle eines Mannes wirklich wert sind, läßt sich letztlich immer erst im Ehebett feststellen. Dort jedoch pflegen große Worte oft kläglich einzuschrumpfen, wie ich aus eigener Erfahrung weiß, denn mein erster Gatte Donnell O'Flaherty brauchte, trotz seiner schier berserkerhaften Versprechungen, mehr als einen Anlauf, ehe er mich dann endlich zu schwängern vermochte – und auch als ich ihm einen Sohn gebar, ließ er mich lieblos allein und tauchte erst dann wieder auf, als dieser abgenabelt werden mußte.

So habe ich also gelernt, den Männern erst dann zu trauen, wenn sie Beweise für ihre Maulwetzereien erbracht haben...«

»Einen solchen Beweis kannst du auf der Stelle von mir haben!« keuchte ich, denn jetzt hatte mich eine schier unbezähmbare Brunst gepackt, was angesichts der frivolen Andeutungen Grainnes auch kein Wunder war. »Ich schwöre dir, du Süßeste aller Süßen, daß du von leeren Versprechungen oder gar Schrumpfungen bei mir ganz gewiß nichts spüren mußt, sondern die wahre Liebe zu dir hat mich dermaßen befallen, daß ich zur Dokumentation meiner ehrlichen Absichten noch nicht einmal ein Bett benötige, sondern mir, falls du einverstanden bist, sogar der Estrich deines Söllers genügt – oder auch der Scherenstuhl, in dem du so verführerisch hingegossen sitzt, doch sollten wir uns dann vielleicht an die Lehren des Ovid erinnern, welcher der einzige ernstzunehmende klassische Dichter ist und ein hochberühmtes Werk über die Reitkunst der Parther*) geschrieben hat. Ja, ich glaube sogar, der reale Inhalt meiner Liebesschwüre könnte dir, du Bezaubernde, dadurch am allerbesten vorgeführt werden! – Doch vielleicht sollte ich jetzt meine Rede beenden, damit dein Schamgefühl nicht verletzt wird, und wenn du gestattest, werde ich vielmehr ganz diskret unter dich in deinen Scherenstuhl schlüpfen.«

Schon hatte ich die Spangen meines Harnischs gelöst, um meiner Ankündigung die Tat folgen zu lassen, als Grainne mir in den Arm fiel und, ein wenig außer Atem, sagte: »Ich muß zugeben, daß das, was du mir über die Parther erzählt hast, durchaus bedenkenswert klingt, besonders auch, weil du dich mir bei solchem Tun gerne unterordnen und mich nicht etwa vergewaltigen willst. Denn unter Zwang pflege ich gar nichts zu tun, und wenn dies trotzdem ein Mann versuchen sollte, wird er die Folgen zu tragen haben! Da aber dein

*) Gemeint ist das Werk »Die Liebeskunst« von Ovid, in dem verschiedene ungewöhnliche Beischlafstellungen beschrieben werden, unter anderem der »Parthersitz«, weshalb dieses Buch das möglicherweise geschätzteste der Renaissance war.

Heiratsantrag ernsthaft zu sein scheint und du außerdem einiges bezüglich gewisser Burgen und Wegerechte vorgebracht hast, was mir zum höheren Ruhme des Landes Upper Owle Malley durchaus verlockend erscheint, können wir vielleicht eine kleine Liebesprobe wagen, ehe ich über dein Ansinnen dann ernsthaft entscheide. Glaube aber nicht, daß ich dir bereits ein Heiratsversprechen gebe, wenn ich dich nunmehr unter mich kriechen lasse, denn was sich jetzt gleich abspielen wird, soll nicht mehr als ein unverbindlicher Proberitt sein, der nichts weiter zu bedeuten hat, als daß ich nicht die Katze im Sack kaufen will. Gerade deswegen jedoch solltest du dir große Mühe mit mir geben und mir vielleicht auch zeigen, was du an zärtlichen Verspieltheiten zu leisten vermagst, denn solches wissen, wie dir hoffentlich nicht fremd ist, alle Frauen besonders zu schätzen.«

Nachdem sie dies bekannt hatte, errötete Grainne noch stärker als zuvor und begann gleichzeitig an meinem Wams zu nesteln, und als sie mich dann so weit hatte, daß ich endlich zu ihr auf den Scherenstuhl kriechen konnte, erklärte sie mir erstaunlich verschämt noch: »Daß du, nachdem wir uns ja eigentlich kaum kennen, so nahe an meinen Pelz darfst, sollte dir sehr zu denken geben, denn es bedeutet, daß ich doch einige Zuneigung für dich empfinde. Denn du bist reich, stark und jung, und nachdem ich, wie ich hoffe, mein Vergnügen mit dir gehabt haben werde, können wir vielleicht wirklich eine kleine Reise unternehmen und deine sieben Burgen besichtigen, um dann über einen Ehekontrakt zu reden. Doch jetzt sollst du mich, bei Gott, nicht länger schmoren lassen, denn die Gedanken an das, was du zu bieten hast, haben mich doch sehr erhitzt. Besonders deine Stammburg soll ja sehr mächtig . . .«

In der Folge sprach Grainne O'Malley noch vieles mehr, doch wurde, was sie von sich gab, von Minute zu Minute unverständlicher, denn ich, Mac William Eughter, gab mich höchstens zu Anfang noch mit zärtlichen Verspieltheiten zufrieden.
Deswegen war es wahrlich kein Wunder, daß Grainne O'Malley bald nur noch Ungereimtes von sich geben konnte und offensichtlich auch nicht länger an meine sieben Burgen dachte, sondern nur noch an meine Männlichkeit, die ihr unsagbares Vergnügen bereitete. Zuletzt sank Grainne auf meinem ritterlichen Schoß zusammen wie ein sattes Kätzchen, und nachdem sie sich ausgiebig verschnauft und auch ihre Sprache wiedergefunden hatte, erklärte sie: »Dieser O'Vitt, von dem du gesprochen hast, verstand wahrlich etwas von Dichtkunst, denn einen solchen Höhenflug, wie er uns beiden mit seiner Hilfe gelungen ist, konnte mir der verflossene Donnell O'Flaherty nicht ein einziges Mal bescheren. So gebe ich ohne weiteres zu, Mac William Eughter, daß du mehr Mann bist als er, denn du besitzt nicht nur sieben Burgen, sondern verfügst auch über große Bildung. Dies alles zusammen will mir nicht schlecht gefallen, auch wenn deine zärtlichen Verspieltheiten mehr oder weniger bloß zu Anfang unserer probeweisen Vereinigung Bestand hatten. Doch nehme ich an, daß du in dieser Sache noch lernfähig bist, und deswegen können wir gerne, nachdem wir uns ein wenig mit Wein und Hammelbraten gestärkt haben, aufbrechen, damit ich deine Burgen inspizieren kann. Falls diese Festungen halten, was du mir soeben gar nicht schlecht versprochen hast, läßt sich dann bestimmt über einen Ehekontrakt reden.«
Schon am nächsten Morgen brach Grainne O'Malley an meiner Seite zur Inspektion meiner Festungen auf. Die Reise

verlief durchaus erfreulich, denn meine sieben Zollburgen befanden sich in einem ausgezeichneten Zustand und waren, zusammengerechnet, mit beinahe hundert Kanonen bestückt, was Grainne sehr wohl zu würdigen wußte, denn nach jeder einzelnen Inspektion wurde sie mir gegenüber noch bedeutend freundlicher als zuvor. Zuletzt, als wir einträchtig wieder zurück nach Carrigahowly ritten, erklärte sie: »Ich habe mich nunmehr davon überzeugen können, tapferer Mac William Eughter, daß du, als du mir deinen Heiratsantrag machtest, nicht bloß leeres Stroh gedroschen, sondern wahrhaftig einiges zu bieten hast. Denn deine Festungen sind solide im Mauerwerk sowie gut mit Geschützen armiert und sehr erfreulich mit Vorräten versehen. Auch habe ich bemerkt, daß in den Kemenaten in ausreichender Zahl Betten vorhanden sind, so daß ich mir eine Ehe mit dir doch einigermaßen kurzweilig und abwechslungsreich vorstellen kann ...«

»In der Tat – du kannst dir das Ehegemach unter acht verschiedenen aussuchen, wenn du dein eigenes auf Carrigahowly hinzurechnest«, unterbrach ich sie eifrig. »Und wie du weißt, hättest du einen siebenfachen Vorgeschmack darauf bereits erleben können, wenn du auf unserer Reise meinen ebensooft geäußerten diesbezüglichen Anregungen nachgekommen wärst. Leider warst du aber immer zu beschäftigt, wenn ich dir damit kam, so daß unsere Gemeinsamkeit, die sich ansonsten wirklich sehr herzlich angelassen hat, dadurch doch ein wenig gestört wurde.«

»Du mußt, verehrter Mac William Eughter, deine Ungeduld wirklich zügeln lernen«, tadelte mich Grainne daraufhin. »Denn sonst könnte dir dieser Charakterzug noch einmal großen Schaden verursachen. Gerade weil du mich auf jeder deiner sieben Burgen zuerst in die Kemenate führtest, habe ich mich aus Gründen der Schicklichkeit bewußt damenhaft gegeben und mich lieber mit Festungswerken, Kanonen und Mundvorräten beschäftigt, anstatt wie du in Frivolitäten zu verfallen. Denn obwohl ich dir irgendwann einmal einen kleinen Ritt in meinem Scherenstuhl erlaubte, wäre es falsch von dir, daraus irgendwelche Dauerrechte ableiten zu wollen. Ich hoffe, du hast dies – obwohl die Brunst bei dir zuzeiten noch ärger als bei anderen Männern durchschlägt – nunmehr begriffen und wirst dich fürderhin wie ein Ritter und Edelmann benehmen. – Später einmal, wenn unser Ehekontrakt vor Zeugen unterzeichnet ist, können wir dann ja über das bewußte unaussprechliche Thema noch einmal reden.«

Nicht zum ersten Mal in der Zeit meiner Brautwerbung hatte ich, Mac William Eughter, einige Mühe, diese hanebüchenen Äußerungen Grainnes zu schlucken und zu verdauen, doch ich dachte an meine sieben Burgen, denen ich nun alsbald eine achte hinzuzufügen vermochte, wenn ich den letzten Satz der Herrin von Carrigahowly richtig verstanden hatte. Dieser Gedanke versöhnte mich einigermaßen mit ihrer Widerborstigkeit, um aber ganz sicherzugehen, fragte ich nach: »Wenn ich dich richtig begriffen habe, willst du also wirklich und wahrhaftig den heiligen Ehebund mit mir schließen?«

»Ich dachte mir«, erwiderte Grainne O'Malley, »daß wir besagten Kontrakt zunächst einmal für ein Jahr zur Probe gültig werden lassen sollten. Sollte sich danach herausstellen, daß ich mich dir wirklich guten Gewissens in allen Dingen unterzuordnen vermag, dann will ich gerne dein Eheweib auf Dauer werden und dir bis zu deinem Tode erhalten bleiben.«

Dem war von meiner Seite aus nichts hinzuzufügen, denn kaum war ihr das letzte Wort über die räuberschönen Lippen gekommen, hatte Grainne O'Malley bereits ihre Stute angespornt und war in Richtung auf die Insel Clare davongalop-piert, die sich jetzt bereits wieder am Horizont zeigte. Und auf diese Weise mußte ich akzeptieren, was Grainne bezüglich unserer Ehe vorgeschlagen hatte, doch ich war gar nicht unglücklich darüber, denn es konnte gar keinen Zweifel über den Ausgang des Probejahres geben. So sprengte ich ihr fröhlich nach und nahm mir vor, sie schon gleich in der ersten Nacht unserer noch provisorischen Ehe dermaßen zu zähmen und von meinen Qualitäten als Edelmann zu überzeugen, daß ihre Herrschaft und auch sie mir danach für alle Zeiten hörig sein würden.

Kaum hatten wir Carrigahowly erreicht, liefen auch schon die Vorbereitungen für unsere Eheschließung an. Grainne O'Malley höchstpersönlich setzte den vereinbarten Kontrakt auf, in dem geschrieben stand, daß ich nach Ablauf eines Jahres sang- und klanglos wieder aus ihrem Schloß zu verschwinden hätte, falls sie selbst dies aus irgendeinem Grunde für notwendig erachten würde. Ich hatte für derlei rechtsverdreherische Läppereien selbstverständlich nur ein müdes Lächeln übrig, unterzeichnete aber nichtsdestoweniger mit Schwung und vielen Schnörkeln das Dokument. Nach mir leistete auch Grainne ihre Unterschrift, und der Vertrag wurde von dreien meiner Knappen sowie, für Grainnes Seite, von ihrem Bruder Uail, dem gepichten Davitt-mit-der-Nase und dem grimmig und einäugig blickenden Rory O'Gilpatrick beglaubigt. Da jedoch weder Davitt noch Rory tatsächlich schreiben konnten, kritzelte ersterer eine Poteen-Kruke auf das Pergament, letzterer aber eine Kanone, wobei er sich lange bedachte, ob es denn nun eine zwölf- oder eine vierzehnpfündige sein sollte. Der Bedeutung des Tages angemessen, wählte er jedoch zuletzt das schwerere Kaliber, und so war endlich

alles getan, was nötig war, damit nun der Priester von Carrigahowly zu seinem Recht kommen konnte.
Jener Geweihte aus Mayo besaß inzwischen einige Erfahrung, was die Eheschließungen der Grainne O'Malley anging, und viele unter den Trauzeugen in der Kapelle von Carrigahowly sagten nachher, er habe das uralte Clan-Lied noch kämpferischer gesungen als beim ersten Mal. Da außerdem bereits der Kontrakt existierte, brauchten ich, Mac William Eughter, und Grainne O'Malley uns auch nicht lange mit irgendwelchen weiteren Eheversprechungen aufzuhalten, und so wurde das Sakrament sehr friedlich und ohne irgendwelche scharfen Worte vollzogen, so daß wir schnell zum wichtigeren Teil der Feier, nämlich zu einer allgemeinen Völlerei und einem ebensolchen Besäufnis übergehen konnten.
Um dabei stets vor Augen zu haben, welch herrlicher Besitz durch meine Eheschließung mit Grainne O'Malley nunmehr auf mich gekommen war, hatte ich darauf bestanden, daß unsere Hochzeitstafel auf der Wehrplattform des Hauptturmes von Carrigahowly aufgerichtet werden müsse, und dort oben thronte ich nun an der Seite meiner Braut und blickte nicht nur auf die mächtigen Anlagen des Schlosses selbst, sondern auch auf das ganze Land ringsum, welches seit uralten Zeiten stets im Eigentum derer von der Schwarzen Eiche gewesen war, nunmehr aber schon bald für immer unter meine Verwaltung geraten sollte.
Als ich genügend Poteen zu mir genommen hatte, sagte ich zu meiner Ehegattin: »Großes und Unvergeßliches steht dir bevor, sobald erst einmal die Sonne dort drüben im Westen hinter die Kimmung des Meeres gesunken ist. Denn du mußt wissen, daß ich auf deinem und nunmehr auch meinem Schloß Carrigahowly einen ehrwürdigen Hochzeitsbrauch

einzuführen gedenke, wie er in meiner eigenen Sippe seit etlichen Jahrtausenden überliefert ist und den Ehen meiner Vorfahren höchst gedeihlich war, weil nämlich dadurch friedliche und handsame Weiber das Heldentum ihrer jeweiligen Gatten bestens unterstützen konnten. Wundere dich also über nichts, Geliebte, was dir vielleicht widerfahren mag, sobald wir heute nacht erst einmal allein sind, und sollte das, was du jetzt noch nicht erahnen kannst, möglicherweise auch berserkerhafte Züge tragen!«

»Berserkerhaft tönen magst du immerhin«, erwiderte Grainne, »denn dies habt ihr Kerle nun einmal so an euch. Was aber tatsächlich in unserer Hochzeitsnacht geschehen oder nicht geschehen wird, soll sich erst noch herausstellen.«

»Du kannst mir in dieser Hinsicht vertrauen«, versicherte ich ihr, »und glaube bloß nicht, daß es zwischen uns so glimpflich abgehen wird wie damals im Scherenstuhl!«

Wenn ich jedoch erwartet hatte, Grainne würde von dieser kühnen Ankündigung begeistert sein, so hatte ich mich gründlich getäuscht, denn meine Gattin hatte sich bereits abgewandt und widmete sich nunmehr ihrem zwei- oder dreijährigen Söhnchen Padraic, das ganz in der Art seines schwächlichen Vaters jämmerlich zu quäken begonnen hatte und deswegen von seiner Mutter mit einem Becher Ziegenmilch beruhigt werden mußte, in die sie einen Schuß Poteen gegeben hatte.

Da Grainne auf diese Weise von wichtigeren Dingen abgelenkt war, fand der riesenhafte Priester Gelegenheit, sich zu mir zu neigen und mich zu fragen: »Wie meintest du das, als du so kühn sagtest, man könne sich einem Eheweib berserkerhaft nähern? Dies interessiert mich sehr, denn du mußt wissen, Mac William Eughter, daß ich selbst einmal verheiratet

war, ehe ich mich dann aus guten Gründen entschloß, lieber geistlich zu werden und unbeweibt zu leben. Doch in all den unglücklichen Jahren meiner Ehe gelang es mir nicht, mich meinem bissigen Weib auch nur einmal wie ein Mann, geschweige denn wie ein Berserker zu nähern, und vielleicht werde ich wegen solcher Sanftmut und meines damit verbundenen Martyriums später sogar einmal heiliggesprochen.«
Da Grainne immer noch mit ihrem Balg beschäftigt war, sah ich keinen Anlaß, dem riesenhaften Priester die verlangte Auskunft zu verweigern, also beugte ich mich sehr nahe zu ihm und flüsterte ihm in sein haariges Ohr: »Das Geheimnis ist, wie ich vorhin schon meiner Gattin andeutete, seit vielen Jahrtausenden in meiner Sippe überliefert und hängt eng mit dem Verlauf der Hochzeitsnacht zusammen. Dort entscheidet sich nämlich das Glück oder Unglück der gesamten späteren Ehe, und es stellt sich heraus, ob ein Gatte siegen oder unterliegen wird. Ganz im Vertrauen sage ich dir, daß es darum geht, ein mögliches Ehekreuz schon gleich im Ansatz zu verhindern, was du selbst offenbar seinerzeit versäumt hast.«
Der riesenhafte Kleriker seufzte schwer, und ich fuhr triumphierend fort: »Wie man in meiner Sippe seit Jahrtausenden weiß, darf ein Mann nämlich niemals das erste eheliche Lager unbewaffnet besteigen, sondern er muß sich rechtzeitig entsprechend wappnen, um später nicht böse Überraschungen zu erleben. Genau dies habe ich auch getan und mir von meiner Stammburg ein Kästchen bringen lassen, dessen Inhalt schon zahlreichen meiner Vorfahren allerbeste Dienste geleistet hat, was die Liebe und Unterwürfigkeit ihrer Eheweiber anging...«
»Laß mich, um Christi willen, einen Blick in dieses Wunderkästchen werfen!« unterbrach mich der Priester und hatte

dabei einen mystisch-verzückten Ausdruck in den Augen. »Ich gebe meine Seligkeit und sogar meine spätere Heiligkeit dafür, wenn du mir nur für einen einzigen Lidschlag die Anschauung dieser Wunderwaffe vergönnst!«

Schon wollte ich ihm den Gefallen tun, denn der Adel muß sich mit der Kirche stets gut stellen, doch leider kam ich nicht mehr dazu, denn Grainne hatte ihren Balg nun endlich zur Ruhe gebracht und wandte sich nun wiederum mir zu, wobei sie sprach: »Ich sehe, verehrter Mac, daß du dich angeregt mit meinem Schloßkaplan unterhältst, was ich durchaus billige, denn er kann dir erzählen, wie es um die gottgewollte Unterwürfigkeit von Ehegatten gegenüber ihren Frauen bestellt ist. – Ist eigentlich deine Ehemalige auch zu meinem Hochzeitsfest geladen, du riesenhafter Recke?«

Daraufhin warf der Priester mir einen sehr wehen Blick zu und empfahl sich ziemlich hastig, ohne auch nur mit einem Laut auf die Neckerei Grainnes einzugehen. Diese blickte ihm lachend nach und äußerte dann: »Dieser Arme hatte in seiner Ehe weniger Glück, als ich mir selbst erhoffe, und darauf wollen wir nun trinken, mein eisenharter Mac William Eughter. Denn wenn du dich entsprechend benimmst, werde ich mich an deiner Seite sehr wohl fühlen, auch wenn du mir vorhin, als du von deinem Berserkertum sprachst, argen Unsinn erzählt hast. Wie ich nämlich schon von meiner ersten Brautnacht her weiß, pflegt ihr Männer gerade dann ganz unverschämt zu prahlen, während es doch für euch viel besser wäre, sich der klugen und liebevollen Leitung einer erfahrenen Frau zu überlassen. Doch dies wirst du schon noch lernen, du Berserker, und vielleicht schneller, als du denkst, denn in einer Stunde oder höchstens zweien wird dort im Westen die Sonne sinken, und ich gestehe, daß ich es kaum mehr erwarten kann, denn gerade heute sehne ich mich sehr nach meinem Bett.«

»Deine bräutliche Vorfreude ehrt mich ungemein«, erwiderte ich vergnügt, »entspricht sie doch ganz meiner eigenen! Und deswegen werde ich höchstens noch drei oder vier Becher Poteen trinken, ehe ich dich dann zu unserer gemeinsamen Freude in unser Gemach geleiten werde. Was aber meine Berserkerart angeht, gegen die du irgendwie Vorbehalte zu haben scheinst, kann ich dir versichern, daß sie deinem Frauentum nur zum Guten ausschlagen wird. Doch dies wollen wir dann unter uns ausmachen, sobald wir erst allein sind, denn für fremde Ohren sind derlei Intimitäten aus guten Gründen nicht bestimmt.«

»So soll es sein«, bestätigte Grainne, »denn diese Dinge gehen wirklich nur mich und dich etwas an – und wir werden unter vier Augen dann schon sehen, was daraus entsteht.« Daraufhin stieß sie mit mir an, und wir beide leerten tapfer unsere bräutlichen Pokale bis zur Neige.

Auch die anderen am Ehrentisch hielten mit, und danach sagte Davitt-mit-der-Nase: »Schade, daß ich in eurer Kemenate heute nacht nicht Mäuschen spielen kann, denn es wäre bestimmt sehr kurzweilig, wenn man mitansehen könnte, wie einer dir gegenüber, Grainne, den Berserker zu spielen versucht. Immerhin könnte ja Mac William Eughter im Gegensatz zu deinem ersten Gatten eine winzige Erfolgschance gegen dich haben, denn er ist um gut fünfzig Pfund schwerer als der arme O'Flaherty, und man weiß außerdem nicht ganz genau, ob diese Normannen das Brautgemach nicht etwa im Turnierpanzer zu betreten pflegen.«

»Harnisch oder nicht – ich wette daß unsere Herrin auf jeden Fall mit ihm fertig werden würde, wenn er es denn darauf

ankommen ließe, sie irgendwie herauszufordern«, rief Rory O'Gilpatrick und reckte seine Stelze in sehr schändlicher Weise gegen mich und die mir Angetraute.
John Faughart nahm den Faden mit typisch englischem Humor auf und belferte speichelsprühend: »Ja, du mußt aufpassen, Mac, daß Grainne nicht etwa irgendein unaussprechliches Anhängsel von dir in die Finger bekommt, denn sie könnte dich dann daran über dein eigenes Ehebett fliegen lassen! Ich weiß, wovon ich spreche, denn genau das ist mir selbst einmal passiert, als ich mich dummerweise mit ihr anlegte, und ich landete zuletzt wie ein geprellter Frosch auf allen vieren, obwohl ich mich doch sicherheitshalber an einer Kanonenlafette festgeschnürt hatte.«
Ich selbst nahm diese Spottreden souverän und mit guter Miene hin, doch einer meiner Knappen schien sie in die falsche Kehle bekommen zu haben, besonders das, was John Faughart von sich gegeben hatte, und deswegen zog mein Gefolgsmann nun blank und schrie den Engländer über seine Schwertspitze hinweg an: »Niemand darf behaupten, daß mein Herr, der unbesiegte Mac William Eughter, an seinem eigenen Schweif über einer nichtswürdigen Bettstatt herumgewirbelt werden könne, und keine seiner Mätressen, von denen er in der Vergangenheit sehr viele besessen hat, wagte jemals ein solches Spiel mit ihm zu treiben. Vielmehr wußten sie alle Besseres mit dem Anhängsel meines Ritters anzufangen und hatten solche Freude daran, daß man es zuzeiten in allen seinen sieben Burgen vom Söller bis zum Keller hören konnte. Wer aber in dieser Sache etwas anderes behaupten will, soll auf der Stelle mit meinem Schwert Bekanntschaft machen – und dies gilt vor allem für dich, John Faughart, der du, wie du selbst sagtest, tatsächlich einmal ein lächerlicher

Gewirbelter gewesen bist! Stelle dich mir also mit oder auch ohne Anhängsel zum Kampf, und dann will ich dir selbiges im Handumdrehen abhauen, sofern Grainne O'Malley es dir damals noch gelassen haben sollte!«

»Ich habe Engländer und Spanier vor Hispaniola sowie Sarazenen im Mittelmeer untergehen sehen!« schnauzte John Faughart zurück und zwirbelte dabei drohend die Enden seiner Mütze, so daß sie wie Teufelshörner gegen seinen Herausforderer standen. »Und ich vernahm damals und auch noch bei anderen Gelegenheiten viele Todesschreie – doch keiner hat so schamlos zu plärren gewagt wie du, du hosenscheißender Knabe – und nicht Knappe! –, der du wahrscheinlich vor ein paar Wochen noch nichts weiter als ein Hundejunge gewesen bist, weil du dich mit wirbelnden Schweifen so gut auskennst. Und falls du dich jetzt wirklich mit deinem schartigen Käseschneider über diese Hochzeitstafel und zu mir herüber wagen solltest, sollst du ein Entermesser kennenlernen, an dem sich schon ganz andere als du die Zähne ausgebissen haben. Los, spring schon, du Laffe, denn es ist für deinen Herrn bestimmt kein Verlust, wenn ich dich jetzt gleich absteche und kastriere, da er unter Anleitung meiner eigenen Fürstin unfehlbar noch in dieser Nacht einen anderen Knaben zeugen wird – und ganz sicher einen weniger schandmäuligen, als du es bist!«

Es wäre möglicherweise wirklich zu einer kleinen Schlägerei gekommen, wenn Grainne nicht plötzlich auf den westlichen Horizont gewiesen und gesagt hätte: »Streitet nicht länger, ihr Narren, auch wenn es für meinen Gatten und ganz besonders für mich selbst sehr unterhaltsam anzuhören war, was ihr euch gegenseitig an die Schädel geworfen habt, und vornehmlich das, was über die unzähligen Mätressen Mac Wil-

liam Eughters gesagt wurde, will ich zur späteren ehelichen Nutzanwendung – falls es nämlich auch zwischen mir und meinem Gemahl einmal zum Streit kommen sollte – sehr gut in meinem Gedächtnis aufbewahren.
Doch jetzt ist für solche Kurzweil, wie wir sie dank eurer Maulwetzereien erleben durften, leider keine Zeit mehr, denn die Sonne hat sich unter die Kimmung der See gesenkt, und ich denke, tapferer Mac, daß es nun an der Zeit ist, unser Hochzeitslager aufzusuchen. Ich frage dich also, ob du damit einverstanden bist?«
»Genau wie mein Knappe, der um der Ehre meines Namens willen seinen Schweif riskiert hat, kneife ich nie!« beteuerte ich. Dies führte allerdings zu einigem Mißverständnis bei den Umsitzenden, welche prustend zu lachen begannen, so daß ich gezwungen war, mich verständlicher auszudrücken, und so setzte ich höflich hinzu: »Reiche mir also deinen Arm, du Braut aller Bräute, damit ich dich in unser gemeinsames Gemach geleiten kann. Denn wie ich bemerke, kannst du es gar nicht mehr erwarten, samt deinem schönen Schloß Carrigahowly endgültig unter meine Herrschaft zu geraten, weshalb ich dir diesen Gefallen auch mit allen meinen Kräften und unter Beachtung der ehrwürdigen normannischen Hochzeitsbräuche tun will.«
Daraufhin errötete Grainne wie eine Jungfrau, die sie ja beinahe auch noch war, denn ihre erste Ehe hatte schließlich nur kurz gedauert, und blickte mich seltsam an. Ich stieß mich jedoch an ihrem Verhalten nicht, sondern wandte mich noch einmal an unsere Trauzeugen und sprach zu ihnen: »Solltet ihr jetzt gleich oder vielleicht auch später in der Nacht ein Krachen und Donnern aus der Kemenate vernehmen, dann denkt nicht etwa, Carrigahowly würde wiederum von den

Engländern unter dem Kommando jenes Sir Henry Sydney aus Galway angegriffen. Auch werde ich, sollten wirklich Eichenbalken bersten, keinesfalls die Hilfe von Schreinern, Zimmerern oder sonstigen Neugierigen benötigen, denn ich habe mich auf diese Nacht sehr gut vorbereitet und mich in weiser Voraussicht gleich mit drei verschiedenen Bettstellen gewappnet. Selbst wenn es also dreifach donnern sollte, was ich wirklich nicht ausschließen will, könnt ihr in aller Ruhe weiter meine Männlichkeit feiern und begießen. Nun aber, da ich dies mit euch geklärt habe, werde ich euch verlassen, denn mein Weib harrt bereits sehnsüchtig auf das, was ich ihm zu bieten habe, und soll jetzt auch wirklich nicht länger schmachten müssen!«

Damit zerrte ich Grainne, die sich in bräutlicher Scham ein klein wenig dagegen zu sperren schien, mit mir fort, und ohne weitere Zwischenfälle erreichten wir das Brautgemach, in dem die drei Eichenbetten standen und dessen Tür ich nun sorgsam von innen verriegelte, ehe ich mich in ganz und gar legitimer Brunft meiner Gattin näherte.

Als ich Grainne jedoch auf das erste der drei Betten drücken wollte, begann sie sich plötzlich gegen mich zu wehren, indem sie ihre Fäuste gegen meine Brust stemmte und dabei sagte: »Wie ich nicht immer mit Wohlgefallen bemerkt habe, hast du an diesem Tag sehr große Worte darüber geschwungen, Mac William Eughter, was nun deiner Ansicht nach in diesem Raum geschehen soll. Ich muß dir jedoch leider mitteilen, daß es bei diesen Worten auch bleiben wird, denn du wirst in dieser Nacht noch nicht einmal eines, geschweige denn drei Eichenbetten mit mir zum Einsturz bringen.« Sie verstärkte den Druck gegen meine Brust und setzte hinzu: »Vielleicht hätte ich dir dies schon ein wenig früher in einem vertraulichen Moment beibringen sollen, doch hatte ich irgendwie Mitleid mit dir und wollte dir deswegen wenigstens deine Prahlereien gönnen, an denen du ja so großen Gefallen zu finden schienst. Jetzt jedoch kann ich dich nicht länger schonen und erkläre dir hiermit, daß deine durchaus legitime Brunst heute ins Leere schießen muß, denn wir haben Vollmond, und dies bedeutet, daß meine Unpäßlichkeit dummerweise auf meine Hochzeitsnacht gefallen ist.«

Sie tätschelte mir bedauernd die Wange und gab bei dieser Gelegenheit weitere Ungeheuerlichkeiten von sich: »Du wirst dich also noch eine Woche oder so mit mir gedulden müssen, mein tapferer Ritter, und du wirst nunmehr auch begriffen haben, daß ich keineswegs aus Gründen der Gier und der Schamlosigkeit so früh mit dir in die Kemenate wollte, sondern eher deswegen, weil ich mich schon diesen ganzen Hochzeitstag über unpäßlich, marode und schwach fühle. Deswegen konnte ich auch mit deinen und meinen Gefolgsleuten nicht so ausufernd feiern, wie ich es aus gegebenem Anlaß sonst vielleicht getan hätte, und nun wünsche ich mir tatsächlich nichts anderes mehr, als in Frieden in eines dieser drei Betten zu kriechen, dessen Fellwärme meine Schmerzen vielleicht etwas dämpfen wird. Immerhin gestatte ich dir, daß du mir dabei Gesellschaft leistest, denn du bist nunmehr mein Gatte und kannst dann auch gleich beweisen, daß du Verständnis für die Schwäche einer Frau aufzubringen vermagst. Deine ritterliche Lanze jedoch, darauf muß ich bestehen, sollst du in dieser und den folgenden Nächten besser beiseite stellen, denn es würde dir jetzt gewiß keine Ehre einbringen, wenn du sie gegen mich einzusetzen versuchtest.«

Nachdem Grainne O'Malley geendet hatte, blickte sie mir mit falscher Zärtlichkeit tief in die Augen und erwartete ganz offensichtlich, daß ich wie ein Narr schlucken würde, was sie mir da ums Maul geschmiert hatte. Ich jedoch packte sie, wie es mein gutes Recht war, derb bei den Schultern, schüttelte sie und gab ihr daraufhin meinerseits einige grundsätzliche Dinge zu verstehen. »Ich kenne die Tücke der Weiber!« schrie ich sie an. »Und du darfst nicht glauben, daß ich auf solche Spitzzüngigkeiten, wie du sie mir soeben zugemutet hast, hereinzufallen gedenke. Schon manche, die unversehens mit mir allein war, wollte sich in typischer weiblicher Wankelmütigkeit mit ganz ähnlichen Ausflüchten aus der Affäre ziehen, doch ich schwöre dir, daß dies noch keiner gelungen ist, wenn ich sie erst einmal unter vier Augen in meinen Fängen hatte!« In der Erinnerung an all die Gemeinheiten, die mir in dieser Hinsicht in meinem Leben bereits widerfahren waren, sah ich Grainne jetzt nur noch wie durch einen blutroten Schleier, und ich sagte ihr noch schäumender als zuvor, was ich von ihrem Verhalten hielt. »Du hast mich offenbar allein deswegen zum Altar gelockt«, brüllte ich sie an, »um auf diese Weise billig in den Besitz meiner sieben Burgen zu kommen! Und du sollst auch durchaus über sie und Carrigahowly dazu herrschen dürfen, wenn auch unter meiner eheherrlichen Fuchtel. Wie du siehst, habe ich also gar nichts gegen deine Intrigen, die ich ohnehin von allem Anfang an durchschaut habe, einzuwenden, denn ich fahre, was unsere Gütergemeinschaft angeht, auf jeden Fall noch viel besser als du damit. Denn du wirst auf meinen acht Burgen lediglich über die Mägde zu gebieten haben, ich jedoch über alle Bewaffneten. Doch obwohl du ein solch gutes Geschäft gemacht hast, indem du mich vor den Traualtar schlepptest, versuchst du mich jetzt wie einen Hofnarren zu behandeln und mich mit meiner ritterlichen Lanze ins Leere stoßen zu lassen! Daß du jedoch den Mitbesitz meiner Burgen so billig bezahlst, kann ich schon aus Gründen meiner Ehre und vor allem angesichts meiner nunmehr schier übermächtigen Brunft nicht dulden! Du wirst dich mir jetzt also auf der Stelle gutwillig und ehelich öffnen! Falls du mir aber immer noch verweigern willst, worauf ich ein menschliches und göttliches Recht besitze, will ich dir deine Pflichten als mein Eheweib schon einzubleuen wissen. Ja, ich gehe sogar noch einen Schritt weiter und sage dir nun, daß dir dieses Schicksal so oder so geblüht hätte, denn nicht anders lautet die heilige und uralte normannische Überlieferung, die ich auch zu achten gedenke, als daß der Ehemann seiner Gattin gleich in der Hochzeitsnacht die Schneid abkaufen muß, um später desto glücklicher mit ihr zu werden. Vielleicht wären allerdings die Prügel, die du nun von mir als deinem Angetrauten einstecken mußt, etwas weniger heftig ausgefallen, wenn du dich vorhin liebreicher gegen mich benommen hättest – doch nun wirst du sie eben dreifach ertragen müssen, wobei du stets bedenken mußt, daß all dies nur zu meinem und deinem späteren Gattenglück geschieht!«

Auch wenn ich Grainne O'Malley durch blutrote Schleier hindurch nunmehr alles deutlich und unmißverständlich erklärt hatte, schien sie noch immer nicht recht begriffen zu haben, denn sie wagte doch tatsächlich noch einmal einen frechen Widerspruch. »Du hättest heute vielleicht besser nur spanischen Wein trinken sollen«, schnauzte sie mich ganz unbräutlich an, »denn irischen Poteen scheinst du absolut nicht zu vertragen, sonst könntest du nicht solch dumme Dinge von dir geben, wie ich sie mir soeben aus deinem schändlichen Maul anhören mußte. – Jetzt jedoch solltest du mich mit deinem Firlefanz in Ruhe lassen, denn ich bin wirklich sehr müde und begehre nichts anderes mehr als meinen nächtlichen Frieden!«

Nach diesen Worten machte Grainne Anstalten, ins Bett zu kriechen, doch in Wahrung meiner ehelichen Rechte duldete ich, Mac William Eughter, dies keineswegs, sondern ich griff mir jenes besagte Kästchen, von dem ich am Nachmittag bereits zu dem riesenhaften Vertreter Gottes gesprochen hatte, aus einer verborgenen Lade, in der ich es in weiser Voraussicht bereits am Morgen meines Hochzeitstages verborgen hatte. Blitzschnell klappte ich das Behältnis nun auf und hielt einen Augenblick später eine daumendicke Rute in der Hand, die etwa so lang war wie mein Unterarm und an ihrem dünneren Ende in einem eichelförmigen Knoten endete. Und indem ich nun auf diesen Knoten deutete, sprach ich zu meinem Eheweib: »Sieh dir dieses Instrument genau an, denn es ist einzig in seiner Art und wuchs vor vielen Jahren zwischen den Schenkeln eines Jungstiers, ehe man selbigen kastrierte und einen Ochsen aus ihm machte, um ihn ganz zuletzt auch noch jenes Schmuckstücks zu berauben, das ich nunmehr in meiner Hand halte. Und wenn auch dieser Ochsenschlauch niemals Samen aus sich schleuderte oder gar zeugte, wird er mit Sicherheit seine Aufgabe an dir erfüllen, wenn ich dir nämlich mit seiner Hilfe jetzt einbleuen werde, daß du mich, deinen rechtlich angetrauten Gatten, keinesfalls mit einem Ochsen verwechseln darfst!

Ich weiß, daß du nun gleich winseln und flehen wirst, Grainne O'Malley, wenn die eingetrocknete Eichel am Ende dieses Ziemers dich streichelt, doch du hättest dir dies ersparen können, wenn du von Anfang an eingesehen hättest, daß ich selbst keineswegs eingeschrumpft oder ausgetrocknet bin. Lüfte also nunmehr deine Röcke, damit ich dir deine erste und grundlegende eheliche Lektion aufbrennen kann, so wie es guter und ganz offensichtlich sehr weiser Normannenbrauch ist.«

Daraufhin starrte mich Grainne O'Malley wortlos an, als wollte sie mich auf der Stelle umbringen, doch ich war nicht umsonst ein Ritter aus edelstem Blut und verzagte deswegen angesichts des mörderischen Ausdrucks in ihren grünen Hexenaugen keineswegs, sondern ließ, ihr zur Warnung und zur Aufmunterung, mehrere Male meinen Ochsenziemer durch die Luft pfeifen. Sie wich nunmehr bis zu einer der Bettstellen zurück und kam, da sie noch immer nichts Besseres zu tun hatte, als mich bösartig zu fixieren, dort plötzlich rücklings zu Fall. Jedoch machte sie auch im Liegen keinerlei Anstalten, ihre Röcke zu lüften, so wie ich ihr dies befohlen hatte, und deswegen besorgte ich dies nun, allmählich ungeduldig geworden, selbst.

Ich warf sie nämlich in einem jähen Ansprung auf den Bauch und setzte mich ihr dann rittlings ins Kreuz, worauf ich ihr ihre rückwärtigen Tücher von den Fersen bis über ihre Rundungen hochzerrte, und dann auf dem, was sich mir rosig und prall darbot, meinen bereits in vielen normannischen Hochzeitsnächten bewährten Schlauch fröhlich und ausgiebig tanzen und schnalzen ließ.

Während Graine O'Malley also strampelte, schrie und mich nach Herzenslust verfluchte, striemte ich ihr die Hinterbakken eine gute Weile kreuz und quer, bis sich auf ihnen weiße und rote Muster abzeichneten wie auf einem irischen Tartan, und ich ließ tapfer meinen Arm so lange nicht erlahmen, bis ich den Widerstand meines Eheweibes ganz und gar gebrochen hatte.

Ich muß jedoch zugeben, daß ich mich insgeheim auf einen

härteren Kampf mit Grainne O'Malley gefaßt gemacht hatte, denn die Heldenlieder, die inzwischen in ganz Irland über ihre Taten verfertigt wurden, waren mir nicht unbekannt. Doch während ich peitschenschwingend auf ihr saß, benahm sie sich viel weniger kratzbürstig als in jenen Heldengesängen, so daß ich nicht mehr ausschließen konnte, sie mir vielleicht doch in einer etwas schwachen Stunde gegriffen zu haben. Möglicherweise hatte Grainne in unserer Hochzeitsnacht also wirklich ein bißchen unter den seltsamen Einflüssen des Mondes zu leiden – doch darüber zerbrach ich mir damals den Kopf keineswegs, sondern diese Gedanken schossen mir nur nebenbei durch den Schädel, was ja auch kein Wunder war, hatte ich doch mit meinem Ochsenziemer auf ihrem Hintern ausreichend ernsthafte Arbeit zu leisten.

Als ich zuletzt das Gefühl hatte, Grainne O'Malley habe begriffen, was ich ihr die ganze Zeit über beizubringen versucht hatte, warf ich mein Werkzeug weg und stürzte mich dann über sie und ihre hinterwärtigen Rundungen, denn die Bearbeitung ihrer Kehrseite hatte mich nunmehr dermaßen erregt, daß ich selbst nicht mehr genau wußte, ob ich nun ein Ritter oder ein Ochse, äh, ein Stier war. Grainne O'Malley jedenfalls benahm sich von diesem Zeitpunkt an ganz folgsam und unterwürfig, so daß ich sehr mit ihr zufrieden sein konnte, denn nichts anderes hatte ich schließlich bei ihr erreichen wollen.

Während ich sie nun zunächst auf dem ersten, danach auf dem zweiten und zuletzt auch noch auf dem dritten eichenen Ehebett beglückte, hätte ich mir lediglich gewünscht, daß sie auf den Gipfelpunkten unserer ehelichen Lust besser und freudiger Laut gegeben hätte, doch andererseits zürnte ich ihr deswegen auch nicht, denn ich sagte mir, daß sie zuvor unter

meinem Ziemer bereits genug geschrien hatte, so daß sie jetzt vielleicht zu heiser für weitere ekstatische Bekundungen war. Immerhin bot sie mir ihre Scheibe nunmehr so willig dar, wie ich mir dies nur wünschen konnte, nämlich ganz nach meinen Gefallen von vorne und von hinten, und das bißchen Blut, das dabei ganz offensichtlich von ihren Tartan-Striemen auf meinen eigenen ritterlichen Riemen gelangte, nahm ich gutmütig hin, denn ich wußte, daß nichts im Leben je ganz perfekt sein kann. Und es sind solche Kleinigkeiten angesichts der gelungenen Zähmung der widerspenstigen Grainne O'Malley ja auch wirklich nicht von Bedeutung.
So kam es, daß unsere Hochzeitsnacht, die leider ein wenig rauhborstig begonnen hatte, in vollem und herzlichem Einvernehmen zwischen mir und Grainne im letzten unserer drei Ehebetten endete, und als meine Gattin im Morgengrauen völlig erschöpft einschlief, konnte ich mir sehr zufrieden sagen, daß unser zukünftiges Eheleben nun auf eine solide und hoffnungsvolle Basis gestellt worden war. Meine Gattin wußte nun, wer kreuz und quer ihr Herr war. Also verschloß ich meinen Ochsenziemer in der Rüstkammer, denn ich würde ihn, wie die normannischen Überlieferungen besagten, nun nie wieder benötigen, und er würde erst später wieder zu Ehren kommen, wenn etwa der Sohn, den ich mit Grainne O'Malley früher oder später zu zeugen hoffte, ihn einst nach altem Brauch bei seiner eigenen Hochzeit wieder zur Anwendung bringen wollte.
Ich, Mac William Eughter, feierte meinen Sieg über die Tücke der Weiber und sonderlich über die meines eigenen an diesem und den folgenden Tagen fröhlich und ausgelassen in der Runde meiner alten und neuen Gefolgsleute, und es störte mich dabei wenig, daß Grainne selbst sich auf der Wehrplatt-

form von Carrigahowly in dieser Woche nur selten zeigte, denn ich wußte, daß sie lieber bäuchlings in ihrer Kemenate lag, um dort in Ruhe über die Bedeutung und den Symbolwert der Striemen auf ihrem Allerwertesten nachdenken und meditieren zu können. Und als Grainne auch in der Folge meine Gesellschaft nur dann zu suchen schien, wenn ich brünstig und auf meine ehelichen Rechte bedacht in ihrer Kammer erschien, war ich ihr deswegen keineswegs gram, sondern schätzte sie bloß um so mehr, denn ganz offensichtlich schien meine Gattin nunmehr ganz genau begriffen zu haben, wann mir die Nähe zu ihr genehm war – und wann nicht. Ja, ich lebte damals tatsächlich in dem schönen Wahn, die ideale Ehefrau gefunden zu haben, die mir immer dann zu Diensten war, wenn ich dies nötig hatte, mich sonst aber rücksichtsvoll in Ruhe ließ, so daß ich mich mit ihr niemals über Nichtigkeiten unterhalten und hirnloses weibliches Geschwätz erdulden mußte, was anderen Männern ja oft zu einer fürchterlichen Heimsuchung wird. Ich jedoch, nachdem ich Grainne erst einmal zurechtgebogen hatte, führte ein höchst angenehmes Leben, denn wenn ich meine nunmehr stets andachtsvoll schweigende Gattin nicht gerade in ihrer Kemenate puderte, ritt ich mit meinen alten und neuen Freunden auf die Jagd, unternahm kleine Raubzüge mit den Galeonen, die nunmehr mir gehörten, oder ließ es mir im Kreise meiner Kameraden ganz einfach in den Hallen von Carrigahowly gutgehen, während Grainne stets züchtig im Hintergrund blieb.

Lediglich mit dem einen oder anderen ihrer Gefolgsleute hatte ich manchmal gewisse Schwierigkeiten, denn Davitt-mit-der-Nase, John Faughart, Rory O'Gilpatrick sowie der riesenhafte Priester aus Mayo oder auch mein Schwager Uail O'Malley schienen ein wenig verstört darüber zu sein, daß ich Carrigahowly nunmehr zu meinem Stammsitz erkoren hatte und mich eigentlich nur noch sehr selten auf meinen eigenen Burgen aufhielt, denn das Schloß, das Grainne mit in die Ehe gebracht hatte, war um vieles komfortabler als meine anderen sieben Felsenfestungen. Die Genannten also sowie noch ein paar andere Barfüßer von Clare wollten nicht immer ausgelassen und fröhlich mit mir trinken, doch ich störte mich nicht weiter daran, sondern zog im Lauf der Zeit immer mehr meiner eigenen Gefolgsleute an meine Hofhaltung auf Clare, so daß ich an ausgelassener Gesellschaft niemals Mangel hatte.

Ja, Grainne selbst schien meine diesbezüglichen Bedürfnisse sehr gut zu verstehen und zu würdigen, denn eines Tages begehrte sie mich, obwohl ich gar nicht nach ihr verlangt hatte, zu sprechen, und nachdem ich sie großzügigerweise ohne brünstige Gedanken meinerseits vorgelassen hatte, sagte sie: »Ich sehe, daß dir solch ruppige Barbaren wie mein Bruder Uail, Davitt-mit-der-Nase, John Faughart, Rory O'Gilpatrick sowie viele andere aus meiner armen Gefolgschaft auf die Nerven zu gehen scheinen, was auch kein Wunder ist, da du doch ein edler Ritter bist, der an besseren und adligeren Umgang gewöhnt ist. Deswegen hast du inzwischen auch die meisten deiner eigenen Leute nach Carrigahowly geholt, und ich habe dagegen als dein untertäniges Eheweib auch gar nichts einzuwenden, doch erlaube mir, daß ich dir von einer Sorge berichte, die mich deswegen schon seit einiger Zeit bedrückt.«

»Es sei dir gestattet«, erwiderte ich huldvoll, »doch solltest du dich vielleicht kurz fassen, denn ich will gleich zur Jagd aufbrechen.«

»Ich werde es so kurz machen, wie du es verdienst«, versprach Grainne unterwürfig, dann erklärte sie: »Da deine sieben Burgen nunmehr beinahe von aller Mannschaft entblößt sind, könnten vielleicht fellbekleidete Barbaren aus Donegal oder andere Feinde auf den Gedanken kommen, sie unversehens einzunehmen, nachdem sich hinter ihren Wällen kaum noch Gepanzerte, sondern bloß noch hilflose Mägde und Handwerker befinden. Und da ich selbst, natürlich lediglich in deinem Schatten, auch ein gewisses Anrecht auf diese Festungen habe, würde es mich doch sehr schmerzen, wenn sie dir etwa aus der Hand gewunden würden. Deswegen sollten wir sie vielleicht wieder stärker bemannen und diejenigen Krieger dorthin senden, die du ohnehin auf Carrigahowly nicht so gerne siehst, nämlich meinen Bruder Uail sowie Davitt...«

»Ich habe schon begriffen«, unterbrach ich sie, »und du mußt nicht langatmig daherplappern, wie es leider nun einmal Weiberart ist, und mir all die bekannten Namen noch einmal aufzählen, denn ich weiß selbst ganz genau, daß du neben deinem Bruder Uail und Davitt-mit-der-Nase auch noch John Faughart, Rory O'Gilpatrick sowie den riesenhaften Priester aus Mayo und verschiedene andere Piraten gemeint hast. Und da ich deine Bedenken bezüglich meiner Burgen in der Tat nicht vollkommen als weibliche Panikmache hinstellen kann, bin ich einverstanden mit dem, worum du gebeten hast. Ja, ich will dir sogar sagen, daß ich selbst bereits ganz ähnliche Überlegungen angestellt habe und den Abmarsch der genannten Truppen auf meine sieben Burgen sowieso früher oder später befohlen hätte. Deine Kerle mögen sich also schleunigst aufmachen, denn sie verpesten auf Carrigahowly tatsächlich nur die Luft, und je eher sie sich auf meinen Festungen nützlich machen, um so besser.«

»Ich danke dir sehr dafür, Mac William Eughter, daß du mich angehört hast«, sagte daraufhin Grainne unterwürfig und zog sich still wieder zurück. Und ehe ich dann selbst zur Jagd aufbrach, konnte ich mir höchst zufrieden sagen, daß Grainne O'Malley zahmer geworden war, als selbst ich dies jemals für möglich gehalten hätte.

Schon am nächsten Tag zogen die genannten Gefolgsleute Grainnes zusammen mit einer großen Schar anderer Barbaren von Carrigahowly ab, womit das Schloß nun ganz und gar in meinen Besitz gekommen war, so daß es nun zwischen Dublin und Galway keinen einzigen Ritter mehr gab, der mir mit meinen acht Festungen an Ansehen, Macht und Reichtum gleichgekommen wäre.

Mein Glück wurde außerdem noch durch den Umstand vermehrt, daß mein nunmehr zahmes Eheweib sich ab dem zehnten Monat unserer erfreulichen Zweisamkeit sehr deutlich zu runden begann, was ganz unmißverständlich bewies, daß mein kraftvoller normannischer Same in ihr Wurzeln geschlagen hatte und ich nun in absehbarer Zeit mit einem Erben und späteren Nachfolger in meiner Herrschaft Upper Owle Malley sowie meinen übrigen Ländereien und Burgen rechnen konnte. Dies machte mich dermaßen fröhlich, daß ich eines Tages meine Gattin vor mich rufen ließ und zu ihr sagte: »Da du nun deine ersten ehelichen Pflichten erfüllt hast, indem du mir nicht nur ohne irgendwelche Widerworte, wie dies ja auch deine Pflicht war, die Herrschaft über Carrigahowly überlassen, sondern dich außerdem auch noch pünktlich zu runden begonnen hast, so daß das Geschlecht der Mac Eughters in Clew nicht mehr aussterben kann, will ich dir heute gnädig mein Lob aussprechen. Gleichzeitig muß ich dir aber ankündigen, daß ich dich nun für eine Weile zu verlassen gedenke, denn es ist mir, einem normannischen Recken und Besitzer von acht Festungen, nicht zuzumuten, die etwaigen Launen und Dummheiten einer Schwangeren zu ertragen. Solches mögen Tölpel aus dem einfachen Volk erdulden, doch keinesfalls ich, weswegen ich mit einer meiner Galeonen, die derzeit ohnehin nur nutzlos im Hafen von Clare vor sich hin dümpeln, eine kleine Raubfahrt zu meiner wohlverdienten Zerstreuung unternehmen will. Ich werde also, zusammen mit meinen vertrautesten Freunden, dickbäuchige und weinträchtige spanische Schiffe jagen – und dabei sicherlich auch ab und zu an dich denken, die du in der Zwischenzeit hier auf Carrigahowly bestimmt noch unförmiger als jene Segler aufquellen wirst.«

Nachdem ich ihr dies eröffnet hatte, blickte mich Grainne zunächst stumm und sprachlos an, denn ganz offensichtlich ging ihr die bevorstehende Trennung von mir, wie ich das auch erwarten konnte, sehr nahe. Dann aber nickte sie unterwürfig und verließ mich wieder, nachdem sie mir nach gutem alten Brauch noch Mast- und Schotenbruch gewünscht hatte.

Schon am nächsten Morgen setzte ich meine Gefolgsleute von meinem Vorhaben in Kenntnis, und nachdem sie mir als dem tapfersten Piraten Irlands ausgiebig zugejubelt hatten, befahlen wir etlichen Matrosen Grainnes, eine der Galeonen für uns segelfertig zu machen. Zwar gingen diese Barbaren zunächst nur sehr unlustig ans Werk, aber nachdem ich mich deswegen bei meiner Gattin beschwert hatte, suchte sie jene Männer höchstpersönlich am Strand auf und las ihnen, während ich selbst mit meinem Gefolge vornehm abseits stand, offenbar sehr gründlich die Leviten, denn kaum hatte sich Grainne wieder auf den Rückweg in mein Schloß gemacht, als die Matrosen auch schon munter zu arbeiten begannen.

Innerhalb weniger Tage lag dann die Galeone, die ich mir ausgewählt hatte, unter den Zinnen von Carrigahowly zum Auslaufen bereit, und ich bestieg zusammen mit meiner normannischen Mannschaft die frühere *Hexe von Plymouth* und nachmalige *Hexe von Clare*, die ich aber nunmehr in *Zahme Hexe von Mac Eughter* umgetauft hatte, nämlich im Gedenken an meine erfolgreiche Ehe und damit sie endlich einmal einen vernünftigen und wirklich symbolträchtigen Namen haben sollte.

Meine Normannen heißten nun die Segel der *Zahmen Hexe von Mac Eughter*, und dann liefen wir, genau zehn Monate nach meiner Eheschließung mit Grainne O'Malley, hinaus auf die feindliche See, nahmen Kurs nach Süden und sangen dabei wilde und kämpferische Lieder, in denen viel die Rede von Spaniern, Engländern und Sarazenen war, die wir nun bald zu versenken und vorher auszuplündern gedachten.

Ich will nun auf die Einzelheiten dieser Kriegsfahrt nicht näher eingehen, denn tölpelhafte Prahlereien und Aufschneidereien passen zu einem Ritter ebensowenig wie die Erwähnung von Heldentaten, die für einen wie mich ohnehin ganz selbstverständlich waren und sind, und deswegen möchte ich hier nur sagen, daß wir uns zwei Monate und etliche Tage auf den verschiedenen Meeren südlich von Clare herumtrieben und zuletzt siegreich wieder in unseren Ausgangshafen einliefen.

Freilich unterschied sich die *Zahme Hexe von Mac Eughter* sehr von jener, die gut zwei Monate zuvor von hier weggesegelt war, denn ihre einstmals eisenharten Mastbäume und Rahen waren nun an vielen Stellen geknickt und gesplittert, auch hingen ihr die Segel vom Bug bis zum Heck in Fetzen, und was ihre ehemals beinahe vierzig Kanonen anging, so läßt sich sagen, daß kaum noch ein Dutzend davon übriggeblieben waren, denn alle anderen ruhten auf dem Grund der See oder waren geborsten. Die Planken der *Zahmen Hexe von Mac Eughter* leckten außerdem an vielen Stellen, wo feindliche Geschosse sie getroffen hatten, und in nicht viel besserem Zustand befand sich meine normannische Mannschaft. Denn auch diejenigen unter meinen Männern, die überlebt hatten, bluteten aus zahlreichen Wunden und hatten schockweise ihre diversen Gliedmaßen verloren, so daß viele von ihnen noch ärger dran waren als Rory O'Gilpatrick in seiner allerschlimmsten Zeit. Man kann auch nicht behaupten, daß wir etwa fröhlich sangen, als wir wieder in den Hafen von Clare einliefen, denn wir waren allesamt halb verhungert und verdurstet und führten in unseren triefenden Laderäumen weder Wein noch irgendwelche andere Lebensmittel mehr mit uns, ja, noch nicht einmal mehr Ratten, denn selbst diese hatten uns irgendwo auf den tobenden Weltmeeren verlassen.

Aus alledem läßt sich jedoch ersehen, wie tapfer und todesverachtend wir gegen unsere übermächtigen Feinde gekämpft hatten, und hätten wir einen normannischen Skalden*) oder auch nur einen irischen Filid**) bei uns an Bord gehabt, so wären unsere Taten unausweichlich zu unsterblichen Heldenliedern verklärt worden.

So jedoch krochen wir unbesungen in den Hafen von Clare, und ich sehnte mich damals mehr als jemals in meiner Ehe nach meinem Weib, damit dieses mir meine Wunden verbinden und meinen Heldengeschichten lauschen könne, so wie es eben Frauenpflicht ist. Deswegen stellte ich mich, kaum wa-

*) Skalde = Verfasser von nordländischen Sagas
**) Filid = irisches Gegenstück eines Skalden

ren unsere letzten Segelfetzen an Deck gefallen, breitbeinig auf das angekohlte und zerspellte Achterkastell der *Zahmen Hexe von Mac Eughter* und rief dann zum Söller von Carrigahowly hinauf: »Dein Gatte ist siegreich zurückgekehrt, Grainne O'Malley, und du darfst ihn nunmehr auf seinem Schloß empfangen, wie es ihm gebührt, nämlich vielleicht mit einem Ehrenspalier seiner Untertanen vor dem Tor, auf jeden Fall aber mit vielen Hammeln am Spieß und reichlich Wein, Poteen und Whisky!«

Während ich auf diese Weise, wie es sich gehörte, meine Rückkunft kundtat, fiel mir jedoch auf, daß der Hafen wie ausgestorben dalag und außerdem das Tor sowie die Fenster und Schießscharten von Carrigahowly verrammelt und vernagelt waren, während zwischen den Zinnen hervor zahlreiche Kanonenschlünde auf mich und meine Gefolgsleute glotzten. Ehe ich jedoch noch wirklich begreifen konnte, was dies zu bedeuten hatte, zeigte sich hinter einer der genannten Kanonen mein Eheweib, zum Umfang einer Elefantin gediehen, und rief zu mir herunter: »Ich sehe, daß deine Raubfahrt nicht ganz so glücklich abgelaufen ist, wie du dir dies in deinem Wahn vorgestellt hast, Mac William Eughter, du Ritter ohne Furcht und Tadel, der du mehr kriechend als segelnd zu mir zurückgekehrt bist. Ganz offensichtlich hast du, kaum daß du dem Schutz meines Rockzipfels entflohen warst, üble Prügel einstecken müssen, was einem solchen Vieh wie dir auch zu gönnen ist. Falls du aber nun glaubst, du könntest deine Wunden auf diesem Schloß lecken, muß ich dich schwer enttäuschen, denn du wirst nie wieder einen Fuß über die Schwelle von Carrigahowly setzen. Vielmehr rate ich dir, mit deiner zerrupften normannischen Bande ganz schnell von hier zu verschwinden, ehe ich dir Beine mache!«

Ich, Mac William Eughter, dachte zunächst, der Wind, der fauchend über die Zinnen von Carrigahowly strich, hätte mich genarrt, denn solche Ungeheuerlichkeiten hätte ich aus dem Mund meines eigenen Eheweibes nie und nimmer erwartet, um so mehr, als Grainne ja außerdem auch noch meinen Sohn unter ihrem Herzen trug. Doch dann mußte ich mir sagen, daß meine Ohren mich keineswegs getrogen hatten, denn ich sah, wie Grainne sich eine Lunte reichen ließ und mit dieser erschreckend nahe über dem Zündloch ihrer Kanone herumfuchtelte.

»Du sollst nicht leichtsinnig mit diesem Feuerschwamm umgehen!« rief ich daher zu ihr hinauf. »Denn was geschehen kann, sobald erst einmal Vollkugeln oder Kartätschen pfeifen, siehst du an meiner bedauernswerten *Zahmen Hexe von Mac Eughter!* Nimm also diese Lunte schnell wieder von deinem Geschütz weg und höre mir statt dessen lieber aufmerksam zu! Sicher hast du nämlich bloß im Kindbettfieber oder so gesprochen, als du mir eben jene Beleidigungen an den Kopf warfst, die ich lieber nicht wiederholen möchte. Ich verzeihe dir dein ungeheuerliches Verhalten auch, denn ich weiß, wie unsinnig schwangere Weiber sich gelegentlich benehmen, doch deine Zustände werden sich bestimmt bessern, sobald ich als dein Herr erst wieder bei dir bin. Spiel' also jetzt nicht länger verrückt, sondern laß mich ins Schloß hinein, auf daß wir dann in Ruhe über alles reden können.«

Kaum war das letzte meiner mahnenden Worte gefallen, als die verrückte Grainne O'Malley auch schon die glimmende Lunte ins Feuerloch ihrer Kanone senkte und eine vierzehnpfündige Kugel hart neben mir in die Aufbauten der *Zahmen Hexe von Mac Eughter* krachte. Und durch den Vorhang aus Rauch und Qualm, der sich nunmehr zwischen mich und

mein Weib gelegt hatte, hörte ich Grainne rufen: »Nur noch auf diese und auf keine andere Weise mehr habe ich mit dir zu reden, du Hundsfott, und ich hoffe, du hast nun endlich begriffen, wie ernst es mir damit ist. Mach dich also auf der Stelle fort von Clare, denn sonst werde ich mit einer ganzen Batterie auf dich feuern müssen, was mir, wie du dir sicher denken kannst, ausgesprochenes Vergnügen bereiten würde!«
»Ich bin überhaupt nicht imstande zu denken!« schrie ich zurück. »Denn du hast mich in der Tat völlig kopflos gemacht! Bin ich denn nicht dein Ehegatte, der dir vor Gott und den Menschen angetraut wurde?!«
»Ein Scheusal bist du!« kreischte Grainne von ihrer Zinne herunter. »Und wenn ich dir dies nicht schon früher gesagt habe, dann nur deswegen, weil sich die richtige Gelegenheit dazu nicht ergab, solange du dich noch auf Carrigahowly aufhieltest und ich dir und deinem Ochsenziemer in meiner Schwangerschaft hilflos ausgeliefert war. Denn bis du auf diesem Schiff, das du nun als ein Wrack zurückgebracht hast, von Carrigahowly abgesegelt bist, hast du es ganz vortrefflich verstanden, gewisse weibliche Schwächen an mir auszunützen und mich wie ein Vieh zu unterdrücken. Dies begann bereits in unserer Hochzeitsnacht, als du mir das Achterkastell grün und blau gestriemt und dich dabei auch noch auf ehrwürdige Bräuche berufen hast, was du dir jedoch nur deswegen erlauben konntest, weil ich damals gerade unter jener Frauenschwäche litt, die unsereinen pünktlich jeden Monat heimsucht.
Ich mußte also meine Erniedrigung erdulden, wenn auch mit zusammengebissenen Zähnen, und dies wurde dann auch während der folgenden leidvollen Monate nicht anders, denn du hattest mein Schloß vom Söller bis zum Keller mit deinen

normannischen Halunken besetzt, so daß ich gegen dich nicht ankonnte, auch wenn mir längst klargeworden war, daß ich ein Vieh und einen Barbaren zum Gatten genommen hatte. Außerdem band mich der Ehekontrakt, den ich mit dir geschlossen hatte, so daß ich dir deine zwölfmonatige Probezeit wohl oder übel gewähren mußte, auch wenn ich dich lieber aufgehängt und gevierteilt hätte.
So mußte ich bisher schweigen und konnte nur hoffen, daß meine Stunde einmal kommen würde. Und nun ist sie da, denn du sitzt hilflos auf einem Wrack in der Reichweite meiner Kanonen und hast außerdem keine Krieger mehr bei dir, sondern bloß noch eine Rotte von Invaliden. Zudem ist seit einigen Tagen unsere eheliche Probezeit abgelaufen, so daß ich mich nunmehr freudig von dir lossagen und dich als meinen gewesenen Gatten zum Teufel wünschen kann. Ich hoffe, du hast es nun endlich begriffen, du unritterlichster aller Ritter! Dir bleibt jetzt nichts mehr, als abzuziehen wie ein geprügelter Hund, und wenn du dies nicht sofort tust, werde ich mit Hilfe meiner Zwölf- und Vierzehnpfünder noch deutlicher zu dir sprechen!«
Spätestens in diesem Moment wurde mir, Mac William Eughter, klar, welchen Fehler ich begangen hatte, als ich zusammen mit allen meinen kampfkräftigen Normannen Carrigahowly verlassen und das Schloß damit wieder in die Gewalt dieser Furie namens Grainne O'Malley gegeben hatte. Ich begriff in dieser dunklen Stunde meines Lebens auch, daß einem Eheweib – und sei es auch das zahmste – niemals wirklich zu trauen ist, denn es liegt in der Natur auch der scheinbar unterwürfigsten Kreaturen dieser, daß sie stets und überall wider aller Vernunft die Herrschaft des Mannes in Frage stellen müssen.

Solche und ähnliche philosophische Gedanken fuhren mir damals durch den Kopf, doch leider nützten sie mir angesichts von Grainne O'Malleys Batterien wenig, weshalb ich nun noch einmal versuchte, das irrsinnige Weib mit Argumenten zur Raison zu bringen. »Du begehst ein nicht wiedergutzumachendes Unrecht am Vater und Erzeuger jenes Sohnes, den du in deinem geschwollenen Bauch trägst«, rief ich deswegen zu den Zinnen von Carrigahowly hinauf, »und wenn du auch ganz grundlose Haßgefühle gegen mich hegst, so solltest du dennoch jetzt ausschließlich an unseren Sprößling denken, denn es ist diesem armen Wurm keinesfalls zuzumuten, daß er vaterlos und bloß unter der Fuchtel seiner Mutter aufwachsen muß!« Ich wölbte meine Hände vor den Mund, damit Grainne mich auch wirklich gut verstehen konnte, und setzte hinzu: »Denn es könnte mein Sohn sonst einen Schaden für sein ganzes Leben davontragen!«

»Diese Gefahr sehe ich allein dann, wenn er in deine normannischen Fänge gerät«, gab mein gewesenes Eheweib gellend zurück, »und es ist besser, ein Kind besitzt überhaupt keinen Vater als einen wie dich! Ich allein werde deswegen, obwohl dieses Kind leider aus deinem verworfenen Samen stammt, einen anständigen und brauchbaren Menschen aus ihm zu machen versuchen. Denn solches gebietet mir meine Mutterliebe – doch dasselbe Gefühl befiehlt mir auch, dich jetzt um jeden Preis von Clare und aus Clew zu verjagen, denn eher als dich würde ich den Teufel als den Vater meines Kindes anerkennen!

Versuche also jetzt nicht länger, mich noch einmal so einzuwickeln, wie dir dies leider vor unserer Eheschließung gelungen ist, sondern nimm deine abgerissene Horde von Sieglosen mit dir und versuche, ob du anderswo vielleicht noch einmal ein Weib zu freien vermagst. Möglicherweise wirst du dann, falls es in ganz Irland eine solche Unglückliche gibt, auch mit ihr ehrwürdige alte Normannenbräuche pflegen wollen, und das Instrument dazu sollst du auf der Stelle haben!«

Ehe ich auf Graine O'Malleys unbegreifliche Anwürfe noch irgend etwas erwidern konnte, krachte erneut etwas aufs Achterkastell meiner gerupften Galeone, doch diesmal handelte es sich nicht um eine vierzehnpfündige Kugel, sondern um ein Kästchen, das mir wohlbekannt war, denn ich hatte es seinerzeit in unserem Hochzeitszimmer verborgen, um dann während unserer gemeinsamen Brautnacht den Knüppel aus ihm fahren zu lassen. Jetzt jedoch mußte ich einsehen, daß die verrückte Grainne O'Malley trotz meiner damaligen heißen Ermahnungen ganz und gar unbelehrbar geblieben war, und da ich sie nun tatsächlich schon wieder mit ihrer Zündlunte fuchteln sah, blieb mir zuletzt nichts anderes übrig, als meinen Gefolgsleuten den Befehl zum geordneten Rückzug zu geben, denn nichts anderes gebot in unserer mißlichen Lage meine männliche und ritterliche Vernunft.

Wir setzten also noch einmal die Reste unserer Segel und trieben auf diese Weise, während von den Zinnen von Carrigahowly herunter erzböses Hohngelächter ertönte, hinüber zum Festland. Dort lief die *Zahme Hexe von Mac Eughter* auf Grund, was sie fraglos vor dem Sinken bewahrte, und ich selbst konnte mich mit meinen Männern auf den Strand retten. Nachdem ich sie um mich, ihren Herrn, versammelt hatte, sprach ich folgendermaßen zu ihnen: »Ihr dürft keinesfalls ernstnehmen, was diese teuflische Hexe von Carrigahowly von sich gegeben hat, denn ich, Mac William Eughter, bin mitnichten besiegt, auch wenn ich im Moment eine meiner acht Festungen verloren zu haben scheine.«

Ich stärkte mich mit dem vorletzten Schluck aus meiner Leibflasche und fuhr fort: »Es wird nämlich der vermeintliche Triumph dieser Verrückten nur von kurzer Dauer sein, denn hiermit rufe ich eine fürchterliche Fehde gegen sie aus, und ich schwöre, daß ich mir alles zurückholen werde, worum sie mich heute gebracht hat. Meine übrigen sieben Festungen liegen nämlich wie ein Würgering rund um das Land Upper Owle Malley, und in sie werden wir uns jetzt zunächst zurückziehen, um dann später, sobald wir uns wieder bewaffnet, ausgerüstet und mit frischer Mannschaft versehen haben, wie ein rächendes Ungewitter hierher zurückzukehren. Dann aber will ich, denn dies ist ganz unzweifelhaft Gottes Wille, der verfluchten Grainne O'Malley noch einmal eine Hochzeit ausrichten, doch auf dieser soll sie dann mit des Seilers Tochter tanzen müssen – und nicht mehr mit einem liebevollen Ehegatten, wie ich es gewesen bin!«
Ich wartete, bis der Jubel meiner Recken, der aufgrund ihres Zustandes freilich ein wenig dünn ausfiel, verklungen war, dann bückte ich mich nach einem Hanfstrick, der in der Zwischenzeit vom Wrack an Land getrieben war, hob ihn auf und zeigte ihn meinen Leuten, wobei ich sprach: »An diesem Faden soll sich der ehebrecherische Hals meiner Gewesenen alsbald schmerzlich in die Länge ziehen, oder ich will nicht länger ein Normanne sein und den berühmten Namen Mac William Eughter tragen! – Doch jetzt wollen wir aufbrechen, denn ich kann es kaum noch erwarten, in meinen sieben Burgen wieder der Herr zu sein.«
Während ich mir den Hanfstrick, den ich Grainne O'Malley zugedacht hatte, um den Harnisch wand, erwiderte einer meiner Leute, ein Waibel, der mir bisher stets tapfer zur Seite gestanden hatte: »Deine Worte in Gottes oder auch des Teu-

fels Ohr, Mac William Eughter, doch ich fürchte, nicht viele von uns werden den Rückmarsch zu deinen Festungen mitmachen können, denn sie haben sich nur noch mit letzten Kräften an diesen Strand retten können und würden, wegen ihrer vielfältigen Verwundungen, jetzt keine halbe Meile mehr weiterkommen. Wenn ich es recht bedenke, werden sie sich hier zwischen den Klippen verkriechen und rohe Muscheln essen müssen, um auf diese Weise entweder wieder zu Kräften zu kommen oder, was wahrscheinlicher ist, zugrunde zu gehen. Dir bleiben also höchstens noch sieben oder acht Männer übrig, und auch mit mir kannst du dabei leider nicht rechnen, denn mit meinem zerschossenen Bein werde ich mich wohl den Muschelfressern anschließen müssen.«

»Dann bildet ihr hier eben einen Brückenkopf, von dem später die Rückeroberung von Carrigahowly ausgehen kann«, erwiderte ich unverdrossen. »Ich befehle euch, daß ihr bis zum letzten Mann hier ausharrt, bis ich dann mit einer frischen Armee zurückkehre und euch nicht nur heraushaue, sondern auch das verdammte Schloß dort drüben stürme.«

Weiter war nichts mehr zu sagen, und ich marschierte an der Spitze meiner allerletzten Gefolgsleute landeinwärts davon, während die Invaliden sich am Strand von Clew stöhnend einzuigeln begannen.

Eine oder zwei Wochen vergingen, dann tauchte vor mir und den drei Normannen, die mir jetzt noch geblieben waren, die erste meiner Felsenburgen auf. Freudig bewegt hastete ich näher, um mich dann unter dem Tor der hinter den Wällen befindlichen Besatzung mit lauten Rufen zu erkennen zu geben. Der Schock, den ich dann sogleich erlitt, war jedoch sehr groß, denn über den Zinnen tauchten nun keineswegs normannische Helme auf, sondern es zeigte sich vielmehr der rotzinkige Schädel Davitts-mit-der-Nase, und indem dieser Hundekerl eine Poteen-Kruke gegen mich schwenkte, geiferte er auf mich herunter: »Wie ich annehme, möchtest du gerne in diese Burg gelangen, Mac William Eughter, denn ganz offensichtlich bist du immer noch in dem Wahn befangen, sie gehöre dir. Dem ist aber leider nicht so, denn wie du dich sicherlich erinnern kannst, habe ich sie vor einigen Monaten auf deinen eigenen Wunsch hin mit zahlreichen irischen Rekken besetzt, nachdem du selbst deine Normannen nach Carrigahowly gerufen hattest. Und ich muß dir sagen, daß es Grainne O'Malley, meine Herrin, war, die diese strategischen Umwälzungen sehr hilfreich und günstig für sich selbst fand, auch wenn sie mit dir damals aus verständlichen Gründen darüber nicht gesprochen hat. Auf diese Weise sitzen jetzt ausschließlich bewaffnete Iren hinter den Mauern dieser Festung, und was hier drinnen noch normannisch ist, schleppt lediglich Wasser oder ist friedlich in der Küche beschäftigt.« Nachdem er mir dies zu Gehör gebracht hatte, nahm dieser versoffene Bandit einen langen Schluck aus seiner Kruke und gellte mir danach, der ich inzwischen auf einen Stein gesunken war und kein Wort herausbringen konnte, folgendermaßen in die Ohren: »Ich begreife schon, daß dich meine Nachrichten schwer treffen, Mac William Eughter, doch du hast dich während deiner seltsamen Ehe mit Grainne O'Malley dümmer benommen als nur irgendein Gauch zwischen hier und Dublin. Nimm also jetzt hin, was dir als Lohn für deine Hirnlosigkeit widerfahren ist, und glaube ja nicht, daß du dich an Grainne irgendwie rächen könntest, indem du etwa von einer deiner anderen ehemaligen Burgen aus einen Krieg gegen sie entfesselst.

Denn auch dies will ich dir eröffnen, daß auf der nächsten

Festung, von hier aus gesehen, Grainnes Bruder Uail mit starker irischer Mannschaft sitzt, auf der übernächsten der tapfere John Faughart und wiederum ein Steinhäuschen weiter der geschützkundige Rory O'Gilpatrick. Eine weitere deiner gewesenen Burgen hält der Priester, der dich und Grainne schändlicherweise getraut hat, in seiner riesenhaften Pranke, so daß nach meiner Zählung jetzt nur noch zwei Burgen übrig sind, nach denen es dich vielleicht immer noch gelüsten könnte, doch auch diese befinden sich in der Gewalt kühner Krieger und Piraten, die vor der Insel Hispaniola sowie vor der sarazenischen Stadt Akkri und an zahlreichen anderen Orten bereits viel Pulver gerochen haben.

Es bleibt also dir, du normannischer Recke und Wüstling, in der Tat nichts anderes mehr übrig, als dich demütig in dein Schicksal zu fügen und dich nicht länger trotzig gegen den Lauf der Welt zu sperren. Nimm also demütig hin, was Gott und vor allen Dingen Grainne O'Malley dir aufgebürdet haben, und sieh ein, daß du zwar als ein Edelmann geboren, nunmehr aber nichts weiter als ein Bettler bist! Und wenn du fortan hungrig und ohne die Tröstungen einer Poteen-Kruke über die dürren irischen Heiden wandern mußt, dann bedenke, daß nicht ein ungerechtes Schicksal oder menschliche Mißgunst dich dorthin getrieben haben, sondern ganz allein du dich selbst, denn du hast es gewagt, Grainne O'Malley unterjochen zu wollen, was keinem Kerl auf Erden und auch nicht im Himmel oder in der Hölle gelingen könnte.«

Nach diesen Worten verschwand der gepichte Zinken hinter einer Zinne, und an seiner Stelle fuhren Musketen- und Kanonenläufe hervor, so daß ich, Mac William Eughter, noch nicht einmal rechtfertigende Sätze hervorbringen konnte, sondern ganz und gar geschlagen schweigen mußte.

Ja, ich stellte fest, daß mich während der Tirade Davitts-mit-der-Nase auch noch meine letzten drei Getreuen sang- und klanglos verlassen hatten, so daß mir nunmehr wirklich nichts weiter als jener Strick geblieben war, an dem ich Grainne O'Malley hatte aufhängen wollen. Diese hänfene Schlinge löste ich nun von meinem Harnisch und wankte dann, sie in der Hand haltend, davon, denn ich sah ein, daß ich nun wirklich nur noch eine einzige ehrenvolle Tat vollbringen konnte: Mich nämlich, so wie der Säufer mir geraten hatte, in die unwirtliche Heide zurückzuziehen und mir dort einen kräftigen Baum zu suchen, der die Last eines ganz und gar gescheiterten Ritters tragen konnte. Dort konnten mich, Mac William Eughter, der einstmals sieben und dann sogar acht Burgen besessen hatte, dann die Raben fressen, doch ich schwor mir, daß dies nicht geschehen sollte, ehe ich Grainne O'Malley mit meinem allerletztem Atem noch einmal verflucht hatte.

Mit diesen Worten, die er sehr dumpf und unter Zähneknirschen hervorstieß, beendete der Normanne seine Geschichte und spülte sich gleich darauf die Galle mit Hilfe eines großen Humpens Wein zurück in den Schlund. Anschließend musterte Mac William Eughter Davitt-mit-der-Nase mit einem mörderischen Blick, was jenen jedoch nicht sonderlich zu stören schien, denn er lachte nur und sagte: »Der Schluß deiner Erzählung klang dramatischer und endgültiger, als er sich in Wahrheit zugetragen hat, mein Freund. Dies solltest du dir vielleicht in Erinnerung rufen, ehe du mir in deiner augenblicklichen verständlichen Erregung gar noch an die Kehle gehst, weil ich dir von den Zinnen einer deiner Festungen herunter vor vielen Jahren Unerfreuliches zu sagen hatte.

Immerhin sitzt du ja nun trotz allem lebendig in unserer Tafelrunde, und vor dir liegt, wie ein erlegtes Wild, Grainne O'Malley, so daß man möglicherweise sogar behaupten könnte, du hättest es zuletzt doch noch besser getroffen als sie.«

Der Normanne fuhr daraufhin mit der geballten Faust auf den Leichnam los und traf ihn so hart gegen den nunmehr hoch aufgeblähten Leib, daß aus Grainnes Hals ein rüder Grunzer fuhr. Dieser Laut schien ihn in der Tat ein wenig zu beruhigen, denn er sagte nunmehr: »Es ist ganz so, wie du es angedeutet hast, Davitt, denn seit zwei Tagen können wir nunmehr schon ihre Höllenfahrt feiern, während ich selbst damals auf der Heide doch noch einmal um das Baumeln herumkam. Denn als ich dort in der düstersten Stunde meines Lebens bereits die Schlinge um den Hals trug und soeben von der Astgabel, in der ich kauerte, in ein gnädiges Vergessen abtauchen wollte, erschien mir eine noch ziemlich jugendfrische Witwe und überredete mich zuletzt, von meinem Galgenbaum wieder herunterzuklettern, indem sie nämlich Stein und Bein schwor, daß nicht alle Frauen solche Teufelinnen wie die Grunzende da vor uns auf der Tafel seien.«

»Das beweist, daß die Weiber durchaus auch einmal etwas Gutes an sich haben können«, warf Uail ein.

»Ich hoffe, du beziehst dies nicht auf deine glücklich verstorbene Schwester«, schnappte der Normanne. »Bedenke, wie übel sie dir selbst mitgespielt hat, der du eigentlich Herrscher von Upper Owle Malley werden solltest! – Ein um so größeres Rätsel ist es mir deswegen übrigens, wieso du dich damals, als ich selbst aus besagter Herrschaft vertrieben wurde, so eindeutig auf ihre Seite gestellt hast. Es wäre doch unbestreitbar besser gewesen, wir beide hätten uns gegen sie verbündet, um uns dann Carrigahowly möglicherweise als Ganerben*) zu teilen.«

»Solches ging mir damals durchaus im Kopf herum«, bekannte Uail O'Malley. »Doch als Grainne mich heimlich bat, eine deiner Burgen gegen dich selbst zu halten, hatte sie gleichzeitig Vorsorge getroffen, daß ich meinen Gefolgschaftspflichten ihr gegenüber auch wirklich nachkommen würde. Sie hatte sich nämlich, während sie dir, Mac William Eughter, die unterwürfige und zahme Gattin vorspielte, mit meiner Mätresse abgesprochen, die ihr aus irgendwelchen Gründen sehr verpflichtet war, und beide Frauen hatten ein ganz hinterhältiges Komplott gegen mich ausgeheckt. Meine Buhlin, an der ich in der Tat sehr hing, gab mir nämlich zu verstehen, daß sie erst dann wieder die Freuden der Liebe mit mir genießen könne, wenn ihre Herrin von dir, Mac William Eughter, freigekommen und damit ebenfalls wieder glücklich sei. Bis dahin jedoch müsse ich auf ihr Erdbeermäulchen verzichten, und so kam es, daß ich jene Burg besetzen und gegen dich halten mußte, denn mit Hilfe eines Ochsenziemers wollte ich mein Recht lieber nicht einzutreiben versuchen, nachdem ich wußte, daß dies selbst normannischen Rittern übel zu bekommen pflegt.«

Nachdem Uail O'Malley dies lachend geäußert hatte, begann Mac William Eughter erneut die Augen wie ein wütender Stier zu rollen, doch ehe daraus größeres Unheil entstehen konnte, nahm schnell Davitt-mit-der-Nase das Wort und sagte: »Wir sollten diese alten Geschichten, nachdem sie einmal erzählt sind, nicht unnötig noch einmal aufrühren, denn

*) Ganerben = eine ritterliche Erbengemeinschaft, die eine Burg gleichberechtigt bewohnte und nutzte.

solches könnte uns möglicherweise den Abendfrieden trüben. Viel unterhaltsamer wäre es, wenn du, verehrter Mac William Eughter, uns zuletzt noch berichten könntest, wie es dir mit deiner jugendfrischen Witwe erging. Denn Weiber von dieser Art pflegen sehr kurzweilig zu sein, wenn ich mich recht an jene Zeiten erinnere, in denen ich selbst diesbezüglich noch aktiv war, ehe mir dann irgendwann ein Becher Poteen, der höchstwahrscheinlich vergiftet war, meine Lanze für immer knickte.«

»Kurzweilig war meine Witwe in der Tat«, bekannte der Normanne. »Denn sie wußte ihr Maulwerk Tag und Nacht zu wetzen, nachdem sie mich in ihrer Hütte aufgenommen hatte, und wenn mir diese typisch weibliche Fähigkeit zunächst möglicherweise auch das Leben gerettet hatte, so sah ich es doch bald erneut in großer Gefahr, denn schon nach einer oder zwei Wochen war meine Galle unter ihren unaufhörlichen Tiraden dermaßen angeschwollen, daß ich jeden Augenblick zu platzen drohte.

Also blieb mir wiederum nichts anderes als die Flucht in die Heide, und obwohl jene Witwe mir das überreichlich kredenzt hatte, was ich mir bei Grainne O'Malley nur mit Hilfe meines Ochsenziemers hatte erringen können, schätzte ich mich zuletzt dennoch sehr glücklich, ihr entkommen zu sein, denn sie hatte niemals das Plappern lassen können. Ich schwor mir also, nachdem ich auch diesem Weibe entkommen war, hinfort lieber zu leben wie ein Mönch und meine Tage in der Einsamkeit der irischen Wildnis zu beschließen. Und wahrscheinlich hätte ich diesen löblichen Vorsatz auch bis an mein Lebensende durchgehalten und ihn höchstens einmal mit nichtadligen und zudem stummen Weibern gebrochen, wenn ich nicht, nachdem ich zwei oder drei Jahre so etwas wie ein

Eremit gewesen war, eines Tages auf eine Burg im Osten Erins gestoßen wäre, auf der, wie sich dann herausstellte, ein entfernter normannischer Verwandter von mir als Vizedom saß.

Und da dieser Ritter dringend einen Hauptmann für seine Söldner benötigte, kam es, daß ich zuletzt wieder eine Rüstung trug und über die Wehrgänge einer Festung schreiten konnte – auch wenn mir dies, der ich einstmals nicht weniger als acht eigene Burgen besessen hatte, ziemlich bescheiden vorkommen mußte.

Mit den Jahren lernte ich jedoch, mich mit meinem Los abzufinden, und ich kann sogar sagen, daß ich heute, da ich immerhin schon sechs Jahrzehnte auf dem Buckel habe, ein leidlich zufriedener Mensch geworden bin, was bestimmt auch der Tatsache zu verdanken ist, daß ich mich seit den geschilderten Ereignissen mit keinem Weib mehr ehelich einließ und auch in Bade- oder Hurenhäusern diesbezüglich stets sehr vorsichtig und kurz angebunden war. Denn ich habe heute begriffen, daß es mit den Langhaarigen meistens schlimm ausgeht – selbst dann, wenn man bei solchen Gelegenheiten ehrwürdige Gebräuche befolgt und in seiner Hochzeitsnacht sogar mit einem Ochsenziemer bewaffnet ist. Bei Grainne O'Malley nämlich versagten diese Mittel, so gut sie auch gemeint waren, vollständig, und in manch einsamer Stunde seither habe ich mich gefragt, ob es vielleicht nicht doch besser gewesen wäre, damals, vor nunmehr dreißig Jahren, unbewaffnet zu ihr zu kommen.

Doch eine eindeutige Antwort darauf vermag selbst ich nicht zu geben, denn kein Mann bringt es fertig, die Seele eines Weibes wirklich auszuloten und zu begreifen, und bei einer anderen als Grainne O'Malley wäre möglicherweise mein normannischer Ochsenziemer gar nicht so schlecht am Platze gewesen.«

»Ihr jedoch damit zu kommen, war mit Sicherheit völlig falsch!« erklang es daraufhin im Chor durch den Söller von Carrigahowly, denn alle acht Tafelgenossen des Mac William Eughter hatten den Satz, wie durch ein Wunder, gemeinsam ausgerufen.

Der Normanne nickte betrübt, und nachdem er wiederum einen großen Becher Wein geleert hatte, sagte er, wobei seine Augen urplötzlich sehr hell zu glänzen begannen: »Aber ein Gedächtnisband soll sie trotzdem von mir bekommen, und es wird nicht das schlechteste von allen sein, mit dem ich sie zu verzieren gedenke!«

Dabei zog er blitzschnell und mit mörderischem Blitzen in seinen Augen einen Hanfstrick unter seinem Lederkoller hervor und indem er diesen über dem Leichnam Grainnes hin und her pendeln ließ, erklärte er: »Dieses Tau befand sich einst an Bord der *Zahmen Hexe von Mac Eughter*, ehe ich es dann in Sichtweite der Mauern von Carrigahowly an mich nahm, um mit seiner Hilfe Grainne O'Malley für ihre Frechheiten zu bestrafen. Leider fand ich dazu, wie ihr wißt, keine Gelegenheit, so daß dieses hänfene Band später um meinen eigenen Hals zu liegen kam und mir in der Tat um ein Haar das Genick gebrochen hätte, wäre nicht rechtzeitig jene maulwetzerische Witwe aufgetaucht. Seitdem habe ich es Tag und Nacht bei mir getragen, denn dreißig Jahre lang hoffte ich, daß meine Chance vielleicht doch noch einmal kommen würde – und nunmehr ist sie auch da!«

Bei diesen letzten Worten rollte Mac William Eughter seine Augen wiederum wie ein Stier und warf gleichzeitig den verschossenen Strick blitzschnell um Grainne O'Malleys

Hals, wobei er mit sich überschlagender Stimme schrie: »Seht her, wie ich dem Teufel die Arbeit abnehme! Doch vielleicht würde nicht einmal der Leibhaftige wagen, was ich nunmehr vollbringe, da ich endlich Herr über dieses wüste Frauenzimmer geworden bin!

Ja, schaut sie euch nur an, wie sie jetzt hilflos mit dem Schädel pendelt – und bloß noch eine kleine Weile, dann wird ihr Nackenwirbel krachen wie ein dürrer Ast, und sie wird endlich bekommen haben, was sie schon vor dreißig Jahren verdient hätte!«

In der Tat befand sich Grainne O'Malley in großer Gefahr, als eine Gehängte in ihre Gruft eingehen zu müssen, denn schon war ihr gewesener Gatte auf die Tafel geklettert und bemühte sich, das freie Strickende über einen Deckenbalken zu werfen, der sich etwas gesenkt hatte und deswegen durchaus als Galgenbaum geeignet gewesen wäre, doch in diesem Augenblick mischte sich Toby O'Malley, der Viscount of Mayo, ein und bändigte seinen Vater, indem er sich an dessen Leibgurt hing und ihn dadurch, wenn auch polternd, wieder zurück auf die Erde brachte.

Dann riß er ihm schnell den Hanfstrick aus der Hand und redete seinem Erzeuger folgendermaßen ins Gewissen: »Wir alle sehen ja ein, daß du vielleicht noch eine Rechnung mit deinem Eheweib zu begleichen hättest, doch solltest du bitte auch bedenken, daß ich es als ihr und dein Sohn unmöglich dulden kann, daß meine Eltern jetzt derartig abscheuliche Spielchen miteinander aufführen! Und da Grainne sich, wie es nun einmal in der Natur ihres Zustandes liegt, kaum noch gegen dich wehren kann, brächte es dir keinen ritterlichen Ruhm ein, sie aufzuhängen, ohne sie wirklich besiegt zu haben.

Bengle ihr also dein hänfenes Tau meinetwegen so fest um den Schädel, wie du nur magst, aber löse es von ihrem Hals, denn wenn ich diesen noch länger in der Schlinge sehen müßte, könnten meine kindlichen Gefühle für sie ganz vehement erwachen, und es würde dann vielleicht nicht nur ein Elternteil von mir, sondern wahrscheinlich alle beide von diesem Balken baumeln müssen! Da aber nach allen Gesetzen der Menschen der Sohn nicht die Hand gegen seinen Vater erheben soll, wärst du sicherlich gut beraten, wenn du dir einen zweiten Angriff auf das Genick meiner Mutter verkneifen würdest!«

»Aus dir spricht nicht verständnisvolle Sohnesliebe, sondern vielmehr der widerspenstige Geist jener, die zu hängen mir noch nicht einmal nach ihrem Tode vergönnt sein soll«, schnaubte Mac William Eughter.

»Doch da ich mir schon vor langer Zeit geschworen habe, mich nie wieder mit jemandem aus der Sippe der O'Malleys – und sei es auch nur ein Mann – anzulegen, sollst du deinen Willen haben, da du zudem auch noch ihr leibhaftiger Sohn bist. Nun gut, diejenige, mit der ich dich leider zeugte, soll lediglich am Kopf geschnürt in ihre Grube fahren dürfen!«

Damit wand der Normanne das hänfene Band nun friedlich um den Schädel Grainne O'Malleys, wenn auch ziemlich weit unten, ihrem Hals zu, und äußerte zuletzt hoffnungsvoll: »Vielleicht rutscht es ja noch ein wenig tiefer, wenn sie erst in der Hölle schmort und ihr die ewigen Flammen das Fleisch von den Backen gefressen haben!«

»Dies läge dann außerhalb unserer Macht«, stimmte Uail O'Malley zu, »und du, Toby, brauchst dir deswegen auch keine Gedanken mehr darüber zu machen, ob ihr nicht doch ein Tort angetan wurde, weil dein Vater seinen letzten Gruß vielleicht ein wenig zu tief angesetzt hat. Oder bist du jetzt noch immer anderer Meinung als er?«

Toby O'Malley zupfte sorgfältig seinen gefältelten Kragen über dem Lederkoller zurecht, dann erwiderte er: »Eine kleine Rache ist meinem Erzeuger durchaus zu gönnen, sofern sie nicht so ausufert, wie er dies ursprünglich vorhatte. Denn selbst ich muß gestehen, das Grainne sich gegenüber Mac William Eughter nicht gerade wie ein braves Eheweib benommen hat, und wenn einer durch die Schuld der eigenen Gattin um sieben oder sogar acht Burgen kommt, dann ist es auch zu verstehen, daß er in einer Stunde wie dieser einmal kurz den Kopf verliert.

Deswegen trage ich dir, Mac William Eughter, auch nicht nach, was du meiner Mutter in deiner Rachsucht zugedacht hattest, sondern ich stoße mit dir darauf an, daß deine Festungen nunmehr durch die Listen Grainnes, wenn diese sich auch gegen dich richten mußten, sehr frühzeitig in meine eigenen Hände gelangt sind, so daß ich über den Ausgang eurer Ehe eigentlich nicht klagen kann. Denn wärt ihr besser miteinander ausgekommen, müßte ich wohl noch ein Weilchen auf mein Erbe warten, so aber ist es mir bereits zu Lebzeiten meines verehrten Vaters in den Schoß gefallen . . .«

»Du solltest dich zu diesem Thema vielleicht nicht zu ausführlich äußern«, unterbrach ihn Uail, »denn sonst könnte es leicht geschehen, daß mein Schwager erneut wie ein Stier zu wüten beginnt. Laßt uns also lieber schweigen und in Andacht auf eine Ehe trinken, die ganz gewiß zu den ungewöhnlichsten der irischen Geschichte gezählt werden kann – und wir wollen dies jetzt sine ira et studio tun, denn dies ist, besonders für Mac William Eughter, sicherlich am besten!«

»Ob du es auf lateinisch, irisch oder normannisch sagst – die

Tatsache bleibt bestehen, daß sie ein Miststück war!« knurrte Mac William Eughter. »Doch vielleicht ist es wirklich besser für mich, die Tote ruhen zu lassen und im Schnaps Vergessen zu suchen.«

Dem hatte niemand aus der Tafelrunde mehr etwas hinzuzufügen, und so stießen nun alle neun Recken kräftig miteinander an, während Grainne O'Malley, nunmehr von einem Galgenstrick geziert, friedlich vor ihnen lag und sich draußen die Dämmerung über die Bucht von Clew senkte.

VII

Das brüderliche Band

»Es will Abend werden«, sagte Sir Henry Sydney, der Gouverneur von Galway, und witterte raffzähnig zu einem der westlichen Söllerfenster von Carrigahowly hinaus. »Finstere Nacht senkt sich auf Irland, und wie immer in dieser Tagesstunde fühle ich mich sehr bedrückt.« Nachdem er dies von sich gegeben hatte, fuhr sich der Vertreter und Repräsentant der Englischen Krone mit beiden Händen quer durch seine gepuderte Perücke, so daß sie ihm nach diesem Akt irgendwie tragisch über himmelstürmender Nase stand, und seufzte schwer.

»Solltest du dich etwa vor Leprechauns, Banshees oder anderen Gespenstern fürchten, die, wie manche zu wissen glauben, zwischen Sonnenuntergang und Mitternacht über Erin und sonderlich dessen westliche Kernlande hinwegzupfeifen pflegen?« fragte teilnahmsvoll Davitt-mit-der-Nase.

»Solche Ängste wären durchaus nicht unbegründet«, mischte sich Rory O'Gilpatrick ein. »Das schwöre ich bei meiner Stelze und meiner Augenklappe, denn es ist Tatsache, daß schon so mancher Engländer nächstens von jenen Geflügelten, Kreischenden, Wieselnden oder auch Wolfszähnigen unversehens hinweggerafft wurde!«

»Jawohl! Manche verschwanden ganz spurlos im Jenseits«,

bestätigte Mac William Eughter, dessen Stirn sehr tragisch und düster gefurcht war, »doch andere fand man im Morgengrauen zerquetscht wie zertretene Kröten auf, denn sie waren zu ihrem ewigen Unglück unter ein streunendes Riesenweib mit feuerroten Haaren geraten.« Der Normanne nahm einen tiefen Schluck aus seinem Pokal und setzte, indem er mit abgespreiztem Zeige- und kleinem Finger auf Grainne O'Malley deutete, hinzu: »Oder fürchtest du etwa gar, daß jene, die ich nicht hängen durfte, in ihrer unwiderruflich letzten Nacht auf Erden noch einmal lebendig werden wird, was freilich für uns alle und Irland dazu ein größeres Unheil bedeuten würde, als Banshees, Leprechauns, Riesenweiber sowie alle sonstigen denkbaren Unholde zusammen anrichten könnten?«
Sir Henry Sydney erwiderte: »Macht mich jetzt nicht verrückt mit euren unchristlichen und abergläubischen Phantasien, die lediglich beweisen, welch fürchterliche Heiden ihr doch seid. In Wahrheit ist es so, daß ich mich in solchen Abendstunden keineswegs vor irgendwelchen Gespenstern oder Trollen ängstige, sondern es ist die bevorstehende Dunkelheit an sich, die mich seit nunmehr elf Jahren irgendwie kleinmütig macht.« Er schneuzte sich dröhnend in seinen großzügig gefältelten Hemdsärmel und fuhr dann fort: »Du, Mac William Eughter, hast schon das Richtige getroffen, als du eine Rothaarige wie Grainne O'Malley ins Spiel brachtest, denn in der Tat ist sie es gewesen, die mir klarmachte, wie schnell sich die Nacht über den Ruhm eines Mannes senken kann, so daß ich seither in jeder Dämmerstunde von der Erinnerung daran bedrückt werde.«
»Hast du es etwa noch immer nicht verwunden, daß meine kriegerische Schwester dir damals den Zugang nach Carrigahowly mit Kanonen verweigerte, als du mit Truppen anrück-

test, um Grainne anstelle der Roten Stute vor den Thron deiner Königin zu schleppen?« erkundigte sich Uail O'Malley erstaunt. »Deswegen solltest du dich wirklich nicht grämen, denn es war dir damals zuletzt immerhin ein ehrenvoller Rückzug gestattet, was meinem Schwager Mac William Eughter wenige Jahre später in ähnlicher Situation keinesfalls vergönnt war. Der Normanne hätte deswegen vielleicht Grund, jeglichen Abend seines Lebens ob der jähen Verdunkelung seines Ruhmes in Trübsal zu verfallen, doch nicht du, der du bloß ein paar Schock Soldaten, doch nicht eine einzige Burg verloren hast. – Nimm dir also ein Beispiel an Mac und sieh, wie fröhlich er trotz allem trinkt...«

»Dies geschieht keineswegs aus übergroßer Lebensfreude heraus«, unterbrach ihn knurrend der Normanne, »sondern eher des Umstandes wegen, daß mein eigener Sohn, wie sich vorhin zeigte, mir auch die kleinsten und harmlosesten Zerstreuungen nicht mehr gönnen will.«

»Wir wollen deswegen jetzt nicht wieder einen Familienstreit vom Zaun brechen«, fiel ihm da blitzschnell Toby O'Malley ins Wort, »sondern uns lieber hilfreich dem zuwenden, der ernsthafter als du unter den nächtlichen Schatten über der Bucht von Clew zu leiden scheint. Vielleicht also wollt Ihr Euch doch ein wenig genauer erklären, Sir Henry?«

»Dies war auch meine Absicht, ehe Uail versuchte, einen längst vergessenen Feldzug als eine Niederlage der Briten hinzustellen«, sagte der Gouverneur von Galway. »Doch ich will auf diese offensichtliche Geschichtsfälschung nicht näher eingehen, denn nicht mein damaliger tapferer Sturm auf Carrigahowly bedrückt mich, sondern vielmehr die Erinnerung an jene Zeit, als ich zu meinem ewigen Unglück mit Grainne verbündet war. Damals nämlich senkte sich in der Tat Nacht über Irland, und deswegen werde ich seit nunmehr elf Jahren jeden Tag in der Dämmerstunde trübsinnig.«

»Seit elf Jahren?« fistelte Davitt-mit-der-Nase. »Dann müßte es also 1588 begonnen haben. Freilich, jetzt erinnere ich mich ganz genau an jenes Datum, aber ich kann wirklich nicht sagen, daß es Anlaß zu düsteren Gedanken gäbe, sondern es war für Grainne und uns andere, die wir ihr folgten, vielmehr eine äußerst heitere Zeit, wenn auch vielleicht die Spanier damals etwas zahlreich in irischen Gewässern zu finden waren.«

»Eure Heiterkeit war es ja gerade, die mich bis ans Ende meines Lebens quälen wird!« versetzte Sir Henry Sydney und fuhr sich erneut verstört durch seine Perücke.

»Ihr solltet es Euch wirklich einmal von der Leber reden«, sagte Toby O'Malley, »was immer es auch sei. Vielleicht werdet Ihr dann auch nicht länger unter nächtlichem Albdrücken zu leiden haben. Nehmt also diese Hammelkeule und diesen Becher Poteen von mir an, verehrter Sir, und stärkt Euch nach Kräften, damit Ihr Eure nachfolgende Beichte auch unbeschadet durchstehen könnt.«

»Wir werden weniger eine stille Beichte als vielmehr ein sehr lautes Lamento zu hören bekommen«, vermutete kichernd Davitt-mit-der-Nase, »denn ich erinnere mich jetzt immer deutlicher daran, was in jenem Jahr 1588 geschah. Doch soll mir lautstarkes Geschrei recht sein, denn ich habe zahme christliche Geständnisse stets langweilig gefunden, während es im Gegensatz dazu sehr kurzweilig anzuhören ist, wenn ein Mensch so recht nach Herzenslust über ein ungewöhnliches Schicksal, das er bis zur Neige auskosten mußte, jammert, wütet, schimpft, schwadroniert und heult. Und wenn auch ein Engländer wie der Gouverneur von Galway in dieser Hinsicht wahrscheinlich nicht so viel leisten kann wie ein echter Kelte, so freue ich mich dennoch schon sehr auf seine Erinnerungen, denn sie werden uns in eine Zeit zurückführen, in der sich in Irland tatsächlich viel Außergewöhnliches und Ruhmreiches ereignete.«

Da Sir Henry Sydney seine Raffzähne gerade tief in die Hammelkeule gegraben hatte, konnte er darauf schlecht etwas erwidern und begnügte sich deswegen damit, wütend das Fleisch zu zerfetzen, welch nahrhafter Tätigkeit sich im Verlauf der nächsten halben Stunde auch die übrigen Mitglieder der Tafelrunde hingaben. Nachdem sie dann aber mit einigen wohlgefüllten Bechern nachgespült hatten und die Abenddämmerung um den Turm von Carrigahowly noch tiefer geworden war, ermannte sich der Gouverneur von Galway endlich und stellte sich den Schatten seiner Vergangenheit. Er brachte also seinen Genossen das zu Gehör, was sie so dringend zu hören begehrten, nämlich

Die Geschichte des Sir Henry Sydney

Davitt-mit-der-Nase hat ja bereits erwähnt, daß jenes Jahr 1588 für die europäische Geschichtsschreibung nicht belanglos war, denn damals sandte der wahnsinnige König von Spanien, Philipp II., seine Armada gegen England aus, um anständige Menschen, nachdem er ihre Ländereien zerstört und verbrannt hatte, mit Gewalt katholisch zu machen. Ja, es ging diesem Ungeheuer noch nicht einmal um England allein, sondern er hatte in seinem wüsten Geist außerdem beschlossen, daß auch Irland in seine Klauen fallen müsse, wozu verschiedene Bischöfe, Heilige und sonstige Kleriker, deren Vorfahren sich bereits vor tausend Jahren in Erin festgesetzt hatten, ihn wahrscheinlich hinterlistig, wie dies nun einmal ihre Art ist, auch noch ermutigt hatten.

Irland und damit auch die Grafschaft von Galway sowie die umliegenden unbedeutenderen Ländereien befanden sich also in allerhöchster Gefahr, weshalb ich, als der zuständige Gouverneur, selbstverständlich alles tat, um mein Herrschaftsgebiet in den erforderlichen Verteidigungszustand zu versetzen. Dies gelang mir, da ich ja über die nötige militärische Erfahrung verfügte, auch über die Maßen gut, und ehe sich noch ein einziges spanisches Segel am Horizont zeigte, starrten die Festungswälle von Galway von scharf geladenen Kanonen, und in meinem Hafen lag eine große Flotte von Galeonen und anderen Kriegsschiffen bereit, deren tapfere Besatzungen es mit jedem verfluchten Katholiken aufnehmen konnten.

Doch leider ereignete sich nun etwas völlig Unvorhergesehenes, denn nachdem meine Garnison und Flotte etwa vierzehn Tage in höchstem Alarmzustand verharrt hatten, zeigten sich im Süden plötzlich drei Schiffe, und an den Mastspitzen dieser Galeonen flatterten Flaggen, wie sie in keinem anständigen Seefahrerhandbuch verzeichnet sind. Diese Fetzen zeigten nämlich eine ungeheuerliche schwarze Eiche, und mit Schaudern und Entsetzen erinnerte ich mich daran, daß ich ein ähnliches Banner schon einmal in den Lüften hatte wehen sehen, nämlich damals, als ich das Schloß Carrigahowly belagerte und es, wenn ich später dann nichts Besseres zu tun gehabt hätte, sicher auch eingenommen hätte. In der Erinnerung an diesen Kriegszug gab ich sofort Befehl, die Wälle von Galway mit nassem Sackleinen und eingeweichten Tierhäuten vor Brand zu schützen, denn ich hatte die hinterhältigen

Waffen, mit denen unter der Fahne der Schwarzen Eiche gekämpft zu werden pflegte, noch sehr gut im Gedächtnis. Auch ließ ich auf meinen eigenen Schiffen auf der Stelle Generalalarm trommeln, denn ich vermutete nichts anderes, als daß Grainne O'Malley, welche da ganz unverkennbar heransegelte, sich mit den Spaniern verbündet hätte und nun frech Galway anzugreifen gedachte, dies um so mehr, als ich vernommen hatte, sie sei nach ihrer unglücklich verlaufenen Ehe mit dem Ritter Mac William Eughter noch kratzbürstiger als je zuvor geworden.

Schon stachen meine eigenen Schiffe gegen die lächerlichen drei Galeonen in See, während ich selbst diese Operation vom dickwandigsten Kanonenturm meiner Festung aus aufmerksam überwachte. Ehe es jedoch noch zu einem ersten Austausch von Breitseiten, der Grainne O'Malley unweigerlich in ein frühes nasses Grab gerissen hätte, kommen konnte, ging auf ihrem Flaggschiff plötzlich neben der genannten barbarischen eine weiße Flagge hoch. Dies behagte mir zwar überhaupt nicht, denn ich hatte mich schon darauf gefreut, die endgültige Niederlage Grainne O'Malleys mit einem gewaltigen Gelage zu feiern, aber ich hatte ihr Symbol für friedliche Absicht notgedrungen zu achten, weshalb ich per Winksignal nun meine eigenen Kapitäne anweisen ließ, die Irin ungeschoren zu lassen, so daß sie in den Hafen von Galway einlaufen konnte, während ihre beiden anderen Galeonen draußen auf Reede liegenblieben.

Wenig später erlebte ich, Sir Henry Sydney, dann das zweifelhafte Vergnügen, Grainne O'Malley eine Audienz in meinem Palast gewähren zu müssen. Das Ungeheuer schritt kampfgepanzert und mit einer mörderischen Breitaxt an der Seite herein, und in ihrem Gefolge befanden sich einige düster aussehende Subjekte, von denen ich nur einen mit einer riesigen Säufernase, einen anderen mit einer barbarischen Stelze und einer höllenschwarzen Augenklappe, einen dritten mit einem riesigen Wollstrumpf als Kopfbedeckung sowie einen Kleriker nennen will, der unter seinem bischöflichen Rauchmantel ein derartiges Waffenarsenal trug, daß sich dieses zwar sehr wohl mit den bekannten Gepflogenheiten gewisser Kirchen, nicht jedoch mit den eher friedlichen Forderungen des Evangeliums vereinbaren ließ. Diese Rotte näherte sich ganz unverfroren dem Gouverneurssessel, auf dem ich thronte, und umringte mich in einem bedrohlichen Halbkreis, worauf Grainne O'Malley, ohne irgendwelche höfische oder auch nur höfliche Präliminarien zu beachten, sprach: »Wie deine ausgelaufenen Galeonen sowie die feuerbereiten Kanonen auf deinen Bastionen mir gezeigt haben, Henry Sydney, hat mein Auftauchen in diesen Gewässern dich ziemlich verwirrt und eingeschüchtert. Doch ich habe dir, wie du sicherlich sehr erleichtert festgestellt hast, eine weiße Fahne entgegenflattern lassen, und nun sollst du darüberhinaus auch noch aus meinem eigenen Mund vernehmen, daß ich in durchaus friedlicher Absicht nach Galway gekommen bin – zumindest was dich und deine Engländer angeht.«

Darauf hätte ich, als Gouverneur der genannten kriegstüchtigen Stadt, einiges zu erwidern gehabt, doch Grainne O'Malley ließ mich in ihrer unnachahmlichen Art nicht zu Wort kommen, indem sie nämlich sofort weiterplapperte: »Daß ich friedlich in deinen Hafen und deinen Palast komme, verwundert dich, wie ich sehe.

Doch wie dir, Henry Sydney, sicherlich bekannt ist, wird gegenwärtig Irland und nebenbei auch England von den Spaniern bedroht, welche in unseren Ländern nicht nur den verfluchten Katholizismus, sondern zusammen mit ihm auch die Inquisition samt ihren Hexen- und Ketzerverbrennungen sowie höchstwahrscheinlich auch noch die Verfolgung von Juden, Mauren, Tinkern*) und Rothaarigen einzuführen gedenken. Da ich, Grainne O'Malley, jedoch niemals Unterschiede zwischen Menschen verschiedener Weltanschauungen oder Rassen zu machen pflegte, sofern sie nur gute Piraten waren, und da ich außerdem in meinem Leben nicht nur Diakone und Pfaffen verschiedenster theologischer Richtungen und Hautfarben kastriert habe, sondern selbst auch noch als Hexe und als Rothaarige verrufen bin, kann König Philipp samt seiner katholischen Inquisition mir selbstverständlich nicht gleichgültig sein. Ich hege daher aus sehr verständlichen Gründen einen heftigen Abscheu gegen ihn und seine Kriegsflotte. Hinzu kommt, daß zwischen mir und diesem Spanier vielleicht auch noch einige Weinrechnungen offen sind, so daß ich mich kürzlich, nachdem ich all dies gründlich bedacht hatte, als sehr aufrechte englische Patriotin zu fühlen begann, welche nichts sehnlicher wünscht, als daß die tapfere Königin Elisabeth von England gründlich über ihren nichtswürdigen geisteskranken Vetter triumphieren möge. Deswegen bin ich mit drei gutbestückten Galeonen nach Galway gekommen, um dir, Henry Sydney, meine gewiß nicht zu verachtende Waffenhilfe anzubieten – und ich hätte leicht noch ein viertes Kriegsschiff unter unsere gemeinsame Fahne führen können, wenn nicht die *Hexe von Clare* dank der Torheit meines gewesenen Gatten Mac William Eughter als ein armseliges Wrack am Strand von Clew läge. Doch denke ich, daß wir auch mit meinen drei Galeonen sowie den zweihundert unge-

*) Tinker = Landfahrer, Zigeuner

mein tapferen Recken, die sich an Bord dieser Schiffe befinden, viel gegen die Spanier erreichen können. Darauf, verehrter Sydney, wollen wir uns als bewährte Kriegskameraden, die wir irgendwie ja tatsächlich sind, nun die Hände reichen und später vielleicht einen oder zwei Pokale auf unsere kommenden Siege leeren!«

Nachdem Grainne O'Malley dies von sich gegeben hatte, blickte sie mich aus ihren grünen Augen mit forschem Blick an und streckte mir ihre ruder- und waffengewohnte Hand entgegen, welche ich allerdings nicht so ohne weiteres ergreifen konnte, denn nun hatte auch ich, in meiner Eigenschaft als Vertreter der englischen Krone, einiges klarzustellen.

»Du hast davon gesprochen, daß wir bewährte Kriegskameraden seien, Grainne O'Malley«, erwiderte ich also, »doch hast du dabei ganz offensichtlich vergessen, daß wir damals, als wir in Clew gemeinsam im Feld standen, uns doch wohl auf entgegengesetzten Seiten der Front befanden...«

»Ich trage dir diese Störung meiner Brautnacht schon lange nicht mehr nach«, fiel mir Grainne O'Malley ins Wort, »um so mehr, als es dir ja doch nicht gelang, mich und meinen Gatten damals am Zeugen zu hindern. Wir können jedoch, falls du dies partout willst, gerne noch ein wenig über deine damalige Niederlage debattieren, welche ja keineswegs für mich, sondern vielmehr für die Königin von England und ihren Kriegsruhm eine ziemliche Beleidigung war...«

»Tempi passati«, sagte ich, Sir Henry Sydney, daraufhin schnell. »Was streiten wir uns um Dinge, die praktisch schon vor Äonen geschehen sind, während ich und du doch inzwischen viel älter und weiser geworden sind?«

»Dies stimmt«, pflichtete Grainne O'Malley mir bei, »denn ich fühle mich tatsächlich viel klüger, seit ich nicht nur eine, sondern sogar zwei Ehen hinter mich gebracht habe, und was das Älterwerden angeht, so trifft dies auf mich selbst zwar nur ganz unwesentlich zu, doch in dein Antlitz hat die Zeit in der Tat seit unserem kleinen Tête-à-Tête in Clew eine Reihe von Schrunden gegraben, die damals noch nicht an dir wahrzunehmen waren. Auch scheint es mir, daß dein Gebiß noch viel gelber geworden ist, seit wir sozusagen Seite an Seite kanonierten, doch kann auch der Zustand deiner Zähne kein Nachteil, sondern vielmehr ein Vorteil sein, wenn es erst gegen die Spanier geht, sofern du sie nur kräftig genug gegen sie bleckst. Sie werden dann nämlich in ihrem katholischen Wahn glauben, ein belialischer Leviathan greife sie an, und uns dann wahrscheinlich um so leichter unterliegen.«

»Dies zu deinem Alter und zu Grainnes Weisheit«, mischte sich an dieser Stelle jener rotzinkige Barbar ein, in dem ich in der Zwischenzeit den berühmten Helden Davitt-mit-der-Nase erkannt hatte. »Doch es scheint mir, als wolltest du vorhin mit meiner Fürstin gerne noch anderes besprechen und klären. Nimm also kein Blatt vor den Mund, Gouverneur von Galway, denn es kann nur gut für uns sein, wenn zwischen Irland und England alles ausgeräumt wird, was unsere gegenseitigen Beziehungen möglicherweise belasten könnte, damit wir danach um so einträchtiger gegen die Spanier ziehen können.«

Es war mir, Sir Henry Sydney, in der Zwischenzeit sonnenklar geworden, daß ich im Umgang mit Grainne O'Malley und angesichts der schrecklichen Bedrohung, die auf Irland lastete, nunmehr sehr staatsmännisch zu denken hatte, und deswegen erwiderte ich nun auf die Einlassung des Gepichten:

»Wenn wir ernsthaft damit anfangen wollten, gewisse Dinge zwischen uns auszuräumen, dann könnten uns möglicher-

weise die Spanier überwältigen, noch ehe wir zu einem Ende gekommen wären. Deswegen will ich auch keine großen Worte mehr darüber verlieren, daß die *Hexe von Clare*, die nunmehr ohnehin als Wrack am Strand modert, einstmals unter dem viel schöneren Namen *Hexe von Plymouth* über die Weltmeere segelte, ehe sie dann einer Waffenbrüderschaft zwischen England und Irland zum Opfer fiel. Auch ist es jetzt eher unerheblich, auf deine zweite Ehe einzugehen, tapfere Grainne O'Malley, auch wenn in deren Verlauf durch eine Verkettung unglückseliger Umstände sieben Festungen eines königstreuen Normannen in deine irische Hand gerieten und der genannte Mac William Eughter selbst seither ruhmlos irgendwo in der Heide zwischen Trollen und Hexen verschollen ist.
Denn heute bist du, Grainne O'Malley, vertrauensvoll zu mir gekommen, und ich bin gerne geneigt, dich wie eine verlorene Tochter bei mir aufzunehmen, denn du willst drei gutbestückte Galeonen sowie zweihundert tapfere irische Krieger unter meinen Oberbefehl stellen. Und wenn man es ein klein wenig diplomatisch sieht, dann sind dadurch ja nunmehr auch die sieben Festungen des unglücklichen Mac William Eughter wiederum als zur englischen Krone gehörig zu betrachten, so daß in der Tat nichts mehr zwischen uns steht, was zu Mißverständnissen oder irgendwelchen Reibereien Anlaß geben könnte. Deswegen will ich nun auch deine Hand ergreifen, Fürstin von Upper Owle Malley, und nachdem wir uns gegenseitige Treue geschworen haben, können wir gerne einen oder auch zwei Pokale auf unsere nunmehr so erfreuliche Waffenbrüderschaft leeren.«
»Dies wollen wir tun«, erwiderte Grainne O'Malley, »auch wenn ich mich keinesfalls unter deinen Oberbefehl gestellt

habe, wie du fälschlicherweise anzunehmen scheinst. Doch sollten wir deswegen keine weiteren unnützen Worte machen, denn was uns jetzt allein zu interessieren hat, ist das Gelage, mit dem unser Bund nach altem Brauch besiegelt werden muß, und danach die verfluchten Spanier, die ich mit deiner Hilfe ganz gewiß in die Hölle zu jagen gedenke. Doch dies hat später noch Zeit, und ich hoffe vorerst, du hast ausreichend Poteen, Whisky und westindischen Rum hinter den Festungsmauern eingelagert, um meine Recken und mich zufriedenzustellen, doch solltest du heute besser keinen spanischen Wein auffahren lassen, denn solchen müßten meine Gefolgsleute aus patriotischen Gründen in diesen Tagen empört von sich weisen.«

»Es werden nur bekömmliche Getränke auf unsere Tafel gelangen«, versprach ich, denn Grainne O'Malleys Forderung erschien mir nur recht und billig und zeigte mir außerdem an, daß sie es mit ihrer nunmehrigen Treue zur englischen Krone ernst meinte, was mich angesichts der weltpolitischen Lage nur mit Entzücken und Genugtuung erfüllen konnte.

So duldete ich es also, daß auch die anderen beiden irischen Galeonen in den Hafen von Galway einliefen und direkt unterhalb meiner Gouverneursfestung Anker warfen. Als ich dann die zweihundert Gefolgsleute Grainne O'Malleys an Land stürmen sah, wurde mir in der Tat angst und bange um das Schicksal der spanischen Armada, doch unterdrückte ich selbstverständlich dieses Gefühl sofort wieder, denn ich wollte dem Patriotismus der Grainne O'Malley schließlich auf keinen Fall nachstehen.

Allerdings hätte ich mir eher Sorgen um England denn um Spanien machen sollen, denn die Dinge ließen sich sofort nach der Landung jener zweihundert Krieger höchst unerfreulich an. Bereits das Gelage, mit dessen Hilfe wir eigentlich bloß unseren Waffenbund hatten festigen wollen, artete zu einer ganz üblen Orgie aus, in deren Verlauf in meinem ehrwürdigen Gouverneurspalast nicht nur gesoffen und gefressen wurde wie noch nie in seiner langen Geschichte, sondern schon nach wenigen Stunden dort auch sämtliche Huren Galways aufgetrieben wurden.

Sorgenvolle Überlegungen, wie ich, Sir Henry Sydney, sie damals pflegte, schienen jedoch meiner verfluchten Kampfgenossin und ihren zweihundert Leuten völlig fremd zu sein, denn sie gingen auch während der folgenden Tage und Nächte keineswegs in sich, sondern hausten schlimmer denn je in der Stadt und im Hafen von Galway, was auf die Moral meiner eigenen Truppen schon bald ganz fürchterliche Auswirkungen zeitigte.

Saufgelage, Glücksspiele und Hurerei nahmen nämlich nun auch auf den Schiffen meiner eigenen Flotte sowie in den Kasernen der britischen Söldner dermaßen überhand, daß die Stadt und der Hafen bald einem einzigen großen Hexenkessel glichen. Als am siebten oder achten Tag nach Grainne O'Malleys Ankunft in Galway einige meiner eigenen Offiziere versuchten, in einer Art Handstreich die Ordnung einigermaßen wiederherzustellen, wurden diese loyal gebliebenen Untertanen der Britischen Krone von einem Stoßtrupp der irischen Piratin entwaffnet, um dann in Sichtweite des Gouverneurspalastes übel mißhandelt zu werden, was zuletzt darin gipfelte, daß man sie teerte und federte. Auf diese Weise war ich, der eigentliche Herr von Galway, meiner wichtigsten Führungsoffiziere beraubt worden und war nun so gut wie völlig machtlos.

Doch damit noch immer nicht genug, denn im Lauf der zweiten Woche von Grainnes Waffenhilfe verlor ich auch noch eine meiner schönsten Galeonen, welche an Bord sechsunddreißig Kanonen getragen hatte, weil nämlich jener verrückte Davitt-mit-der-Nase ein Flottenmanöver anzusetzen beliebte, in dessen Verlauf Engländer und Iren mit blinden Schüssen gegeneinander kartätschen sollten, um sich auf diese Weise für die bevorstehende Seeschlacht gegen die spanische Armada einzuüben. Davitt-mit-der-Nase kommandierte bei dieser Gelegenheit das gälische Flaggschiff, doch er tat dies leider im Zustand eines nicht mehr zu übertreffenden Vollrausches, und nicht weniger benebelt torkelte sein Geschützmeister Rory O'Gilpatrick an Bord herum, so daß diese irischen Höllenhunde, als das Flottenmanöver auf seinem Höhepunkt angelangt war, keineswegs mit blinden Ladungen gegen die Kriegsschiffe Ihrer Majestät losdonnerten, sondern mit veritablen zwölf- und vierzehnpfündigen Vollkugeln, worauf zuletzt die Pulverkammer der besagten englischen Galeone in die Luft flog und mehr als achtzig britische Matrosen zusammen mit den Trümmern ihres Schiffes auf den Meeresgrund rauschten. Auf diese Weise fanden sie einen völlig unnützen und sinnlosen Tod, indem sie sich nämlich an die Abmachung gehalten und ihrerseits wirklich nur blind kanoniert hatten, was den besoffenen Barbaren Grainne O'Malleys gegenüber ein grundlegender und nicht wiedergutzumachender Fehler gewesen war.

Der Verlust meiner schönen Galeone brachte mich, Sir Henry Sydney, nun allerdings dazu, jene Verrückte von Carrigahowly samt ihren verantwortlichen Offizieren massiv zur Rede stellen zu wollen – doch noch nicht einmal dies glückte mir letztlich in den damaligen Tagen, denn ehe ich den Mördern meiner achtzig Matrosen gründlich die Leviten lesen und sie in Eisen legen lassen konnte, segelte ein Kurierboot, das direkt von Falmouth in Cornwall herübergekommen war, in den Hafen von Galway, und ein sehr verstörter englischer Leutnant meldete mir, daß die spanische Armada ausgelaufen sei und inzwischen wohl bereits die Küste von Kent erreicht haben müsse. Mit einem wirren Blick auf die Wracktrümmer meiner Flagg-Galeone, die noch immer auf der Reede dümpelten, fügte er hinzu: »Die Admiralität der britischen Krone befiehlt Euch, Sir Henry Sydney, deswegen, daß Ihr selbst mit all Eurer Macht aufbrechen sollt, um Euch hinüber nach England zu begeben und Eure Pflicht für das Vaterland zu tun!« Daraufhin salutierte er sehr zackig und begab sich dann sofort wieder zurück auf seine Schaluppe, was ich ihm sehr verübelte, denn er war der einzige noch diensttaugliche Offizier der Britischen Krone außer mir selbst in Galway und ließ mich nun feige mit meinen Nöten, Zweifeln und den Barbaren der Grainne O'Malley dazu zurück.

Dennoch tat ich in der Folge alles, um meine Streitmacht bereit zum Angriff auf die Spanier zu machen, doch glückte mir dies nur sehr schlecht. Zwar schmückte ich mich mit allen Insignien meiner Macht und meines Ranges und hielt danach etliche zündende Brandreden in den verschiedenen Tavernen und Bordellen meiner Gouverneursstadt, doch ich brachte damit keinen einzigen Matrosen oder Seesoldaten zu seiner Pflicht zurück, sondern erntete für meine gutgemeinten Tiraden zumeist nichts weiter als höhnisches Gelächter.

Solch ungeheuerliche Ausuferungen mußte ich also während einer vollen Woche ertragen, während drüben in meinem Vaterland höchstwahrscheinlich zur gleichen Zeit großer Ruhm gegen die Spanier errungen wurde. Alle diese Zurücksetzungen hatte ich jedoch niemand anderem als Grainne

O'Malley und ihren irischen Piraten zu verdanken, die mir so erfolgreich vorgespiegelt hatten, daß wir Waffenbrüder seien, während sie in Wahrheit alles daranzusetzen schienen, das Ansehen und die Tatkraft Englands mit allen Mitteln zu schädigen, indem sie meine Krieger zum Saufen, Huren und Glücksspielen verleiteten.
So ähnelte ich, Sir Henry Sydney, nach Ablauf der genannten Woche auf ganz fatale Weise meiner versenkten Flagg-Galeone, denn auch ich selbst war durch all diese irischen Widerwärtigkeiten nunmehr völlig gebrochen, und als sich in der folgenden Woche meine Untergebenen zusammen mit den Piraten Grainne O'Malleys immer noch toller und voller aufführten, blieb mir nichts anderes mehr übrig, als mich vornehm in meinen Palast zurückzuziehen, wo ich mich, an Leib und Seele schwer geschädigt, verschanzte gegen die Dummheit und Uneinsichtigkeit der Welt.
Schließlich vernahm ich jedoch Lärm vor meinen Pforten, und als kein Lakai öffnete, weil mir keiner mehr geblieben war, wurde das Portal meines Palastes mit Hilfe von Beilschlägen und Musketenschüssen rüde aufgesprengt. Ich glaubte nichts anderes, als daß nunmehr die Spanier in Galway eingedrungen seien, und bereitete mich bereits darauf vor, ihnen meinen Degen mit Anstand zu übergeben, doch die Rotte, die kurz darauf in meinen Audienzsaal stürzte, erschreckte mich noch viel mehr, als die wölfischen Katholiken Philipps II. dies jemals fertiggebracht hätten. Niemand anders als Grainne O'Malley und ihre bereits beschriebenen engsten Vertrauten waren es, die mich jetzt waffenstarrend umringten.
Und ehe ich noch meinem Unmut über diese neuerliche Provokation Ausdruck geben konnte, schrie die fürchterliche Fürstin von Upper Owle Malley mich bereits an: »Höre, Sydney,

du Schlafmütze! Während du in deinem Palast dem Wein zusprichst, zeigen sich nördlich von hier spanische Galeonen und Galeassen, so daß es im Kampf gegen sie nun endlich zur Erfüllung unserer Waffenbrüderschaft kommen kann, welche wir bisher so eifrig eingeübt haben. Laß uns also sofort gegen die Feinde Englands aufbrechen und sie schlagen, was uns um so leichter gelingen wird, als sie ein bißchen zerrupft aussehen – ganz so nämlich, als hätten sie durch schwere Stürme segeln müssen. Doch darüber wollen wir uns jetzt nicht die Köpfe zerbrechen, sondern vielmehr unsere Pflicht für die Königin von England tun! Erhebe dich also, du Gouverneur von Galway, und schließe dich uns an, damit wir so schnell wie möglich gegen die Katholiken auslaufen können!«
»Du stehst also wirklich noch auf meiner Seite und bist nicht in Wahrheit eine Verbündete Philipps, wie ich während der vergangenen Tage immer stärker mutmaßen mußte?« stammelte ich. »Wahrlich, es geschehen noch Zeichen und Wunder – falls du mich nicht wiederum durch dein Verhalten bloß hintergehen willst!«
Grainne O'Malley starrte mich daraufhin verständnislos an, ihr Adlatus Davitt-mit-der-Nase jedoch krächzte mit versoffener Stimme: »Dieser Gepuderte spricht ganz ohne Zweifel irre, denn er scheint völlig vergessen zu haben, daß ich erst vor einer oder zwei Wochen seine Flotte durch ein kühnes Manöver einexerziert und kampfbereit gemacht habe, so daß seine Matrosen ihre Feuertaufe bereits erlebt und durchgestanden haben, worauf sie nun, soweit sie überlebten, um so furchtloser gegen die Spanier vorrücken können. Es wundert mich jedoch nicht allzusehr, daß von diesem geschniegelten Höfling heute nichts weiter zu vernehmen ist als Unsinn, denn diese vornehmen Herrchen pflegen stets kopflos zu rea-

gieren, wenn es einmal mehr als gedrechselte Worte zu machen gilt und es auf Leben und Tod gegen den Feind gehen soll, so wie es uns jetzt bevorsteht.«
»Dies ist in der Tat so!« schrie der bestrumpfte John Faughart. »Denn ich habe solches in meinen früheren Jahren an vielen Offizieren erlebt. Kurz vor der Schlacht drehen sie regelmäßig durch, und es ist dann der gemeine Mann, der die Suppe auslöffeln muß, die sie selbst zuvor einem so großmäulig eingebrockt haben.«
Dies konnte ich, Sir Henry Sydney, selbstverständlich nicht auf mir sitzen lassen, und so erwiderte ich: »Wir werden ja sehen, wer hier ein Großmaul ist, du hanebüchene Zipfelmütze, mit deren Gestank du vielleicht Spanier einzuschüchtern vermagst, niemals jedoch mich, den Gouverneur von Galway.« Und indem ich meinen bereits abgeschnallten Degen wieder umgürtete und zum Harnisch griff, fügte ich hinzu: »Laß uns also sofort aufbrechen, Grainne O'Malley, damit du beweisen kannst, daß wir in der Tat Waffenbrüder sind und nicht etwa wiederum auf verschiedenen Seiten der Front stehen, wie ich damals vor Carrigahowly und auch wieder in letzter Zeit den Eindruck hatte.«
Mit diesen Worten stürmte ich aus meinem Gemach und meinem Palast und rannte schnurstracks hinunter zum Hafen, um meine seit Wochen angestaute Wut nunmehr gründlich an den verfluchten Spaniern auszulassen, da mir dies gegenüber meiner Waffenschwester und ihren Kreaturen ja leider nicht vergönnt war.
Grainne O'Malley folgte mir samt ihren Barbaren schleunigst, und wenig später sah ich sie alle hinaus zu ihren drei Galeonen rudern, während am nördlichen Horizont die spanischen Segel mit den zahlreichen schwarzen Kreuzen herauf-

zogen. Meine eigene Flotte dagegen lag noch ohne Segel und Mannschaften im Hafen, was mich etwas verwirrte, doch sagte ich mir, daß ich sie dank meiner militärischen Erfahrung bestimmt noch rechtzeitig kampfbereit machen könne. Inzwischen sollte Grainne O'Malley immerhin die Vorhut der britischen Hauptstreitmacht bilden und unsere gemeinsamen Feinde ein wenig verunsichern und stören, auch wenn sie gegen die fünf Spanier gewiß nichts Ernsthaftes ausrichten konnte. Doch früher oder später wollte ich dann schon in höchsteigener Person zur Stelle sein und die Seeschlacht für mich entscheiden, wobei ich mir sogar überlegte, ob sich mein Eingreifen zeitlich nicht derart planen ließe, daß ich mit meiner Kriegsflotte gerade dann auftauchen würde, wenn die letzte Galeone Grainnes hoffnungslos in Brand geschossen war, so daß sich auf diese Weise möglicherweise zwei Fliegen mit einer Klappe schlagen ließen.

Diese Aussichten beflügelten mich nun sehr, und weil mir gerade auch ein Signaltrompeter, wenn auch ziemlich schwankend, über den Weg lief, gab ich ihm Befehl, aus voller Lunge das Flottensignal zum Sammeln und zum Generalangriff zu blasen. Dies geschah auch, doch wenn ich erwartet hatte, meine Mannschaften würden daraufhin mit Macht zusammenströmen und meine Schiffe kampfbereit machen, um sodann todesmutig den Spaniern an die Kehle zu gehen, so hatte ich mich darin schwer getäuscht, denn erst nachdem der Trompeter fünfmal geblasen hatte, tauchten verschiedene englische Seehelden aus diversen Tavernen und Bordellen auf und sammelten sich sehr mühsam um mich. Es handelte sich jedoch lediglich um zwanzig oder dreißig Krieger, und von denen waren die meisten dermaßen betrunken, daß sie nur mit Mühe geradeaus blicken konnten. Auch waren Musketen,

Pistolen, Säbel oder Enterbeile meiner Soldaten so gut wie nicht zu sehen, was mich nun auf der Stelle mit Wut und Entsetzen gleichermaßen erfüllte.

»Was ist mit meiner Armee geschehen?!« schrie ich einen Korporal an, der zwar seine Perücke aus Roßhaar verloren hatte und deswegen so kahlköpfig wie die Königin von England im Bade glänzte, mir aber noch immer als der am wenigsten Besoffene vorkommen wollte. »Mehr als tausend Mann liegen in Galway in Garnison, und nunmehr tauchen bloß ganze zwei oder drei Dutzend auf. Mach Meldung, du Hund, oder es kostet dich neben deinem Strohdach auch noch deinen Kopf!«

Der Korporal stotterte daraufhin etwas von einem entsetzlichen Krankenstand innerhalb der Garnison von Galway und setzte kläglich hinzu: »Zwar waren wir vor zwei oder drei Wochen noch der Meinung, wir könnten die Ehre Englands leicht retten und diese Iren ohne große Schwierigkeiten unter die Tische trinken und sie außerdem noch bei den Huren von Galway ausstechen, aber ich bin mir in dieser Sache jetzt nicht mehr ganz so sicher, denn ich und die meinen, die Ihr hier vor Euch seht, sind die letzten, die sich überhaupt noch einigermaßen gegen Grainne O'Malleys Barbaren behaupten und auf den Beinen halten konnten. – Wir werden auch gerne die Flotte bemannen, doch fürchte ich, daß weitere von uns ausfallen werden, ehe wir noch die Schiffe erreichen, denn Ihr könnt selbst beobachten, Sir, daß, während ich Euch dies erklärte, schon wieder drei Mann umgefallen sind.«

In der Tat lagen diese drei Genannten im Hafenschlick, als hätten spanische Kugeln sie gefällt, und auch der Korporal hatte keineswegs so fließend zu sprechen vermocht, wie ich, Sir Henry Sydney, dies hier wiedergegeben habe, sondern er hatte seine Meldung nur sehr stockend und schwafelnd vorbringen können und das einzige, was zu seiner Ehrenrettung zu sagen ist, war, daß er dabei wenigstens mit geschlossenem Hosenlatz vor mir stand.

Wenn ich nun all diese unerfreulichen Umstände zusammenzählte, mußte ich mir sagen, daß mit Hilfe dieser meiner Restarmee wahrlich kein Blumentopf gegen die Spanier zu gewinnen war, und wenn ich auch selbst durchaus bereit gewesen wäre, trotz allem die fünf feindlichen Galeonen und Galeassen anzugreifen, denn maßlose Tapferkeit hat meine Familie schon immer ausgezeichnet, so war mir doch klar, daß ich dabei das Leben der mir anvertrauten Leute nur unnötig gefährden würde, da sie im Notfall wahrscheinlich noch nicht einmal Freund und Feind zu unterscheiden wußten. Ich entschloß mich daher, den Kampf gegen die Kreaturen Philipps gar nicht erst aufzunehmen, sondern vielmehr an der Hafenmole eine militärische Auffangstellung zu bilden, von der aus ich dann wenigstens für die Überlebenden von Grainne O'Malleys Flotte etwas tun konnte, sofern es zumindest einigen Iren nach der nun unvermeidlichen Versenkung ihrer Schiffe gelingen sollte, zurück an Land zu schwimmen.

Ich formierte also die mir noch verbliebenen Musketiere und Matrosen in einem doppelten Riegelkreis um mich herum, damit ich auf diese Weise um so leichter meine Befehle geben konnte, und nachdem meine Armee mehr oder weniger schwankend ihre Plätze eingenommen hatte, erkletterte ich selbst einen Poller in ihrem Zentrum, was angesichts der nunmehr einsetzenden Kanonade draußen auf See sicherlich nicht ungefährlich war, doch ist, wie ich bereits erklärte, uns aus der Sippe der Sydneys die Tapferkeit auch in aussichtslosen Situationen heilige Verpflichtung. Den genannten Poller

hatte ich jedoch nicht nur deswegen bestiegen, um mutig auf ihm glänzen zu können, sondern es ermöglichte mir dieser Rundstein auch einen ausgezeichneten Ausblick auf die Szene im Norden, wo jetzt der Untergang von Grainne O'Malleys Piratenflotte jeden Augenblick erwartet werden konnte.
Dies wollte ich nun selbstverständlich sehr genau beobachten, um später meiner Königin entsprechende Meldung machen zu können. Deswegen setzte ich mein Fernrohr ans Auge, und nachdem ich es unter der nördlichen Kimmung entlanggeschwenkt und scharf eingestellt hatte, erblickte ich plötzlich ganz Erstaunliches, denn ich sah dort draußen Vollkugeln in die Takelage eines der Spanier fahren und gleich darauf dessen Segel in hellen Flammen aufgehen.
Dies war der letzte tapfere Gruß der verrückten Grainne O'Malley, die sich mit drei Galeonen gegen fünf schwimmende Festungen der Armada gestellt hat, weil ihre Unvernunft noch nie irgendwelche Grenzen kannte, dachte ich bei mir – doch noch in derselben Sekunde mußte ich beobachten, wie nunmehr aus den Flanken der irischen Galeonen drei Breitseiten gleichzeitig hervorkrachten und im Zentrum der spanischen Flottenformation eine fürchterliche Verwirrung anrichteten. Durch mein Perspektiv sah ich, wie Mastbäume splitterten, Rahen wie Speere auf die Decks niederstürzten, Planken aufbrachen, Feuerwände hochfauchten und Kreuzbanner in Flammen aufgingen. Einem spanischen Admiral folgten, praktisch im Handumdrehen, zahlreiche weißgewandete Dominikaner in den Tod, welche wegen ihres bekannten Blutdurstes stets in spanischen Kreuzheeren anzutreffen sind. Jetzt jedoch mußten auch sie, trotz ihrer fanatisch gebrüllten Gebete, gegen die Kartätschen Grainnes unterliegen und in Rauch und Asche aufgehen.

Nun war das Schicksal der spanischen Flotte besiegelt, denn nachdem Grainne O'Malleys Galeonen noch eine weitere halbe oder auch ganze Stunde Vollkugeln und Kartätschen aus ihren Kanonenschlünden hatten regnen lassen, erschien mir, Sir Henry Sydney, der nördliche Horizont der Bucht von Galway beinahe wie leergefegt, da nämlich von den ursprünglich fünf Schiffen der Armada Philipps II. jetzt bloß noch eines zu erblicken war, das sich nunmehr unter vollen Segeln und peitschenden Riemen nach Westen davonstahl, während Grainnes drei Galeonen noch immer ziemlich unversehrt auf dem Meer schwammen. Schon erwartete ich, die Siegerin würde in ihrem bekannten Überschwang auch noch jenes letzte spanische Segel vom Atlantik fegen, doch darin hatte ich mich getäuscht, denn die drei irischen Galeonen kehrten der spanischen vielmehr verächtlich die Achtersteven zu und kamen daraufhin in Kiellinie nach Galway zurück, um wiederum wenig später unter großem Siegesgeschrei ihrer Besatzungen auf der Reede Anker zu werfen.
Ehe Grainne O'Malley in ihrer Schaluppe an Land gelangte, hatte ich, Sir Henry Sydney, schleunigst noch die Reste meiner eigenen Armee in ihre Ruhequartiere geschickt, denn sie schienen mir nun nicht mehr nötig zu sein, um den irischen Piraten im Notfall beizuspringen, und so kam es, daß ich ganz allein die Herrin von Carrigahowly samt ihrem Anhang auf der Mole empfing.
»Ich sehe, daß es dir wie durch ein Wunder gelungen ist, vier Spanier zu besiegen«, sagte ich ziemlich kleinlaut. »Dafür danke ich dir im Namen der Königin von England, auch wenn die Seesoldaten Philipps vielleicht nicht ganz so tapfer kämpften wie sonst, denn die Nähe der berühmten Garnison von Galway, die sie ja stets vor Augen hatten, hat sie sicherlich

mächtig eingeschüchtert.« Lauter fuhr ich fort: »Auch bist du, Grainne O'Malley, im Grunde kein sehr großes Risiko eingegangen, als du jene Galeonen und Galeassen ohne meine Unterstützung angegriffen hast, denn ich wäre dir selbstverständlich, falls sich dein Kriegsglück etwa gewendet hätte, mit meiner eigenen Flotte zu Hilfe geeilt. Da jedoch diese spanischen Wracks ohnehin vom Sturm zerzaust waren und gewiß auch alles Pulver verschossen hatten, war mein Eingreifen nicht nötig, und die eigentliche britische Flotte konnte im Hafen von Galway liegenbleiben, damit du selbst eine Chance zur Bewährung vor dem englischen Thron bekommen konntest. Und ich, der Gouverneur von Galway, muß dir sagen: Du hast sie nicht ganz schlecht genützt.«

Eigentlich hatte ich vorgehabt, Grainne O'Malley einen noch längeren Vortrag über die Strategie an Land und auch auf See zu halten, doch Davitt-mit-der-Nase fiel mir rüde und unhöflich ins Wort, so wie dies nun einmal seine Art war, und belferte mich an: »Über das, was du über die englische Flotte von dir gegeben hast, Gouverneur von Galway, will ich kein unnützes Wort verlieren, denn besagte Streitmacht ist überhaupt nicht zu sehen, wenigstens was ihre Mannschaften angeht.

Schweige also lieber von der Unterstützung, die du uns ja doch bloß mit deinem raffzähnigen Maul angedeihen ließest, und auch ich will mich damit nicht aufhalten, denn wir haben sie sowieso nicht nötig gehabt. In einer anderen Sache jedoch hast du uns sehr beleidigt, denn du hast von vier Spaniern gesprochen, die vor unserem Feuer auf den Meeresgrund ausweichen mußten und von uns besiegt wurden, doch in Wahrheit waren es fünf! Du solltest also nicht noch einmal unseren Ruhm zu schmälern versuchen, indem du mir jetzt etwa widersprichst, denn sonst könnte dir ein ähnliches Schicksal blühen wie jenem katholischen Admiral, gegen den mein Freund und Kamerad Rory O'Gilpatrick eigenhändig eine Kanone richtete.«

Selbstverständlich ließ ich, Sir Henry Sydney, mich von den leeren Drohungen dieses Nasenzwerges nicht einschüchtern, sondern sagte: »Ich habe aber doch selbst gesehen, daß eines der spanischen Schiffe zuletzt entkam...«

Ein schleifendes Geräusch unterbrach mich, denn Davitt-mit-der-Nase hatte seinen Säbel gezogen, doch Grainne O'Malley fiel ihm in den Arm und erwiderte: »Dies mag schon richtig sein, doch konnte diese Galeasse nur deswegen entfliehen, weil ich dies so wollte. Es wäre mir und meinen Leuten nämlich ein leichtes gewesen, auch sie noch auf den Meeresgrund zu schicken, doch ich befahl, daß dies nicht geschehen sollte, denn ich fand es besser, die Mannschaft würde nach Spanien zurückkehren und dort von meinen Heldentaten berichten. Nur deswegen liegen also jetzt nur vier Schiffe dort draußen auf den unterseeischen Klippen, doch im Prinzip wurden nicht weniger als fünf von uns vernichtet, wenn auch im Fall des letzteren die Möglichkeit für die Tat gelten muß. Doch wollen wir uns jetzt mit solcher Zahlenklauberei nicht länger aufhalten, denn wichtig ist allein die Tatsache, daß Irland über Spanien triumphiert hat, und dies wollen wir nun in deinem Palast, Henry Sydney, kräftig begießen. Danach darfst du ruhig Meldung über meine Tapferkeit nach England erstatten, denn deine Königin soll sehen, daß ich noch mehr vermag, als lediglich mit Hilfe einer Hure einen Volksaufstand in ihrer Hauptstadt anzuzetteln. Damit jedoch meine Verdienste um den britischen Thron auch richtig gewürdigt werden, behalte ich mir vor, deiner Nachricht an Elisabeth ein eigenes Handschreiben beizufügen, denn ich traue dir, was die Schilderung meiner und deiner militärischen Verdienste angeht, nicht ganz. Dies sollst du jedoch nicht als persönliche Beleidigung nehmen, verehrter Sir, denn es ist lediglich eine Konsequenz auf das, was du selbst vorhin über die so glorreich verlaufene Seeschlacht von dir gegeben hast, und du hast es dir also selbst zuzuschreiben. – Jetzt jedoch bin ich nach all dem Pulverqualm sehr durstig geworden, und so hoffe ich, daß in deinem Palast noch genügend Poteen und anderes vorhanden ist, um mich und meine Offiziere zufriedenzustellen, während meine einfachen Gefolgsleute sich derweilen in den Kneipen von Galway als Helden feiern lassen.«

So bestimmt sagte Grainne O'Malley dies, daß ich ihr nicht zu widersprechen wagte, und deswegen begann in meinem Audienzsaal alsbald ein fürchterliches Gelage, und nicht weniger ausgelassen ging es in den Straßen, Gassen, Tavernen und Bordellen Galways zu. Und zur ewigen Schande dieser wiederum außer Rand und Band geratenen Iren muß ich gestehen, daß diese viehische Orgie im Palast und in der Stadt keine Stunde weniger als drei Tage und drei Nächte dauerte, ehe dann endlich soweit wieder Ruhe eingekehrt war, daß es mir möglich wurde, einen Kurier mit Depeschen nach London abzusenden. Dieser führte Briefe von mir und leider auch von Grainne O'Malley an Bord seiner Schaluppe mit sich, und wenn ich ihn auch angewiesen hatte, unterwegs vielleicht einen oder zwei Umschläge, welche nicht mein, des Gouverneurs, Siegel trugen, zufällig zu verlieren, so war ich doch zuletzt sehr skeptisch, ob ihm dies auch gelingen würde, denn Grainne O'Malley hatte Davitt-mit-der-Nase sowie dem einbeinigen Rory O'Gilpatrick befohlen, ebenfalls mit der Schaluppe zu segeln.

Zunächst jedoch schien sich die Glücksgöttin mir wieder zuzuneigen, denn es zeigten sich in der Folge keinerlei spanische Schiffe mehr am Horizont, und außerdem gelangte bald die Nachricht nach Galway, daß die Armada des Königs Philipp von Spanien von einem großen, wenn auch nicht näher genannten Unglück betroffen worden sei, so daß die Katholiken wenigstens vorerst nicht mehr sonderlich zu fürchten seien. Dies gab mir und auch meinen Truppen großen seelischen Auftrieb, und meine Kompanien und Schiffsmannschaften fügten sich alsbald wieder zu kampfkräftigen Einheiten zusammen – besonders auch, weil eines Tages Grainne O'Malley mit ihren zweihundert Piraten abzusegeln geruhte, worauf nun ernsthaft zu hoffen war, daß Galway allmählich wieder das werden konnte, was es einstmals zum Ruhme Englands gewesen war.

Nachdem also Grainnes Galeonen unter der Kimmung verschwunden waren, schwor ich mir, mich nie wieder in meinem Leben mit ihr oder irgendeinem anderen irischen Subjekt zu verbünden, denn sie hatte trotz der Vernichtung jener spanischen Schiffe meiner Sache mehr Schaden zugefügt, als selbst Philipp höchstpersönlich in all seiner bekannten Verrücktheit und Grausamkeit dies je hätte fertigbringen können. Doch jetzt war, so dachte ich jedenfalls, diese Heimsuchung endgültig ausgestanden, und ich konnte hoffen, meine Dienstzeit in Ruhe und Frieden zu beenden.

Leider kam es jedoch dann ganz anders, denn einige Monate nach den geschilderten Ereignissen lief ein Schiff mit dem Hauswappen der Tudors in den Hafen von Galway ein, und ehe ich mich noch von meiner ersten Überraschung erholt hatte, betrat ein veritabler Duke und zudem Großneffe der Königin von England meinen Audienzsaal und stellte sich mir als Inspizient sämtlicher Garnisonen von Irland vor. Danach scheuchte er mich mit wahrhaft herzoglicher Handbewegung von meinem Thronsessel und nahm ohne weitere Umstände selbst darauf Platz, so daß ich, Sir Henry Sydney, vor ihm stehen mußte wie ein einfacher Lakai. Nachdem er mich dann eine sehr lange Weile streng gemustert hatte, sprach er folgendermaßen:

»Ich komme im Auftrag Elisabeths von England, welche vernommen hat, welch unschätzbare Dienste Ihr der Krone bei der Verteidigung von Galway gegen die Spanier geleistet habt!« Nachdem der Herzog dies geäußert hatte, schneuzte er sich in ein mit Brüsseler Spitzen verziertes Taschentuch von der Größe einer halben Pferdedecke.

Da ich aus seinem ganzen Verhalten so etwas wie großes Wohlwollen zu ersehen glaubte, verneigte ich mich nun höflich vor meinem eigenen Gouverneurssessel und erwiderte:

»Wenn ich vielleicht die Krone von England mit meinen schwachen Kräften geschützt und erhalten habe, so will ich mich deswegen dennoch nicht spreizen und auch nicht prahlen wie ein Narr, sondern ich habe dazu lediglich zu sagen, daß ich nichts weiter als meine Pflicht erfüllt habe. Zwar tauchte die Armada des verworfenen Königs Philipp mit so vielen Schiffen hier vor Galway auf, daß sie kaum mehr zu zählen waren, doch wie inzwischen bekannt ist, mußten alle diese Galeonen und Galeassen zuletzt auf den Meeresgrund fahren, und ich, Sir Henry Sydney, ließ nur eine einzige entkommen, damit ihr Kapitän seinem König in Madrid melden könne, wie wir Engländer dessen Großmachtgelüsten Widerpart zu bieten wissen.«

Der Herzog und Großneffe Elisabeths öffnete seinen Mund, als wollte er mir ins Wort fallen, doch dann sagte er lediglich:

»Redet nur immer weiter, Sir! Denn ich muß gestehen, daß es sehr kurzweilig ist, Euch zuzuhören.«

Dadurch ermuntert, sprach ich mit lauterer und wohltönenderer Stimme als zuvor: »Der Krieg gegen Spanien wurde also nicht zuletzt durch meine persönliche – wenn auch selbstverständliche – Tapferkeit gewonnen, wie Ihr, einer, der Elisabeths Thron sehr nahe steht, ganz richtig erkannt habt. Vermutlich seid Ihr also nach Galway gekommen, um mich für meine wirklich nicht kleinen Verdienste zu belohnen, und ich werde mich wohl dagegen nicht ernsthaft sträuben können. Dies um so mehr, als es dem Ansehen Englands in dieser ödesten und wildesten seiner Provinzen wirklich nur dienen könnte, wenn das Gouvernement von Galway künftig nicht bloß von einem simplen Sir, sondern vielleicht von einem Grafen regiert würde. Doch will ich Euch, verehrter Herzog, in dieser Sache gewiß keine Vorschriften machen, denn meine Taten sprechen auch ohne große Maulwetzereien für sich, und außerdem glaube ich, daß Ihre Majestät in London in meiner Sache sowieso schon entschieden hat, denn sonst hätte sie Euch wohl schwerlich die Gefahren einer Reise nach Galway zugemutet.«

»Es ist in der Tat alles entschieden«, erwiderte der Herzog. Gleichzeitig begann sein Knebelbart beängstigend zu beben und zu zittern, und nachdem er ein paarmal krampfhaft geschluckt hatte, schrie der Großneffe Elisabeths mich an: »Ihr pflegt das Maul sehr voll zu nehmen, Sydney, doch ich habe Euch gewähren lassen, um mich selbst davon zu überzeugen, daß man Euch am königlichen Hof in London keineswegs grundlos angeschwärzt hat, sondern Euch durchaus Gerechtigkeit widerfahren ließ, als man von Eurer Person als von einem unfähigen Feigling sprach, der in der Stunde der Ge-

fahr noch nicht einmal ein einziges Schiff gegen die Spanier aus seinem Hafen brachte.
Solches nämlich wurde Ihrer Majestät von aufrechten irischen Patrioten gemeldet, und es kamen dabei auch noch viele andere Ungeheuerlichkeiten Eurerseits zur Sprache. Doch meine königliche Base wollte Euch trotzdem nicht voreilig verdammen und sandte deswegen mich nach Galway, um Euch zu prüfen. Dies habe ich nunmehr getan, indem ich Euch reden und die wahren Tatbestände verdrehen ließ – und all dies hat mir nun die Augen auf ganz erschreckende Weise geöffnet, denn Ihr selbst habt mir durch Eure ganz unerhörten Maulwetzereien gezeigt, was für einer Ihr seid, indem Ihr nicht nur die Dinge, so wie sie sich hier zugetragen haben, in ihr Gegenteil verkehrt habt, sondern zum Dank dafür auch noch in den Stand eines Grafen erhöht werden wolltet.«
Während ich vollkommen verdattert vor ihm stand, schnaubte der Herzog wie ein Pferd und mußte sich mit einem großen Humpen Whisky stärken, ehe er fortfahren konnte: »Zwar habt Ihr, der unwürdigste Gouverneur, der je eine englische Provinz regierte, Meldungen nach London gesandt, in denen viel von Heldentaten die Rede war, die Ihr überhaupt nicht vollbracht habt, doch glücklicherweise gelangten auch andere, ehrlichere Boten zur Königin, und nachdem Ihr Euch selbst soeben als einen Lügenbeutel und Aufschneider entlarvt habt, sehe ich nunmehr vollkommen klar und kann Euch sagen, was Ihr, während Philipps Armada England bedrohte, in Wahrheit geleistet habt.
Zunächst einmal seid Ihr schon mehrere Wochen vor der eigentlichen Schlacht von Galway vor übergroßer Feigheit in eine Art von kataleptischem Zustand verfallen, der es Euch nicht mehr erlaubte, Zucht und Ordnung innerhalb der Euch

anvertrauten Truppen aufrechtzuerhalten. Ihr habt vielmehr geduldet, daß sich Eure Matrosen und Söldner Tag und Nacht in Kneipen und Bordellen aufhielten, wo sie sich wie die Wilden aufführten und daran auch nicht von den wenigen loyalen Matrosen gehindert werden konnten, welche die tapfere Grainne O'Malley Euch zum Schutze Englands und Galways freiwillig zugeführt hatte . . .«

Als ich, Sir Henry Sydney, den bewußten und verfluchten Namen vernahm, begann es mich tatsächlich wie in einem kataleptischen Krampf zu schütteln, doch der Herzog ließ keineswegs Gnade walten und brach etwa seine unerhörte Tirade ab, sondern er ließ mir lediglich einen großen Schluck Whisky einflößen und fuhr dann, nachdem sich mein Schütteln etwas gelegt hatte, fort: »Ihr werdet noch viel mehr schlottern müssen, wenn ich Euch jetzt sage, welche Anklagen die hochberühmte Grainne O'Malley weiterhin gegen Euch durch ihre Boten vorgebracht hat! Es erklärten nämlich ihre beiden verdienten Offiziere Davitt Monaghan und Rory O'Gilpatrick vor Elisabeths Thron in London außerdem, daß Ihr Euch, nachdem der spanische Angriff auf England gemeldet war, wie ein hilfloser Kretin in Eurem Palast vergraben und niemanden mehr zu Euch gelassen habt, der Euch etwa Meldung über die Entwicklung der Dinge hätte machen können. So kam es, daß mehrere Boten, die von London nach Galway abgegangen waren, tatenlos in der Stadt herumlungern mußten, denn sie vermochten Euch auf keine Weise davon in Kenntnis zu setzen, daß die Armada zunächst in den Englischen Kanal eingelaufen war, dort aber von einem großen Sturm zersprengt wurde, so daß der aufgeriebene Verband um Schottland herum und entlang der irischen Westküste zu entkommen versuchte.

Ihr wußtet, dank Eurer übergroßen Feigheit, auch nicht, daß durch das Unwetter sowie durch englische Kriegskunst bereits zahlreiche spanische Schiffe gesunken waren, ehe die letzten Reste der Armada endlich völlig demoralisiert in den Bereich Eurer Kanonen und Galeonen gelangten. Anstatt Ihnen aber nun den Rest zu geben, habt Ihr es fertiggebracht, Eure eigenen Kampfschiffe tatenlos im Hafen von Galway liegen zu lassen, während die zugehörigen Mannschaften in den Kneipen und Bordellen der Stadt tranken und hurten. Ihr selbst aber habt es noch toller als diese getrieben, denn, wie die englische Königin aus sehr zuverlässiger Quelle erfahren mußte, habt Ihr die übelsten Säufer und Hurenböcke Eurer Truppe dann um Euch versammelt und habt auf einem Hafenpoller schamlos vor ihnen getanzt, während über der nördlichen Kimmung spanische Segel zu sehen waren.
Anstatt diese katholischen Schiffe jedoch mutig anzugreifen, habt Ihr also auf einem Hafenpoller den Hanswursten gespielt, und obwohl die Spanier, wie bereits gesagt, arg lädiert waren, hätte es ihnen ganz zweifellos gelingen können, Galway einzunehmen und so dem Krieg möglicherweise doch noch eine für England fatale Wendung zu geben, wenn nicht eine andere besser als Ihr gewußt hätte, was ihre Pflicht war.
Man kann Grainne O'Malley, denn niemand anderen als diese patriotische Irin meine ich, deswegen gar nicht genug wegen ihrer Tapferkeit rühmen, denn sie lief mit nur drei eigenen Galeonen gegen die fünf spanischen Schiffe aus, beschoß sie wie der Teufel, versenkte vier davon und trieb das letzte in die Flucht, während Ihr selbst, nichtswürdiger Sydney, noch nicht einmal den Kiel eines einziges Curraghs vom Strand von Galway zu lösen vermochtet. Auf diese Weise war es allein Grainne O'Malley, welche eine ganze englische Provinz ret-

tete, obwohl diese von ihrem eigenen Gouverneur bereits verraten und verkauft worden war.
Doch damit immer noch nicht genug! Denn später, als die Spanier von Grainne O'Malley so glorreich besiegt waren, habt Ihr, Sydney, auch noch versucht, Euer eigenes Versagen sowie die Heldentaten der Irin nach Kräften zu vertuschen, indem Ihr, als Ihr die Siegerin von Galway glücklich aus der Stadt geekelt hattet, falsche Boten nach England sandtet, welche in Eurem Auftrag dort ganz abscheuliche Lügen über den wahren Ablauf der Dinge verbreiten sollten. Doch glücklicherweise langten, zusammen mit Euren eigenen Lügenmäulern, auch die genannten Offiziere der Grainne O'Malley in London an, welche die Dinge nach einigen Disputen und vielleicht auch dem einen oder anderen Zweikampf mit Euren Kreaturen alsbald wieder ins rechte Licht zu rücken vermochten.
So kam es, daß Ihre Majestät, Elisabeth von England, zuletzt die Schlacht um Galway so beurteilen konnte, wie sie sich wirklich zugetragen hatte, und deswegen hat sie mich auch als ihren persönlichen Beauftragten nach Irland entsandt, damit sowohl Grainne O'Malley als auch Ihr, Sydney, jeweils den verdienten Lohn für eure Taten erhalten sollt! Seid jedoch sicher, daß es sich in Eurem Fall dabei keineswegs um eine Grafenkrone handeln wird, denn eine solche hätte bestimmt eher die Herrin von Carrigahowly verdient, was Ihr nun, da Eure Intrigen von mir restlos aufgedeckt worden sind, ganz bestimmt nicht mehr wagen werdet zu leugnen.«
Nachdem der impertinente Herzog geendet hatte, starrte er mich lange und durchdringend an, doch wenn er etwa erwartet hatte, es käme mir, Sir Henry Sydney, in den Sinn, mich gegen seine ungeheuerlichen Anwürfe auch noch zu verteidi-

gen, dann hatte er sich schwer getäuscht, denn solches hätte sich mit meinem Adelsstolz auf gar keinen Fall vereinbaren lassen. Also schwieg ich eisern und verfluchte dabei innerlich Grainne O'Malley nach Herzenslust, bis es dem knickbeinigen Herzog Ihrer Majestät offenbar zu dumm wurde und er selbst sich herablassen mußte, noch einmal das Wort an mich zu richten. »Ich sehe schon«, sagte er, »daß Ihr wenigstens soviel Anstand besitzt, jetzt nicht auch noch Widerworte zu machen, und dies vermag mich vielleicht gnädiger zu stimmen, als Ihr es verdient, so daß ich Euch möglicherweise doch nicht auf der Stelle köpfen lasse, so wie ich dies zur Ehrenrettung Englands eigentlich vorhatte. Ihr würdet Euch jedoch wahrscheinlich selbst auf dem Richtblock immer noch nicht wie ein britischer Edelmann aufzuführen wissen, sondern wie ein Feigling um Gnade winseln, weshalb ich mir einen solch unwürdigen Anblick lieber ersparen möchte. Falls Ihr aber, wider Erwarten, doch noch einen Funken Anstand besitzt, dann rafft Euch jetzt auf und sagt mir selbst, wie Euer militärisches und menschliches Versagen gesühnt werden könnte!«
In meiner augenblicklichen Verwirrung stammelte ich: »Frühere Monarchen von England haben Paladine, die in Ungnade gefallen waren, oft nach Frankreich verbannt ...«
»Dies könnte Euch so passen!« schnauzte mich daraufhin der Sendbote Ihrer Majestät an. »Zwar läßt sich Frankreich, was die Lebensqualität dieses Landes angeht, sicher nicht mit England vergleichen, doch eine Verbannung dorthin wäre für Euch trotzdem eine viel zu milde Strafe. Immerhin gefällt mir der Gedanke nicht übel, Euch an einem möglichst fürchterlichen Ort verkommen zu lassen, auch wenn Ihr dieses Schicksal bestimmt nicht in der Champagne oder der Isle de France erleiden werdet. Möglicherweise jedoch wäre ...«

»Die amerikanischen Kolonien . . . ?!« erfuhr es mir entsetzt. »Bedenkt, daß die dortigen rothäutigen Heiden Christenmenschen bei lebendigem Leib zu verspeisen pflegen!«
»Davon ist mir nichts bekannt«, erwiderte der Herzog. »Ja, ich muß sagen, Ihr verbreitet schon wieder Lügen, Sydney, denn wie ich aus zuverlässiger Quelle gehört habe, fressen die heidnischen Amerikaner zur höheren Ehre ihrer Götter lediglich bereits getötete Feinde – und auch diese keineswegs mit Haut und Haaren, sondern sie begnügen sich meistens mit dem Herzen . . .«
Ein entsetzliches Würgen und Röhren meinerseits unterbrach diesen unchristlichen Sermon des verrückten Engländers. Außerdem war über der Bucht von Galway und meinem Palast urplötzlich ein jähes Unwetter aufgezogen, und nun rüttelte ein fürchterlicher eisiger und naßkalter Sturmstoß an den Fenstern und fegte durch meinen Audienzsaal, während unmittelbar darauf ein Schwall von Hagelschloßen herniederging, so daß das Gebäude wie eine Trommelhaut zu beben und zu dröhnen begann. Damit aber noch immer nicht genug, denn ringsum in den Straßen begannen nunmehr die Iren so lautstark und abstoßend zu ihren verschiedenen Göttern und Heiligen zu kreischen, daß man glauben konnte, in einer Menagerie gelandet zu sein.
Dieses Tohuwabohu dauerte etwa eine halbe Stunde an, während der ich gottergeben und frierend dastand und der Herzog, wie vom Donner gerührt, mit seinen gelben Augäpfeln rollte. Als sich dann aber der Hagelsturm zu einem einfachen Wolkenbruch abschwächte, begannen die herzoglichen Augen tückisch zu zwinkern, dann verzerrten sich die Lippen dieses Adligen zu einem infamen Grinsen, und er rief mir durch das Rauschen des Platzregens zu: »Glaubt bloß nicht, Sydney,

daß ich Euch zu den rothäutigen Wilden in unseren amerikanischen Kolonien entkommen lasse, denn während es jetzt hagelte, blitzte und donnerte, hatte ich eine viel bessere und glücklichere Eingebung, was Eure verdiente Strafe angeht, und deswegen verfüge ich nunmehr, daß Ihr bis an Euer Lebensende hier in diesem wahrhaft scheußlichen Irland ausharren müßt, und Ihr sollt sogar Euren Gouverneurstitel behalten, denn unter solchem Himmel kann selbst dieser keinen Trost für Euch darstellen. Jedoch befehle ich, daß Ihr Euch in Zukunft in allen militärischen Angelegenheiten der tapferen Grainne O'Malley unterzuordnen habt, so daß Euer Rang letztlich nichts weiter mehr als Schall und Rauch sein soll, denn er verleiht Euch keinerlei Sonderrechte mehr und dient lediglich dazu, den britischen Anspruch auf diese verhagelte Provinz zu dokumentieren, welche sonst vielleicht auf Dauer wirklich nicht zu halten wäre, denn es dürfte sich schwerlich ein anderer Dummkopf finden, der in Galway freiwillig den Vertreter der englischen Krone spielen wollte.
Damit habt Ihr Euch nun lebenslang abzufinden, Sydney, und wagt es ja nicht, meiner königlichen Base noch weitere Gesuche um Versetzung an einen anderen, freundlicheren Ort zu senden, so wie Ihr dies ständig getan habt, seit Ihr vor vielen Jahren hier am westlichsten Rand aller Zivilisation gelandet seid.

Damit Ihr Eure patriotische Pflicht aber gewiß nicht noch einmal vergeßt, will ich Euch auf meinen Richterspruch, der zugegebenermaßen so hart ist, wie Ihr dies verdient habt, auf der Stelle Brief und Siegel geben!«

Als ich, Sir Henry Sydney, aus der Ohnmacht, die mich jäh befallen hatte, wieder erwachte, war der Vertreter Ihrer Majestät, wie meine Lakaien mir meldeten, bereits fluchtartig von

Galway abgesegelt. Neben meinem Schmerzenslager fand sich jedoch eine von ihm ausgefertigte und petschierte königliche Bulle, und nachdem ich die Siegelschnur davon gelöst und ihren Inhalt zur Kenntnis genommen hatte, wußte ich, daß dieser nichtswürdige Herzog keineswegs nur leeres Stroh gedroschen, sondern mich in der Tat lebenslang nach Galway verbannt hatte.

Um meine Schande und das Scheitern meiner Lebenspläne wenigstens symbolisch vor den Augen der Welt zu verbergen, wand ich die Siegelschnur schleunigst wieder um das verfluchte Pergament, doch dies war auch das letzte, was ich vorerst in meiner Eigenschaft als Gouverneur von Galway noch leistete, denn unmittelbar darauf befiel mich ein hitziges Nervenfieber, das mich für viele Wochen auf das Krankenlager streckte und mir zeitweise vollkommen den Verstand raubte. Denn ich phantasierte in meinem Zustand immer wieder von schrecklichen Dingen, und meine Pfleger erklärten mir später, als ich wieder ein Mensch, wenn auch ein zutiefst unglücklicher, geworden war, ich hätte entweder höchst majestätsbeleidigende Äußerungen von mir gegeben oder von Grainne O'Malley als der leibhaftigen Schwester des Teufels gesprochen, doch zwischendurch hätte ich immer wieder nach der königlichen Bulle und der daran hängenden Siegelschnur verlangt, um mich mit Hilfe letzterer, so wie es im Orient schon seit vielen Jahrhunderten guter und erlösender Brauch sei, selbst zu erwürgen. Man habe dies, obwohl ich mehrmals voller offensichtlicher Todessehnsucht aus meinem Bett entflohen sei, um besagte Schnur an mich zu bringen, jedoch glücklicherweise verhindern können.

Deswegen bin ich, Sir Henry Sydney, nunmehr immer noch Gouverneur von Galway in Irland – und in dieser Eigenschaft sicherlich der ärmste und unglücklichste meiner Zunft, denn es wird für mich keinerlei Gelegenheit mehr geben, mein Schicksal doch noch in erfreulichere Bahnen zu lenken. Denn auf die hinterhältigste Weise der Welt hat Grainne O'Malley dafür gesorgt, daß ich meine Tage hier an der irischen Westküste verbringen muß. Sie ließ nämlich die Kunde von meinen Taten, die doch wahrlich nicht schlechter waren als die anderer Feldherren und Admirale, nach England gelangen, und für diese hinterhältige Indiskretion werde ich sie noch in meiner letzten Stunde, die mir hoffentlich bald vergönnt sein wird, verfluchen!

Mit diesen Worten beendete der einstmals mächtige, nunmehr aber seit einem vollen Jahrzehnt abgehalfterte und zur bloßen Marionette gewordene Gouverneur von Galway seinen Bericht und starrte danach noch düsterer und verzweifelter als zu Beginn seiner Geschichte auf die Bucht von Clew hinaus, über die in der Zwischenzeit endgültig tintenschwarze Dunkelheit gefallen war.
Mac William Eughter hingegen machte jetzt einen viel aufgeräumteren Eindruck als noch wenige Stunden zuvor, und indem er die friedlich daliegende Leiche der Grainne O'Malley beinahe freundschaftlich in die Seite stieß, äußerte er: »Ich dachte stets, ich sei der einzige, den die Gedunsene da um Ruhm und Macht betrogen hat. Mit um so größerer Genugtuung habe ich jedoch nun vernehmen dürfen, daß sie auch noch einen anderen Ritter um sein Glück gebracht hat, wenn auch du, Sydney, sicherlich von schlechterem Stammbaum bist als ich und deswegen auch keine Burgen, sondern bloß ein wenig Würde durch sie verloren hast. Trotzdem empfinde ich jetzt beinahe brüderliche Gefühle dir gegenüber, und wenn du

nichts dagegen hast, möchte ich mit dir auf deine Erniedrigung anstoßen, denn deine Erinnerungen daran haben mein Herz wahrlich frohlocken lassen.«

»Mich kann in meinem Leben nichts mehr wirklich treffen«, erwiderte der Gouverneur und reckte seine himmelstürmende Nase trotzig dem Normannen entgegen. »Zwar könnte dein Trinkspruch für einen anderen durchaus beleidigend klingen, aber mir läßt er die Leber keineswegs schwellen, denn wenn man einmal dermaßen gelitten hat wie ich, dann sind alle späteren Heimsuchungen, selbst wenn sie von einem Normannen kommen, bloß noch Schall und Rauch. Erheben wir also getrost unsere Pokale, mein Freund, denn ich habe während des letzten Jahrzehnts festgestellt, daß ich mein verpfuschtes Leben etwas abgeklärter sehen kann, wenn mir nur genügend Poteen, Whisky oder Wein in den Adern und im Gehirn rauscht.«

»Dies war ein weises Wort!« rief Davitt-mit-der-Nase, »und ich verzeihe dir deswegen auch gewisse Unfreundlichkeiten, die dir in Bezug auf mich, Rory O'Gilpatrick sowie andere Offiziere der Verstorbenen sicherlich unbeabsichtigt über die Lippen gekommen sind.«

Die anderen pflichteten ihm darin durch heftiges Kopfnicken bei, und so wurden nun ohne weiteres Geschwätz die Becher gefüllt und daraufhin andächtig bis zur Nagelprobe geleert. Nachdem sich Sir Henry Sydney auf diese Weise gestärkt hatte, begann er in den Abgründen seiner samtverbrämten Pluderhosen zu nesteln und brachte zuletzt aus deren Tiefen eine mit rotem Siegelwachs getränkte Schnur hervor, die er ein Weilchen betrachtete, um sich schließlich zu erheben und sich mit diesem Band in der Hand dem Schädel Grainne O'Malleys zu nähern. »Mit dieser Schnur war die Bulle mei-

ner undankbaren Königin Elisabeth versiegelt«, erklärte er, »und um ein Haar hätte ich mich in meinem Fieberwahn mit dieser Leine wie ein Hund erwürgt, nachdem mir das brüderliche Band, das ich zum Zwecke des Kampfes gegen die Spanier mit der Herrin von Carrigahowly geknüpft hatte, dermaßen zu meinem Unglück ausgeschlagen war. Jetzt jedoch, indem ich diese Schnur um den Schädel derjenigen winde, die an allem die Schuld trägt, hoffe ich, daß mein unseliger Stern von mir weichen und mit der, die mir als Feindin, aber auch als Freundin stets nur Böses antat, endlich zur Hölle fahren möge! In einem belialischen Suppenkessel sollst du als Gouverneurin herrschen, Grainne O'Malley, und es soll dir dabei noch ärger ergehen als damals mir, als ich aus dem Mund jenes Herzogs mein Verbannungsurteil vernehmen mußte!«
Mit diesen letzten Worten zog Sir Henry Sydney das brüderliche Band, das zu Grainnes Lebzeiten zwischen ihr und ihm nur sehr unvollkommen geknüpft werden konnte, mit einem solch derben Ruck um den Schädel der Toten fest, daß ihr Körper unvermittelt um mindestens zwei Ellen verrutschte und zur Hälfte auf dem Schoß des erschrocken zurückfahrenden Mac William Eughter landete. Und während mehrere Pokale, Kruken und Bratenstücke auf die Bodendielen krachten, schrie der Normanne entsetzt: »Versuche jetzt nicht, dich zu mir zu flüchten, du ungetreues Weib, denn was mein Freund und Leidensgenosse Sydney dir zugedacht hat, hast du nach allen göttlichen und menschlichen Gesetzen auch verdient! Begib dich also schleunigst wieder dorthin, wohin du gehörst, nämlich auf deine Bohlentafel, und versuche hier nicht wie eine Banshee wild herumzuspuken!«
Gleichzeitig zogen Mac William Eughter und der Gouverneur von Galway die nun sehr schlaff und schwer gewordene Lei-

che wieder auf den Tisch und stärkten sich nach dem ausgestandenen Schrecken kräftig aus jenen Kruken, die das Herumfuhrwerken der Grainne O'Malley heil überstanden hatten. Auch die übrigen Tafelgenossen benötigten mehrere Becher, ehe sie ihre Fassung wiedergefunden hatten und allmählich einer nach dem anderen in seinem Sessel oder auf dem Fußboden zu entschlummern vermochte, so daß nunmehr, eine gute Stunde nach Mitternacht, endlich wieder friedliche Ruhe im Söller von Carrigahowly einkehrte – und nur noch der Gouverneur von Galway schweigend in die Nacht hinausstarrte, die ihm jetzt gnädig die Landschaft seiner Verbannung verhüllte.

VIII
Das hündische Band

Nach einem Morgenspaziergang, der ihnen die Schädel vom Dunst der vorangegangenen Nacht einigermaßen gereinigt hatte, kehrten die neun Recken der Tafelrunde vom Strand der Insel Clare ins Schloß von Carrigahowly zurück, um dort in die Küchengewölbe einzufallen und nachzusehen, ob ihnen von den Mägden bereits ein anständiges Frühstück bereitet worden sei. Es war jedoch keine einzige der ursprünglich vier Bedienerinnen auszumachen, weshalb Uail O'Malley bedauernd sagte: »Solches wäre zu den Regierungszeiten meiner verblichenen Schwester bestimmt nicht vorgekommen, denn zumindest dies muß man zu ihrer Ehre sagen, daß sie zu ihren Lebzeiten stets für gefüllte Kessel und Pfannen sorgte. Jetzt jedoch sieht es so aus, als müßten wir uns an diesem Morgen selbst behelfen, und weil dies so ist, bin ich um Grainne mehr zu trauern geneigt als während der drei Nächte und zwei Tage, die wir, ihr zum gefälligen Andenken, bereits hinter uns gebracht haben.«

»Auch meine Trauer ist sehr groß«, stimmte Davitt-mit-der-Nase zu, »denn ich sehe, daß es heute zum Frühstück nichts weiter als kalten Haferbrei und Heringe geben wird. In dem Tontopf dort drüben ist nämlich irgendwann gestern oder vorgestern solch grauer Matsch, den man auch als Porridge bezeichnet, angerührt worden, um wahrscheinlich als Futter für unfolgsame Hunde zu dienen, und daneben erblicke ich auch noch ein Fäßchen mit eingelegten Fischen. Und wenn diese lukullischen Aussichten auch ganz gewiß einen Verrückten wie meinen Freund John Faughart sehr fröhlich stimmen werden, so muß ich dennoch behaupten, daß dieser Tag sich übler anläßt als die meisten anderen meines Lebens. Doch immerhin sind hier im Nebenraum noch zahlreiche Kruken mit Poteen gestapelt, so daß der Salzfisch, den ich nachher zu meinem großen Leidwesen verzehren muß, wenigstens schwimmen darf.«

»Das Grundübel liegt eindeutig an den verschwundenen Mägden«, sagte Mac William Eughter, während er den irdenen Topf mit dem Haferbrei schulterte. »Was einmal mehr meine These untermauert, daß man keinem menschlichen Wesen trauen kann, das einen Weiberrock trägt!«

»Wahrscheinlich sind sie ja bloß zur Morgenmesse gegangen«, warf besänftigend Owen of Howth ein. »Und dagegen könnte man eigentlich nichts einwenden, denn immerhin wird ihnen dort ja christliche Nächstenliebe vermittelt.«

»Sicher bist du ein Experte in solchen Angelegenheiten«, schnappte Rory O'Gilpatrick gegen ihn, der sich inzwischen das Heringsfaß gegriffen hatte. »Doch ebenso klar ist, daß Leute wie du, die sich dieser verrückten Nächstenliebe verschrieben haben, leicht hirnweich zu werden pflegen. Ganz offenbar ist dies auch bei dir schon der Fall, denn sonst wüßtest du, daß der Kaplan von Carrigahowly derzeit keine Morgenmessen feiern kann, da wir ihn doch, um uns unseren eigenen Seelenfrieden zu erhalten, ins Verlies gesperrt haben.«

»Komisch, daß er dort überhaupt nicht Laut gibt, so wie er

dies gestern und vorgestern noch ganz bärenhaft getan hat«, murmelte Toby O'Malley. »Wozu mir eine Geschichte einfällt, denn schon einmal, als ich mit meiner Mutter zur Königin von England segelte, verstummte ein solcher Kleriker ganz unvermittelt...«

»Es ist immer von Nutzen, wenn ihnen einer über die Schnauze fährt«, unterbrach ihn Davitt-mit-der-Nase mit erfreutem Grinsen, »und ich bin sehr dafür, daß du uns diese Moritat zu unserem Vergnügen alsbald erzählst. Doch bitte nicht hier unten, wo wir unseren Poteen aus Tonbechern trinken müßten, während oben im Söller Pokale auf uns warten, welche solchen Helden wie uns unbestritten besser anstehen. Laßt uns also wieder ins Turmgemach zurückkehren, und nachdem wir dort das hinter uns gebracht haben, was John Faughart in seiner englischen Beschränktheit als Frühstück bezeichnen würde, wollen wir uns gerne anhören, wie ein Pfaffe zum Schweigen gebracht werden kann. – Macht aber leise, während wir hinaufsteigen, damit unser eigener Kaplan nicht unversehens wieder zu sich kommt und erneut zu lamentieren beginnt, denn ich für meine Person finde es sehr angenehm, daß sein tagelanges Quäken jetzt einmal aufgehört hat.«

Alle neun Recken erklommen also im Gänsemarsch die Wendeltreppe, die zum Söller von Carrigahowly führte, und nahmen dort wiederum im Kreis um die Verblichene Platz, die sich, wie das Morgenlicht gnadenlos zeigte, inzwischen auf das Eineinhalbfache ihres ursprünglichen Volumens ausgedehnt hatte.

Keiner der Helden ließ sich jedoch davon groß stören, sondern sie alle begannen tapfer Haferbrei und Salzheringe in sich hineinzuschaufeln, wenn auch – mit Ausnahme von John

Faughart und vielleicht auch Sir Henry Sydney – mit ziemlich verdrießlichen Mienen. Zuletzt beförderte Uail O'Malley die nicht ganz leergekratzte Haferschüssel durchs Fenster in den Schloßhof hinunter, während das Heringsfäßchen zur späteren geflissentlichen Verwendung seines restlichen Inhalts gegen etwaige Katergefühle unter der Tafel verwahrt wurde. Nachdem Davitt-mit-der-Nase dann alle seine Kameraden großzügig mit Poteen versorgt hatte und zwei oder drei Pokale geleert worden waren, nahm der Gouverneur von Galway das Wort und sagte zu Toby O'Malley: »Du hast vorhin davon gesprochen, daß du in Begleitung deiner Mutter einst zur Königin von England gesegelt bist und daß bei dieser Gelegenheit ein Kleriker jäh zum Verstummen gebracht wurde. Besonders die zweite Episode, die du da angedeutet hast, hört sich sehr heiter an, und deswegen möchte ich dich dazu ermuntern, sie uns nun in aller Ausführlichkeit zu berichten. Auch habe ich, seit Elisabeth Tudor mich völlig ungerechtfertigt mit ihrer Ungnade strafte, nicht mehr sehr viele Neuigkeiten vom englischen Königshof vernommen, so daß mich – neben dem gewiß unterhaltsamen Schicksal des Pfaffen – auch sehr interessiert, was sich dort zutrug. Dies um so mehr, als ich hoffe, daß deine Mutter in London endlich ihre Meisterin gefunden hat und vielleicht im Angesicht des Thrones auch einmal das Maul zu halten hatte.«

»Damit kann ich dir leider nicht dienen«, erwiderte grinsend Toby O'Malley. »Doch glaube ich, daß das, was ich nunmehr zu berichten habe, trotzdem sehr kurzweilig ist, denn es läßt sich sagen, daß Grainne O'Malley, als sie mit der Königin von England zusammentraf, auf noch ungeheuerlichere Art und Weise über sich selbst und sämtliche höfischen Konventionen dazu hinauswuchs als je zuvor in ihrem Leben.«

Nachdem er dies vorausgeschickt hatte, glättete der Viscount of Mayo sorgsam den gefältelten Kragen über seinem Lederkoller, und dann vernahmen seine acht Gefährten

Die Geschichte des Toby O'Malley

Sir Henry Sydney hat bereits davon berichtet, wie eines Tages, nachdem die spanische Armada durch den tapferen Einsatz von zweihundert Iren unter dem Befehl meiner Mutter vernichtet worden war, ein britischer Herzog und Großneffe der Königin von England in Galway auftauchte und dort im Palast des Gouverneurs für einige Unruhe sorgte. Selbiger Herzog jedoch segelte damals, nachdem er die Ordnung in der Provinz Galway einigermaßen wiederhergestellt hatte, keineswegs sofort nach England zurück, sondern er tauchte schon kurze Zeit später vor der Insel Clare auf und ließ unter den Mauern von Carrigahowly Anker werfen. Danach sandte er einen Offizier ins Schloß, welcher untertänigst im Namen seines Herrn um Audienz bei Grainne O'Malley bat. Diese wurde dem Herzog auch alsbald großmütig gewährt, und wenn ich selbst, Toby O'Malley, damals auch erst sechs Jahre zählte, so erinnere ich mich doch noch gut daran, wie sich meine Mutter und der Vertreter der englischen Königin im Verlauf der nächsten Tage dann sehr angeregt miteinander unterhielten.

Grainne O'Malley lachte und schäkerte in dieser Zeit mit dem Herzog sehr ausgelassen und fröhlich, besonders dann, wenn er geruhte, ihr von irgendwelchen Ereignissen, die sich kürzlich in Galway zugetragen hatten, zu berichten. Dann kannte die Freude meiner Mutter keine Grenzen mehr, und sie scheint diesem britischen Hochadeligen damals sehr nahe gekommen zu sein. Ich erinnere mich nämlich, daß er einmal schon in sehr früher Morgenstunde, als ich unversehens in das Gemach Grainnes tappte, bei ihr zur Audienz weilte und dabei nichts weiter am Leib trug als die Bettdecke meiner Mutter.

Wie auch immer. Jedenfalls stiegen auf Carrigahowly mehrere Wochen lang große Feste, und der Herzog pflegte bei solchen Gelegenheiten den Kriegsruhm, die Schönheit und die Treue Grainnes zu England in den höchsten Tönen zu loben. Auch war immer wieder die Rede davon, daß meine Mutter demnächst einmal nach London segeln sollte, um dort aus der Hand der Königin höchstpersönlich den Lohn für ihre Tugenden zu empfangen. Als der Herzog sich zuletzt wieder reisefertig machte, tollte ich einmal in seinen Gemächern herum, denn er war mir inzwischen vertrauter geworden als mein unbekannter Vater, und bei dieser Gelegenheit nahm er mich in die Arme, hob mich hoch und sagte zu mir: »Alsbald werden wir uns in London wiedersehen, wo du zusammen mit deiner Mutter der Königin von England vorgestellt werden sollst. Und du mußt wissen, daß dies eine unerhörte Ehre ist, die deine Mama jedoch verdient hat wie kaum ein anderer Mensch in Britannien, denn ohne ihre Tapferkeit wäre der Krieg gegen die Spanier möglicherweise nicht so schnell beendet gewesen. Auf Wiedersehen also in England, du kleiner Sohn einer großen Heldin, wobei ich allerdings hoffe, daß du nicht wieder gerade dann ins Zimmer platzt, wenn ich in früher Morgenstunde wichtige Staatsgeschäfte mit deiner Mutter zu besprechen habe!«

Wenig später stach der Herzog dann in See, und Grainne

winkte ihm lange von den Zinnen von Carrigahowly herunter nach, wobei ich, der neben ihr stand, wirklich den Eindruck hatte, daß sie ihm alsbald nachfolgen würde.
Leider verzögerte sich die geplante Reise nach England dann aber doch noch volle vier Jahre, denn es gab im Lande Upper Owle Malley sowie in den angrenzenden Gebieten mehr für die Herrin von Carrigahowly zu tun, als zunächst zu überblikken gewesen war, denn Grainne war ja nunmehr so etwas wie der Vormund des Gouverneurs von Galway geworden und mußte sich in dieser Eigenschaft nachdrücklich um jene Ländereien kümmern, die der frühere Vertreter der englischen Krone jetzt nicht mehr in eigener Regie zu verwalten vermochte. Grainne erledigte dies jedoch sehr geschickt, so daß bald zahlreiche Poteen-Brennereien, Schaffarmen, Rinderhöfe oder auch Weinlager einen sehr glücklichen wirtschaftlichen Aufschwung nahmen und aus diesen Unternehmungen sehr viele Steuern nach Carrigahowly flossen. Meine Mutter vereinnahmte jedoch keineswegs alles, was sie auf diese Weise in Vertretung und Vormundschaft des nunmehr sehr zurückgezogen lebenden Gouverneurs von Galway erwirtschaftete, sondern sie führte regelmäßig einen Teil ihrer Gewinne nach London ab, so daß sowohl sie als – in freilich geringerem Maße – auch die Königin von England von den zahlreichen Geschäften profitierte.
Nachdem auf diese Weise vier Jahre ins Land gegangen waren, erinnerte sich meine Mutter plötzlich wieder an die Einladung nach London, und sie rief deswegen ihre Vertrauten zusammen und sprach zu ihnen folgendermaßen: »Ich, Grainne O'Malley, habe Elisabeth Tudor nunmehr so gut gedient wie sicherlich keine andere Irin und auch kein Ire vor mir, und nun gelüstet es mich danach, einmal zu sehen, wie es

am Königshof von London so zugeht, denn man erzählt sich von dort ganz erstaunliche Dinge. Deswegen soll meine größte und am besten bewaffnete Galeone segelfertig gemacht werden, damit ich, zusammen mit meinen tapfersten Recken sowie meinen beiden Söhnen Toby und Padraic, dorthin aufbrechen kann.«

Es erntete Grainne jedoch auf diese Ankündigung hin keineswegs nur freudige Zustimmung, sondern viele ihrer Mitstreiter machten plötzlich sehr bedenkliche Gesichter, und schließlich sagte John Faughart, indem er seine Mütze unruhig knetete und in die Quere zerrte: »Du solltest dich in deiner übergroßen Unschuld vielleicht besser doch nicht in die Höhle der englischen Löwin wagen, verehrte Herrin, denn ihre Einladung, auch wenn sie bereits vor vier Jahren ausgesprochen wurde, könnte möglicherweise eine ganz hinterhältige Kriegslist sein. Ich kenne nämlich die Engländer, weil ich schließlich selbst einmal einer von ihnen war, und deswegen muß ich dich sehr vor ihnen und vor allen Dingen vor ihrer Königin warnen. Sie sind nämlich sehr nachtragend und könnten daher immer noch nicht vergessen haben, daß du ihnen in früheren Zeiten einmal, anstatt selbst als bußwillige Gefangene in London zu erscheinen, eine üble Hure gesandt hast, wodurch der Thron von England ganz unerhört beleidigt wurde. Deswegen hat dich Elisabeth Tudor mit ihrer silberzüngigen Einladung vielleicht nur täuschen wollen, um dich nachher um so sicherer ins Verderben zu stürzen.«

Nun äußerte sich auch Rory O'Gilpatrick und warnte: »Leider bist du, Grainne, deiner herrscherlichen Schwester aus dem Hause Tudor nicht nur einmal unliebsam aufgefallen, sondern wieder und wieder, was in der Tat bedeuten könnte, daß sie jetzt heimliche Rachegelüste gegen dich hegt!«

»Wenn ich bloß an die britischen Schiffe denke, die wir einst vor der Insel Hispaniola versenkten, während sie ohnehin schon mit den Spaniern im Kampf lagen«, sagte Davitt-mit-der-Nase, »dann schnürt sich mir wie von selbst der Hals zusammen!«

»Oder erinnere dich an den Normannen Mac William Eughter«, warnte Uail O'Malley, »den du, auch zum Schaden der britischen Krone, um sieben Burgen brachtest, weil er im Ehebett nicht ganz so wollte wie du. Der Kahlkopf aus der Sippe der Tudors könnte dir diese verlorene Baronie immer noch übelnehmen! Auch könnte es deinem gewesenen Gatten möglicherweise gelungen sein, nicht in der irischen Heide zu verkommen, sondern nach England zu gelangen, wo er jetzt vielleicht gerade am Königshof sehr erfolgreich gegen dich intrigiert.«

Nachdem alle diese Bedenken vorgebracht worden waren, setzte der riesenhafte Priester aus Mayo dem Ganzen die Krone auf, indem er sich plötzlich, wie es nun einmal Pfaffenart ist, in den Vordergrund drängte, beschwörende Gesten gegen die Söllerdecke hinauf vollführte, dazu wie im Veitstanz hüpfte und gleichzeitig schrie: »Der Himmel zeigt sich mir offen, und ich sehe den Untergang des Hauses O'Malley kommen! Nicht segle nach England, Vermessene, denn sonst muß die babylonische Hure von Carrigahowly fallen unter dem Flammenschwert von Tudor!«

Bestimmt hätte dieser verrückte Prophet noch andere Ungeheuerlichkeiten von sich gegeben, wenn Grainne ihn nicht jäh unterbrochen hätte, indem sie ihm nämlich ein paar derbe Maulschellen versetzte, und dann, nachdem der Geistliche in märtyrerhaft-beleidigtes Schweigen verfallen war, ihrerseits tönte: »Bis hierher habe ich euch, ihr Feiglinge, in aller

Geduld und Friedfertigkeit angehört, auch wenn ihr Dinge gesagt habt, die irischen Recken keinesfalls zur Ehre gereichen können. Doch ich kenne die Wankelmütigkeit des männlichen Geschlechts, und deswegen habe ich mich beherrscht und bin euch nicht sofort über die Mäuler gefahren. Zuletzt hat jedoch dieser riesenhafte Pfaffe aus Mayo die Königin von England als babylonische Hure bezeichnet und mich als ein Flammenschwert von Tudor, und solche Beleidigungen kann ich weder auf mir selbst noch auf meiner gesalbten Schwester in London sitzen lassen. Deswegen steht mein Entschluß nun um so unverbrüchlicher fest, daß ich nach Britannien segeln werde, und wenn ihr anderen dies wegen eurer übergroßen Hasenherzigkeit auch nicht verdient, so sollt ihr mich dennoch auf dieser Fahrt begleiten dürfen. Und jetzt will ich kein einziges Widerwort mehr hören, denn ich allein, Grainne O'Malley, habe zu entscheiden, was mir frommt und was nicht, und ihr anderen habt dazu nichts weiter zu tun, als jetzt endlich meine größte Galeone segelfertig zu machen!«
Damit waren nach bewährtem Brauch die Dinge geklärt, und schon wenige Tage später segelte das Schiff meiner Mutter aus dem Hafen von Clare, und keiner ihrer erprobten Kampfgefährten wagte es von da an, ihre Pläne etwa noch einmal in Frage zu stellen. Ja, es wurden diese Recken, als es an der Westküste Irlands entlang nach Süden ging, sogar immer fröhlicher und unternehmungslustiger, denn sie rechneten sich aus, daß es ihnen unterwegs durchaus gelingen könnte, das eine oder andere holländische Handelsschiff aufzutun, von welcher Sorte sich seit der Niederlage der Armada den Gerüchten nach viele in den westeuropäischen Gewässern zeigen sollten. Diese Holländer führten aber, so besagte das Gerücht ebenfalls, äußerst schmackhaften Genever an Bord, und wäh-

rend wir uns nun allmählich der Halbinsel von Dingle näherten, schlossen die Begleiter meiner Mutter bereits Wetten darüber ab, ob ein aufrechter Ire nun leichter von einer Kruke Poteen oder einem Delfter Gefäß mit Genever gefällt werden könne, und sie schworen, daß sie dies herausfinden würden, noch ehe die englische Küste in Sicht käme.

Jedoch wurde Grainnes Mannschaft in dieser hoffnungsfrohen Erwartung schwer getäuscht, denn bis hinüber auf die Höhe von Kinsale wagte sich kein Holländer in ihre Nähe, statt dessen versuchte der riesenhafte Pfaffe aus Mayo noch einmal, Mißstimmung in die Bordgemeinschaft zu tragen. Als nämlich an Backbord das Old Head of Kinsale sichtbar wurde, das hier wie ein schicksalsdrohender Finger in die See ragt, erlitt besagter Priester erneut einen prophetischen Anfall und kletterte daraufhin wie ein Wiesel zum Topp des Großmastes hinauf, wo er sich in seinem bischöflichen Rauchmantel spreizbeinig aufstellte und alsbald noch fürchterlicher als damals im Söller von Carrigahowly zu krakeelen begann.

»Nimmermehr«, so brüllte er auf das Achterkastell hinunter, wo Grainne stand, »wird diese Höllenfahrt ein gutes Ende nehmen, denn der Himmel hat sich mir wiederum aufgetan, so daß ich gesehen habe, wie der kahlköpfige englische Moloch alles, was sich auf dieser Galeone befindet, mit seinem Dämonenmaul verschlingt! Es wird euch, ihr Uneinsichtigen, ergehen wie damals dem Jonas im Wanste des Walfisches, nur wird euch der englische Leviathan keinesfalls lebendig wieder ausspeien, sondern euch ganz und gar zu grünem, scheußlichem Brei verdauen, wenn ihr nicht auf meine Warnungen hört und auf der Stelle umkehrt. Segelt ihr aber jetzt auch bloß noch um eine einzige Schiffslänge weiter, dann wird das Unheil über euch Sünder hereinbrechen und euch zermalmen. Ich allein, der Diener Gottes, werde dann noch entkommen und nach Irland zurückkehren können, um dort von eurem Untergang zu berichten!« Nach diesen letzten Worten kapriolte er wie ein Springteufel und setzte dann noch hinzu: »Denn so spricht Gott – und ich bin sein Prophet!«

Kaum jedoch hatte er dies von sich gegeben, ging sein letzter Laut in ein infernalisches Heulen über, denn der Steuermann der Galeone, der von alldem nichts mitbekommen hatte, weil er vollauf mit seinem Ruder beschäftigt war, hatte in diesem Augenblick eine Halse eingeleitet, um gut an den gefährlichen Klippen des Old Head of Kinsale vorüberzukommen. Es schwang also der Großbaum des Hauptmastes jäh herum, und gleichzeitig legte sich der Segler vom Backbord- auf den Steuerbordbug über, so daß der Priester hoch oben in der Takelage den Halt verlor und mit fürchterlichem Kreischen in die Tiefe stürzte, wie ein Stein aufs Wasser schlug und auf Nimmerwiedersehen im Meer verschwand.

Ob dieses bedauerlichen Unglücksfalles herrschte an Bord zunächst sehr verblüfftes Schweigen, doch dann ermannte sich Grainne als erste wieder und rief lachend: »Er kam mir schon seit einigen Monaten ziemlich verrückt vor, doch dies liegt vielleicht in der Natur von Priestern, und deswegen habe ich mich auch nicht sonderlich darüber aufgeregt. Doch nun hat ihm sein Wahn endgültig das Kreuz gebrochen, und wenn dies auch bedauerlich ist, denn nunmehr müssen wir ohne geistlichen Beistand weitersegeln, so hat uns dieser Pfaffe dennoch in seinem Höllensturz noch eine wichtige Erkenntnis vermittelt: Daß man nämlich auf Prophezeiungen, besonders wenn sie aus einem geweihten Maul fahren, nichts geben darf. Im Gegensatz zu ihm, der sich von dummen Einbildungen leiten ließ, werden wir nämlich Carrigahowly wiedersehen. Doch zuvor wollen wir uns am englischen Hof ganz königlich amüsieren, denn dies kann jetzt ganz gewiß nicht mehr gefährlich für uns werden, da der abgestürzte Prediger uns ja allen den Untergang dort prophezeit hat. Wir wissen jedoch nun, daß gerade immer das Gegenteil solcher Lügen eintreffen muß, weshalb ihr euch mit mir auf unsere Ankunft in London aufrichtig freuen sollt!«

Dagegen konnte niemand an Bord der Galeone etwas einwenden, und so ging die Fahrt nunmehr unter fröhlichen Gesängen weiter, wenn auch ohne geistlichen Beistand. Diesem Mangel konnte Grainne jedoch schon in Cornwall abhelfen, denn als ihre Galeone an der dortigen Küste ankerte, um etwas Frischfleisch an Bord zu nehmen, lief der Landungsmannschaft neben etlichen Hammeln auch ein junger Eremit über den Weg, der bis dahin in einer Felsenhöhle über Gott und die Welt meditiert hatte. Die Mannen Grainnes fingen ihn jedoch samt den Hammeln ein und schleppten ihn aufs Schiff, bei welcher Gelegenheit er allerdings arg zeterte, keifte und lamentierte.

Meine Mutter störte sich daran jedoch nicht weiter, sondern verpflichtete ihn kurzerhand als ihren neuen Kaplan, auch wenn sie dabei aus voller Lungenkraft gegen ihn anschreien mußte. Nachdem sie ihm auf diese Weise dargelegt hatte, für wessen Seelenheil er in Zukunft zu sorgen habe, ließ sie ihn, um des Bordfriedens willen, in eine leere Segelkammer sperren, jedoch nicht, ohne ihn mit einem halben Hammel und etlichen Kruken Poteen zu versehen. In dieser Segelkammer legte der neugewonnene Kaplan dann den restlichen Weg nach England und später auch den Rückweg nach Irland zurück, um seit dieser Zeit auf Carrigahowly Dienst zu tun. Und wenn er es auch in späteren Jahren nicht lassen konnte, immer wieder einmal gegen den Stachel zu löcken, so fand sich, sobald er wieder einmal einen Aufstand versuchte, doch immer schnell ein geeignetes Loch für ihn, wo er dann über seine Verfehlungen nachdenken konnte – so wie er dies ja auch jetzt wieder seit einigen Tagen und Nächten im Verlies von Carrigahowly tut.

Doch ich, Toby O'Malley, will jetzt wegen eines unbedeutenden Klerikers nicht von meiner eigentlichen Geschichte abschweifen und lieber wieder davon berichten, wie es meiner Mutter und ihren Recken weiterhin auf ihrer Englandreise erging.

Die Galeone rundete also Cornwall und segelte dann an den Küsten von Devon und Dorset entlang nach Osten bis Kent, um zuletzt in die Mündung der Themse einzulaufen und auf diesem Fluß, der sich an Bedeutung beinahe mit dem Shannon in Irland vergleichen läßt, London zu erreichen. Als man dort schließlich Anker warf, war die Stimmung sehr gut, denn auf der Höhe von Hastings war es kurz vorher doch noch gelungen, eine holländische Schute aufzubringen und sich mit Genever zu versehen, so daß die Recken Grainnes nun in der Tat ausprobieren konnten, ob dieser Stoff oder doch eher der erprobte Poteen einen Mann schneller fällen könnte, wobei außerdem noch vielfach getestet wurde, welches Gebräu besser gegen den englischen Nebel anzuwenden war.

Abschließende Erkenntnisse konnten jedoch nicht gewonnen werden, denn kaum hatte die Galeone meiner Mutter am Hafenkai von London angelegt, als die englische Gastfreundschaft auch schon überbrandete, denn es fanden sich zu unserem Empfang zahllose gepanzerte Beef-Eater ein, welche zur Begrüßung ihre Schwerter und Lanzen gegen uns schwenkten und dabei in völlig unverständliche Rufe ausbrachen, denn es ist eine Eigenart dieser Stadt, daß kein Fremder die Mundart ihrer Einwohner verstehen kann. Mir, der ich ja damals erst zehn Jahre zählte, kam dieser Übereifer der englischen Soldaten ein klein wenig bedrohlich vor, um so mehr, als ich nun auch unsere eigene Schiffsbesatzung zu den Waffen greifen und die Kanonen ausrennen sah. Doch ehe die sich anbahnende Verbrüderung zwischen Iren und Briten möglicherweise blutig enden konnte, tauchte auf dem Kai jener Herzog auf, den ich einst im Bett meiner Mutter bei einer diplomatischen Besprechung ertappt hatte, und stolzierte mit freudig ausgebreiteten Armen auf unsere Galeone zu, so daß sich der Auflauf des Londoner Pöbels zuletzt friedlich auflöste.

Grainne und der Herzog begrüßten sich statt dessen nun sehr überschwenglich, und danach zog meine Mutter an seiner Seite und mit ihrem gesamten Gefolge zum Palast der Königin, wobei auch der neugewonnene Kaplan nicht in ihrem Hofstaat fehlte, auch wenn ihn Davitt-mit-der-Nase und Rory O'Gilpatrick gefesselt und geknebelt zwischen sich führen mußten. Grainne hatte jedoch auf seine Gegenwart um keinen Preis verzichten wollen – wahrscheinlich, um gegenüber der Monarchin ihre friedlichen und christlichen Absichten augenfällig zu machen.

So kam es, daß wir völlig ungeschoren in den Thronsaal Elisabeths von England einzogen, welche uns offensichtlich schon erwartet hatte, denn sie prunkte in einer sehr voluminösen Robe auf ihrem Sessel und hatte ihre Glatze unter einer mächtigen Perücke verborgen, in welche nicht nur zahlreiche Pretiosen, sondern auch viele ausgestopfte Vögel eingeflochten waren, was man an diesem Hof möglicherweise für besonders majestätisch hielt. Ansonsten wirkte das Antlitz dieser Monarchin eher nichtssagend und mehlig fahl, wenn auch ihre Augen sehr füchsisch und durchdringend zu blicken wußten. Um die Königin herum hatten sich schier zahllose Schranzen aufgestellt, die kaum weniger herausgeputzt waren als ihre Herrin. Es befanden sich darunter Hofdamen mit bombastischen Entensterzen und Schleppen, die von mindestens drei strammen Reitknechten getragen werden mußten, Narren, welche noch phantastischere Sprünge tun konnten als der verewigte Priester von Carrigahowly kürzlich von seinem Großmast herunter, selbstverständlich auch Kleriker, welche ihre Litaneien auch dann noch vor- und rückwärts herzubeten wußten, wenn sie sich die Mäuler mit Pfauenfleisch, Wachteleiern und safrangefärbten Kardinalsmuscheln vollgestopft hatten, was sie zur höheren Ehre Gottes praktisch ununterbrochen zu tun pflegten. Neben diesen Fressern und Lamentierern waren aber auch zahlreiche Offiziere zu sehen, jedoch keiner davon unter dem Rang eines Regimentskommandeurs oder Admirals.

Mitten in dieses Tohuwabohu hinein schritt nun Grainne O'Malley, meine Mutter, und gleich hinter ihr kam ich selbst an der Seite meines Bruders Padraic, worauf sich dann der Rest unserer irischen Recken anschloß. Wenn wir aber gedacht hatten, die Engländer würden bei unserem Anblick ehrfurchtsvoll verstummen, so hatten wir uns darin schwer getäuscht, denn die Hofdamen, Erzpfaffen, Schalksnarren, Regimentskommandeure und Admirale trieben es, wahrscheinlich uns zur vermeintlichen Ehre, eher noch toller als zuvor, bis ihnen dann Elisabeth Tudor mit herrischer Handbewegung Einhalt gebot.

Daraufhin kehrte, wenn auch erst nach einer geraumen Weile, tatsächlich Ruhe im Thronsaal von England ein, und die Königin faßte meine Mutter lächelnd ins farblose Auge und sprach, mit etwas dünner Stimme, folgendermaßen: »Es ist sehr schön, daß du, Grainne O'Malley, nach nicht viel mehr als vierjähriger Bedenkzeit nun doch geneigt warst, meiner Einladung nach London zu folgen, damit ich dir meinen Dank für die großen Dienste aussprechen kann, welche du mir in Irland geleistet hast!«

Meine Mutter erwiderte darauf: »Ich, Grainne O'Malley, Tochter des Dhubdara von der Schwarzen Eiche, Herrin des Landes Upper Owle Malley, das neuerdings auch Baronat von Murasky genannt wird, grüße dich ebenso herzlich wie du mich, Schwester Elisabeth! Denn schließlich sind wir Kriegskameradinnen gegen die Spanier gewesen, und dank unserer engen Zusammenarbeit ist es gelungen, die Grafschaft Galway vor den Katholiken des verrückten Philipp zu retten. Auch wenn die Hauptlast dieses Kampfes auf meinen Schultern ruhte, denn der Vertreter der englischen Krone, den du, Schwester Elisabeth, mir zur Seite gestellt hattest, muß leider eher als ein Versager und Trunkenbold bezeichnet werden. Seit er jedoch aufgrund deiner Weisheit entmachtet ist, laufen die Dinge zwischen Mayo und den Aran Inseln deutlich besser als zuvor, und dies wird bestimmt auch so bleiben, solange ich als Fürstin und gleichrangige Verbündete von dir, Schwester Elisabeth, dort herrsche. Und nun möchte ich dir gerne die Hand schütteln, damit das herzliche Einverständnis zwischen mir und dir, so wie es zwischen souveränen Fürstinnen Brauch ist, auch vor aller Welt dokumentiert werde.«

Ehe die Königin von England noch etwas dagegen unternehmen konnte, hatte Grainne bereits ihre Klaue, mit der sie sonst das Schiffsruder oder die Breitaxt zu führen pflegte, gegen die Monarchin ausgestreckt und die schlaffe, weiße Hand Elisabeths ergriffen, welche sie daraufhin ziemlich ver-

dattert anstarrte. Nicht weniger verwirrt waren die zahllosen Schranzen im Thronsaal, doch war dies bei ihnen nicht plötzlich gekommen, sondern hatte schon begonnen, als meine Mutter die Königin von England zum ersten Mal als Schwester bezeichnet hatte, welch unhöfische und für Engländer vielleicht auch ungehörige Anrede sie dann auch noch zweimal wiederholt hatte. Nachdem Grainne aber jetzt auch noch unverdrossen die Hand Ihrer Majestät schüttelte und quetschte, wurde das Schweigen unter den Schranzen so bedrohlich wie die Stille vor dem Ausbruch eines Sturmes. Selbst meine Mutter, die sonst nicht gerade von Feinfühligkeit und sensiblen Nerven gequält wurde, bemerkte dies, so daß sie endlich die rot angelaufene Hand Elisabeths von England wieder fahren ließ und nach ihrer Schnupftabakdose griff, die sie seit ihrem Abenteuer vor der Insel Hispaniola ständig bei sich führte und häufig zu benutzen pflegte.
Jetzt schüttete Grainne, vermutlich um die angespannte gesellschaftliche Situation ein wenig zu entspannen, ein gehöriges Quantum Tabak in die Kuhle zwischen ihrem Daumen und ihrem Zeigefinger und zog dann das schwarze Pulver lautstark in ihre Nasenlöcher hoch, nachdem sie zuvor noch, wenn auch vergeblich, Elisabeth Tudor eine Prise angeboten hatte. Kaum war jedoch der Schnupftabak an Grainnes Schleimhäute gelangt, als sie auch schon dröhnend niesen mußte, was sich um so ungehöriger anhörte, als im Thronsaal von England ansonsten ja tödliche Stille herrschte.
Ihre Majestät höchstpersönlich machte jedoch gute Miene zum bösen Spiel und brachten nunmehr ein kostbar besticktes Taschentüchlein zum Vorschein, welches sie Grainne mit großer und generöser Geste reichte, wobei sie lächelnd und offenbar sehr um die Wiederherstellung höfischer Umgangsformen

bemüht, darauf hinwies, daß dieses Tuch in Brüssel geklöppelt und daraufhin in Venedig bestickt worden sei, doch nunmehr möge es Grainne O'Malley ganz zu ihrem Gefallen verwenden.

Dies tat meine ungenierte Mutter denn auch, denn sie führte das königliche Tuch schleunigst an ihre bereits wieder gefährlich geblähte Nase und röhrte dann hinein wie eine Hirschkuh, worauf sie, nachdem das königliche Tüchlein gründlich gefüllt war, dieses achtlos in eine Ecke des Thronsaales schleuderte.

Es fühlte sich nun ein Admiral, der – wie ich, Toby O'Malley, später erfuhr – auf den Namen Sir Walter Raleigh hörte, bemüßigt, mit der Hand nach seinem Degengriff zu fahren und gleichzeitig meine Mutter ziemlich barsch anzuherrschen: »Wollt Ihr mir bitte erklären, warum Ihr ein Geschenk Ihrer Majestät behandelt wie einen lumpigen Fetzen und es so mir nichts, dir nichts von Euch werfen könnt?!«

»Dies geschah, weil es ja bereits seinen Zweck erfüllt hatte«, erwiderte Grainne. »Doch ich gebe zu, daß es praktischer gewesen wäre, wenn ich mich – wie ich dies sonst zu tun gewöhnt bin – gleich durch die Finger geschneuzt hätte, denn dann wäre der geklöppelte Fetzen jetzt noch zu etwas nütze und könnte vielleicht in einer Truhe für Kleinodien verwahrt werden. So aber, ganz gelb und schwarz besudelt, wollte ich ihn wirklich nicht zu mir stecken, doch du, der du offensichtlich sehr begierig auf Klöppelspitzen und Stickereien bist, darfst den Lappen gerne aufheben und an dich nehmen, wenn du, wie dies der Fall zu sein scheint, keinen Ekel davor empfindest.«

Daraufhin lief der Admiral Sir Walter Raleigh so puterrot an, daß man einen Schlaganfall befürchten mußte, und verließ

den Thronsaal, ohne meine Mutter noch eines Blickes oder einer Antwort zu würdigen, und auch ohne das Taschentüchlein, das Grainne ihm so großherzig offeriert hatte, an sich zu nehmen.
Die übrigen Schranzen hatten giftig zu grummeln begonnen, doch die Königin von England nahm unverdrossen einen zweiten Anlauf, um meiner Mutter ihre Gunst zu beweisen, denn sie befahl jetzt einem ihrer Lakaien, einen gewissen Little Duke of Balmoral hereinzubringen, an dem Grainne O'Malley möglicherweise mehr Freude haben würde als an irgendwelchen Taschentüchern. Zwar zog meine Mutter auf diese Ankündigung hin ein sehr zweifelndes Gesicht und machte bereits wieder Anstalten, in ihrer Verlegenheit nach der Schnupftabakdose zu greifen, doch die Monarchin selbst schien sehr große Freude wegen der angekündigten Vorführung jenes Little Duke of Balmoral zu empfinden, weshalb denn auch Grainne O'Malley höflich ausharrte, bis der Genannte in Erscheinung trat.
Es handelte sich jedoch keineswegs um einen solchen Herzog, wie ihn meine Mutter mehr als vier Jahre zuvor aus diplomatischen Gründen in ihrer Kemenate beherbergt hatte, sondern als der Lakai zurückkehrte, führte er einen ziemlich knickbeinigen Wuschelhund, der kaum höher als vier Männerfäuste war, an einem seidenen Band mit sich, und als dieses Geschöpf Elisabeth Tudor erblickte, begann es auf der Stelle hingebungsvoll zu winseln und gleichzeitig mit der langen, roten Zunge zu schnalzen, worauf der Lakai es losließ und das Hündchen mit einem gekonnten Sprung im Schoß der Monarchin landete, wo es seine lüsterne Schnauze an einer unaussprechlichen Stelle der königlichen Robe zu vergraben suchte. Elisabeth von England brachte ihm jedoch mit barschem Nak-

kengriff sofort wieder Anstand bei und sagte, wobei sie nun nicht mehr ganz so mehlbleich aussah, zu Grainne: »Dies ist ein kluges, verspieltes und treues kleines Wesen, und wenn du es von mir als Geschenk annehmen willst, wird es hinfort oft in deinem Schoß liegen und dir unaussprechliche Freuden bereiten!«

Grainne jedoch rümpfte, ohne nunmehr Schnupftabak dabei zu Hilfe nehmen zu müssen, voller Abscheu die Nase und versetzte: »Ich habe schon von solchen Schoßhunden gehört, auch wenn ich nie recht glauben wollte, daß es in der Tat solche Kreaturen gibt. Auch ist mir bekannt, daß vor allen Dingen solche Weiber, die es allzusehr mit der Religion halten, derartiges Ungeziefer an sich zu ziehen pflegen, weil jene, die sich als Nachfolger jenes Nazareners ausgeben, ihnen aus menschenfeindlichen Gründen befohlen haben, jungfräulich zu bleiben. Deswegen halten sie sich solches Viehzeug, wie im Augenblick eines auch in deinem königlichen Schoß hockt. Doch, Schwester, ich glaube, ich selbst bin zu sehr Weib, als daß mich die Hündchen irgendwie zufriedenstellen könnten. Ich kann also mit solchem Ungeziefer wirklich nichts anfangen, weshalb du ein Hündchen lieber selbst behalten sollst, Königin der Engländer, denn so etwas paßt nur zu Faulenzern und Jungfrauen, wie du eine bist. Wenn es dir also Spaß macht, vertrödle ruhig deine Tage mit diesem schleckmäuligen Wollknäuel, doch mich verschone damit, denn ich habe in meinem Leben Besseres zu tun!«

Wieder fuhren daraufhin zahlreiche Hände an die Degengriffe, doch Elisabeth Tudor nahm erneut mit guter Miene hin, was Grainne ihr vorgehalten hatte, denn es lag ihr offenbar sehr viel an einem guten Verhältnis zwischen Upper Owle Malley und England. Sie schluckte also sowohl die Beleidigung ihrer Jungfrauenschaft als auch Grainnes Angriffe auf die christliche Religion samt deren Stifter und Kirchenfürsten, lediglich den Vorwurf der Faulenzerei wollte sie nicht auf sich sitzen lassen. »Du siehst dies leider völlig falsch«, erklärte sie deswegen meiner Mutter, wobei sie das Hundevieh nun wieder dem Lakaien übergab, »denn ich bin keineswegs faul, sondern auf meinen armen Schultern ruht die ganze Verantwortung für England und seine Provinzen dazu!«

Grainne jedoch war auch in dieser Sache völlig anderer Meinung, denn sie erwiderte: »Dies erscheint vielleicht dir so, Schwester, da du nichts anderes kennst, doch du darfst nicht glauben, daß es ehrliche Arbeit sei, den ganzen Tag auf einem Thron zu sitzen und Schranzen herumzukommandieren oder mit Schoßhündchen zu tändeln. Denn soweit ich es beurteilen kann, gibt es viele arme Geschöpfe in Mayo, die nur für ein Roggenfeld sorgen müssen und mir trotzdem ungleich fleißiger erscheinen wollen als du!«*)

»Dies ist wohl eine Frage des Standpunktes«, entgegnete Elisabeth Tudor nun doch etwas ärgerlich, »und ich glaube, wir sollten darüber nicht länger unnütz debattieren. Auch bist du, Grainne O'Malley, bestimmt ermüdet von der langen Seereise, die du hinter dich gebracht hast, um mir deine ungewöhnliche Aufwartung zu machen, und deswegen solltest du dich vielleicht zunächst ausruhen, ehe wir später, falls es sich so ergibt, noch einmal zu einer zweiten Audienz zusammen-

*) Dieser Ausspruch der Grainne O'Malley ist wörtlich überliefert, auch fand der Dialog zwischen ihr und Elisabeth I. von England im wesentlichen so statt, wie er hier geschildert ist. Historisch verbürgt sind also auch die Szenen mit dem Taschentuch und dem Schoßhund sowie das Auftreten von Sir Walter Raleigh.

treffen. Folge also meinem Großneffen, dem Herzog, der dich ja schon seit einigen Jahren kennt und deswegen besser als ich zu nehmen weiß, damit er dir und deinem Gefolge Quartiere in London anweisen kann.«

Damit beendete Elisabeth von England diesen denkwürdigen Empfang, und meine Mutter schritt ohne weitere Widerworte aus dem Thronsaal. Wir anderen folgten ihr und dem Herzog durch ein Spalier tuschelnder Schranzen hindurch, während das bestickte und geklöppelte Taschentüchlein unbeachtet in einer Ecke lag. So war dieses königliche Geschenk also für uns verloren. Der kleine Hund aber blieb uns erhalten, denn der Lakai, der ihn an seinem Seidenband in den Thronsaal geführt hatte, folgte uns nunmehr nach Hampton Court, wo die Königin Quartiere für uns hatte bereitstellen lassen, und dort gelang es mir, diesen niedlichen Hund in meine Obhut zu nehmen, worüber der genannte Schranze sehr erleichtert war, denn nun brauchte er nicht mit einem weiteren von Grainne verschmähten Geschenk in den Palast Elisabeths von England zurückzukehren.

Das Hündchen selbst bereitete mir, Toby O'Malley, sowie meinem Halbbruder Padraic O'Flaherty während der nächsten Tage dann großes Vergnügen. Weitere Kurzweil bot uns auch noch eine zweite Audienz, die Elisabeth Tudor unserer Mutter etwa eine Woche später gewährte. Diesmal zog Grainne jedoch nicht wiederum mit ihrem ganzen Gefolge in den Palast ein, vielmehr begleiteten lediglich ich und mein Halbbruder Padraic sie, denn die Königin hatte auf einer intimen Unterredung in ihrem Privatkabinett bestanden und dabei auch ihren eigenen Hofstaat ausgeschlossen, damit es nicht erneut zu Szenen kommen konnte, die nachher möglicherweise Anlaß zu schändlichem Gerede geben würden.

Auch sah die Monarchin an diesem Tag nicht so aufgeputzt aus wie beim ersten Mal, denn sie trug diesmal eine eher schlichte Perücke, auf deren oberster Tolle lediglich ein stilisierter britischer Löwe thronte, der, wie mir scheinen wollte, ganz unlöwisch und freundlich lächelte. Auch die Königin selbst gab sich sehr umgänglich und schien alles vergeben und vergessen zu haben, was sich eine Woche zuvor zwischen Grainne und ihr zugetragen hatte, denn sie betätschelte mir und Padraic freundlich die Köpfe, nachdem sie unsere Mutter mit Handschlag begrüßt hatte, und sprach sodann: »Ich habe lange überlegt, Grainne O'Malley, wie ich deinen gewiß großen Verdiensten um England Gerechtigkeit widerfahren lassen kann, ehe du wieder absegelst. Und da ich dich mit höfischen Spielereien und Tändeleien nicht wiederum langweilen will, denn du scheinst in deinem Leben ganz offenbar nach Größerem und Wertvollerem zu streben, habe ich beschlossen, dir eine Krone aufs rote Haar zu setzen, die nicht weniger als neun Zacken aufweisen soll, welche Zahl einer Gräfin nach uraltem Recht gebührt.«
Daraufhin blinzelte Elisabeth Tudor unsere Mutter aus ihren wäßrigen Augen sehr rührselig an und erwartete offenbar, daß Grainne dankbar vor ihr auf die Knie sinken würde. Sie hatte sich darin jedoch schwer getäuscht, denn die Herrin von Carrigahowly fuhr vielmehr wie angeekelt einen Schritt zurück und erwiderte: »Ich bin nicht nach London gekommen, um Titel einzuheimsen, die mir überhaupt nichts bedeuten. Ich brauche sie nämlich nicht, denn in meinen Augen bringen sie keinen Nutzen ein, es sei denn, sie seien aus uralter irischer Überlieferung erwachsen. Eine englische Gräfin zu werden, reizt mich also überhaupt nicht, denn ebenso wie du mich mit neun Zacken verzieren könntest, könnte ich

dies auch mit dir tun, da wir doch wohl beide unabhängige Fürstinnen in unseren Ländern sind und keine von uns der anderen nachsteht. Ich bin Anführerin meines tapferen Volkes, das von Mayo bis zu den Inseln von Aran in Irland sitzt, und eine lächerliche Grafenkrone wäre deswegen eher eine Erniedrigung als eine Ehre für mich. Wenn du aber nicht weißt, wohin du mit deinem Titel sollst, dann verleihe ihn von mir aus meinem Sohn Toby, denn in dessen Adern fließt von seinem unwürdigen Vater her, dem Normannen Mac William Eughter, ohnehin schon unirisches Blut, und er wird deswegen auch nicht durch einen englischen Grafenbrief entehrt. Ich selbst jedoch werde bleiben, was ich bin: Grainne O'Malley, Tochter des Dhubdara von der Schwarzen Eiche und Herrin des Landes Upper Owle Malley!«

Angesichts solch schwerwiegender und entschieden vorgetragener Einwände verzichtete Elisabeth Tudor dann tatsächlich auf die Übertragung des Grafentitels an meine Mutter und folgte statt dessen ihrem Rat, mich selbst, Toby O'Malley, mit der neunzackigen englischen Krone auszuzeichnen, welche Ehre mir von meinem sich zurückgesetzt fühlenden Halbbruder Padraic O'Flaherty einen schmerzhaften Tritt gegen das Schienbein eintrug.

So wurde ich also schon am nächsten Tag in der Kathedrale von Westminster von Elisabeth zum Viscount of Mayo erhöht, wobei allerdings das Haupt des Hauses Tudor und meine Mutter kein einziges Wort mehr miteinander wechselten und auch der Jubel der anwesenden irischen und englischen Zeugen sich sehr in Grenzen hielt. Auch wurde anschließend auf ein Festmahl im königlichen Palast verzichtet, so daß wir unmittelbar nach meiner Krönung zu unserer Galeone zurückkehrten und Segel setzten.

Grainne war nämlich der Meinung, nun wirklich genug für ihren Ruf am englischen Königshof getan zu haben, und sehnte sich inzwischen sehr nach Irland zurück. So stachen wir also mit unserem zeternden Kaplan in der Segelkammer wieder in See, doch nahmen wir, nachdem wir Cornwall gerundet hatten, nicht Kurs nach Kinsale hinüber, sondern drehten nach Norden ab, denn Grainne hatte beschlossen, an der irischen Ostküste entlang zurück nach Carrigahowly zu segeln, um sich nach den erschütternden Erlebnissen in London ein wenig Kurzweil zu gönnen. Sie hatte nämlich vernommen, daß ihr abtrünniger Gatte Mac William Eughter nunmehr irgendwo in der Nähe von Dublin als Söldnerführer auf einer unbedeutenden Burg untergekrochen war, und nun wollte sie, um wieder auf fröhlichere Gedanken zu kommen, im Vorbeisegeln gerne einen Blick auf das Land seiner Verbannung tun.

Mit diesen Worten schloß der Viscount of Mayo seinen Bericht und füllte für sich und seine Gefährten ebensoviele Pokale mit Poteen, wie er Zacken an seiner Grafenkrone zu tragen berechtigt war. Als die Tafelrunde dann auf das Andenken der Grainne O'Malley sowie der englischen Königin getrunken hatte, sagte Padraic O'Flaherty: »Deine Geschichte ist sehr kurzweilig gewesen, Bruder, und es ist erstaunlich, wie genau du dich an manche Einzelheiten erinnern kannst, obwohl du damals doch erst zehn Jahre oder so zähltest. Doch trat ich dich nicht gegen das Schienbein, als du Graf wurdest, sondern kräftig in den Allerwertesten, aber ansonsten kann ich mich dafür verbürgen, daß du alles richtig geschildert hast, was damals geschehen ist, bis hin zum Auftreten jenes Sir Walter Raleigh, der ein berühmter Pirat war, wenn er auch unserer Mutter keineswegs das Wasser zu reichen vermochte. Denn, wie ihre Reise nach England zeigte, war sie mit niemandem unter dem Himmel von Irland und allen umliegenden Ländereien dazu zu vergleichen, und ich hoffe deswegen, du wirst sie nun auch mit einem Band schmücken, welches ihrer Größe und Bedeutung würdig ist.«

»Nichts anderes als das liegt in meiner Absicht«, erwiderte der Viscount of Mayo und nestelte mit diesen Worten eine sehr wertvolle seidene Schnur von seinem Nacken los, welche er bisher unter seinem gefältelten Kragen verborgen getragen hatte. Mit diesem Kleinod in der Hand näherte er sich dann dem Schädel seiner Mutter, die ihm so uneigennützig zur Grafenwürde verholfen hatte, und sprach dabei: »Dieses Halsband zierte einst den kleinen Köter der Königin von England, und später habe ich selbst es immer sehr in Ehren gehalten, erinnerte es mich doch an die Begleitumstände meiner eigenen Krönung, welche ja in der Tat sehr kurzweilig waren. Nunmehr jedoch soll auch dieser einstmals bestenfalls hündische Strick in seiner Bedeutung erhöht werden, indem ich ihn um den Schädel derer winde, die auf ihre unnachahmliche Art im Thronsaal der Elisabeth Tudor für Aufregung sorgte und sich von den Verlockungen Englands nicht verführen ließ.«

Damit zog der Viscount of Mayo das hündische Band sorgsam fest und setzte dann noch hinzu: »Mögest du im Jenseits noch größere Freuden erleben als die Königin von England durch den, der vor dir und mir diese Seidenschnur trug!«

»Amen!« sagte Mac William Eughter, wobei er ganz schamlos und diabolisch grinste. »Es will mir scheinen, mein geliebter Sohn, als hättest du den erfreulichsten und angemessensten Nachruf von allen auf die Rote da von dir gegeben, auch wenn das Band, mit dem du sie nun abschließend ziertest, vielleicht ein wenig tiefer, nämlich mehr ihrem Hals zu, hätte festgemacht werden können. Doch will ich dir dieses Versäumnis gerne nachsehen, denn du hattest schließlich Sohnespflichten an ihr zu erfüllen. Immerhin kann sie nun beinahe an einer soliden Leine in die Hölle geführt werden, welcher Gedanke mir ungeheuerliches Vergnügen bereitet, um so mehr, als ich an diesem Halsband immer noch Anrüchiges zu erschnuppern vermeine, so daß der Teufel daran sicherlich gleich erkennen kann, wie sie es zu ihren Lebzeiten getrieben hat, wenn auch nicht unbedingt mit Schoßhunden, sondern eher mit ihren bedauernswerten Ehegatten.«

Nachdem er diese schändliche Äußerung getan hatte, brach der Normanne in ein wieherndes Gelächter aus, und es dauerte eine ganze Weile, ehe er sich selbst wieder in der Gewalt hatte und mit einem wehen Keuchen verstummte.

»Ich glaube, dieser Anwurf und auch das anschließende diabolische Gelächter fuhren dir nur deswegen aus dem Schlund, weil mein Neffe vorhin deinen Verbannungsort im Osten von Irland erwähnte, und du deswegen aus verständlicher Scham ungerecht gegen deine ehemalige Gemahlin geworden bist«, sagte, als im Söller von Carrigahowly wieder Ruhe eingekehrt war, Uail O'Malley. »Sei außerdem in Zukunft ein wenig vorsichtiger, Mac William Eughter, wenn du über die Gepflogenheiten deines gewesenen Ehelebens plauderst, denn sonst könnte es geschehen, daß dir selbst unendlicher Spott daraus erwächst, wenn nämlich andere als wir hier, die wir ja deine Freunde sind und Verständnis für die Schwierigkeiten deines Lebens aufbringen können, anhören müßten, was besser gnädigem Vergessen anheim gegeben werden soll – wie auch immer du es gemeint haben magst!«

Darauf erwiderte der Normanne nichts mehr, sondern lief lediglich rot an wie ein gesottener Hummer, und es war deswegen an Davitt-mit-der-Nase, die Unterhaltung wieder in vernünftigere Bahnen zu lenken, indem er nämlich äußerte: »Dieser Disput bringt mich auf Wesentlicheres, denn es ist längst Zeit geworden, das Mittagsmahl einzunehmen, damit uns nicht etwa der Poteen zu Kopf steigt, ehe wir zum Ende unserer Leichenfeier kommen. Es dringen jedoch noch immer keinerlei nahrhafte Geräusche aus den Küchengewölben dieses Schlosses zu uns herauf, so daß ich daraus ernsthafte Schwierigkeiten hinsichtlich unseres leibliches Wohles ableiten muß. Ratet mir also, Tafelbrüder und Kampfgenossen, was wir in dieser Sache unternehmen könnten.«

»Vielleicht sollten wir, im Gedenken an Grainne O'Malley, während des letzten halben Tages unserer Leichenwache tatsächlich ein wenig fasten«, erwiderte darauf Owen of Howth, »denn nichts anderes mußte die Verblichene tun, als ich mit ihr zusammentraf, denn sie hatte, als sie, von London kommend, an der irischen Ostküste entlangsegelte, genau wie wir jetzt, keine anderen Mundvorräte mehr an Bord als Kruken mit Poteen. Trotzdem zeigte sie damals große Tatkraft und erstaunliches Durchstehvermögen, worin wir ihr jetzt doch wenigstens für ein paar Stunden nacheifern könnten, was ja auch durchaus im Sinne christlicher Mäßigung wäre.«

»Jawohl, diese Idee scheint mir so unheilig nicht zu sein!« rief Davitt-mit-der-Nase aus. »Zwar habe ich eben noch anders gesprochen, doch um Grainnes Andenken willen will ich gerne auf eine Hammelkeule verzichten, wenn nur genügend Poteen in meiner Reichweite steht, um damit auf die Tote anzustoßen, während du, Owen of Howth, uns noch einmal in Erinnerung bringst, wie die Dinge für sie und dich damals in

Howth liefen, was uns sicherlich wiederum große Kurzweil bereiten wird. – Doch sollten wir, aus Gründen der Vernunft, darauf achten, ohne entsprechende Unterlage nicht allzuviel zu trinken, denn dies würde, wie ich vorhin angedeutet habe, gewisse Gefahren in sich bergen.«

»Dies würde es!« stimmte ihm aufgeräumt Rory O'Gilpatrick zu und füllte aus einer frischen Poteen-Kruke die neun Pokale der Tafelrunde bis zum Rand, worauf die Gefährten sie bis zur Neige leerten, um sich dann, nachdem sie sich erneut versorgt hatten, genüßlich in ihren Sesseln zurückzulehnen und auf das zu harren, woran Owen of Howth anstelle der ausgefallenen Mittagsmahlzeit bereits heftig zu kauen schien.

IX

Das menschenfreundliche Band

Der Edelmann von der irischen Ostküste blähte und plusterte sich in seinem grünen und elfenbeinfarbenen Leibrock und ließ seine kleinen Äuglein, die ihm im hamsterbackigen Gesicht standen, zucken und zwinkern. Ehe er jedoch nach solch possierlichen Präliminarien etwas Grundlegendes von sich geben konnte, drang aus den unteren Gefilden des Schlosses von Carrigahowly ein fistelndes und stöhnendes Heulen bis in das Turmgemach herauf, das sich ganz unverwechselbar klerikal anhörte und infolgedessen nur aus der Kehle des nach wie vor in seinem Kerker schmachtenden Kaplans stammen konnte. Diese priesterlichen Geräusche aus der Unterwelt bildeten jedoch nur den orkusartigen Unterbau für andere, welche nun ebenfalls zu vernehmen waren, doch klangen diese viel weiblicher und schrillten außerdem in vier verschiedenen grellen Tonarten, so daß kein Zweifel darüber bestehen konnte, wer sie im Wechselgesang mit dem Kaplan hervorbrachte: nämlich niemand sonst als die verschollenen Küchenmägde.

»Jetzt wissen wir, warum wir fasten müssen!« überschrie Uail O'Malley das fünffache Heulen und Zähneklappern. »Vermutlich kauern die dummen Küchenschaben vor der Kerkertür, während ihnen der schreimäulige Kaplan von drinnen die Messe liest.«

»Es ist wahrlich ein Unglück mit den Weibern«, bellte Mac William Eughter, »denn anstatt Vernünftiges zu leisten, wie etwa ein Stew zu schmurgeln oder uns Männern untertan zu sein, haben sie immer nur Unsinn im Sinn und machen sich mit Begeisterung vor den Pfaffen zu Närrinnen, auch wenn diese ihnen in ihrer Theologie noch nicht einmal eine ganze, sondern höchstens eine halbe Seele zugestehen wollen.«
»Du solltest über diesen Aspekt der Religion nicht spotten«, tadelte Davitt-mit-der-Nase den Normannen, »denn er ist, wenn man es von übergeordneter Warte aus betrachtet, der einzig positive, den die christliche Kirche trotz eineinhalbtausendjährigen Kreißens jemals hervorgebracht hat.«
»Trotzdem sind die Weiber dadurch nicht zahmer geworden«, versetzte Mac William Eughter uneinsichtig, »und man kann dies vierstimmig bis in unser trautes Gemach herauf vernehmen. Ja, es will mir scheinen, daß sie jetzt noch lauter kreischen als zuvor, so daß ich wirklich nichts Positives im Tun und in der Lehre dieses verfluchten Kaplans erkennen kann. Eher glaube ich, er versucht mit Hilfe der Küchenmägde eine Rebellion anzuzetteln, weshalb sich vielleicht einer aus unserer Runde nach unten begeben und ihm ein paar Maulschellen versetzen sollte.«
»Ich bezweifle, daß ernsthafte Gefahr besteht«, lachte daraufhin Padraic O'Flaherty, »denn wenn die Kirche eine Verschwörung gegen die weltliche Obrigkeit plante, so hat sie dies seit vielen hundert Jahren stets heimlich in Szene gesetzt und ihre Tücke niemals lauthals hinausposaunt, so wie es unser Kaplan gegenwärtig tut. Deswegen halte ich es eher für möglich, daß ihm der Poteen ausgegangen ist und er deswegen einen Bittgottesdienst zelebriert, wozu er sich die vier Weiber zu Meßdienerinnen erwählt hat.«

»Möglicherweise könnten wir ihn dann ja mit einer zusätzlichen Kruke zum Schweigen bringen«, äußerte weichherzig und durchaus verständnisvoll Davitt-mit-der-Nase.

»Das lohnt eigentlich nicht mehr und wäre wahrscheinlich auch unklug«, gab Uail O'Malley zu bedenken, »denn bis wir meine Schwester mit seiner Hilfe in ihre Gruft zu senken haben, ist es jetzt nicht mehr lange hin, und ich möchte nicht riskieren, daß ein trunkener Pfaffe sie vielleicht dann nicht so zur Hölle fahren läßt, wie es sich gehört. – Doch ich glaube, er wird von selbst bald wieder stillschweigen, denn auch damals, als wir ihn in Cornwall einfingen, ihn mit nach London nahmen und ihn während unserer Fahrt nach Howth an Bord hatten, pflegte er zwar ab und zu fürchterlich zu toben und zu kreischen, um jedoch wenig später wieder in stummes und dumpfes Brüten zu verfallen, denn er ist ja ein wenig schwach auf der Brust und hält deswegen seine religiösen Ekstasen niemals sehr lange durch.«

»Lassen wir also ihm gegenüber christliche Langmut walten«, stimmte Owen of Howth zu. »Und vielleicht könnten wir es in der Zwischenzeit mit einem Gebet für ihn und die Mägde versuchen ...«

»Da sei der Teufel vor!« fiel ihm mit geblähten, feuerroten Nasenflügeln Davitt wütend ins Wort. »Die von Mac vorgeschlagenen Maulschellen sind auf jeden Fall geeigneter, wenn wir dieses verrückte Quintett schon nicht auf natürliche Weise zum Schweigen bringen dürfen.«

Wahrscheinlich wäre der Streit noch lange weitergegangen, wenn nicht plötzlich das Geheul aus den Tiefen von Carrigahowly von selbst verstummt wäre, so daß sich die neun Recken der Tafelrunde entspannen und sich wieder mit wichtigeren Dingen beschäftigen konnten. So aber nahm nun

Toby O'Malley in Ruhe wieder das Wort und forderte Owen of Howth auf: »Nachdem offensichtlich die von dir angesprochene christliche Langmut tatsächlich auf den Kaplan gewirkt hat, denke ich, daß es an der Zeit ist, daß du uns mehr von solchen übernatürlichen Tugenden erzählst, denn wie ich weiß, hat meine Mutter dir darin große Übung beigebracht. Besonders was die Nächstenliebe angeht, sollst du, Owen of Howth, ja ein wahrer Meister in Irland sein, und da andere in unserem Kreis mit dieser schönen Eigenschaft höchstwahrscheinlich weniger gesegnet sind als du, wird dein Bericht sicherlich sehr lehrreich für sie sein. Zögere also nicht länger, mein Freund, uns über das Wunder aufzuklären, das Grainne an dir wirkte, nachdem sie London und den dortigen Königshof verlassen hatte.«

»Es wäre vielleicht besser gewesen, Elisabeth Tudor hätte sich ihr gegenüber nicht gar so langmütig gezeigt und sie für ihre Missetaten in den Tower gesperrt«, murmelte Owen of Howth mit zuckenden Hamsterbacken, »denn dann hätte sie nie in meine gesegneten Ländereien einfallen können!« Er rieb sich die Äuglein und sah aus, als würde er jeden Moment einen Weinkrampf erleiden, doch zuletzt ermannte er sich und erzählte

Die Geschichte des Owen of Howth

Es war ein wahrhaft himmlischer Sommertag, wie allein die Ostküste Erins sie kennt, und auf meinem Schloß Howth, das auf einer malerischen Insel in Sichtweite von Dublin liegt, hatten sich einige Freundinnen und Freunde meiner freiherr-

lichen Familie versammelt, um ein harmloses Gelage zu feiern und sich nebenbei, wie es eben Sitte an gepflegten Höfen ist, an fröhlichen Schäferspielen zu ergötzen.
Als ich, Owen of Howth, gerade hinter einer sehr entzückenden Baronin aus Ardee ein Baumhaus im Park meines Schlosses erkletterte, um meiner Gespielin, selbstverständlich in allen Ehren, die herrliche Aussicht von dort oben auf die Berge von Wicklow sowie die Bucht von Dublin näherzubringen, dachte ich gewiß noch nichts Böses, doch kaum hatte ich, meiner Schäferin über die Schulter lugend, ein halbes Stündchen in die Runde gespäht, als ich von Süden her ein höchst verdächtiges Kriegsschiff auf Howth zusegeln sah, welches mir irgendwie barbarisch erschien, denn es trug auf seinem Toppmast keineswegs eine christliche Flagge, so wie dies in zivilisierten Gewässern der Brauch ist, sondern ein ganz ungeheuerliches Monstrum, welches an einen klobigen schwarzen Baumstamm auf feuerrotem Grund erinnerte. Irgend etwas Teuflisches schien über dieser Galeone zu hängen und zu wabern, so daß mich auf der Stelle ein ungutes Frösteln befiel – und ich auch gar nicht sonderlich darüber verwundert war, daß sich schon kurz nach dem Auftauchen dieses Fliegenden Holländers der bis dahin blaue Himmel jäh verdunkelte und ein Ungewitter losbrach, wie es für die Bucht von Dublin in dieser sommerlichen Jahreszeit eigentlich ganz ungewöhnlich war.
Es hatte sich also sozusagen der Himmel aus Scham über dieses Barbarenschiff verfinstert, und es wüteten nun gräßliche Sturmstöße und Regenschauer aus ihm auf dieses Teufelsschiff hinunter, was ich der Galeone auch von Herzen gegönnt hätte, wenn nicht auch ich sowie meine barbusige Schäferin von diesem himmlischen Zorn betroffen gewesen

wären. Doch die göttliche Gerechtigkeit pflegt zuzeiten keinen Unterschied zwischen anständigen und verbrecherischen Menschen zu machen, und so blieb mir nichts anderes übrig, als zusammen mit meiner Gespielin schleunigst zurück ins Schloß zu fliehen, welchem Beispiel gleichzeitig alle anderen zum Fest Geladenen folgten.

So kam es, daß wir uns alsbald alle im großen Rittersaal von Howth versammelt hatten, und dies war auch sehr gut so, denn so konnte ich meine Gäste mit bereits aufgetragenen Leckerbissen erfreuen, so daß unser Fest letztlich kaum unter dem draußen herrschenden Unwetter zu leiden hatte, denn es ließen sich auch hier im Rittersaal sehr schöne Schäferspiele veranstalten, indem nämlich die Damen Wachteleier oder gesottene Krebse in den Landschaften ihrer Röcke verbargen und die männlichen Gäste diese Früchte, natürlich in aller Züchtigkeit, wieder abernteten und abschoren. Auf diese Weise gab es viel Gelächter und Kurzweil im Saal von Howth, während Regen und Sturm gegen die Fenster dröhnten, doch wurde unser Vergnügen alsbald durch den Vogt gestört, welcher mitten in das Treiben platzte, mich ausfindig machte und mir unter die Röcke meiner freiherrlichen Schäferin hinein meldete: »Es ist eine fremde Galeone in den Hafen von Howth eingelaufen, und ein gepanzerter Recke von großem Wuchs sowie brandrotem Haar unter dem Helm steht mit starker, wenn auch sehr barbarisch aussehender Mannschaft vor dem Schloßtor und begehrt Euch zu sprechen.«

»Kann man diese lästigen Bittsteller nicht einfach abwimmeln?« versetzte ich unwillig. »Schließlich habe ich Besseres zu tun, als mich mit irgendwelchen Hergelaufenen abzugeben, auch wenn sie auf einer veritablen Galeone gekommen sind. Wahrscheinlich ist es diejenige, die ich vorhin schon in der Bucht von Dublin erspäht habe, und die mir keineswegs als ein anständiges Schiff erscheinen wollte, denn sie führte ein ganz abscheuliches Banner am Großmast, weswegen mit Sicherheit der Himmel seinen Zorn über sie ausgegossen hat.«

»Man könnte versuchen, sie mit einigen Kanonenschüssen zu vertreiben«, gestand der Vogt zu, »denn sie scheinen nicht sehr kampfkräftig zu sein, da ich gesehen habe, wie von den Pulverpfannen ihrer Musketen das Regenwasser in Bächen floß, so daß sie uns mit diesen Waffen kaum gefährlich werden und etwa zurückschießen könnten. Doch glaube ich, solches wäre nicht sehr christlich gehandelt, denn sie machen, alles in allem, keinen sonderlich angriffslustigen Eindruck und scheinen außerdem Iren zu sein, denn sie haben mich in unserer gemeinsamen Sprache, wenn auch mit westlichem Zungenschlag, um Brot angefleht.«

»Sie segeln auf einer Galeone – und haben noch nicht einmal ein Stück Brot an Bord!« schimpfte ich. »Wußte ich es doch, daß mit denen etwas nicht stimmen kann. Wahrscheinlich sind es irgendwelche Räuber aus Connemara oder Connaught, die diese Galeone durch einen Lumpenstreich in ihre Gewalt gebracht haben, als sie ohne Proviant in einem ungeschützten Hafen lag, und nun versuchen sie unter einem lügnerischen Vorwand in mein Schloß zu gelangen, um hier dann weitere Missetaten anzustellen. – Sie sollen jedoch hier kein Glück haben, denn ich werde auf ihre Ränke nicht hereinfallen, doch werde ich sie mir nun immerhin einmal ansehen, damit ich später eine Beschreibung dieser Piraten an die Admiralität Ihrer Majestät herausgeben kann.«

Damit löste ich mich von meiner ohnehin schon aufgestörten Schäferin und schritt meinem Vogt voran zum Torturm meines Schlosses. Dort erklomm ich dessen oberstes Stockwerk, nahm eine Donnerbüchse zur Hand und setzte deren Zündlunte in Brand, befahl der Wachmannschaft, mir, falls dies nötig werden sollte, Feuerschutz zu geben, und spähte daraufhin tapfer durch eine Schießscharte nach unten. Sofort erkannte ich, nach der Beschreibung des Vogts, den Anführer der Räuber, welcher sehr großgewachsen und rothaarig war, und ich sah auch, daß sich hinter ihm etwa acht oder neun Dutzend anderer Halunken drängten, denen zwar der Regen wie Sturzbäche über die Rüstungen lief, die aber dennoch äußerst gefährlich auf mich wirkten.

Damit sie erkannten, daß sie mit mir auf keinen Fall leichtes Spiel haben würden, rief ich nun hinunter: »Ihr glaubt vielleicht, ihr könntet dieses feste Schloß in einem günstigen Augenblick erstürmen, doch darin habt ihr euch sehr getäuscht, denn es sind bereits Musketen auf euch gerichtet, und außerdem stehen auf den Wällen von Howth genügend Kanonen, um euch hinwegzuraffen wie nichts, sobald ihr auch nur eine einzige feindliche Bewegung macht. Packt euch also besser auf der Stelle wieder von dannen, ehe ich Lunten an die Zündlöcher legen lasse und euch dorthin sende, von wo ihr wohl auch gekommen seid: nämlich in die Hölle!«

Eigentlich hatte ich erwartet, daß die Wegelagerer nunmehr auf der Stelle mit eingezogenen Schwänzen verschwinden würden, doch als ihr rothaariger Anführer das Wort nahm, sah ich mich in dieser Hoffnung sehr getäuscht, denn es klang äußerst ungehalten zu mir herauf: »Mich, Grainne O'Malley, Herrin des gleichnamigen Landes Upper Owle Malley sowie intime Freundin Elisabeths von England, haben schon andere als du zur Hölle schicken wollen, doch ich sage dir, daß dies bisher noch keinem gelungen ist, ob es sich nun um fellbekleidete Barbaren aus Donegal, spanische Kapitäne, sarazenische Admirale, Normannen aus der Sippe derer von Mac Eughter, Gouverneure von Galway oder auch verrückte erzkatholische Könige gehandelt hat. Statt dessen habe stets ich zuletzt über meine Feinde gelacht, nachdem sie mir erst einmal unterlegen waren, was niemals lange dauerte.

Du hast dich also selbst in große Gefahr gebracht, du jähzorniges Herrchen dieses unbedeutenden Schlosses, indem du mir und meinen Recken mit Musketen und Kanonen drohtest, doch ich will zu deinen Gunsten annehmen, daß du es nicht besser wußtest. Denn der Platzregen, der hier an der östlichen Küste Erins beinahe so wütend fällt wie in meiner eigenen westlichen Heimat, verschleiert vielleicht den Glanz meiner Persönlichkeit ein wenig, so daß du bis jetzt wirklich nicht erkennen konntest, wer dich auf deiner Insel aufgesucht hat. Nunmehr aber habe ich dir meinen von der Insel Hispaniola bis zum Seehafen Akkri berühmten Namen genannt, und du solltest dich Grainne O'Malley gegenüber deswegen größerer Höflichkeit befleißigen als bisher!«

»Du hast mich als ein jähzorniges Herrchen auf einem unbedeutenden Schloß bezeichnet«, schrie ich daraufhin in berechtigter Empörung zurück, »doch in Wahrheit bin ich Owen auf Howth, dessen Name gewiß nicht weniger berühmt ist als dein eigener – auch wenn ich diesen noch nie habe nennen hören. Wisse außerdem, daß meine Festung die Bucht von Dublin bewacht und beschützt, weswegen du ganz gewiß nicht so beleidigend mit mir umspringen solltest, um so mehr, als du noch nicht einmal ein Mann, sondern lediglich ein schwaches Weib bist, welches, wie ich zu sehen glaube, noch nicht einmal zu Schäferspielen taugen würde, denn dazu will mir deine Gestalt gar zu eckig erscheinen. Doch ich, Owen of Howth, will mich jetzt weder mit deinen Titten noch mit deinem Hintern aufhalten, denn ich habe in meinem Rittersaal Besseres zu tun. Es liegt mir vielmehr daran, die leidige Angelegenheit mit dir so schnell wie möglich hinter mich zu bringen. Sage mir also, falls es einen vernünftigen Grund dafür gibt, was dich nach Howth geführt hat, und dann will ich sehen, ob ich dir irgendwie gefällig sein kann, denn wie die ehrwürdigen ritterlichen Regeln besagen, soll man den Weibern, Witwen und Waisen ja stets zu Diensten sein.«

Grainne O'Malley drückte sich das Regenwasser aus ihrem roten Haar, dann erwiderte sie: »Wie mir scheint, bist du ein großer Schwätzer, doch angesichts der gegenwärtigen Sintflut will ich mich nicht mit gewiß gerechtfertigten Antworten auf deinen Sermon aufhalten, sondern, wie es die Vernunft in meiner Lage gebietet, sogleich zur Sache kommen. – Ich schwöre dir, daß ich dich, Owen of Howth, niemals auf deiner niedlichen Insel aufgesucht hätte, wenn der Zustand meines Schiffes sowie das Unwetter mich nicht dazu gezwungen hätten. Denn es ist leider so, daß ich mit vollen Proviantbunkern von Clew nach London segelte, später jedoch diese Stadt beinahe ohne Lebensmittel wieder verließ, denn einige meiner Leute, die es nicht besser wußten, haben an der Themse fast alles, was wir an Brot, Hammelfleisch und Eingepökeltem an Bord hatten, gegen irgendwelchen Krämertand verscherbelt, so daß wir, kaum daß die irische Ostküste in Sicht kam, zu hungern begannen. Ich dachte nun, ich könnte auf einigen Farmen hier in der Gegend von Dublin für frische Lebensmittel sorgen und lief deswegen in diese Bucht ein, doch leider brach dann dieses Unwetter los, so daß es zu keinem anständigen Handel mehr kommen konnte, denn hinter all den Regenschauern hätte ich möglicherweise keine einzige Farm ausfindig machen können. Dein Schloß hingegen war weithin sichtbar, und so bin ich in deinen Hafen eingelaufen, um dich zu bitten, mir mit einigen Säcken Korn sowie vielleicht der einen oder anderen Speckseite auszuhelfen. Auch wäre es nicht schlecht, wenn ich und meine Begleiter unsere Kleider an deinen Kaminen trocknen könnten, denn seit wir hier vor deinem Torturm stehen, schüttete es ununterbrochen weiter, so daß wir bereits bis auf die Haut durchnäßt sind. Laß uns also endlich in deine Burg ein, Owen of Howth, und denke dabei vor allen Dingen an die erst halbwüchsigen Knaben, die du hier an meiner Seite siehst, damit man von dir nicht sagen kann, du hättest Kinder, die auf deine Hilfe angewiesen waren, von deinem Tor gewiesen!«

»Ich wußte es doch gleich, daß du mich berauben und ausplündern willst, Grainne O'Malley«, gab ich, nunmehr ehrlich ungehalten, zurück. »In ganz unverschämter Weise verlangst du Brot und Fleisch von mir und bedenkst dabei nicht, daß ich ohnehin schon zahlreiche hungrige Mäuler in meinem Schloß zu verköstigen habe, nämlich viele arme Schäferinnen und Schäfer, wodurch doch wirklich erwiesen ist, daß mir Gastfreundschaft nicht fremd ist. Wollte ich jetzt auch noch dich samt denen, die du als Kinder bezeichnest, die aber Schwerter, Enterbeile, Pistolen und Musketen tragen, nach Howth hereinlassen, dann würdet ihr sicherlich nicht bloß meine Speisekammern und Truhen ratzekahl fressen, sondern auch noch die Luft mit euren durchfeuchteten Kleidern und Haaren verpesten, so daß es in meinen ehrwürdigen Hallen bald wie in einer Räuberhöhle zugehen würde.

Solches jedoch kann mir niemand zumuten, denn ich bin ein wahrer Edelmann und kann deswegen weder Freßorgien noch Gestank hinter meinen Mauern dulden. Deswegen kann ich dir nur noch einmal raten, schleunigst wieder von hier zu verschwinden, Grainne O'Malley, und vielleicht in Dublin irgendwelche Spelunken aufzusuchen, welche für dich und deine schmutzige Bande bestimmt viel besser passen als mein schönes Schloß!«

»Dann willst du also Hilfesuchenden, die an dein Tor gepocht haben, in der Tat die althergebrachte Gastfreundschaft verweigern?« keifte das rothaarige Weib, in einer großen Wasserlache stehend, zu mir herauf.

»Jawohl, und wenn du dies nicht einsiehst, dann werde ich es dir mit Hilfe von Pulver und Blei hinter die Ohren schreiben müssen!« gab ich zurück.

Daraufhin gab dieses seltsame Weib, das sich zuvor noch als Heldin hingestellt hatte, klein bei und zog mit ihren Rabauken, ohne daß noch ein weiteres Wort zwischen uns gewechselt worden wäre, in Richtung auf den Hafen ab.

Ich selbst, Owen of Howth, blickte ihnen im Triumph nach, bis die Regenschauer sie verschlungen hatten, dann befahl ich dem Vogt und seinen Leuten, weiterhin gut Wache zu halten, und kehrte zu meinen Gästen zurück, denen ich diese Fürsorge schließlich schuldig war. Und nachdem ich ihnen von dem kleinen Zwischenfall berichtet und für meine Taten viel Beifall und zustimmendes Gelächter eingeheimst hatte, konnten unsere Schäferspiele endlich weitergehen, und ich konnte mich wiederum meiner Baronin widmen, um Wachteleier und gesottene Krebse unter ihren Röcken zu suchen und zu finden, während es meine Gastfreunde nicht anders mit ihren Damen hielten, so daß unser Fest alsbald wieder ebenso fröhlich verlief, wie vor dem Auftauchen jener frechen Störer vor meinem Tor.

Jedoch sollten mir diese Barbaren nach einer oder zwei Stun-

den noch einmal in Erinnerung gebracht werden, denn es drängelte sich, als ich gerade heftig mit meiner Baronin schäferte, plötzlich eine meiner Bedienten zu mir vor, die sich um meinen Sohn und Erben als Erzieherin zu kümmern hatte, und schrie mich völlig aufgelöst an: »Der junge John of Howth ist von blutrünstigen Piraten entführt worden!«
Schlagartig verstummten auf dieses Gekreische hin meine Musiker, und in meinem Festsaal breitete sich lähmende Stille aus. Auch ich ließ sofort von meiner Schäferin ab, und nicht anders handelte meine Ehegattin, denn auch sie löste sich erschrocken von ihrem derzeitigen Galan und schoß mit verrutschter Perücke auf mich und die Erzieherin zu, worauf wir uns dann beide bemühten, Genaueres von diesem unglückseligen Weib zu erfahren.
Nachdem die Gouvernante sich mit etlichen Gläsern Portwein gestärkt hatte, kehrte ihr dann auch der Verstand so weit zurück, daß sie uns einen zusammenhängenden Bericht geben konnte, welcher im wesentlichen das Folgende besagte: Sie sei mit dem erst vierjährigen John of Howth, unserem einzigen Sohn und Erben also, auf einem Spaziergang über die Heide befindlich gewesen, als unvermittelt das Unwetter losbrach und sie deswegen mit ihm den Schutz eines Gasthofes habe aufsuchen müssen. Dort habe sie mit John, der von ihr mit heißer Milch versorgt worden sei, daß Ende des Gewitters abwarten wollen, ehe es jedoch so weit gewesen sei, seien plötzlich einige Dutzend Piraten unter dem Befehl eines wilden, rothaarigen Weibes in die Taverne eingebrochen und hätten vom Wirt die Herausgabe von Lebensmitteln verlangt, wobei sie gleichzeitig wie nicht mehr gescheit mit Gold- und Silberfüchsen um sich geworfen hätten.
Der Wirt habe ihnen daraufhin auch einige Säcke mit Pro-

viant gefüllt und sie auch eingeladen, sich an seinem Kaminfeuer aufzuwärmen, doch sei dies alles unter solch wilden und ungehörigen Reden vor sich gegangen, daß sie, die unglückselige Gouvernante, sich zuletzt bemüßigt gefühlt habe, der barbarischen Horde ihre Teufeleien zu verweisen und den Krakeelern mitzuteilen, daß sich ihr Benehmen in Gegenwart des Sohnes und Erben von Howth auf keinen Fall schicke.
»Dieser da ist also der Sprößling des Schloßherrn?!« habe daraufhin die rothaarige Anführerin der Räuberbande entzückt ausgerufen – und sich gleichzeitig den kleinen John geschnappt. Und ehe sie, die Erzieherin, noch irgend etwas dagegen habe unternehmen können, sei die wilde Horde bereits zum Hafen aufgebrochen und habe nicht nur die Säcke mit den Lebensmitteln, sondern auch den Erben von Howth wie einen Mehlsack mit sich geschleppt.
Heulend und flehend sei die Gouvernante ihnen gefolgt, doch sie habe nicht mehr verhindern können, daß der kleine John auf eine seltsame Galeone gebracht worden sei, worauf dieses Schiff dann sofort in See gestochen sei. Und nunmehr könne ich, Owen of Howth, sie erschlagen oder sogar ins Kloster stecken lassen, denn sie sei sich ihrer Schuld durchaus bewußt, doch würde der vierjährige John durch solch weitere Barbarei wohl kaum wieder in sein Erbschloß zurückgebracht werden können.
Ich, Owen of Howth, brauche wohl nicht extra zu betonen, daß diese fürchterliche Nachricht uns alle lähmte, so daß ich lange keinen vernünftigen Gedanken fassen, sondern lediglich Grainne O'Malley verfluchen konnte, die mir meinen einzigen Sohn und Erben entführt hatte. Erst nach Stunden faßte ich mich so weit, daß ich die verfluchte Gouvernante in den Kerker werfen lassen konnte, von wo aus sie dann später in

der Tat in ein Dubliner Kloster verfrachtet wurde, denn jede andere Strafe schien mir zu gering und zu milde für sie zu sein. Und nachdem diese Pflichtvergessene in Ketten gelegt worden war, machte ich mich, mit allen meinen Gastfreunden im Schlepptau, zum Hafen auf, um möglicherweise herauszufinden, in welche Richtung die verteufelte Galeone abgesegelt war, doch konnte mir niemand eine brauchbare Auskunft geben, sondern ich bekam nur immer wieder zu hören, daß sie schon nach wenigen Kabellängen hinter fürchterlichen Regenschauern verschwunden war.

Deswegen blieb mir und meinem aufgelösten Weib sowie unseren Gästen nichts anderes übrig, als in mein Schloß zurückzukehren, wo nunmehr allerdings keine Schäferspiele mehr stattfanden, sondern wir nur noch einmütig die so jäh unterbrochene und abgeschnittene Erbfolge derer von Howth beklagen konnten, denn wir waren nun fest davon überzeugt, daß John niemals wieder auf seine angestammte Insel heimkehren, sondern von den Piraten der Grainne O'Malley früher oder später umgebracht werden würde – und dies nur, weil zwischen ihr und mir einige ungute Worte gefallen waren.

Im Lauf der folgenden Wochen begann das ehemals so fröhliche Schloß von Howth mehr und mehr einem Trauerhaus zu gleichen, denn alle unsere Gäste hatten sich alsbald verlaufen, und mein Eheweib hatte in seinem unsäglichen Jammer sämtliche Fenster mit schwarzem Trauerflor verhängen lassen. Selbst der Kaplan konnte uns keinen Trost bieten, denn nachdem er mich mit großen und dummen Worten dazu hatte bewegen wollen, den unabänderlichen Willen Gottes freudig anzunehmen und das nunmehr erbenlose Howth der Kirche zu vermachen, erschlug ich ihn in einem jähen und dumpfen

Verzweiflungsanfall, so daß von da an auf meinem Schloß noch nicht einmal mehr Seelenmessen für meinen verschwundenen Sohn gelesen werden konnten.

Auf diese Weise gingen zwei unsäglich traurige Monate ins Land, doch dann ereignete sich etwas Unvorhergesehenes, denn meine Wachen meldeten mir, der ich gerade bei einer Kruke mit Poteen saß, daß ein Bote aus dem Lande Upper Owle Malley mich zu sprechen wünsche. Diesmal verschloß ich dem Gefolgsmann der Rothaarigen mein Tor nicht, sondern ließ ihn auf der Stelle vor mich bringen, und kaum war dieser Gnom mit seiner gepichten Nase und dem verwilderten Bart eingetreten, sagte er auch schon, indem er mich frech und von oben herab musterte: »Wir kennen uns, Owen of Howth, denn einmal hast du mir und meiner Herrin sowie vielen anderen tapferen irischen Recken die Tür gewiesen, weshalb wir uns dann gezwungen sahen, deinen Sohn und Erben mit uns zu nehmen, um ihm auf unserem eigenen Schloß Carrigahowly eine bessere Erziehung angedeihen zu lassen, als er sie hier auf Howth durch dich jemals bekommen könnte.«

»Dann ist John also am Leben?!« schrie ich.

»Selbstverständlich«, erwiderte der Gepichte, »oder dachtest du, daß wir im Lande Upper Owle Malley Kleinkinder zum Nachtmahl aufzufressen pflegen? Dies ist bestimmt nicht der Fall, sondern wir haben uns vielmehr sorgfältig um deinen Sprößling gekümmert und diesem aufgeweckten Kerlchen alle unsere Sorge und Liebe angedeihen lassen, was man allerdings von dir, Owen of Howth, nicht gerade behaupten kann, denn obwohl meine Herrin dir damals unter dem Torturm ihren Namen und ihr Herkunftsland laut und deutlich nannte, und du also zumindest vermuten konntest, wo dein Sohn John sich aufhielt, hast du keinerlei Versuch unternommen, mit Grainne O'Malley Verbindung aufzunehmen, um auf diese Weise deinen Sprößling zurückzuerhalten. Dies zeugt nicht gerade von großer Vaterliebe, so wie du ja überhaupt mangelnde Herzensbildung zu haben scheinst, und deswegen bin ich mir jetzt auch gar nicht mehr sicher, ob dir überhaupt noch an deinem Sohn liegt. Immerhin bin ich jedoch im Auftrag Grainnes nach Howth gesegelt, um dir kundzutun, daß er wohlauf ist, so daß du nun also selbst entscheiden kannst, was mit ihm geschehen soll.«

»Als ob dies eine Frage wäre!« schrie ich den Gepichten an. »Wie ich deinen Worten entnehme, befindet sich mein Sohn auf deinem Schiff, und deswegen will ich schleunigst zum Hafen, um dort mein eigenes Fleisch und Blut endlich wieder in die Arme schließen zu können. Auf diese Weise kann auch das Verbrechen, das durch dich und deine Bande an mir verübt wurde, einigermaßen wieder gutgemacht werden, wobei wir allerdings über eine Sühneleistung deiner Herrin später noch gesondert verhandeln sollten. – Jetzt jedoch gestatte, daß ich schleunigst mein Weib verständige, und dann wollen wir zum Hafen eilen!«

»Diesen Weg kannst du dir sparen – und dies gilt ebenso für deine Gemahlin«, schnappte der Rotnasige, »denn ich war keineswegs so dumm, dir deinen Sohn gleich mitzubringen, da du sonst wahrscheinlich auf den Gedanken verfallen wärst, an mir und meinen Segelbrüdern unfreundlich und wenig dankbar zu handeln, sobald du deinen Sohn wieder in deinem Eigentum gehabt hättest. Und wenn ich auch keineswegs etwas dagegen hätte, mit dir Kanonenschüsse zu wechseln, so fand Grainne O'Malley es dennoch besser, den Knaben vorerst noch hinter den starken Mauern von Carrigahowly zu belassen, vor denen wiederum du nun jederzeit um seine Rückgabe bitten kannst. Ich rate dir also, schleunigst ein Schiff auszurüsten und Grainne O'Malley aufzusuchen, ehe die lange Trennung von deinem Sohn möglicherweise bewirkt hat, daß er dich überhaupt nicht mehr als Vater annehmen will.«

Mit diesen unerhörten Worten verabschiedete sich der seltsame Besucher wieder von mir und stach schon eine Stunde später mit seiner wüsten Galeone in See, während mir, Owen of Howth, nichts anderes übrigblieb, als ihm seinen Willen zu tun und schon wenige Tage nach seinem Besuch ebenfalls zu einer Expedition in das fürchterliche Land Upper Owle Malley aufzubrechen.

Als ich nach stürmischer Überfahrt dort anlangte und im Hafen von Clare Anker werfen ließ, sah ich vor mir ein düsteres und heruntergekommenes Schloß aufragen, an dem allerdings die militärischen Anlagen in sehr gutem Zustand zu sein schienen. Aus den Schießscharten glotzten zahlreiche Kanonenschlünde auf mich herunter, und hinter den Zinnen sah ich eine große Zahl von Barbaren lauern. Trotzdem schritt ich mutig und unverdrossen auf das Tor zu, und als ich unmittelbar davor stand, rief ich meinen Namen zum Söller des Hauptturmes hinauf und tat außerdem kund, daß ich gekommen sei, um meinen Sohn endlich wieder unter meine Obhut zu bringen, so wie dies nach menschlichem und göttlichem Gesetz mein gutes Recht sei.

Ich war damit jedoch noch nicht einmal ganz zu Ende gekommen, als hart vor meinem Antlitz das Eisengitter in der Höhle des Burgtores herabrasselte und gleichzeitig dahinter die schweren Eichenflügel zugeworfen wurden. Diese Ungeheuerlichkeit verblüffte mich selbstverständlich ungemein, doch

ehe ich noch dagegen protestieren konnte, tat sich im Turmsöller ein Fenster auf, und es zeigte sich dort jene Rothaarige, die ich schon auf meiner Insel Howth kennengelernt hatte, und schrie zu mir herunter: »Ja, glotze nur wie ein angestochenes Kalb, Owen of Howth, und steh' ruhig da wie ein Ochse vor dem Scheunentor, denn dann wirst du vielleicht begreifen, wie es mir, Grainne O'Malley, damals vor deinem Schloß zumute war, als ich mich in einer ganz ähnlichen Situation wie du jetzt befand, auch wenn mir deswegen nicht die Augen aus dem Schädel quollen und ich mich auch nicht haltlos besabberte, so wie du es gerade tust.
Doch immerhin flehte ich dich damals an, mich nach Howth einzulassen, denn dies und nichts anderes hätte die in Irland allgemein übliche Gastfreundschaft geboten, besonders, weil ich dich auch noch während eines argen Gewittersturmes und mit hungrigem Magen darum bat. Doch du hast dich von meiner weiblichen Not keineswegs erweichen lassen, und ich mußte deswegen zusammen mit meinen Leuten unverrichteter Dinge wieder abziehen – welches Schicksal dir nun auf Clare möglicherweise ebenfalls blühen wird!«
»Aber bedenke doch, daß es damals nur um Brot und vielleicht die Wärme eines Kaminfeuers ging, während ich dich jetzt um nichts weniger als meinen einzigen Sohn bitte!« gab ich gegen den verfluchten Söller hinauf zurück.
»Eben!« erwiderte Grainne O'Malley höhnisch. »Und deswegen wirst du auch viel eifriger flehen müssen als ich, denn es besteht in der Tat ein großer Wertunterschied zwischen ein paar Bissen Brot und dem einzigen Sohn und Erben der Herrschaft von Howth!«
Mit diesen Worten verschwand das rothaarige Ungeheuer wieder vom Söllerfenster, und ich selbst stand wie ein Bettler

unter dem Torbogen, während jetzt auch noch, wie auf Bestellung dieser Teufelin hin, eisige Regenschauer von Westen her einzustreichen begannen.
Nachdem ich mich von diesen bis auf die Haut hatte durchweichen lassen, erwog ich allmählich, zu meinem Schiff zurückzukehren, meine Kanonen laden zu lassen und mit ihnen das vermaledeite Schloßtor von Carrigahowly in Grund und Boden zu schießen. Ein einziger Blick die Festungsmauern hinauf belehrte mich jedoch eines Besseren, denn ich erkannte sofort, daß dort oben derart viele Geschütze standen, daß ich für jede Vollkugel, die ich säen würde, mindestens fünf oder sechs andere zu erwarten hatte, so daß die Einsicht in dieses militärische Ungleichgewicht mich alsbald dazu brachte, erneut gegen die Pforte von Carrigahowly zu hämmern und noch lauter um Einlaß zu flehen als zuvor.
Es wurden jedoch meine Fäuste davon bald blutig, und so mußte ich begreifen, daß Grainne O'Malley es ernster gemeint hatte, als ich in meinem arglosen Herzen hatte annehmen können, doch auch diese Erkenntnis half mir wenig, denn nachdem ich die ganze Nacht durch gebettelt und gedroht hatte, war ich trotzdem in diesem teuflischen Tordurchlaß keinen einzigen Schritt weitergekommen. Ja, man goß im Morgengrauen sogar unaussprechlichen Unrat durch eine Pechnase auf mich, so daß ich an mir selbst und an der Erbfolge von Howth nun allmählich ganz und gar zu verzweifeln drohte, denn jetzt fühlte ich mich nicht mehr bloß wie ein hilfloser Bettler, sondern stank auch noch ärger als ein solcher.
Damit waren jedoch meine Leiden noch keineswegs beendet, und wenn ich sie alle schildern wollte, so würde deswegen wahrscheinlich ein unendliches Klagen und Wehegeschrei

zwischen den östlichen und westlichen Küsten Irlands anheben, weswegen ich es lieber kurz machen und lediglich noch berichten will, daß ich, Owen of Howth, geschlagene drei Tage und Nächte vor dem Tor von Carrigahowly ausharren mußte, ehe ich durch solche Unterwürfigkeit, wie ich sie an mir selbst niemals für möglich gehalten hätte, erreichte, daß Grainne O'Malley zumindest noch einmal mit mir sprach.
Sie erschien nämlich am Morgen nach der dritten Nacht auf einem Wehrgang und hielt in ihren Armen meinen Sohn, welcher mich fröhlich ankrähte, während Grainne O'Malley sagte: »Als ein stolzer Edelmann bist du hierhergekommen, doch jetzt sehe ich bloß noch einen armseligen Bettler, der bis zu den Knien im Kot steht und mit durchweichten Lumpen behängt ist, während seine Wangen stärker eingefallen sind, als selbst die fröhlichsten Schäferspiele dies jemals hätten bewirken können. Auch hast du, Owen of Howth, es schon längst aufgegeben, dir die Fäuste an den Eichenbohlen meines Schloßtores blutig zu schlagen, und du hast mich die ganze letzte Nacht und auch den Tag davor nicht einmal mehr verflucht und beleidigt, so wie du dies in der ersten Zeit nach deiner Landung noch ganz unflätig getan hast.
Dies alles zeigt mir, daß du nunmehr Einsicht und Reue in dir zu erwecken vermocht hast, was mich sehr freut. Zwar sind drei Tage und Nächte der Buße eigentlich sehr wenig, wenn man bedenkt, wie sehr du mich selbst vor deinem eigenen Schloß gedemütigt hast, und ich könnte dich ohne weiteres nochmals eine oder auch zwei Wochen in deiner Schlammpfütze faulen lassen, doch habe ich gestern, während du fromm auf den Knien lagst, in einem alten Buch über einen deutschen König gelesen, welcher dereinst ebenfalls vor einer fremden Burg um Gnade winseln mußte, ehe man ihn einließ

und ihm vergab, was bereits nach drei Tagen und ebensovielen Nächten geschah. Der jedoch, dem er sich auf diese Weise unterwarf, war ein römischer Papst, und ich möchte mich wirklich nicht hartherziger benehmen als ein solcher Stellvertreter Gottes, denn solches brächte höchstens noch der Teufel persönlich fertig, und deswegen soll auch dir nunmehr meine Pforte aufgetan werden, wenn du mich nur noch ein letztes Mal unterwürfig darum bittest, und du sollst dann nicht nur Nahrung, Wärme und ein Bad bekommen, sondern ebenso wieder deinen Sohn, welcher hier auf meinem Arm so fröhlich lacht.«

Was ich, Owen of Howth, daraufhin mit meinen letzten Kräften stammelte, weiß ich nicht mehr so genau. Nur eines ist mir in unauslöschlicher Erinnerung geblieben – daß ich nämlich, ehe ich das Tor von Carrigahowly durchschreiten durfte, ein Pergament unterzeichnete, dem ich damals keine allzugroße Bedeutung zumaß, das mir jedoch später den Ruf eintrug, der allerchristlichste Adlige Irlands zu sein, denn Grainne O'Malley hatte mich in ihrer Hinterhältigkeit und unter Ausnutzung meiner momentanen Schwäche darin verpflichtet, jetzt und in allen späteren Zeiten die Tore meines Schlosses Howth zu jeder Mahlzeit offen zu halten und allen etwa dort auftauchenden Wanderern oder Seefahrern großherzige Gastfreundschaft zu gewähren.

So gelangte ich also in einen Ruf, der mich seither öfter als einmal fast an den Rand des Ruins gebracht hat, doch ich will meine Flüche deswegen in christlicher Demut hinunterschlucken und statt dessen lieber zum Ende meiner Geschichte kommen.

Nachdem ich also jenes verfluchte Pergament arglos unterschrieben hatte, durfte ich endlich in das Schloß von Carrigahowly eintreten, wo Grainne O'Malley höchstpersönlich mich badete und abfütterte, während gleichzeitig ein Schreibkundiger unter ihren Piraten das genannte Dokument vervielfältigte, so daß es zu meinem Schaden alsbald in ganz Erin verbreitet werden konnte. Doch wurde mir, wie gesagt, erst später bewußt, welche zusätzliche Heimsuchung mir Grainne O'Malley damit aufgebürdet hatte, denn nachdem ich damals auf Carrigahowly wieder ein Mensch geworden war, hatte ich nichts anderes mehr im Sinn, als meinen verlorenen Sohn in die Arme zu schließen und so schnell wie möglich mit ihm zurück nach Howth zu segeln.

Grainne O'Malley begleitete uns noch zum Schiff, und ihre letzten Worte an mich waren: »Ich glaube, du hast nun eingesehen, Owen of Howth, daß in Upper Owle Malley sowie in den umliegenden Ländereien die Gastfreundschaft heilig ist, so daß du hinfort nicht wieder gegen dieses Gebot sündigen wirst. Kehre also geläutert zusammen mit deinem Sohn und Erben in den Osten zurück, und sollte es mich selbst wieder einmal dorthin verschlagen, so werde ich gerne bei dir vorsprechen, und wir können deine Gastfreundschaft dann zusammen fröhlich genießen.«

Diese Drohung jedoch machte Grainne O'Malley zu meinem großen Glück niemals wahr, so daß ich, Owen of Howth, erst jetzt, da sie keinen Schaden mehr anrichten kann, noch einmal mit ihr an einer Tafel sitze. Und auf dieses unser letztes Zusammentreffen will ich nunmehr mit Begeisterung trinken, denn seit ich der Aufgeblähten da einmal meine eigene Tafel verweigerte, wird mir auf Howth der Poteen leider nur mehr sehr spärlich zugemessen, denn an meiner Stelle pflegen ihn Land- und Seestreicher zuhauf zu trinken.

Nach diesen letzten wehmütigen Worten leerte Owen of Howth seinen Pokal bis zum Grund, und seine Gefährten taten es ihm voller Anteilnahme nach, während das Antlitz der Grainne O'Malley im rötlichen Schein der Abenddämmerung milde und, wegen des weichen Zwielichts, wie von großer Nächstenliebe verklärt leuchtete.

»So hat sie also mindestens einmal in ihrem Leben etwas vollbracht, was ihr im Jenseits als Verdienst angerechnet werden kann«, sagte, nachdem er seinen Humpen neben Grainnes Kopf abgestellt hatte, Uail O'Malley, »denn mit Sicherheit ist nach ihrem Besuch auf der Insel von Howth die Großherzigkeit in Irland gewachsen.«

»Im Gedenken daran werde ich ihr wohl oder übel ein Band um den Schädel winden müssen«, erwiderte Owen of Howth und holte einen weißen Leinenstreifen, an welchem eingetrocknete Blutflecken zu sehen waren, aus seiner Umhängetasche hervor. Während er sich damit dem Kopfende der Tafel näherte, erklärte er: »Dieses menschenfreundliche Band legte mir die nunmehr glücklich Verblichene um eine meiner wundgeschlagenen Fäuste, nachdem sie mir endlich das Tor von Carrigahowly hatte öffnen lassen, und nunmehr soll es mit ihr in die Grube fahren, denn die Sache mit der Nächstenliebe ist stets ein zweischneidiges Schwert, indem nämlich die einen diese Tugend bei anderen erzwingen und dann den Ruhm davon haben, während ihre Opfer zeitlebens dafür blechen und bluten müssen.«

Er zog den Leinenstreifen über dem seelenvollen Antlitz der Verstorbenen mit einem derben Ruck fest und setzte dann noch hinzu: »Immerhin jedoch läßt sich zu ihren Gunsten sagen, daß sie anderen Menschen noch viel Übleres angetan hat als mir, so daß ich mich innerhalb dieser Tafelrunde eigentlich noch zu den Glücklicheren zählen darf, und so mag sie nun, ohne daß ich sie so verfluche, wie etwa Mac William Eughter dies tat, vom Antlitz dieser Erde verschwinden! Auch glaube ich, daß dies nunmehr sehr schnell geschehen kann, denn mein Band war das letzte, das an ihrem Schädel befestigt werden mußte, und deswegen schlage ich vor, daß wir das, was uns nunmehr noch zu tun bleibt, ohne weiteres Zögern hinter uns bringen.«

Epilog

Erster Teil

»*I*n der Tat wird sie nunmehr ohne weiteren Aufschub in die Grube fahren müssen«, stimmte Uail O'Malley seinem Vorredner zu, »denn nachdem du, Owen of Howth, berichtet hast, wie sie dir als dem neunten Recken in unserer Runde mitgespielt hat, sind ihre sämtlichen Taten gebührend von uns gewürdigt worden, so daß man uns bestimmt nicht vorwerfen kann, wir hätten ihr etwa den verdienten Nachruf nicht vergönnt. Ja, sie hat ihn sogar neunfach bekommen, denn mindestens ebensoviele Mitmenschen hat sie durch ihr ungeheuerliches Leben entweder erfreut oder doch wenigstens auf ganz großartige Weise geschädigt. Um so erstaunlicher freilich ist es – und dies will ich abschließend gerechterweise noch erwähnen –, daß sie in ihren letzten Lebensjahren auf beinahe beängstigende Art friedlich wurde, denn sie segelte nur noch selten in die Karibik oder andere Meere, um dort Raubzüge zu unternehmen und feindliche Schiffe zu versenken, auch heiratete sie keineswegs noch einmal, wie es andere Weiber an ihrer Stelle vielleicht getan hätten, sondern begnügte sich in ihrem letzten Jahrzehnt mit wenigen Liebhabern aus dem einfachen Volk. Sie kastrierte auch keine Diakone oder andere Priester mehr und pfuschte solchen Geweihten auch auf andere Weise nicht wieder ins Handwerk. Was

Gouverneure oder Königinnen anging, so ging sie mit diesen zuletzt ebenfalls sehr friedlich und schiedlich um und betrog sie höchstens noch bei gewissen Zollabgaben, doch sie sandte ihnen keine Huren mehr in ihre Schlösser und kanonierte auch nicht mehr gegen sie.

Lediglich das Trinken konnte sie, ganz wie ihr Erzeuger Dhubdara von der Schwarzen Eiche, in ihren letzten friedlichen Lebensjahren ebensowenig lassen wie in ihren ersten, und deswegen hat sie schließlich auch kein Spanier, kein Engländer, kein Sarazene und ebensowenig ein unglücklicher Ehemann oder etwa ein um sein Erbe betrogener Bruder hinweggerafft, sondern sie ging allein wegen eines Maulvolls giftigen Poteens dahin, der irgendwie in ihre Kellereien geraten war, worauf wir, die wir sie glücklich überlebt haben, nun einen heben wollen, ehe wir dann das vollbringen, was Owen of Howth bereits angekündigt hat.«

Diesem Nachruf des Uail O'Malley hatte keiner der anderen Recken mehr etwas hinzuzufügen, so daß nunmehr zum letzten Mal die Pokale bis zum Rand mit Poteen gefüllt und danach auf das jenseitige Wohl der Grainne O'Malley bis zur Neige geleert werden konnten. Nachdem dies vollbracht war, erhoben sich die neun Helden wie ein Mann, und die Anverwandten Grainnes, nämlich Uail O'Malley, dessen Neffe Toby und Padraic O'Flaherty sowie ihr überlebender Ehegatte Mac William Eughter, lüfteten den nunmehr bereits schwer gequollenen Leichnam von der Tafel und trugen ihn dann zwischen sich zur Söllertür, wobei die Söhne jeweils ein Bein umklammerten, Uail selbst den linken Arm, der Normanne jedoch den rechten und – derb – Grainnes Hals dazu.

Ihnen voran schritt Davitt-mit-der-Nase und quäkte auf seinem Dudelsack noch kriegerischer als zu Beginn der gemeinsamen Leichenfeier, während Rory O'Gilpatrick neben ihm humpelte und dabei lautstark das uralte Clan-Lied der O'Malleys sang. Den Abschluß der Prozession bildeten John Faughart, der sich vor Rührung unentwegt in das Fersen- und dann wieder in das Zehenende seiner Mütze schneuzte, Sir Henry Sydney, der raffzähnig hinter der Leiche herbleckte, sowie Owen of Howth, dessen Äuglein im hamsterbackigen Gesicht einen Ausdruck allertiefster Nächstenliebe trugen, denn nunmehr konnte ihm die Verblichene ganz gewiß niemals wieder Nachhilfeunterricht in derselben geben.

Inmitten dieses stolzen Zuges schwebend, wurde Grainne O'Malley um eine Biegung der Wendeltreppe nach der nächsten gehievt und gewunden, und ihre Schädelbänder flatterten dabei gespenstisch durch das Halbdunkel der Turmschlucht. Auf diese Weise erreichte die Prozession zuletzt das Erdgeschoß des Schlosses von Carrigahowly, worauf Uail O'Malley einen Halt befahl und danach sprach: »Wir können sie nicht weiter zur Kapellengruft schleppen, ohne vorher den Kaplan aus seinem Loch geholt zu haben, denn sonst müßte sie ohne priesterlichen Segen in die Grube fahren.«

»Dies darf auf keinen Fall geschehen, denn sie könnte uns sonst als Wiedergängerin vielleicht doch noch einmal heimsuchen«, stimmte ihm Mac William Eughter zu, wobei er seinen Arm noch heftiger um Grainnes Nacken klammerte.

»Also zunächst zum Verlies«, ordnete Uail an, und der Zug setzte sich wieder in die Kellergewölbe hinab in Bewegung, wobei Davitt-mit-der-Nase versuchte, seinem gedudelten Clan-Lied einen gregorianischen Unterton zu geben, gleichzeitig jedoch, als der unverbesserliche Heide, der er war, ganz spöttisch und verworfen über seiner Pfeife grinste und Grimassen zog.

Als die Prozession vor der Kerkertür zum Halten kam, mischte sich in das Quäken des Dudelsacks von drinnen eine lautstarke Litanei, die ab und zu in grandiose Heultöne ausuferte und dann wieder von schrillem Kreischen unterbrochen wurde, welches sich ganz so anhörte, als läge ein bedauernswerter Märtyrer auf einem Feuerrost oder werde ein abtrünniger Mystiker von Peinteufeln gejagt.
»Es scheint ihm in der Tat schon vor geraumer Zeit der Poteen zur Neige gegangen zu sein«, vermutete Davitt-mit-der-Nase, nachdem er seinen Dudelsack erschrocken abgesetzt hatte, »denn sonst würde er bestimmt nicht gar so jämmerlich schrillen und winseln müssen.«
»Als ich und Padraic ihn das letzte Mal belauschten, klangen seine Litaneien tatsächlich viel melodischer«, pflichtete ihm Uail O'Malley bei.
»Ja, er sang damals höchstens zweistimmig«, sagte sein Neffe, »doch nunmehr scheint er von fünf Dämonen gleichzeitig besessen zu sein, denn ebensoviele Tonlagen meine ich aus seinem Toben herauszuhören.«
»Wie auch immer – er muß sofort mit seinem Firlefanz aufhören, damit die da, deren Hals mir allmählich sehr schwer wird, so schnell wie möglich in die Unterwelt fahren kann«, forderte Mac William Eughter und begann mit seiner freien Hand am Riegel der Kerkertür zu hantieren. Rory O'Gilpatrick sprang ihm eifrig bei, und so öffnete sich zuletzt der Zugang zum Verlies und gab den Blick auf eine Szene frei, welche geeignet war, die neun Recken der Tafelrunde von Carrigahowly aufs äußerste zu verdrießen. Denn im Inneren des Gewölbes ward der Kaplan zusammen mit den vier Küchenmägden sichtbar, und keiner trug auch nur einen Faden am Leib.

Als jetzt jedoch der Kaplan aufächzend zu einer frischen Kruke griff, um sich daraus für weitere Freuden zu stärken, wurde ihm dieser wohlverdiente Schluck versagt, denn Davitt-mit-der-Nase ging, aus dem Dunkel der Türwölbung heraus, mit geschwungenem Dudelsack auf ihn los und zerschlug ihm gnadenlos das bereits an die Lippen geführte Gefäß, so daß die Scherben den Kleriker samt seinen Gespielinnen wie Hagelschloßen umschwirrten und der Fusel wie ein Platzregen auf sie niederging. Gleichzeitig schrie Davitt den nunmehr schrecklich bleich gewordenen Diener Gottes an: »So also bereitest du dich auf das Begräbnis der Grainne O'Malley vor, du Schwein, während wir anderen, wie es sich gehört, drei Tage und drei Nächte bei ihrem Leichnam gesessen und fromm gebetet haben! Und noch nicht genug damit, daß du bei deinen pfäffischen Übungen das Vielfache an Poteen und Hammelhälften von dem verschwendet hast, was wir dir gutwillig zugestanden haben, hast du auch noch diese vier blöden Mägde vom Pfad der Tugend abzubringen gewußt, so daß wir unsererseits heute auf das wohlverdiente Mittagsmahl verzichten mußten. Um dieser deiner Sünden willen, du Teufel, werde ich dir jetzt deinen Schweif ausrupfen!«
In der Tat machte der ergrimmte Davitt rüde Anstalten, seine Drohung auf der Stelle wahrzumachen, doch ein derber Griff Mac William Eughters hielt ihn davon ab, und als der Gepichte zuletzt wehrlos in der Genickschere des Normannen zappelte, versetzte dieser sanft: »Später kannst du mit dem Kaplan und den Mägden tun, was immer du willst, denn sie haben wahrhaft ein Strafgericht verdient, doch vorerst benötigen wir den Geschorenen noch, da ohne ihn Grainne O'Malley nicht so nachdrücklich unter die Erde zu bringen ist, wie ich es als ihr gewesener Ehemann verlangen kann. Deswegen

sorge also lieber dafür, daß dieser unwürdige Pfaffe sich schleunigst wieder bekleidet, denn wir können nun einmal auf seine Mitwirkung nicht verzichten, wenn es gilt, mein geliebtes Eheweib bis in alle Ewigkeit unschädlich zu machen. Willst du mir in dieser Sache gehorchen, du Zappler, damit ich dich wieder auf die Erde lassen kann?«

Gurgelnd tat Davitt-mit-der-Nase seine Zustimmung kund, worauf der Normanne ihn ins Stroh setzte und statt dessen wiederum Grainne O'Malley vom Estrich aufhob, wo sie, nachdem Mac William Eughter in die Auseinandersetzung eingegriffen hatte, unsanft gelandet war.

Bald jedoch schwankte sie wieder zwischen ihren grollenden Leichenträgern, während Davitt-mit-der-Nase sowie Rory O'Gilpatrick den Kaplan mit zahlreichen Maulschellen dazu bewegten, sich wieder in seine priesterlichen Gewänder zu hüllen. Gleichzeitig jagten Owen of Howth und Sir Henry Sydney die kreischenden Küchenmägde nackt und bloß zurück an ihre Wirkungsstätte, wobei sie an derben Griffen und sehr zielgerichteten Schubsen nicht sparten, so daß bald darauf die Moral in den Kellergewölben von Carrigahowly wiederhergestellt war und die auf so unerhörte Weise in ihrer Feierlichkeit gestörte Leichenprozession fortgesetzt werden konnte.

Der knickbeinige Kaplan mußte nun hinter dem Leichnam einherschreiten, wobei John Faughart ihn durch unvermittelte Tritte gegen sein Hinterteil erfolgreich dazu bewegte, nunmehr wieder rein Geistliches von sich zu geben, was der Kleriker auch sehr lautstark und zerknirscht tat. In seine frommen Litaneien mischte sich bald auch wieder das Quäken von Davitts Dudelsack, doch klang das Clan-Lied von Upper Owle Malley jetzt nicht mehr ganz so harmonisch wie vorher,

denn eine der Pfeifen war leider an der Poteen-Kruke des Geistlichen zu Bruch gegangen.
Trotz all dieser Widrigkeiten gelangte die Trauerprozession alsbald in jenen Teil des Schlosses von Carrigahowly, wo in der Kapellengruft bereits der eingeschwärzte Dhubdara von der Schwarzen Eiche sowie Donnell O'Flaherty und das vor vielen Jahren abgeschossene Bein des Rory O'Gilpatrick ruhten, letzteres in einer Art Kindersarg aus Kanonenbronze. Inmitten dieser Helden und heldischen Fragmente sollte nun auch Grainne O'Malley ihren ewigen Frieden finden.
Davitt-mit-dem-Dudelsack schritt den vier Leichenträgern unverdrossen weiter voran, bis ein steinerner Sarkophag erreicht war, von welchem die Sage ging, daß in ihm einst einer der zahllosen irischen Heiligen gelegen habe, ehe er dann an einem besonders sonnigen Pfingstfest in den Himmel aufgefahren sei. Diesen Steinsarg hatten wohlmeinende Verehrer der Grainne O'Malley bereits vor fünf oder sechs Jahren anstelle des überfälligen Zehnten von Donegal nach Carrigahowly gebracht und ihn der Herrin dieses Schlosses heiß anempfohlen. Zwar hatte Grainne sie damals aus ihrem Schloß peitschen lassen, doch nunmehr kam sie nicht mehr umhin, dieses Geschenk doch noch anzunehmen und zu nutzen, denn Uail, Padraic, Toby und besonders der Normanne Mac William Eughter hievten sie schwungvoll über den Rand und versenkten sie dann so tief wie möglich in der steinernen Grube.
Gleichzeitig steigerte sich Davitts Dudelsackmusik zu einem wahnwitzigen Crescendo, und der Kaplan mischte, von John Faughart noch einmal heftig von hinten getreten, eine lautstark geheulte Totenklage darunter.
Auf diese Weise kam Grainne O'Malley zu ihrer hoffentlich

letzten Ruhe, und nachdem ihr Bruder, ihre Söhne und ihr überlebender Ehemann den Deckel des Sarkophags gut über ihr geschlossen hatten, sagte Owen of Howth: »Alle Nächstenliebe der Jenseitigen sei ihr dort drinnen nun beschieden – denn sie wird diese auf jeden Fall sehr gut brauchen können!«
Toby O'Malley äußerte: »Immerhin wird ihr kein Himmel- oder auch Höllenhund etwas am Zeug flicken können, denn sie hat sich, im Gegensatz zur Königin von England, niemals mit einem solchen eingelassen.«
Daraufhin murmelte Sir Henry Sydney in hoffnungsvoller Versonnenheit: »Und es wird auch die britische Kriegsflotte jetzt wieder ihr Ansehen mehren können, ebenso vielleicht das Gouvernement von Galway das seinige.«
»Hättest du ihr gegenüber nicht militärisch dermaßen versagt, du Kaninchenzahn«, knurrte Mac William Eughter, »dann bräuchtest du jetzt nicht verlorenem Ruhm nachweinen. Doch ich will dir keine allzugroßen Vorwürfe mehr deswegen machen, denn die verdammte Tote soll endlich ihren Frieden haben und uns den unsrigen lassen – und außerdem weiß ich aus eigener Erfahrung, daß es praktisch unmöglich gewesen ist, sie rechtzeitig aufzuhängen.«
»Ich wünsche ihr, daß solches im Jenseits nicht doch noch ein sarazenischer Admiral besorgt, sofern Mohammed ihm vielleicht eine neue Turbanschnur dazu leiht«, murmelte, voller Sohnesliebe, Padraic O'Flaherty.
Rory O'Gilpatrick hingegen raunzte: »Wenn jetzt noch ein einziges respektloses Wort gegen sie fällt, dann soll mein abgeschossenes Bein aus jenem Kasten, der nunmehr so brüderlich neben dem von Grainne steht, sausen und als ein rächender Knüppel über euch kommen!«
John Faughart zwirbelte höchst wehmütig die Enden seiner

Mütze und wußte nichts weiter zu sagen als: »Wenn sie mich doch bloß noch einmal das Fliegen lehren und mich auf ihren unvergleichlichen Wölbungen landen lassen könnte!«
Davitt-mit-der-Nase warf dem Bestrumpften einen strafenden Blick zu und sagte danach ziemlich weinerlich: »Auf Höhenflüge könnte ich gerne verzichten, ob mit oder ohne Grainnes nun ohnehin mürbe gewordene Rundungen, doch ich fürchte, der Poteen, der Whisky, der westindische Rum, der sarazenische Raki sowie der spanische Wein werden nach ihrem Hingang nie wieder so reichlich auf Carrigahowly fließen wie zu ihren Lebzeiten, und solches betrübt mich mehr als alles andere.«
Uail O'Malley schließlich schloß die Reihe der Nachrufe ab, indem er äußerte: »Wir haben nicht immer wie Bruder und Schwester zueinander gestanden, denn sie befahl, und ich mußte leider immer nur gehorchen, doch da sie sich nunmehr hoffentlich ganz wie unser Vater einschwärzen wird, wird sich mein Los vielleicht ändern, so daß ich in meinen letzten Lebensjahren möglicherweise doch noch als der Sippenmächtigste in Clew gelten kann, der ich eigentlich von allem Anfang an hätte sein sollen, wenn die Natur nicht solch ein teuflisches Spiel mit mir getrieben und mir eine Anverwandte wie Grainne beschert hätte.«
Und nachdem er verstummt war, kehrte wahrhaft friedliche Stille um Grainne O'Malley ein, denn die neun Recken begaben sich über den Schloßhof von Carrigahowly zurück zum Wohnturm, um dort nachzuprüfen, ob sie bei ihrer Leichenfeier nicht vielleicht doch noch eine volle Kruke übersehen hätten, und als sie den Söller wiederum erreichten, in dem sie drei Tage und ebensoviele Nächte alles Menschenmögliche um der Totenehre der Grainne O'Malley willen angestellt

hatten, verfinsterte sich draußen über der Bucht von Clew der abendliche Himmel, und die Sage vermeldet, daß er damals noch bedeutend heftiger und ausdauernder um Grainne O'Malley geweint habe, als dies ohnehin schon in den westirischen Ländern üblich ist.

Epilog

Zweiter Teil

Im 19. Jahrhundert, als das Christentum in seiner puritanischen Ausformung in England und Schottland sehr mächtig und gewinnträchtig geworden war, wurde in Edinburgh eine höchst unselige Handelsgesellschaft gegründet, die es sich zur Aufgabe machte, menschliche Gebeine zu sammeln, zu zerkleinern und zu Knochenmehl zu zerreiben, um auf diese ehrfurchtslose Weise englische und schottische Gemüsefelder düngen zu können.

Diese Gesellschaft sandte auch ein Schiff nach Westirland, wo es in verschiedenen Kirchen, Abteien und Schlössern große Mengen an Gebeinen von Heiligen und Helden gab, und so kam es, daß von schamlosen Krämerseelen auch die Gruft von Carrigahowly ausgeplündert wurde, so daß Grainne O'Malley zuletzt zusammen mit Pfaffen und Mönchen in einem Mühlenkasten zu liegen kam, wogegen sie sich zu ihren Lebzeiten ganz bestimmt erfolgreich zu wehren gewußt hätte.

Doch nunmehr mußte sie sich als Dünger auf einen schottischen Gemüseacker streuen lassen, doch nahm sie dieses Schicksal keineswegs ähnlich demütig hin wie ihre geweihten Leidensgenossen, denn während diese zu faden Kohlstrünken und Salatköpfen aufwuchsen, bildete sich aus den Resten der Grainne O'Malley eine leckere Delikateßrübe, welche sich alsbald ein Aufsichtsratsmitglied der genannten Düngemittelgesellschaft einzuverleiben versuchte. Dies jedoch bekam ihm sehr übel, denn ein Steißbeinknöchelchen der Heldin von Clew war in das verlockende Fruchtfleisch eingewachsen und geriet dem Schänder von Grainne O'Malleys Totenruhe dermaßen quer in den Schlund, daß er seinen Frevel an der berühmtesten Heldin Irlands schon kurze Zeit später mit seinem Leben zu bezahlen hatte.